Pankaj Mishra

GOLDSCHAKAL

Roman

Aus dem Englischen von Jan Wilm

S. FISCHER

Erschienen bei S. FISCHER

Die Originalausgabe erschien 2022 unter dem Titel »Run and Hide« bei Hutchinson Heinemann, London.
Copyright © 2022 by Pankaj Mishra

Für die deutschsprachige Ausgabe:
© 2023 S. Fischer Verlag GmbH,
Hedderichstr. 114, D-60596 Frankfurt am Main

Die Arbeit des Übersetzers wurde vom Deutschen Übersetzerfonds im Rahmen des Programms »NEUSTART KULTUR« aus Mitteln der Beauftragten der Bundesregierung für Kultur und Medien gefördert. Der Übersetzer bedankt sich sehr herzlich für die freundliche Unterstützung.

Satz: Fotosatz Amann, Memmingen
Druck und Bindung: GGP Media GmbH, Pößneck
Printed in Germany
ISBN 978-3-10-397156-9

Für J. H. B.

ERSTER TEIL

EINS

Während der ersten Tage, die Aseem im Gefängnis verbringt, wiege ich mich jede Nacht mit Hilfe einer Vision in den Schlaf: Ich gleite über die klare, unbewegte Oberfläche des Wassers, bis ich mich weit vom Ufer entfernt auf den Rücken drehe und auf dem Wasser treibe, das Gesicht zum Himmel gerichtet, und dann lasse ich mich sinken.

Während die Sprudelspur der Atemblasen verblasst, dringt Wasser in die Nasenlöcher und den Mund ein und füllt allmählich meinen Körper, bis ich schwer bin und lautlos in die Tiefe des endlosen Blaus sinke.

Immer schlafe ich ein, bevor mein Körper auf dem verwüsteten Grund des Meeres zur Ruhe kommt.

So habe ich mich als Kind stets in den Schlaf gewiegt; und wenn ich mich genötigt fühle, mit dir über diese Zeiten zu sprechen und aus der Vergangenheit jene Fetzen, die du in deinem eigenen Buch übersehen hast, herauszupicken und Erinnerungen auszugraben, die ich lange verdrängt habe, dann tue ich das nur aus dem Grund, dass darin alles vorweggenommen ist, was zwischen uns geschah.

Ich bin mir sicher, ich werde den falschen Ton anschlagen und deine Abscheu und deinen Zorn riskieren; und doch muss ich auch von Aseem sprechen. Als mein erster Freund

und früher Beschützer hat er mich nicht nur mit dir bekanntgemacht, sondern mich auch dazu ermutigt, dir zu folgen, bevor er unser aller Schicksal so gewaltsam und unentwirrbar miteinander verwoben hat.

Aseem, der sich selbst als Maskottchen einer siegreichen Selbsterfindung sah, liebte es, seine Freunde in seinen Traum von Macht und Herrlichkeit einzuweihen. Er stellte ihn sogar als existenzielle Notwendigkeit dar, indem er unablässig V. S. Naipaul zitierte: »So ist die Welt; wer nichts ist, wer es geschehen lässt, dass aus ihm nichts wird, hat keinen Platz darin.«

Es wird nicht leicht sein, sagte er immer, für Selfmademen aus unseren unteren sozialen Schichten. Er zitierte Tschechow – wie der Sohn eines Sklaven Tropfen um Tropfen das Sklavenblut aus sich herauspressen muss, bis er eines Tages erwacht und begreift, dass das Blut eines echten Menschen durch seine Adern fließt. Er wurde immer sehr emotional, wenn er davon sprach, welch ein Kampf es sei, bis wir uns selbst ernst nehmen könnten – dieser Kampf, sagte er, ginge dem Ringen voraus, andere davon zu überzeugen, uns ernst zu nehmen, und deshalb sei der Kampf mit uns selbst weit anspruchsvoller.

Er wirkte immer so gewandt und so selbstsicher, dass ich ihm nicht zu widersprechen wagte. Erst rückblickend wird mir die Gefahr bewusst, die für Aseem ausdenklich war: dass bei unseren Versuchen, uns selbst neu zu erschaffen – zu »echten Menschen« zu werden, indem wir schlicht unseren starken Wünschen und Impulsen folgten, ohne Anleitung durch Familie, Religion oder Philosophie –, wie durch diese Versuche unsere Selbsterkenntnis eingeengt wurde, dass die Verzerrungen in unserem Charakter unbemerkt blieben, bis wir eines Tages mit Schrecken als jene neuen Menschen erwachten, zu denen wir geworden waren.

Die Warnzeichen waren schon erkennbar, als ich Aseem zum ersten Mal begegnete. Ich habe dir in all den Gesprächen, die wir über ihn, über Virendra und über die anderen führten, während du für dein Buch recherchiertest, nie davon erzählt: Wie wir in unserer ersten Nacht am IIT von johlenden Männern weit nach Mitternacht aus dem Tiefschlaf gerissen wurden, der auf nervöse Erschöpfung folgt, und in ein überfülltes Oberstufenzimmer getrieben wurden, wo der Zigarettenrauch so dicht war, dass er einen erschlagen konnte, und wo ein Student, der einen Lungi trug, unter dem seine dicken haarigen Beine hervorlugten, mit tamilischem Akzent »Behenchod« blökte und uns aufforderte, uns nackt auf Händen und Knien auf den Boden niederzulassen.

Das war Siva. Er war stämmig, und sein großer, runder, rasierter Kopf schien halslos auf seinen Schultern zu sitzen. Er war wütend oder gaukelte eine große Wut vor, weil wir drei in dieser Nacht irgendwie ein größeres Zusammenkommen von Erstsemestern verpasst hatten.

»Ihr Schwesternficker«, rief er von seinem Bett aus, wo sich mehrere seiner Freunde herumlümmelten und uns aus ihren bebrillten Augen mit feindseliger Neugier beobachteten. »Ihr denkt, ihr müsst nicht bei uns vorstellig werden! Sagt mir, wer zum Teufel seid ihr? Und ich will, dass ihr bellt wie die braven kleinen Köter, die ihr seid!«

Aus unserer Hundeposition heraus stimmten wir gleichzeitig ein:

»Ich bin Arun Dwivedi, Maschinenbau, All-India-Studentenrang 62.«

»Ich bin Virendra Das, Informatik, All-India-Studentenrang 487.«

»Ich bin Aseem Thakur, Maschinenbau, All-India-Studentenrang 187.«

Wir bellten, während Sivas Kumpane sich in Gelächter auflösten, und Siva selbst stieß jenes volldröhnende Lachen aus, das du viele Jahre später, als du Material für dein Buch sammeltest, in den Gesprächen hören solltest, die vom FBI aufgezeichnet und von seinen Anwälten an die Presse geleakt wurden.

Virendra, Aseem und ich hatten uns an diesem Tag in dem uns zugewiesenen Wohnheim kennengelernt. So vieles verband uns da längst. Irgendwann in unseren frühen Teenagerjahren, als unsere Schulnoten langsam vielversprechend wurden, hatten unsere Eltern beschlossen, sich zu verschulden, bei Kleidung und Essen zu sparen und unseren Geschwistern eine Ausbildung zu verweigern, um ihre Söhne aufs Indian Institute of Technology zu schicken und sie auf den Weg zur Erlösung von Mangel und Unwürdigkeit zu bringen.

Jahrelang erzählten sie uns später noch, dass sie von morgens bis abends geackert hatten, um uns die Chancen im Leben zu geben, die ihnen verwehrt worden waren. Unser besonderes Gedächtnis und unser Talent zur Konzentration erwiesen sich als Fluch; die ungeheure Anstrengung, um in die renommierteste technische Hochschule des Landes aufgenommen zu werden, hat unsere Kindheit zerstört und sie vollgefüllt mit freudlosen Aufgaben, Verpflichtungen sowie Versagensangst.

Nun war unser langes Warten nach dem Bestehen der härtesten und anspruchsvollsten Prüfung der Welt endlich vorüber. Bei unserer ersten Begegnung wechselten wir jedoch kaum ein Wort miteinander. Waren wir zunächst auch überwältigt, dass wir es geschafft hatten, die Hoffnungen unserer Eltern zu bestätigen, so waren wir sehr schnell entmutigt zum Schweigen gebracht, als wir unseren Traum dann im harschen Licht des Tages betrachteten.

Abblätternde Farbe, karge Glühbirnen, krächzende Deckenventilatoren und das vor Mückenlarven zitternde Regenwasser in den Pfützen schienen darauf hinzudeuten, dass wir es kaum aus dem Sumpf unserer verzagten unteren Mittelklasse herausgeschafft hatten (in jenen Tagen ohne Google-Bildersuche hatte ich nicht gewusst, was ich von der Pforte zum Reichtum der Welt erwarten sollte). Die Wände unseres Zimmers waren mit Temperafarbe blassgelblich gestrichen, mit Abdrücken beschmiert, wo sich eingeölte Köpfe angelehnt hatten, und mit Flecken übersät, wo Moskitos zerquetscht worden waren; der Betonboden war von einer kieseligen Rauheit, mit ewigem Schmutz verkrustet, und in der Dunkelheit unter unseren Feldbetten wirkten die Staubschichten wie samtene Lumpen.

Der Speisesaal mit seinen bedrohlich schaukelnden Deckenventilatoren war an jenem ersten Tag ein einziger Wirbel aus Vätern in Breitkragenblazern mit Messingknöpfen und dicken Schulterpolstern, die ihre Hände unbehaglich neben den Hüften baumeln ließen, und von Müttern, die unsicher auf den Beinen waren, in Kanjivaram- und Benares-Seidensaris gehüllt und mit wuchtigem Goldschmuck behangen, wie Frauen, die verschmierten Lippenstift trugen, als wäre es das erste Mal – Menschen, die sich endlich in Selbstzufriedenheit versuchten, nachdem sie sich und ihre Kinder jahrelang nackter Angst und Furcht ausgesetzt hatten.

In der Luft lag der künstliche Geruch von Old Spice Aftershave und der blumige Duft von Pond's Talkumpuder, worin sich, in Verbindung mit den herausgeputzten Männern und Frauen, zaghaft etwas Feierliches andeutete.

Doch die Halle, mit ihren abgewetzten Formica-Tischen und den rußigen blauen Wänden, an denen die vor den Ventilatoren geflüchteten Fliegen ihre Zeit totschlugen, hatte etwas Muffiges.

Virendra, Aseem und ich gehörten zu den ganz wenigen Neuankömmlingen, die an jenem Abend nicht von ihren Eltern begleitet wurden. Unseren Vätern und Müttern war klar gewesen, dass sie bei diesem entscheidenden ersten Schritt des Aufstiegs ihrer Söhne in die Ehrbarkeit unsere Herkunft durch ihre Anwesenheit verraten hätten. Am Prüfungstag hatte meine Mutter zu Hause ein ganztägiges Satyanarayan-Puja-Ritual veranstaltet, und mein Vater hatte mir das Geld gegeben, um ihm ein Telegramm aus Delhi zu schicken, sobald die Ergebnisse der Aufnahmeprüfungen bekanntgegeben wurden.

Als er das Telegramm erhielt, so erzählte mir meine Mutter, sei er auf dem Bahnhof, wo er arbeitete, auf- und abgelaufen und habe Besan-Laddus aus einer offenen Schachtel verteilt – an Leute, die über seine flammende Ausgelassenheit vermutlich genauso verwundert waren wie ich, als ich von seiner Verwandlung vom mürrischen Grobian zum rasend stolzen Papa erfuhr.

Bei der Abfahrt des Zuges, der mich zu meinem ersten Semester am IIT Delhi brachte, winkte er. Seine Lippen bewegten sich, vielleicht um etwas zu sagen, etwas, das nicht leicht in Worte zu fassen war, weder damals noch jetzt: dass ich nun Teil einer Welt war, die für ihn bloß Verachtung übrighatte. Er würde es niemals wagen, während meines Studiums nach Delhi zu kommen; meine Mutter konnte sich dies nicht einmal im Traum vorstellen, und ich war jedes Mal dankbar für ihre mentalen Fesseln, wenn ich mir ausmalte, dass sie an den Toren des IIT stand und in ihrem Dehati-Hindi nach mir fragte.

Viele Studenten waren in dieser Hinsicht rücksichtslos. Ich erinnere mich an den hellhäutigen Bengali, der sich mit seiner Verwandtschaft zu Rabindranath Tagore und einer langen familiären Verbindung nach Oxford rühmte. Das plötzliche Auftauchen seiner Mutter verriet seine Gewöhnlichkeit, und als die pummelige, dunkelhäutige kleine Gestalt vor seinem Zimmer auf dem Boden hockte, versuchte er, sie als sein Hausmädchen auszugeben.

Aseem hielt seine eigenen Eltern auf Distanz, um die Fiktion aufrechtzuerhalten, dass sein Vater ein sehr einflussreicher Bahnbeamter sei, obwohl er bloß ein junger Ingenieur war, und vielleicht auch, um die Tatsache zu verschleiern, dass seine Eltern, für die er eine glühende Verachtung hegte, bigotte Menschen waren, fest entschlossen, Dalits und Muslime niemals in ihr Haus zu lassen.

Ich war an diesem ersten Tag aus einem Grund nervös, den ich niemandem anvertrauen konnte. Ich hatte Virendras Nachnamen neben meinem eigenen am schwarzen Brett entdeckt, was auf seine Abstammung von den Parias hinwies, die Kuhkadaver häuteten und für Hindus der oberen Kaste strikt unberührbar, ja unnahbar waren.

Wenige Minuten später stolperte er in mein Zimmer, beschwert durch einen olivgrünen Schlafsack und eine Blechkiste, auf die in weißer Farbe sein Name in Hindi gepinselt worden war mit einer Verschnörkelung, die einen 3D-Effekt erzielen sollte.

Er war dünn und schmächtig, trug eine Polyester-Schlaghose und ein blaues Nylon-Buschhemd. Seine Schuhe waren glänzend schwarz geputzt, und auf der Schnalle seines sehr breiten, ebenfalls schwarzen Gürtels waren zwei ineinander verschlungene Messingschlangen zu sehen. In seinen kleinen Augen über der Stupsnase und dem ordentlich gestutzten dünnen Schnurrbart aus Raaj-Kumar-Filmen der 1950er Jahre lag eine alarmierte Leere, und er füllte den winzigen, traurigen Raum mit dem Geruch von Kokosnussöl, während er seine Bücher und Zeitschriften – Bücher über Allgemeinbildung und alte Ausgaben der *Competition Success Review* – auf seinem Schreibtisch stapelte und eine Bürste sowie eine Dose mit schwarzer Cherry-Blossom-Schuhcreme sorgfältig unter seinem Bett verstaute.

Als er auspackte, klirrte leise die kleine goldene Uhr an seinem schmalen Handgelenk, und er enthüllte einige vertraute Embleme einer unteren Kaste, eines halbbäuerlichen Daseins: einen rautenförmigen Handspiegel; eine grobmaschige Decke; ein gerahmtes Porträt von Hanuman, der, auf ein Knie gestützt, seine Brust aufreißt, um darin Ram und Sita auf einem Thron zu offenbaren; Pakete mit Maggi-Nudeln und eine Dose Desi-Ghee, um die Thalis in der Kantine zu verfeinern.

Dass ich es ans IIT geschafft hatte, war, wie man so schön sagt, mein eigenes ›Verdienst‹. Dank der Bemühungen meines Vaters hatte ich einen unverwechselbar brahmanischen Nachnamen und eine viel hellere Haut, die von einer Geburt unter den Wohlgeborenen zeugte, und bei jeder Gelegenheit, zu der ich meinen Oberkörper entblößen musste, konnte ich sogar die Heilige Opferschnur tragen. Doch mit Virendra in der Nähe begann die hart erkämpfte Sicherheit meiner Brahmanen-Abstammung zu bröckeln.

Als ich in dieser Nacht nackt in Sivas Zimmer war, inmitten einer Verwahrlosung aus Zigarettenrauch, weggeworfenen Hühnerknochen und leeren Old-Monk-Rumflaschen, umgeben von höhnischen Männern in weißen

Schmuddelwesten und mit dicken Brillengläsern, fühlte ich mich vollends entblößt.

Es hatte einen Stromausfall gegeben, und mehrere Schweißschwalle flossen mir den nackten Rücken hinunter, bevor der Schweiß auf den Boden tropfte; auch meine Stirn war klatschnass, und von Zeit zu Zeit musste ich die Tropfen abschütteln.

Ich wurde mir eines fremden Auges bewusst, das zu mir aufblickte; Virendra hatte die Uhr abgenommen, die wie ein loses Armband um sein Handgelenk gehangen hatte – eine Frauenuhr von HMT, wie mir auffiel, an einem dünnen, unechten Goldband –, und er hatte sie ganz oben auf seinem Stapel von Kleidern, Schuhen und Gürtel abgelegt. Von dort, aus der Mitte einer zusammengekringelten Schlange, starrte mich der tickende Reif an, als wäre er am Leben.

Auf dem Bett liegend, unter einem Pin-up-Foto von Cindy Crawford, die ihre Brüste umarmte, massierte Siva seine Waden (Jahre später würde er bei einer Wohltätigkeitsgala in New York hunderttausend Dollar ausgeben, um einmal neben dem Supermodel zu sitzen), während er rief: »Sieh dir deine Schuhe an. So schwarz und blank wie dein Gesicht.«

Es entstand eine Pause, in der ich mich fragte, warum Virendra mitten in der Nacht in Sivas Zimmer seine besten Schuhe trug.

Siva brüllte wieder: »Woher kommst du, *kaalu haramzada*, schwarzer Bastard?«

Die Frage war nur an einen von uns gerichtet.

»Mirpur, Sir«, sagte Virendra mit dünner Stimme, die Siva und seine Freunde in Gelächter ausbrechen ließ.

»Wo ist Mirpur, *saala chamar*?«

»In einem Basti im Distrikt Gorakhpur, Sir.«

»Wo ist Gorakhpur, *kaalu* …«

Ich sah den Rastplatz auf dem Weg nach Nirgendwo vor mir, Blechhütten und Lumpen rund um eine Bushaltestelle, eine Zuckerrohrfabrik, die nahebei ihren faulig riechenden Rauch ausstieß, und ein künstliches Becken mit grellgrünem, unter Schwimm-Hyazinthen ersticktem Wasser, in dem vollkommen reglos abgemagerte schwarzgraue Büffel standen.

»Okay, okay, es reicht mit der Geographie«, sagte Siva. »*Gaana gao, saala chamar.*«

Nach der kürzesten Pause begann Virendra jubelnd zu singen: »*Waqt ne kiya kya haseen sitam ...*«

Es gab eine Explosion von Gelächter, gefolgt von kleineren Ausbrüchen der Heiterkeit, als ein furchtloser Virendra weitermachte.

Ich hörte, wie Siva sagte: »*Panditji*, englische Übersetzung, ja?«

Er konnte nicht ahnen, welche Erleichterung mir der Ehrentitel für Brahmanen bereitete.

»Sir«, sagte ich mit gesenktem Blick. »Es bedeutet: ›Welch wundervolle Rache hat die Zeit genommen, ich bin nicht mehr der, der ich einst war, und auch du bist es nicht.‹«

Meine Stimme war viel zu laut. Ein paar Männer gackerten.

»Was für ein beschissen deprimierendes Lied«, sagte Siva und kitzelte damit weiteres Gelächter hervor. »Okay, okay, genug gesungen, *kaalu chamar. Ab chalo, Panditji ki gaand saaf karo.*«

In seinem Akzent klang sein boshafter Befehl so, als würde er bei einem Kellner um ein paar weitere Chilis für sein Thali bitten.

Seine Freunde krümmten sich vor Lachen, und mir kam der Gedanke, dass sie vielleicht sogar über sein Hindi spotteten, denn er klang wie die ulkigen Südinder in Bollywood-filmen.

Während einer Pause holte Siva ein gefaltetes weißes Tuch aus seiner Tasche hervor, tupfte sich das rundliche Gesicht ab, bis er ganz zum Schluss seine Nasenspitze polierte.

Ich wunderte mich über diese Geste, als er sagte, Virendra könne sein Karma nur verbessern und eine Wiedergeburt als Dalit vermeiden, wenn er den Anus eines Brahmanen sauberlecke, während Aseem eine Beförderung vom Kshatriya zum Brahmanen anstreben könne, wenn er sich bei dem ganzen Spektakel einen runterhole.

Du hättest aus dieser Szene in deinem Buch weit mehr gemacht als Aseem, der sie in seinen letzten Roman verarbeitete. Ich bemerkte, dass das spiralgebundene Manuskript ungelesen im Bücherstapel auf deiner Seite unseres Bettes in London steckte. Ich schlug es eines Tages auf und versteckte es dann schnell ganz unten im Stapel. Die Figur, die im Roman die Geliebte darstellt – eine junge Journalistin aus der muslimischen Oberschicht, die an einer Eliteuni studiert hat, kein Wasser trinkt, das nicht abgekocht oder gefiltert worden ist, und raucht, wenn sie nervös ist –, basierte zumindest teilweise auf dir.

Bei seiner männlichen Hauptfigur, einem Dalit-Studenten, der Virendra nachempfunden ist, war Aseem einfallsreicher. In einem düsteren sozialrealistischen Stil wollte er die Erniedrigung von Hindus der unteren Kasten zeichnen. Dementsprechend machte er in seiner Version unseres ersten Tages am IIT jeden Einzelnen von uns zu Dalits und verlegte die Szene vom IIT Delhi an eine medizinische Hochschule in Ranchi.

Der Dalit-Student Virendra wurde zum Opfer einer Vergewaltigung; seine Peiniger, die sich hinter wabernden Schleiern von Beedi-Tabakrauch verbargen, waren einheitlich der oberen Kaste angehörende grinsende, gemeine Kleinstädtler aus Bihar. Aus Rücksicht auf einen linksgerichteten Geist verwandelte Aseem Virendra in einen maoistischen Ideologen, einen charismatischen Sprecher einer Guerillagruppe, die in den zentralindischen Wäldern Bergbaukonzerne und deren Söldnerarmeen bekämpft.

Wie du weißt, schlug Virendra nach dem IIT einen ganz anderen Weg ein. Doch Aseems übertriebene Beschreibung der Grausamkeit, die ihm angetan wurde, war kein Verrat an der Wahrhaftigkeit.

Du warst damals zu jung und wusstest wahrscheinlich nicht, dass Lynchmorde, das Ausbrennen von Augen sowie Vergewaltigungen von Dalits in der Dunkelheit der Dörfer und Kleinstädte, aus denen wir gekommen waren, weit mehr als heute an der Tagesordnung waren.

Politiker, die den Hindus der unteren Kasten Selbstachtung und mehr Maßnahmen gegen Diskriminierung versprachen, fanden erst später Gehör.

Bis zu diesem Zeitpunkt konnten die wohlgeborenen Hindus ihre aufstrebenden Konkurrenten ohne Angst vor Repressalien oder Widerstand quälen. Und Siva konnte im unwahrscheinlichen Fall einer Untersuchung durch die Verwaltung des IIT stets behaupten, dass er lediglich einem Initiationsritus frönte, dem sich alle neuen Studenten unterzogen.

»Gehen wir, gehen wir, *kaalu chamar, aage bhado, Panditji* wartet!«, rief er.

»Hey, *sai baba*«, wandte er sich an Aseem, »worauf wartest du? Hol' bitte dein bestes Stück raus.«

Er drehte sich abrupt zu mir um: »Ach, *Panditji*, lass doch bitte diesen jämmerlichen Ausdruck sein. Ich will, dass du bei der Reinigung eines wichtigen Organs glücklich aussiehst.«

Seine Freunde lachten noch ein wenig mehr darüber, und Siva nahm wieder sein weißes Taschentuch, wischte sich das Gesicht ab und polierte seine Nase.

Virendra ließ keine aufsässige Pause entstehen. Ich spürte, wie er sich im Krebsgang hinter mir in Position brachte, und dann drückte sich sein dünner, borstiger Schnurrbart gegen meine Pobacken, seine verstohlene Zunge hinterließ feuchte Spuren auf der weichen Haut, und ich versuchte, dem Befehl von Siva zu folgen und Begeisterung vorzutäuschen, und wusste nicht, wohin ich schauen sollte: hinunter auf den grobkörnigen Boden, wo mich das gnadenlose Gesicht von Virendras Uhr anstarrte, oder hinauf zu Cindy Crawfords Brüsten, unter denen vergnügte Gesichter grinsten, von denen zwei hektisch Kaugummi kauten, während Siva rief: »Schneller, schneller, *behenchod*, du *kaalu* Bastard.«

Nach vier Stunden dieses Spektakels, das zerrissen war von ohrenbetäubenden und gruseligen Schreien aus anderen Teilen des Wohnheims, wo weitere Erstsemester rituell gedemütigt wurden, kehrten wir in unser Zimmer zurück.

Es stellte sich heraus, dass Siva übermäßigen Gefallen an dem von ihm ersonnenen Ritual fand, und so ging unsere Tortur noch einige Nächte lang auf seinem Zimmer weiter. Das Poster von Cindy Crawford wurde mir gut bekannt: wie die Reißzwecken, mit denen es befestigt war, Rost angesetzt hatten, und wie sich die Ränder des Posters verdrießlich nach innen wölbten und den abgeschliffenen Putz der Wand bloßlegten. Auch erkannte ich jedes von Sivas Taschentüchern wieder; sie waren allesamt mit zierlichen Spitzen besetzt. Bis heute erinnere ich mich an den Geruch von billigem Rum, an den Anblick einer rostigen Elektrokochplatte mit freiliegenden Drähten und an ein Teesieb aus Plastik, das in einer verbeulten Kasserolle in einer Ecke vor sich hinvegetierte; und lange Zeit konnte ich die Ameise nicht vergessen, die einst um meine Knie herumhuschte, bevor Virendra, der auf eine heimliche Art hektisch hinter mir war, das Insekt zerdrückte und den toten Körper von seinen Fingern schnippte.

Mein Knie und meine Ellbogen schürften auf, meine Augen brannten von Zigarettenrauch und Schlafmangel, und noch wochenlang danach verkrampften sich wieder und wieder meine Pobacken bei der bloßen Erinnerung an Virendras Zunge. Aseem beklagte sich, dass sein Penis noch Wochen später wund war und seine Vorhaut blutete.

Weit mehr Schaden wurde Virendras zerbrechlichem Körper zugefügt.

Manchmal hörte ich unterdrückte Schluchzer von der anderen Seite des Raumes. Und einmal hörte ich Aseem in Bezug auf Siva sagen: »Was für ein *rakshas*.« Jedes Wort des Mitgefühls oder der Sympathie wäre überflüssig gewesen, und nichts dergleichen wurde jemals zwischen uns gewechselt.

Das schockiert dich wahrscheinlich, doch nichts in unserem Leben hätte uns auf die Freundlichkeit von Fremden hoffen lassen können. In Aseems Roman ist es die Grausamkeit, die den Dalit-Studenten angetan wird, die ihr radikales politisches Bewusstsein in Gang bringt. In Wirklichkeit wollte oder konnte niemand von uns aus der uns zugewiesenen Position in der Hackordnung ausbrechen.

Schließlich hatten die Angehörigen von Virendras Kaste ihre eigenen Unberührbaren – Menschen, die sie terrorisieren und unterdrücken konnten. Innerhalb eines Jahres würden wir die Gelegenheit bekommen, dort zu sitzen, wo Siva und seine Freunde gesessen hatten, und die Demütigung einer neuen Gruppe von Erstsemestern zu überwachen.

Und dann wussten wir, dass uns in Zukunft, wenn wir unbeirrt weiter Grausamkeiten erleiden und anrichten würden, die Mitgliedschaft in der höchsten Kaste erwartete: die jener Menschen, die sich niemals um Geld sorgen müssen.

Unsere Gewohnheiten zur Selbsterhaltung waren bereits in unserer Kindheit geprägt worden, kurz nachdem wir mit der langen Vorbereitung für das IIT begonnen hatten. Wir wussten, wir hatten keine andere Wahl, als in unseren Leistungen niemals nachzulassen und gleichgültig allem persönlichen Leid und jeder Schande zu begegnen, bis zumindest der Gipfel der Sicherheit in Reichweite schien; und wir wussten auch, dass der zermürbendste Teil dieses Aufstiegs die vier Jahre am IIT wären.

Und dennoch: Auch Monate nach dieser ersten Nacht – und lange, nachdem Siva aufgehört hatte, uns in sein Zimmer zu rufen, und anfing, weniger ein Dämon als ein genialer Informatikstudent und eine außerordentlich großzügige Gestalt zu werden, die allen und jedem seine Notizen überließ und deren stumpfe Züge auf ihrem großen runden Kopf zu einem Eindruck von Gediegenheit und Wärme zusammenschmolzen –, auch Monate danach öffnete ich die Tür zu meinem Zimmer und rechnete halb mit dem Anblick von Virendras dünnem Körper, der schlaff vom Deckenventilator baumelte.

Selbstmorde waren an den IITs etwas Alltägliches. Wie sich herausstellte, gehörte Virendra zu denen, für die Demütigung ein teurer Luxus war. Wenn ich die Tür zu seinem vermeintlichen Leichnam öffnete, fand ich ihn stattdessen meist an seinem Schreibtisch, gebeugt über seine Hausarbeit zu Produktionsverfahren, über GRE-Übungstests oder ein Exemplar der *Competition Success Review*, unter dem girlandengeschmückten Wandporträt von Hanuman mit der aufgerissenen Brust.

Sein Gesicht wirkte strenger, sogar starrsinnig, als hätte sich das Gewicht seines unpersönlichen Willens zum Erfolg noch heftiger darin abgesetzt.

Viel länger als wir anderen hatte er Nachhilfeunterricht für die Aufnahmeprüfungen am IIT genommen. Er hatte nur knapp bestanden und bemühte sich hartnäckig jedes Semester, seinen Notendurchschnitt zu verbessern; er hielt seinen Stift in der geballten Faust und bohrte ihn ins Papier, als wäre er eine Waffe in einem Krieg, in dem es für den Verlierer kein Erbarmen gab und in dem ein Versagen der Verbannung nach Hause gleichkam: das Zimmer im Basti, wo junge Schweine und räudige Hunde an Müllbergen kauen und sich knochendürre schwarze Schafe gegen eine rostige Wasserpumpe reiben.

Mit dieser entschlossenen Haltung saß er im Schneidersitz auf dem Boden und ließ eine Bürste über seine Schuhe sausen, massierte seine Kopfhaut mit Kokosnussöl, wobei er in einer Hand seinen rautenförmigen Spiegel hielt (der nach ein paar Monaten zerbrach und seinen Kopf in ungleiche Hälften teilte), oder er schrubbte sich in der Dusche den Oberkörper mit Lifebuoy-Seife ab; derartig entschlossen machte er sich in einem Seminar nach dem anderen Notizen und las, auf der Seite liegend, das *Manorama Yearbook*, während er sich in dem feuchten Raum ab und an seine Frostbeulen rieb.

Die kleinen Freuden der meisten Studenten – Rockbands, Carrom- und Pingpongturniere, Debattier- und Quizwettbewerbe, Mädchenbeobachten bei SPIC-MACAY-Konzerten und im Priya-Kino – interessierten ihn nicht das Geringste. Abgelenkt war er einzig und allein durch die alte *Playboy*-Ausgabe mit Kim Basinger auf dem Cover, die er eines Abends, von Bettwanzen belästigt, unter seiner Matratze fand, wo Aseem sie versteckt hatte.

ZWEI

Ein Jahr verging. Das Wohnheim füllte sich im neuen Semester zunächst mit Studienanfängern, die durch die anfänglichen Früchte ihrer Plackerei beunruhigt aussahen, und anschließend mit den Geräuschen ihrer Initiation: übertriebene Schreie der Beleidigung, Chöre von Selbstspott sowie Gekreische von Ausgelassenheit und Schmerz.

Virendra und Aseem hatten verschiedene Zimmer zugeteilt bekommen, doch wir waren alle im selben Flügel untergebracht, und als ich eines Tages an Virendras Zimmer und dem vertrauten Duft von Kokosnussöl vorbeikam, sah ich eine schwankende Pyramide nackter junger Männer. Virendra trug sein Sandoz-Unterhemd und lag auf seinem Bett, der Druck von Hanuman über ihm, die Hände im Nacken verschränkt und mit den Zehen wackelnd.

In all den Monaten hatte ich Virendra nie lächeln sehen, und jetzt war ich erstaunt darüber, wie unbekümmert er seinen Frohsinn zum Ausdruck brachte. Er warf den Kopf zurück, während die Spitzen seiner glänzenden schwarzen Schuhe unter seinem Bett hervorlugten, und er kicherte und kicherte bei jedem Schwanken der nackten Körper.

Als der schwerfällige Stapel von Akrobaten in einem Gewühl aus Armen und Beinen zusammenbrach, schien ihm eine Welle der Schadenfreude die Kehle zuzuschnüren; er hielt sich den Hals, als müsste er würgen.

Später an diesem Nachmittag sah ich Virendra den Korridor entlanggehen, seine Augen noch glasig von der Anstrengung des Lernens, mit dem *Playboy* in der Hand und der aufgerollten Kim Basinger darinnen. Ich war auf dem Rückweg von der Toilette und wusste, dass er sich zum Höhepunkt bringen musste, bevor er von dem Geruch von Phenol und dem Anblick von Exkrementen überwältigt werden würde – Kackhaufen, die von anderen Studenten, die an heimische Hocklatrinen gewöhnt waren, beim falschen Zielen versehentlich auf den Toilettensitzen hinterlassen worden waren.

Ich hatte mich von Virendra fernhalten wollen, als er zum Opfer wurde; ich empfand Abneigung gegen ihn, als er den Willen zur Macht entdeckte. Um dies zu vermeiden, musste ich lernen, sein Lachen zu ignorieren, das, wenn man ihm ganz nah war, verriet, dass einige seiner Backenzähne gezogen worden waren; ich musste lernen, mir seinen Retro-Schnurrbart und sein geöltes Haar anzusehen.

Es war nicht leicht. Ich versuchte ja gerade, die Selbsterkenntnis, die er hervorrief, zu unterdrücken.

Letztes Jahr sagtest du in London: »Ich bin so gerührt von Virendra. Trotz allem. Er ist der sympathischste aller IIT-Leute, über die ich in meinem Buch schreibe.« Ich erinnere mich, dass du trotz deiner Bemühungen etwas Entscheidendes über unser Leben übersehen hattest: wie sich die uns zugefügten Erniedrigungen unsichtbar in unseren Charakteren abgezeichnet und unterschiedliche Leidenschaften gesät haben: den Traum von weltlichem Ruhm ebenso wie den Wunsch, sich vor der Welt zu verstecken.

Du warst gerade von einem Gespräch mit Virendra in seiner Justizvollzugsanstalt in Massachusetts zurückgekehrt. »Er erzählte mir«, so sagtest du, »wie furchtbar er von seinen Gefängniswärtern behandelt wurde. Trotzdem war er so freundlich, so geduldig, so großzügig mit seiner Zeit. Er schenkte mir all diese kleinen Details, die mir helfen, eine Geschichte zu erzählen.«

Du erwähntest einige dieser Details, die du in deinem Buch, deiner »geheimen Geschichte der Globalisierung«, verwenden würdest, und ich hörte nach vielen Jahren wieder den Namen (Brillant!) des besten Korrespondenz-Tutoriums, das es fürs IIT-JEE in den 1980er Jahren gab. Nach so vielen Jahren erinnerte ich mich wieder an den winzigen Schreibwarenladen mit den zerbrochenen Glasvitrinen in Delhi, in dem die meisten Studienmaterialien von einem stämmigen Mann in einem schmutzigen Baniyan mit schlaffen Armen illegal fotokopiert wurden, und an das Nachhilfeinstitut Agrawal Study Circle, an das junge Männer im Teenageralter aus ganz Bihar und Uttar Pradesh von ihren ängstlichen Eltern geschickt wurden.

»Virendra hat mir sogar all diese Abkürzungen erklärt, mit denen er aufgewachsen ist, und er hat mir geduldig all jene buchstabiert, die ich nicht kannte«, sagtest du.

Ich erschauderte innerlich, als ich wieder die Abkürzungen hörte, die unsere Jugend tyrannisiert hatten: IIT-JEE, CGPA, DR, IIM, CAT, IMS, GRE, GMAT. Und wie seltsam war es, als S. L. Loneys *Plane Trigonometry* und *The Elements of Coordinate Geometry* sowie Igor Irodovs *Problems in General Physics* – die Bibel und *Bhagavad Gita* aller IIT-Aspiranten – eines Morgens in London in einer Amazon-Kiste auftauchten.

Du lachtest, als ich, während du andere Bücher auspacktest, sagte: »Wirst du dir ernsthaft Resnick, Halliday und Walker, Sears und Zemansky antun?«

Wie sich herausstellte, hast du das nicht getan, doch du hast alles gelesen, was du über unseren Gott in die Finger bekommen konntest: Rajat Gupta, Absolvent des IIT Delhi, erster im Ausland geborener Geschäftsführer von McKinsey & Company und Vorbild vieler Studierender in den USA. Du hast unsere Lehrkräfte am IIT interviewt – diese wunderbaren Männer und Frauen, die uns erstaunlicherweise mit Respekt begegneten und uns nach diesen ersten Nächten das Gefühl gaben, zu den Auserwählten des Landes zu gehören. Du hast die langen Abschriften der Gespräche zwischen Siva, Virendra und anderen Finanzgenies unserer Generation am IIT gelesen; du bist zu ihren Arbeitsplätzen und Spielplätzen gereist, von New York bis in die Toskana und nach Kalimantan. Du hast jene interviewt, denen sie während ihres Strebens nach Reichtum und Sex begegnet sind, und du hast Evernote-Dateien und Dropbox-Ordner sowie mehrere Pappordner mit Gesprächsnotizen, Zeitungsberichten, eingescannten Kontoauszügen und heruntergeladenen Videos gefüllt.

Selbst Aseem, der immer mit äußerster, selbstkritischer Strenge andere Schreibende beurteilte, meinte einmal: »Ich habe keine Ahnung, ob Alia schreiben kann, aber sie ist eine großartige Forscherin.«

Durch einen Twitter-Feed, der täglich mit raffinierten Drohungen überschäumte, wusstest du darüber hinaus von einem noch größeren Zusammenbruch. »Es gibt eine ganze Generation, vielleicht sogar zwei, von abgefuckten Männern in Indien«, sagtest du. »Menschen ohne moralischen Kompass.«

Ich denke mittlerweile, dass dies unbestreitbar ist – die Freiheit bedeutete für zu viele Männer wie uns eine Entwürdigung der Werte und Ideale, die das Leben der meisten Menschen bestimmen. Seit ich dich kennengelernt habe, habe ich so viel über die Grausamkeiten und die Unterdrückungen in einer Welt gelernt, die noch immer und heimtückischer als jemals zuvor eine Männerwelt ist.

Doch so wie meine unreflektierte Männlichkeit das Erkennen einiger lebenswichtiger Wahrheiten verhinderte, so machten es dir deine nebenbei ererbten Vorteile von Abstammung, Klasse und Reichtum unmöglich, die eigentümliche Panik und Inkohärenz von Selfmademännern zu erkennen; wie sie ihr Leben in permanenter Angst vor Zusammenbruch und Bloßstellung verbringen.

Die Geschichte, die du in deinem Buch erzählen wolltest, hätte vervollständigt werden können durch eine Betrachtung der Umstände, die uns geprägt hatten. Du warst dir nicht sicher, ob unsere Erfahrungen vor dem IIT irgendetwas erklären würden. »Es ist so amerikanisch«, sagtest du einmal, »diese Obsession mit der persönlichen Geschichte, diese Vorstellung, dass sie tatsächlich erklären kann, wer man ist und was man getan hat, als ob wir nicht die Möglichkeit hätten, uns davon zu befreien.«

Nach allem, was geschehen ist, nach all den Entscheidungen, die ich getroffen habe, kann ich deine Ambivalenz nur teilen, deinen Unwillen, das Prinzip des freien Willens aufzugeben. Ich fühle mich in vielerlei Hinsicht geradeso schuldig wie Aseem und Virendra.

Ich muss dennoch über die Umstände und die Muster unseres heutigen Lebens schreiben – ich muss es auf Umwegen tun, denn Umwege sind die einzigen Pfade zur Wahrheit. In gewissem Sinne ist dies das Memoir, zu dem du mich einst gedrängt hattest, eine Fortsetzung deines eigenen Kampfes, Männer wie Virendra zu verstehen. Viele der Enthüllungen verdanke ich dir: All das, was ich nicht sehen konnte, bis ich dich traf, und obwohl es zu spät kommt und du es vielleicht nicht lesen willst, werde ich womöglich – wie damals, als ich mit dir zusammen war – etwas erfahren über die Teile meines Selbst, die ich ignoriert oder verdrängt habe, über all das, was tief in mir verschüttet liegt, was ich nicht verstehe, wovor ich mich aber immer gefürchtet habe.

Du kamst in unser Leben, lange nachdem wir es geschafft hatten, uns zu verkleiden. »Schau niemals zurück«, sagte Aseem häufig, »schau immer nach vorn und nimm dein Leben selbst in die Hand, lass' nicht zu, dass es von der Vergangenheit bestimmt wird.«

Dann zitierte er aus dem Roman *An der Biegung des großen Flusses* über die Notwendigkeit, »auf der Vergangenheit herumzutrampeln«, und die relative Leichtigkeit, mit der diese kreative Zerstörung erreicht werden kann: »Am Anfang«, so zitierte er Naipauls Zeilen aus dem Gedächtnis, »ist es, als würdest du einen Garten zertrampeln. Zuletzt ist es einfach nur noch der Boden, auf dem du gehst.«

Schon sehr früh gingen wir uns selbst verloren, und wir vermieden es, uns vollständig unserer Erfahrung zu stellen, ja, wir versteckten uns sogar vor ihr. Virendra sprach nie über seine frühen Jahre, und über eine lange Zeit wich Aseem mehr oder minder aus demselben Grund vor dem Thema zurück: Die Brandwunden, die ihm damals zugefügt worden waren, waren nie richtig verheilt, und nur ein Masochist hätte sie freiwillig wieder aufgerissen.

Erst vor kurzem begann er, offen über seine niedere Herkunft zu sprechen, nachdem Narendra Modi 2014 triumphierend seine grausamen Beschränkungen und Entbehrungen – und die von Hunderten Millionen verletzter und beleidigter indischer Menschen – gegen die übermäßigen Ansprüche der englischsprachigen Elite aufrechnete. Von Modi lernte Aseem, dass die Schande, schwach und unkultiviert geboren und in Scham aufgewachsen zu sein, ab sofort der Vergangenheit angehörte und dass man in der in Indien entstehenden Leistungsgesellschaft seine halb ländlichen und von niederer Kaste oder niederer Klasse geprägten Anfänge ebenso gewinnbringend publikmachen konnte, wie es die Selfmademen der USA taten, wenn es um ihre Herkunft aus Blockhütten, Erdnussfarmen und osteuropäischen Schtetls ging.

Wenn ich jetzt auf unsere Verunstaltungen zurückblicke, kann ich jedoch zumindest eine ihrer Ursachen erkennen: den verzweifelten Wunsch, einer schmachvollen Vergangenheit zu entfliehen, die immer bedrohlich zu Hause darauf zu warten schien, uns zurückzuerlangen.

Zwei Jahre lang, bevor ich am IIT angenommen wurde und mein Elternhaus für immer verließ, besuchte ich Tutorien in Delhi. Wie Aseem und Virendra fuhr ich immer mit einer wachsenden Furcht vor dem, was mich zu Hause erwarten würde, zurück.

Wie quälend lebendig sind doch diese Szenen aus den 1980er Jahren, in denen ich einige Indizien für unser späteres Verhalten ausmachen kann. Der Zug vom Bahnhof in Old Delhi, der starrsinnig durch die Ebenen von Punjab und Haryana raucht und schleift, erreicht Deoli gegen fünf Uhr morgens. Enge, dachlose Bahnsteige rauschen die ganze Nacht an den Fenstern meines nicht reservierten Sitzplatzes in der dritten Klasse vorüber, während der Wind durch die Gitterstäbe Kohlenstaub in mein Haar bläst. Wenn der Zug anhält, sehe ich einen schwach beleuchteten Bahnsteig, auf dem sich

Kulis herumtreiben, immer zu zweit, immer bereit, den seltenen Aussteiger zu bedrängen, immer bereit, ihre Schals zu einem schneckenförmigen Polster auf ihrem Kopf zusammenzurollen und auf diesem improvisierten Kissen einen metallenen Koffer entgegenzunehmen, bevor sie in die Nacht davontrippeln.

Von irgendwoher kommt das Klappern eines eisernen Wagens, das Klirrkirren und Dong-dong eines Hammers, mit dessen Schlägen Räder geprüft werden. Menschen ziehen wie Schatten am Fenster vorbei und verschwinden für immer. Einer von ihnen dreht sich leicht um, aber nur, um einen gewaltigen Schwall Paansaft auf den Boden zu spucken.

Dann schlingert der Wagen mit zahlreichen Zischlauten los, vorbei am Bahnwärter, der eine Laterne in die Höhe streckt und dessen Gesicht in dem zitternden grünen Schein etwas Teuflisches besitzt, und vorbei an einem kleinen Flachbau, in dem sich eine Reihe von Hebeln befinden. Beim Gleiswechsel schaukelt es sanft unter mir, die wenigen Lichter erlöschen, und die ausgedehnte Nacht vor meinem Fenster nimmt wieder ihren Lauf – wenn auch nicht lange.

Ich sitze auf einer Holzbank mit gerader Rückenlehne, eingekeilt zwischen mehreren Leuten, und gegenüber sitzt eine ähnlich angespannte Reihe von Menschen mit gesenkten Köpfen, die sich ruckartig erheben, nur um wieder langsam zu sinken. In der Schlafkoje über mir entblößt das fahlgelbliche Licht der Lampen ein Gewimmel halb schlummernder Körper mit aufgerissenen Mündern wie Fische.

Manchmal nicke ich weg, doch der Zug pfeift mit durchdringender Melancholie, stottert über einen Bahnübergang, röhrt in einen lauten Tunnel, während die Metallfensterläden in ihrem Rahmen klappern oder der zusammengekauerte Mann neben mir mit seiner großen, kräftigen Nase, der leise schnarcht und einen strengen Schweißgeruch verströmt, plötzlich auf meinen Schoß sackt.

Mein ganzer Körper verkrampft sich. Ich möchte so gerne meine Beine ausstrecken und meine Füße irgendwo hochlegen; und in diesem Zustand der Unbeweglichkeit bin ich mir ganz sicher, dass das Glück für mich immer ein unerreichbares Ziel bleiben wird.

Deoli hat keinen nennenswerten Rangierbahnhof, nur ein paar sich selbst überlassene Waggons und Lokomotiven aus verbeultem Eisen auf ein paar Abstellgleisen. Es gibt einen einzigen Bahnsteig mit einem kleinen Dach, unter dem ein steinernes Gebäude steht, das mit weißen und braunen Streifen angestrichen ist; es beherbergt das Büro des Stationsvorstehers sowie einen Verkaufsstand, an dem mein Vater Tee, Samosas, geschnittenes Weißbrot, Kekse, hartgekochte Eier, Paan und Zigaretten verkauft.

Bei Tagesanbruch schlafen überall Männer und Frauen auf dem paanfleckigen Boden, von Kopf bis Fuß sind sie in Weiß gehüllt, der weiße Stoff ist immer schockierend, die Farbe des Todes und der Trauer, und sie liegen unter eilig drehenden, niedrigen Deckenventilatoren.

Stell dir vor, wie ich an diesem Zufluchtsort der Mittellosen aussteige, zwischen den anonymen weißen Bündeln hindurchgehe, vorbei an den Hunden, die zu wachen und zu stöhnen beginnen, durch einen schlammigen Vorplatz mit zweirädrigen Tongas, Fahrradrikschas und Ochsenkarren, einem offenen Abfallberg, den streunende Kühe zaghaft plündern, während sie ab und zu einen Huf bewegen und mit ihrem Fell zucken, bevor ich über einen schmalen Sandweg verschwinde.

Hier stehen die Baracken der Eisenbahner, ihre Wände sind

mit getrockneten Kuhfladen übersät, und in den schmalen Vorhöfen vor jedem Zimmer liegen zerbrochene Möbelstücke verstreut. Unter den beladenen Wäscheleinen – gekreuzigte Hemden mit durchnässten Ärmeln, Pythonschlangen aus zerknitterten, ausgewrungenen Saris – scharren hagere Hühner in der Erde; und nur die gelegentliche Reihe von indischem Basilikum in alten Dalda-Blechdosen zeugt von einem Gefühl der Ordnung und der Eitelkeit des Besitzes.

Um diese Zeit erheben sich die Kochfeuer der Angithi-Öfen in schmalen Säulen in den blauen Himmel. In unserem eigenen kleinen Hof steht eine kauende Kuh unter einem groben, strohgedeckten Verschlag und über einem frischen Fladen, der von granatgrünen Fliegen umschwirrt ist. Sie ist fest an einen Eisenpfahl angeleint, so dass sie weder das kleine Kohl- und Tomatenbeet erreichen kann, das meine Mutter pflegt, noch den schwarzen Topf über dem Kohlebecken, in dem sie jeden Morgen und Nachmittag das Essen zubereitet, während sie auf der winzigen Veranda hockt, die durch den Dachüberstand gebildet wird, wobei das lose Ende ihres Sari auf dem Boden hängt.

Unser Haus ist ein kleines Kothri mit beigefarbenen Wänden und zwei hohen, schmalen Fenstern, die unbarmherzig auf den Hof blicken. Es gibt keine Möbel außer einer Eisentruhe in einer Ecke und einem Stapel Matratzen aus groben Kokosfasern auf dem roten Betonboden. In eine Wand sind grün gestrichene Regale eingelassen, auf denen Emaillebecher, Stahlteller und vier Porzellantassen stehen.

Auf dem weißen Geschirr ist ein Monogramm mit einer Dampflokomotive abgebildet, das Indiens nationales Motto *Satyamev Jayate* (Allein die Wahrheit siegt) verkündet; es ist der einzige Luxusgegenstand im Raum und wird sorgfältig aufbewahrt, da es zu Beginn der Karriere meines Vaters von der indischen Eisenbahngesellschaft Indian Railways gestohlen wurde.

Neben den Regalen hängt ein gewebter Sack an einem Nagel an der Wand. In einer Ecke steht ein kupfernes Waschbecken, darunter ein kurzstieliger Besen. Staub haftet an allen Türleisten; die Flügel des Ventilators, der an einem Haken im nackten verzinkten Dach hängt, sind staubergraut, das Dach selbst ist rußflauschig schwarz. Die Wände werden nach jeder Monsunzeit grüner und schimmliger, und im Winter ist der Raum geradeso kühl und feucht, wie er im Sommer warm und feucht ist.

In diesem Kothri, in dem ich scheinbar eine Ewigkeit gelebt habe, ist es unmöglich, sich eine andere Zukunft für mich vorzustellen. Jeden Tag nach dem Abendessen werden drei Matratzen auf dem Boden ausgebreitet, auf denen wir zu viert schlafen, und in der Nacht ist es unmöglich, sich im Raum zu bewegen, ohne auf eine liegende Figur zu treten oder über ihren Körper zu stolpern. Man muss sorgfältig nach einem freien Platz suchen, und wenn man einen Fuß in die Lücke gesetzt hat, muss man einen Platz für den anderen finden.

Die Topographie meines Viertels fühlt sich ebenso beengend an. Am Ende der Gasse befindet sich ein weißer Shiva-Tempel vor einem verstaubten Niembaum, ein kleiner Schrein mit einem Lingam in der Mitte eines Lotos aus Beton, in gelbe Seide gehüllt, die immer feucht ist und schwarz mit Fliegen und Ameisen. Hier lebt eine zwiespältige Figur aus meiner Kindheit, ein Pujari mit grauem, stoppeligem Gesicht, der von Kopf bis Fuß in Safran gekleidet ist und auf dem Kopf eine Art Narrenkappe mit Klappen über den Ohren trägt.

Als ich zwölf war, lud mich dieser Priester einmal in den Schrein ein, um mir eine zuckrige Opferspeise mit Batashas zu geben, und ich stellte fest, dass er mit unbedecktem Kopf noch bedrohlicher aussah. Er hatte seine Mütze abgenommen, als er sich vor mich kniete und begann, meinen Penis zu reiben, und mit der Sandelholzpaste von seiner Stirn in der Nase, betrachtete ich sein pompöses Kastenabzeichen, das brahmanische *chutki*, ein langes, ungeschnittenes, ölfeuchtes Haarbüschel auf der Rückseite seiner glänzenden Glatze.

Nebenbei arbeitet er als Transporteur von schwerem Gepäck, und er besitzt einen Esel, den er erbarmungslos mit einer Latte züchtigt, wenn das Tier sich weigert, ihm zu folgen. Die Schläge auf die nackten Rippen und Schienbeine klingen hart und trocken, die Latte prallt an den Knochen des Esels ab, und das Tier krümmt sich oft heftig unter den Hieben. Der Priester hechelt laut zwischen einzelnen Schlägen, die er rhythmisch mit zusammengebissenen Zähnen austeilt, und am Ende, wenn sich der Esel mit einem gleichgültigen Schnauben wieder aufrichtet, wirkt der Priester von der einfachen Sturheit und Widerstandsfähigkeit seines Tieres nahezu überfordert.

Es sei seine Pflicht, sagt er mir häufig, während er sich an seinem Bart kratzt, mein Lingam so groß wie den von Shiva werden zu lassen. Gewöhnlich fliehe ich nach dem verwirrend ekstatischen und vage beschmutzenden Akt im feuchten Schatten des Lingams zu einem Nullah; und ich lerne den schmalen, zerfurchten Pfad zum Graben auswendig, der entlang schwarzer Schienen verläuft, durch Flecken verbrannten hohen Grases und sich lautlos wiegender Farne, ordentlicher kleiner Pyramiden aus spurlosem weißen Stein und Telegraphenmasten, deren Holz in gräulichen Streifen abblättert.

Ich kann mich noch gut an das flaue Gefühl in meiner Brust erinnern, als ich vorsichtig zum Wasser hinunterstieg und über verblichene Kotklumpen sprang, bis ich unten am kiesigen, schmalen Ufer angelangt war, wo die Strudel dunkle Tiefen andeuteten.

Die einzige befestigte Straße in der Gegend, ein dünner Asphaltstreifen zwischen zwei Erdpfaden, die von den Rädern der Ochsenkarren zu feinem, dickem Staub zermahlen wurden, führt zu meiner alten Grundschule. In diesem kleinen Dreizimmergebäude aus unverputztem Backstein untersuchen zwei Lehrkräfte in makellosem Khadi jeden Morgen die Haare der Schüler auf Läuse, wobei sie bei den beiden Dalits unter uns Lineale statt ihrer Finger verwenden, bevor sie sie mit ihren schwarzen Schiefertafeln und der Kreide auf dem roten Lehmboden sitzen lassen.

Ein paar hundert Meter weiter diesen unebenen schwarzen Weg durch den Staub entlang, vorbei an Holzkarren mit frisch geschnittenem Zuckerrohr und einer Maschine, die den Saft in dicke, grauschlierige Gläser abfüllt, liegt eine weiße bis ockerfarbene Stadt mit engen Gassen, schwarzen, offenen Abflussrohren und noch viel mehr Pariahunden, die so oft getreten und gesteinigt werden, dass sie mit eingezogenen Schwänzen selbst vor den wenigen Menschen davonlaufen, die etwas zu fressen für sie haben.

In der Stadt gibt es Geschäfte, ein Kino, mehrere Tempel und sogar eine Moschee, deren Marmorintarsien von Plünderern aus den Wänden gebrochen wurden und deren rosafarbene Sandsteinkuppel vom Taubendreck befleckt ist. Aus diesem unförmigen Sammelsurium ertönen gelegentlich die nasalen Rufe des Mawlawi sowie blecherne, spöttische Trompetenstöße bei Hochzeitsfeiern und der Klang eines Laut-

fünf Uhr dreißig und sechs Uhr morgens, wenn keine Züge fahren, pflichtbewusst in die Hocke gehen. Es sei denn, sie haben Verspätung. In diesem Fall halten wir uns fest, wenn der Zug mit einem hohlen Klappern und einem starken Windstoß über uns hinwegrauscht, und ziehen die Köpfe ein, während die vorbeifahrenden Waggons sanft Staub gegen unsere entblößten Genitalien blasen.

Früh am Morgen riecht es bei mir zu Hause nach Agarbatti – noch Jahrzehnte später reichte der entfernteste Hauch von Sandelholz aus, um mich stillschweigend in die Tiefen meiner Vergangenheit zurückzutragen. Meine Mutter ist wie immer seit vier Uhr morgens auf den Beinen und verbeugt sich vor den bunten, gerahmten Postkartenabzügen von Rama, Krishna und Hanuman in einer Ecke des Zimmers, ihr vorzeitig ergrautes Haar ist mit dem Ende ihres Saris bedeckt; sie ist eine Figur, die eher von trauriger Unterwerfung zeugt als von Frömmigkeit.

Später am Morgen, nachdem sie den Angeethi angezündet hat, liest sie laut aus *Ram Charit Manas* vor, ein in dunkelbraunes Khadi eingewickeltes Buch der Gita Press, und obwohl sie vieles darin nicht versteht, rührt Tulsis Lobpreisung von Ramas Tugend, Sitas Treue und Hanumans Hingabe sie zu Tränen, und ihr halb verborgenes Gesicht erstrahlt vor Zärtlichkeit.

Meena, meine kleine Schwester, sitzt bei ihr und wiegt sich hin und her. Sie trägt eine rote Schleife in ihrem langen Haar und einen verblichenen Salwar Kamiz. Meena ist zehn Jahre alt, für ihr Alter aber sehr klein und schmächtig: Sie sieht aus, als wäre sie höchstens sieben, und mit zwölf würde sie nicht mehr weiterwachsen. Wie ihre Mutter ist auch sie selten unbeschäftigt.

, Bald wird sie zur Handpumpe am Bahnhof hinuntergehen, in jeder Hand schwingt dann gemächlich ein Eimer, um sich dort zwischen unflätigen Männern und Frauen durchzudrängeln; sie wird zurückkommen, das Wasser plätschert in den Eimern, die dünnen Arme hängen lang und steif an ihrer Seite herunter. Sie schrubbt und scheuert die Kochtöpfe mit Asche und schlägt sie gegen den Boden; sie melkt die Kuh und zerrt dabei mit überraschender Heftigkeit an ihren Eutern; sie fragt mich, ob ich schmutzige Wäsche für sie habe, und schrubbt energisch den nicht zu entfernenden Schmutzring im Innern meines Hemdkragens (ein Kampf, von dem ich weiß, dass er nur zum Ausfransen führen wird), und erhebt sie sich aus ihrer Hocke, klebt ihr jedes Mal eine Haarsträhne an der Stirn.

In ihrer Freizeit näht sie Leinensäcke für den Laden meines Vaters, ihre Hände sausen dabei flink über ihrem Schoß auf und ab, doch ihr gebeugter Hals, ihre Augen, Augenbrauen und Lippen sind dabei völlig beruhigt durch die eintönige Tätigkeit. Sehr selten hebt sie den Kopf, um ihren Nacken auszuruhen, dann blickt sie ausdruckslos ins Leere, blinzelt und beugt sich erneut über den Sack.

Sie wird meiner Mutter ähnlicher. Vom ständigen Waschen und Putzen hat sie dieselben weißen und abgehärmten Finger. Sie fürchtet sich vor allem und hat den plötzlichen und unstillbaren Drang, sich zu verstecken und zu weinen.

Du sagtest einmal: »Der Unterschied zwischen der Art und Weise, wie Männer und Frauen die Welt erleben, ist der Unterschied zwischen Tag und Nacht«, und diese Worte schienen mir sofort eine unumstößliche Wahrheit auszudrücken. Wie sich jedoch herausstellte, meintest du etwas anderes, als ich angenommen hatte.

Du sprachst von der Art und Weise, wie Frauen im öffentlichen Raum mit der Furcht vor Männern leben, mit der Sorge, dass ihre bloße Anwesenheit auf der Straße, in Geschäften und Büros ein lüsternes Interesse wecken könnte. Daran hatte ich noch nie gedacht, und meine Unwissenheit über eine alltägliche Erfahrung von Frauen verdeutlichte nur noch deinen Standpunkt.

Doch ich hatte die Frauen im Sinn, die zu Hause blieben und den Tag buchstäblich im Dunkeln verbrachten, in lichtlosen Küchen, während ihre Männer das Haus verließen, um ihren Lebensunterhalt zu verdienen. Ich hatte im Sinn gehabt, wie unveränderlich unsere Großmütter und Mütter im Schatten anderer Menschenleben existierten und starben; wie ungebrochen die Trance der Knechtschaft war, in der sie ihr eigenes Gefühl von Bescheidenheit in einer großen, gleichgültigen Welt an ihre Töchter weitergaben.

Der Absturz meiner Mutter begann schon mit neun Jahren, als ihr Vater bei einem Unfall ums Leben kam; mit der Heirat meines Vaters im Alter von 16 Jahren wurde sie von neuen Schrecken umschnürt. Die Elendskarriere meiner Schwester begann sogar noch früher, nämlich mit dem Bewusstsein, dass sie überhaupt einen Vater hatte; nach ihrer frühen Heirat mit einem Mann, der ihr schnell hintereinander vier Kinder aufzwingt, wird es unmöglich, alledem zu entkommen, während er zu einem hoffnungslosen Trinker verkommt, zu einem *nikamma* und *muft khor*, einem Verschwender und Schmarotzer, um es mit Babas Lieblingsworten zu sagen.

Als ich ankomme, putzt sich Baba gerade die Zähne. Der Zweig steckt noch in seinem Mund, und er nickt beiläufig. Was gibt es zu sagen? Meine Mutter und meine Schwester blicken kaum von ihrem Tablett mit nackten Kartoffeln und

Schalenspiralen auf. Tatsächlich sprechen wir nicht viel miteinander, und zwischen meinem Vater und meiner Mutter vergehen Wochen ohne größere Unterhaltungen.

In diesem stillen Haus stammen die Geräusche von anderswo: das bedächtige Wiehern der Kühe, das gleichmäßige Plopp-Plopp, wenn sie ihren Mist fallen lassen, laute, schimpfende Männerstimmen, Schreien und Schluchzen, wenn Kinder ausgepeitscht und Ehefrauen geschlagen werden, Türen aus Wellblech, die auf Betonschwellen schrappen, bevor sie zugestoßen werden, das dumpfe Donnern vorbeifahrender Güterzüge, das Schnäuzen von Nasen oder das Dudeln von Transistorradios, das drosselnde Quieken und Knarren, bis sie eingestellt sind, und zwar alle auf denselben Sender: All India Radio am Morgen, Vividh Bharati am Nachmittag und am Abend Radio Ceylon, das von einer düsteren Baritonstimme zu fröhlichem Gesang wechselt.

Die Stimmen von nebenan klingen immer bedrohlich. Die Nachbarin ist eine alte Frau, die Mutter eines Arbeiters, der oft unterwegs ist, um die Wagen der Permanent Way Inspectors zu schieben, seine nackten Füße bewegen sich flink über die glühend heißen schwarzen Schienen. Die Frau murmelt die ganze Zeit vor sich hin und malt sich Szenarien aus, in denen sie betrogen oder ausgeraubt wird.

Am häufigsten ist unsere Kuh in diese Szenarien verwickelt, die sich in ihr Gemüsebeet verirrt, woraufhin die Frau mit einem langen Stock hinausgestürmt kommt, dann knochig und zahnlos herumsteht, während ihr kurzes graues Haar im Wind flattert, und eine halbe Stunde lang obszön vor sich hinflucht, laut genug, um die Aufmerksamkeit der Passanten zu erregen.

Einmal kam Baba aus unserem Zimmer und schrie zurück: »*Kya bol rahi hai, beizzat aurat, yeh kaisi bhasha hai?*

Was sagst du da, du schamloses Weib? Was sollen diese Ausdrücke?«

Plötzlich wirkte sie verwirrt, als verstünde sie nicht, was an ihrer Wortwahl anstößig gewesen war. Ihr Anblick schien meinem Vater die Luft zu rauben, obwohl er bereit gewesen war, sie noch weiter zu schelten. Er blieb eine Weile lang stehen, bevor er verzweifelt abwinkte und sich zurückzog.

»Was soll man mit solch barbarischen Menschen machen?«, fragte er. »Deshalb musst du hart für dein Studium arbeiten und von hier abhauen.«

Mein Vater – gutaussehend, mit leuchtenden braunen Augen, absurd langen Wimpern, die ich von ihm geerbt habe, und einem perfekt gestutzten und gekämmten Bart, seiner einzigen körperlichen Eitelkeit, die er jeden Morgen vor einem rostigen Handspiegel auslebt –, mein Vater ist der Meinung, dass er uns bereits einen guten Start ins Leben beschert hat.

Auf der Flucht vor seiner Herkunft aus Rajasthan, wo er ein einfacher Kurmi war, hat er mich mit einem einzigen Federstrich des Schulleiters in einen Hindu der oberen Kaste verwandelt: ein Brahmanen-Nachname auf meinem Schulzeugnis, ein gewöhnliches Täuschungsmanöver, das mich weniger anfällig für die Herablassung der Hochgeborenen macht, mich aber gleichzeitig mit der lebenslangen Angst besetzt, entlarvt zu werden.

Er schickte mich auf eine örtliche Grundschule und sparte Geld für meine Ausbildung, indem er meine Schwester aus der Schule nahm. Anschließend meldete er mich an einer christlich geführten Sekundarschule fünf Meilen außerhalb der Stadt an, wo ich mich den Hindu-Jungen anschließe, die jeden Morgen meuterisch das Vaterunser murmeln, sich über die verwöhnten englischstämmigen Inder lustig machen und deren Röcke tragenden Müttern nachstellen, mit Zirkeln und Rasierklingen zotiges Zeug in die hölzernen Schreibtische ritzen, von Kricket-Ruhm schwärmen und die kleine Bibliothek voller Enid-Blyton-Bücher über englische Schulkinder plündern, deren Sommerferien auf Inseln und in Dörfern mit erstaunlicherweise gutmütigen Polizisten sie verzaubert.

Als Krönung seiner Bemühungen lieh Baba sich Geld, um mich zu den Tutorien nach Delhi zu schicken. Die Konditionen des örtlichen Geldverleihers sind haarsträubend. Doch Baba ist zuversichtlich, dass mein Erfolg mich garantiert in die Riege derer aufsteigen lässt, die sich um Geld keine Sorgen machen müssen.

Während er den Aufstieg seines Sohnes ausheckt, befindet sich sein eigener Ruf im freien Fall. Früher arbeitete er einmal in der Kantine im Bahnhof eines großen Eisenbahnknotenpunkts, er trug einen Turban und eine gestärkte weiße Jacke mit Messingknöpfen und einer diagonalen roten Schärpe darüber. Doch ein Kommissar erwischte ihn dabei, wie er Mehl und Kerosin aus Bahnvorräten an einen örtlichen Händler verkaufte. Er wurde auf einen kleineren Bahnhof versetzt, wo keine warmen Mahlzeiten serviert wurden, was die Möglichkeiten des Nebenverdiensts einschränkte.

Aufgrund der Entdeckung, dass er noch immer staatliche Mittel veruntreute, wurde er ein weiteres Mal degradiert und landete ohne Uniform in Deoli, einem Bahnhof an einer schmalspurigen Nebenstrecke in einer unterbevölkerten Gegend. Hier verkauft er nur noch Samosas, die in trübem Erdnussöl frittiert werden (das für den Darm schädlich und uns verboten ist), und seine einzige andere Einnahmequelle ist eine kleine Provision von Kartenspielern, meist Feuerwehrmännern, die nach Feierabend an seinem Stand zocken und verbotenen Tharra trinken.

Er kommt spät abends nach Hause zurück, nachdem er seine Samosas an die letzten Züge verkauft hat, und notiert sorgfältig die Tageseinnahmen in einem linierten Notizbuch. Der Bahnhof, der die meiste Zeit des Tages trostlos ist, wird verwandelt durch kleine Entladungen von Energie, wenn die Züge atemlos röhrend und hustend um die Kurve an einem Bahnübergang auftauchen, die schwarzen Lokomotiven mit Kuhfängern, deren gefletschte Metallzähne etwas Dämonisches haben, sich aber als zahme Holzwaggons entpuppen, die mit einem kurzen, verzweifelten Schrei und knirschenden Bremsen zum Stillstand kommen.

Plötzlich beginnt der Bahnsteig zu brodeln, und die Leute wuseln wie verstörte Ameisen um den unbeweglichen Tausendfüßler des Zuges herum: und Baba braucht mehrere Arme, um den Händen zu dienen, die ihm Münzen und schweißverschmierte Scheine über den Tresen reichen. Er greift nach Keksen, Samosas und Paan, während er schnell das Geld zählt und in eine fettige Schublade unter seinen Regalen wirft, und einen Augenblick lang scheint er zu tanzen.

Die gakeligen Ventilatoren, die über den Köpfen kreisen, wirken hilfloser, große aufgeblähte Dampfschwaden hüllen einen Teil des Bahnsteigs in Weiß, graue Postsäcke werden aus dem Begleitwagen geworfen und landen mit lautem Aufprall auf dem Bahnsteig, und die Hunde fangen an zu heulen. Die Geschäfte werden meist während dieser Zwischenspiele extremer Unordnung abgewickelt, die durch den dünnen, scharfen Pfiff der silbernen Pfeife des Bahnhofsvorstehers und durch das Schwenken der zerfledderten grünen Fahne der Wache ganz abrupt noch bis zur Raserei gesteigert wird.

Nachdem die Züge ihre schlechte Laune mit raus aufs

Land genommen haben, senkt sich rasch Ruhe über den Bahnsteig, und bald ist wieder das rhythmische Knarren und Wimmern der Handpumpe zu hören. Mein Vater aber schäumt vor Wut, als er seine unverkauften Samosas an die immer hungrigen Menschen verteilt, die am Bahnhof leben. Plötzlich ist er es leid, dass sich die Empfänger seiner Wohltätigkeit gegenseitig schubsen und beschimpfen, und sein Arm schnellt in die Menge der zerlumpten Gesichter und schlägt jemandem aufs Ohr oder gegen die Wange.

Zu Hause beschwert er sich gerne übers Wetter (»*Kaisa mausam hai yeh!* Was für ein Wetter das ist!«), die Kehrer, die nicht zur Arbeit erscheinen (»*Nikammey Bhangi, muft ki kamayi hain, yeh Harijan karamchari ki.* Das sind alles Schmarotzer, diese Harijan-Angestellten.«), gelegentlich über einen Bauern, der es wagt, am Bahnhof geröstete Maiskolben und geschnittene Gurken zu verhökern (er hasst jede Erinnerung an seine eigene bäuerliche Vergangenheit) und über Muslime ganz allgemein (»*Yeh Mohammedan log bahut kattar hai.* Diese Mohammedaner sind solche Fanatiker.«).

Das bevorzugte Objekt seiner Beschwerden ist die Korruption, und tatsächlich vergeht kaum ein Tag ohne irgendeine Art von Schwindel. Die Händler, die ihm Mehl mit Rüsselkäferbefall und verdorrte Betelblätter verkaufen, die Chokra-Verkäufer seines Chai, die ihre wahren Einnahmen so geschickt verbergen, wie sie Reihen von Tontassen auf ihren Armen balancieren; die heimlichen Glücksspieler in schwarzen Overalls, die auf seinen Spielkarten Kohleflecken hinterlassen und ihm nicht die richtige Provision zahlen, und sogar Kunden, die mit zerrissenen Geldscheinen bezahlen – alle versuchen zu betrügen. Die Lokomotivführer, Streckenarbeiter und Bahnwärter stehlen Kohle; der Unternehmer für Eisenbahnarbeiter stellt viel zu hohe Rechnungen.

Er jedoch, der selbst ein Betrüger ist und die minderjährigen Jungen, die er beschäftigt, unterbezahlt, beklagt sich in Wirklichkeit über sein eigenes Leben und das Leben so vieler Männer wie ihm: über den Bahnhofsvorsteher, der ihn ständig beschimpft, weil er den Bahnsteig verschmutzt; über den örtlichen Thanedar, der seinen Anteil an der winzigen Provision der Glücksspieler einfordert; das Hilfspersonal in dem kilometerweit entfernten staatlichen Krankenhaus, das ihn stundenlang auf einen Bluttest warten lässt; die Brahmanen-Lehrer in der Grundschule, die ihm mit offener Verachtung begegnen, als könnten sie aus seiner Unterwürfigkeit ihnen gegenüber seine Herkunft aus einer niedrigen Kaste erraten; und sogar über den Postbeamten, der ihn anschnauzt, während er hinter einem staubigen Gitter behutsam die perforierten Briefmarken mit Gandhi-Gesicht abtrennt.

Auch erbost er sich über Kunden, die feilschen oder anschreiben wollen. Seiner Meinung nach ist dieses Verhalten an seinem Teestand genauso unanständig wie in der Apotheke.

Und häufig kann ich nur erahnen, wie sich sein Hass – auf Gauner und Geschäftemacher, aber auch auf seine eigene Ohnmacht und Unterwürfigkeit – entlädt. Ich erinnere mich an den Abend im Jahr 1984, als er vom Bahnhof nach Hause kam, sein Kurta-Pyjama war zerknittert und blutbespritzt, in seinen Augen brannte ein seltsames Leuchten. Damals war ich zwölf und hatte ihn noch nie so gesehen.

Am nächsten Tag, zwei Tage nach der Ermordung Indira Gandhis, erzählten Jungen auf dem Schulhof, wie mutige Hindus jeden Zug bestiegen, der in den Bahnhof einfuhr, und die Sikhs mit nichts weiter als ihren bloßen Händen und einigen Lathi-Knüppeln gelyncht hatten. Die Schuljungen stellten sich vor, wie sie selbst an der Spitze einer solchen Gruppe patriotischer Hindus stünden und den Befehl gäben, jeden Mann und jedes Kind mit einem Turban auszurotten.

Monatelang danach (und bis andere Kindheitsängste stärker wurden) fragte ich mich, ob mein Vater einer der Anführer des Mobs gewesen war; ich konnte mir seine Hände nicht ansehen, groß waren sie und mit haarigen Knöcheln und geschwollenen Adern auf dem Handrücken, ohne mir dabei vorzustellen, wie sich diese Hände um den unglücklichen Hals eines Turbanträgers klammerten.

Das Abendessen ist die größte Mahlzeit des Tages, denn mittags essen wir nur Reste, und statt Frühstück gibt es nur frische warme Milch aus Emaille-Bechern, die Baba ebenfalls von seinen Arbeitgebern gestohlen hat. Das Essen wird auf rilligen Menüschalen aus Aluminium serviert, wie sie auch Passagiere der ersten Klasse bekommen. Mein Vater hat sie gestohlen, bevor ich geboren wurde, und heute sind sie verbeult.

Und jeden Abend sitzen wir auf dem Boden, die aufgestapelten Tabletts vor uns, und warten darauf, dass er mit seiner Waschung fertig ist.

An diesem Abend während meiner kurzen Rückkehr aus Delhi hat seine weiße Kurta feuchte Halbmonde in jeder Achselhöhle, und sein Gesicht ist schweißnass, doch seine Augen sind so wach wie immer, als suchte er die Außenwelt noch immer auf Anzeichen von Betrug ab.

Ich sehe ihn, eingerahmt von der Tür, wie er mit einem Plastikbecher in der Hand im Hof steht. Seine Beine in dem weißen Pyjama sind weit gespreizt, und sein Oberkörper ist nach vorne gebeugt, während er sich das Gesicht wäscht.

Immer noch vornübergebeugt, schnaubt er, während er sich die Wangen und die Stirn reibt; er drückt abwechselnd jedes Nasenloch zu und schnäuzt wütend, zieht den Schleim hoch und spuckt.

Nachdem er sich Gesicht und Hände mit einer Gamcha abgewischt hat, wirft er sich das Tuch über die Schulter und geht zurück ins Zimmer, wobei noch einige Wassertropfen in seinem Bart glitzern.

Da es kein fließendes Wasser gibt, ist Sauberkeit für uns eine mühselige Angelegenheit. Irgendein Teil des Körpers neigt immer dazu, vernachlässigt zu werden, und als Baba sich im Schneidersitz vor seinem glänzenden Tablett auf dem Boden niederlässt, sind die Sohlen seiner nackten Füße, die nie gewaschen werden, dunkel und dick und voller Risse.

Draußen muht die Kuh. Die Tempelglocken schlagen, gefolgt von einem Muschelhorn – an diesem Abend findet das Aarti-Ritual statt, zu dem die meisten Gläubigen kommen. Ich stelle mir den Priester mit seiner Narrenkappe vor, wie er mit seiner Diya große Bögen in die Luft zeichnet und anschließend mit der Diya auf einem Thali herumgeht. Die Gläubigen werfen eine Münze auf den Messingteller, wärmen ihre Fingerspitzen über der Kampferflamme, bevor sie sie an die Stirn führen, und strecken dann rasch ihre Hände aus, um eine Opfergabe in Form einer rissigen weißen Batasha auf ihre rechte Handfläche gelegt zu bekommen.

Ich höre ein dumpfes Rumpeln; es ist einer der langen Güterzüge, die abends und nachts durch die Station fahren. Meist bummeln sie schüttelnd und rüttelnd entlang, Waggon um Waggon, sind aber schnell genug, um die Körper von Kühen und Büffeln zu zerteilen, die sich auf die Gleise verirren oder, wie mein Vater sagt, von Dalits und Muslimen, die sie häuten wollen, dorthin gedrängt werden.

Den ganzen Tag über schon sind meine Gedanken umwölkt – die Sorge um die Gebühren für die Nachhilfestunden, die höheren Preise für Thali in Delhi. Ich wollte schon mehrmals etwas sagen, aber ich blicke zu meinem Vater und esse schweigend weiter.

Seine Familie in Rajasthan bestand aus Bauern in einem halbwegs bestellbaren Teil des Wüstenstaates, und weil er seine Verbitterung darüber oft kundtat, wusste ich, dass er gerade erst lesen und schreiben gelernt hatte, als sie ihn aus der Schule holten und ihn auf ihren Feldern ackern ließen.

Einmal habe ich ihn belauscht, als er einem Kunden ein Leben beschrieb, das fast ununterbrochen von Entbehrungen und Sorgen gezeichnet war. Zu jeder Zeit musste man vor so vielen Dingen Angst haben, sagte er. Zu viel Regen verfaulte die Saat, Hagel und Gewitter zerbrachen die Weizenhalme, die Dürre hinderte die Ähren am Ausreifen, das Unkraut fraß sich wie ein Krebsgeschwür durch den Boden, und auch der Frost trug zur ständigen Bedrohung des Verderbens bei.

Er schloss mit: »*Itni mehnat roti ke liye janam se maut tak*. Von der Wiege bis zur Bahre so viel schweißtreibende Arbeit für *Roti*.«

Und dann setzte er hinzu: »*Khair, apni zameen thi vahan, purvajo ki, apna paseena aur khoon khaad mein jaata tha, jin pedpaudhon ko paani karthey the, unme apna kuch astitva tha. Yahan to hum kutton jaise rahte hai.* Wie auch immer, zumindest war das noch unser eigenes Land dort, es gehörte unseren Vorfahren, unser Schweiß und unser Blut flossen in den Boden, und es war etwas von uns in den Bäumen, die wir bewässerten. Hier leben wir wie Hunde.«

Nach meiner Entdeckung seiner Vergangenheit betrachtete ich oft sein großes Gesicht und seine kauenden Kiefer und versuchte, darin irgendwelche Hinweise auf sein früheres Leben auszumachen.

Eines Abends dann guckte er plötzlich von seinem Dalchawal auf, bemerkte meine Blicke und sagte: »*Yeh ghoor kyon raha hai, haramzada?* Was starrst du so, du Bastard?« Seitdem versuche ich, ihm nicht länger als eine Sekunde in die Augen zu schauen, selbst wenn er sich nach vorne beugt und sein Gesicht ganz nah an meines hält und sein Mantra herausbrüllt: »*Bhikari banega tu agar padhega nahin, aur gutter mein mareyga.* Wenn du nicht studierst, wirst du zum Bettler und verreckst in der Gosse.«

Nachdem meine Mutter und meine Schwester die verbeulten Menüschalen abgeräumt haben, räuspere ich mich und sage: »Ich will morgen Abend zurück nach Delhi fahren. Ich hätte gar nicht erst kommen sollen. Das Tutorium beginnt am ersten September.«

»*Jao, Jao, Kaun roak raha hai?* Gut, gut, wer hält dich denn auf?«

»*Raju ko paisa chaiye, coaching class ke liye.* Raju braucht Geld für das Tutorium.« Meine Mutter spricht mit leiser Stimme und verwendet meinen Spitznamen.

Ich habe das nicht von ihr erwartet. Obwohl sie erst Mitte dreißig ist, ist ihr Gesicht schon von Falten gezeichnet, und sie würde nie auf die Idee kommen, das gute Aussehen zu pflegen, das es ihrer Mutter ermöglichte, sie so früh zu verheiraten.

Wenn sie nicht gerade kocht oder putzt, ist sie immer damit beschäftigt, dicke Wollpullis für ihre Kinder zu stricken oder Taschentücher für mich zu besticken, die ich mit in die Schule nehmen soll, in einer Ecke tragen sie meine Initialen, und ihre Lippen bewegen sich, während sie die Maschen zählt.

Baba sieht leicht erschrocken aus. Ich bemerke einen Krümel Roti in seinem Bart.

»*Paisa? Bilkul. Paisa ke bina kaam kaisa chalega?* Geld? Natürlich. Wie soll irgendwas ohne Geld gehen?«

Erleichtert blicke ich in das Gesicht meiner Mutter. Baba kramt absichtlich tief in den Taschen seiner Kurta und streckt dabei sein Bein aus, um einige verschmutzte Geldscheine herauszufischen. »*Kitna chaiye?* Wie viel willst du?«, fragt er.

An der Art und Weise, wie er die Rupienscheine umklammert, erkenne ich schon, dass es nicht genug ist.

»*Ah, paisa, paisa!* Geld, Geld!«, seufzt Baba. Immer wenn er Geld sah, seufzte er, selbst wenn er Geld bekam und obwohl er die Geldscheine mit Respektlosigkeit behandelte und sie in seine Kurta-Tasche steckte, als wären sie gebrauchtes Seidenpapier.

»*Yeh, do sau rupai lo.* Nimm diese zweihundert Rupien.«

Ich warte einen Augenblick. Ich will ihm erzählen, dass ich letzten Monat nicht am Unterricht teilnehmen durfte, weil ich meine Gebühren nicht bezahlt hatte, und dass mein Vermieter damit gedroht hat, mich aus dem Zimmer zu werfen, das ich mit zwei anderen Schülern der Tutorien in Karol Bagh teile.

Doch meine Mutter kann sich nicht zurückhalten. Sie sagt: »*Aur paisa do usko, Dilli mai kaise phadega?* Du solltest ihm mehr geben. Wie soll er denn sonst in Delhi leben und studieren?«

Sie fügt unaufgefordert hinzu: »*Aur nayi pant-kameez bhi honi chaiye. Kitna kharab lag raha hai.* Er braucht eine neue Hose und ein Buschhemd. Es ist eine Schande, wie er aussieht.«

Baba rutscht unruhig auf seinem Stuhl herum. Er hat meine Mutter noch nie körperlich angegriffen, zumindest nicht in meiner Anwesenheit, doch es gibt für alles ein erstes Mal.

Ich halte den Atem an. Meine Mutter, die die brodelnde Stimmung ihres Mannes nicht wahrnimmt, spricht weiter: »*Chotta bachcha nahin raha.* Er ist jetzt kein kleiner Junge mehr, weißt du.«

Das Schmatzen verstummt, und eine Stille breitet sich aus; die Wangen beulen sich rasch mit Essen aus.

Ich überlege gerade, ob ich nicht die Hand ausstrecken, das angebotene Geld nehmen und dieser Szene ein Ende machen soll, als Baba plötzlich aufsteht und seine schmutzigen Geldscheine mit voller Wucht mitten in die verbeulte Menüschale schleudert.

»*Paisa, paisa, paisa, yeh lo paisa!* Geld, Geld, Geld, nimm dieses Geld!«, schreit er mit einer unnatürlichen Stimme. »*Gala ghot lo mera.* Quetsch mich doch aus.«

Er umklammert dabei seinen Hals, und ich muss daran denken, wie seine Hände sich um den Hals eines Turbanträgers legen.

»*Nanga kar do mujhe.* Zieh mich nackt aus.«

Auf den Gesichtern meiner Schwester und meiner Mutter, deren Wangen vom ungekauten Essen ausgebeult sind, sehe ich einen Ausdruck von stumpfem Entsetzen.

»*Le jao note, aur nanga kar do mujhe!* Nimm es, und zieh mich nackt aus!« Baba schreit und zittert am ganzen Körper. »*Kar le ayyashi bade shahar mein!* Geh' in der Großstadt zechen!«

Ich sehe, wie der Rotikrümel von seinem Bart springt, und ich weiß nicht, warum ich sage: »Baba–.«

»*Jubaan pe rakm laga. Yeh randi-khana nahin hai.* Hüte deine Zunge. Das ist kein Bordell hier!«, schreit er noch lauter.

Plötzlich erinnere ich mich daran, wie er mir eine ordentliche Tracht Prügel verpasste (angeblich, weil ich für Englisch und Mathe nicht genug gelernt hatte, in Wirklichkeit aber, weil ich mir Fähigkeiten angeeignet hatte, die ihm verwehrt waren, denn ich war stets ein fleißiger Schüler), und ich musste strammstehen, die Hände an meine Seiten gepresst, und ihm direkt ins Gesicht schauen, während er mir auf die eine und die andere Wange schlug. Meine Mutter sah zu, und ihr Gesicht war voller Entsetzen über das, was ich für den scharlachroten Abdruck der Hand meines Vaters auf meinen Wangen hielt; und einmal war ich von einem Rußfleck über seiner linken Augenbraue so fasziniert und so voller Mitleid für ihn, dass ich fast vergaß, dass er mich schlug.

Ich frage mich, ob ich heute immer noch strammstehen müsste, falls er beschließt, mich zu schlagen, und dann beginnt mein Gesicht heiß zu kribbeln.

Von nebenan höre ich murrende Stimmen.

Mein Vater schreit noch lauter. »*Teri umra mein naukri kar raha tha ... Nikal bahar kar doonga, muft khor, nikamma.* In deinem Alter habe ich meinen Lebensunterhalt verdient ... ich werde dich rausschmeißen! Nichtsnutz! Schmarotzer!«

Meena, die unsere Mutter mit offenem Mund angestarrt hat, senkt ihren leeren Blick auf den Boden und beginnt, langsam, aber außerordentlich laut zu schluchzen. Baba sieht sie an, während ihr die Tränen aus den Augen platzen, und winkt ab.

»*Band kar yeh drama-baazi.* Hör bloß auf mit diesem Melodrama.«

Professor Sir am IIT pflegte zu sagen, Melodrama sei ein Ersatz für die Schwachen und Ineffizienten, die nicht in der Lage sind, zur Würde und zum Adel der Tragödie oder zum

Luxus der Ironie emporzusteigen, für all jene, denen selbst gewöhnliche Willensakte unmöglich sind. Menschen, die nicht in der Lage sind, ihr eigenes Schicksal zu ändern, bleibt nichts anderes übrig, als diese Tatsache nur immer wieder zu beklagen, und da sie zur überwiegenden Mehrheit der Weltbevölkerung gehören, sollte das Melodrama in seiner weltgeschichtlichen Wirkung ernst genommen werden.

Vielleicht wirst du verstehen, warum die meisten häuslichen Szenen in meiner Kindheit vom Melodrama gezeichnet waren. Meine übliche Reaktion ist, in den Hof zu rennen und dann von dem Zimmer und der aufgeschreckten Kuh mit den großen Augen davonzulaufen und einfach immer weiterzugehen. Ich nehme die Straße, die zu meiner alten Grundschule führt, vorbei an den schummrigen Lichtern, die durch geschlossene Türen und den Tempel in die Dunkelheit sickern, und ohne seine flitterige Lichterkette ist der Tempel beachtlich; ein alter Sadhu mit grauen Dreadlocks hockt dort in der Nacht und zieht an einem Chillum, das nach Ganja riecht.

Ich gehe die staubige Straße entlang und denke an Selbstmord und an Baba, der durch sein reuevolles Leiden am Boden zerstört ist. Ich stelle mir alle möglichen Eskapaden auf der Straße vor: Ich werde von einem Sadhu als weiser Mann erkannt, dessen wahre Heimat der ewige Schnee des Himalaya ist; ein Auto fährt heran, um mich mitzunehmen, und in dem Wagen sitzt eine große Schönheit, die die ärmellosen Kleider der Frauen von den Filmplakaten trägt, die meine mir angeborene Brillanz erkennt und mein Studium am MIT sponsert, wo ich zusammen mit einem der wissenschaftlichen Genies aus Indien einen neuen Weg für die Menschheit entdecken werde.

In diese widersprüchlichen Phantasien vertieft, gehe ich

immer weiter, bis ich schließlich erschöpft nach Hause zurückkehre und mich, darauf bedacht, über niemanden zu stolpern, zu den schlafenden Körpern auf dem Boden lege.

Wie immer schnarcht meine Schwester leise, eines ihrer Knie ist an den Bauch gezogen, und durch das hohe Fenster fällt Mondlicht in den Raum. Ich liege lange wach und empfinde keine Wut auf meinen Vater, sondern Schmerz über das Leben meiner Mutter, bevor ich mich mit der Vision meines eigenen Körpers, der langsam im Meer versinkt, in den Schlaf wiege.

DREI

Ich wollte dir dies alles nicht erzählen, als du mich zum ersten Mal für dein Buch interviewtest – das Melodrama, das *Elend* des Melodramas, das unsere Erwachsenenleben schon umriss, lange bevor wir sie zu leben begannen. Auch später habe ich dir nur grobe Angaben über meine Verwandten, mein Zuhause und seine Umgebung gemacht. Ich glaube, mit der besorgten, aber ruppigen Sympathie der sehr Reichen für die Nicht-Reichen nahmst du an, dass ich und Virendra und Aseem Opfer großer Armut gewesen waren.

Rückblickend lag darin eine der Ungenauigkeiten deines Buches, die ich nicht korrigiert habe, auch wenn ich viele Fassungen davon las. Ich gestehe dir zu, dass ein von Schulden überschattetes Leben, in dem man auf neue Kleidung und andere vermeidbare Ausgaben verzichtet und sie auf eine imaginäre Zukunft finanzieller Erleichterung verschiebt, in seinen selbst auferlegten Entbehrungen und seinem ständigen Mangel vielleicht noch erdrückender ist als ein Leben, in dem man nicht genügend zu essen hat.

Die Scham ist zu groß, zu viele Nerven liegen blank, wenn es darum geht, wie man spricht und sich kleidet. Und dann ist da noch die nagende Furcht, dass unsere Anmaßung bürgerlichen Ansehens jeden Moment auffliegen könnte. Doch die ganz und gar Elenden und die wirklich Bettelarmen teilen

unseren Vorteil nicht: den Glauben an einen künftigen Geld-
segen.

Auch damals haben wir uns nicht als arm bezeichnet. Das
Wort wurde nur für die nächtlichen Bewohner des Bahnsteigs verwendet, von denen einige ihrer unbeholfen sinnlosen Existenz entkamen, indem sie sich vor den vorbeirasen-
den Dieselzügen auf die Gleise niederlegten; der Anblick von
Ratten, die an einem trüben Morgen an einer verstümmelten
und kohleschwarzen Leiche nagten, verfolgte mich monatelang.

Bei starkem Regen fiel der Strom aus, und ein großer Teil
der Stadt wurde überflutet, so dass die Menschen in knie-
tiefem Wasser standen. Innerhalb unserer festen Mauern
war das Geräusch des Regens beruhigend; die Petroleumlampe rollte ein weiches und gelbes Licht über alle Dinge;
und die vollen und schlammigen Regenrinnen vor dem Haus
gurgelten immer mit einer spannenden Möglichkeit: dass die
Schule geschlossen werden würde.

Wir hatten zu Hause jeweils zwei Sets von Kleidung. Ich
hatte dazu ein Paar Schuhe, um mich vor Hakenwürmern
und Blutegeln zu schützen, die meine Sandalen tragende
Schwester häufig quälten; und obwohl wir auf dem Boden
schliefen, waren unsere Kopfkissenbezüge von meiner Mutter mit leuchtend roten Rosen und grünen Stängeln bestickt.
Jeden Morgen vor der Schule, bis ich zwölf oder dreizehn
war, steckte mir meine Mutter eines ihrer bestickten Taschentücher in die Tasche meiner Shorts, setzte mich anschließend vor sich, scheitelte und kämmte sorgfältig mein Haar
und gab mir danach einen Kuss auf die Stirn.

Ich erinnere mich, wie du einmal von deiner Mutter sprachst:
wie sie sich von deinem Vater scheiden ließ, kurz nachdem

ihm ein islamischer Fundamentalist in die Wirbelsäule geschossen hatte, was ihn querschnittslähmte. »Sie bekam das Sorgerecht für uns«, sagtest du, »aber dann schickte sie sowohl mich als auch meinen Bruder auf ein Internat in England. Und während wir uns dort abmühten und mein Vater im Rollstuhl saß, heiratete sie diesen Finanzbonzen aus Mumbai. Ich hatte das Glück, eine wunderbare Tante und einen wunderbaren Onkel zu haben. Sie haben uns gewissermaßen aufgezogen, sie besuchten uns in England und nahmen uns mit in die Ferien in Europa und den USA.«

Du hast mir ein Foto gezeigt, auf dem du mit ihnen in Disney World zu sehen bist, und ich sagte dir, wie sehr mich diese Offenbarung, eine der wenigen, die du über deine Vergangenheit gemacht hast, berührte. Allerdings gab es da noch ein anderes Gefühl, das ich für mich behielt.

Während meiner Kindheit bedeutete Urlaub einfach, einen Tag nicht zur Schule gehen zu müssen. Ferien der Art, die du machtest, waren völlig außer Reichweite; und dich auf diesem vergilbten Foto mit dem weißen Knick zu sehen, wie du, gerade Mal vierzehn Jahre alt und ungeheuer traurig unter einem großen Strohhut, neben Mickey Mouse in Orlando, Florida standst – das war ein kleiner Schock für mich, denn ich sah, dass man selbst im Herzen von unvorstellbarem Privileg nicht vor enormer emotionaler Entbehrung gefeit war.

Es war naiv von mir, so schockiert zu sein. Und vielleicht wäre es ebenso naiv, den materiellen Entbehrungen und der moralischen Schäbigkeit, mit denen ich aufgewachsen bin, zu viel Bedeutung beizumessen.

Durchlitten habe ich all das zusammen mit Aseem und Virendra, und unser Wunsch, dem zu entkommen, hat einen Großteil unseres Lebens geprägt, vor allem aber das Leben von Aseem, der eine starke Abneigung gegen die rückschrittige Politik und den sozialen Illiberalismus seiner Eltern entwickelte und sie, wie viele Selfmademen, gänzlich aus seinem Leben entfernte.

Dennoch erkenne ich die Schauplätze meiner Kindheit als Orte, die mich tief anrührten; und wie sie in meine zunehmend unteilbare Vergangenheit abgleiten, bieten mir diese Schauplätz zahlreiche Momente, die sich vom Lärm der Zeit loslösen, um mir bezaubernde und unwiederbringliche Dinge zuzuflüstern: wie die Rakete, die wir zu Diwali kaufen und die mit einem erfreulichen Zischen zum Leben erweckt wird und dann hoch und höher steigt, und wenn dann grüne und rote Funken vom Himmel fallen, leuchten all unsere in die Luft lächelnden Gesichter ganz kurz auf.

Noch lange nach unserer Zeit am IIT erinnerte mich Aseem daran, dass er in der Nähe von einsamen Bahnhöfen an Nebenstrecken aufgewachsen war; diese Nostalgie war das einzig Romantische, das er sich über die Vergangenheit erlaubte. »Chef, erinnerst du dich, dass das Vorbeifahren der Züge das aufregendste Ereignis des Tages war. Heute frage ich mich, wie ich es geschafft habe, so viel Zeit rumzubringen. Aber wir haben es geschafft, und wir waren glücklich dabei.«

Ja, es gab so wenig zu tun, dass wir allem eine übersteigerte Bedeutung beimaßen – in der Luftqualität, in leichten Temperaturschwankungen, fernen Klängen, Sonnenflecken, in Mustern auf den Steinplatten und sogar in abgerissenen Zeitungsfetzen der *Navbharat Times* und der *Hindustan*, die geistesabwesend über dem Bahnsteig herumwehten.

Ein Grund, warum ich mich Aseem nahe fühlte, war, dass ich wusste, er hatte einst die gleiche Aufmerksamkeit beses-

sen für eine Landschaft, die nach einem Regenguss rein-
gewaschen schien; für Eisenbahnwaggons, die wie neu glänzten; für die weißen, besonders weichen Rauchwolken der
Dampflok; für das Hauchen und Schnurren der Petroleumlampe, die in einer Ecke wie ein warmes goldenes Geschöpf
glühte; für den berauschenden Duft gespitzter Bleistifte und
neuer Radiergummis; für den Krämerladen, der eigentlich
eine düstere Grotte war und feucht nach Kerosin und Lifebuoy-Seife roch; für das Rumpeln und Klappern der Esels-
karren und Ochsenkarren, deren eisenbeschlagene Holzräder
über die schlaglochgebrochene Straße rumpelten; für das
Pfeifen und Knallen langer Peitschen mit knotigen Enden;
für die immer nasse Nase der Ochsenschnauze und für den
Fliegenschwarm um den Kopf der Stute; und für das seifige
Wasser, das langsam im Schatten des Nullah-Ufers dahin-
strömte.

Wie verlockend waren doch die Pergamentpapierblätter,
die das pompöse Frontispiz vieler Englischbücher in der
Schulbibliothek bedeckten; die vielfarbigen Luftballons, die
sich hoch über ihrem Verkäufer aufblähten und aneinander
rieben; das Transistorradio mit der perforierten Ledertasche,
das meine Familie endlich in einem seltenen Anfall, mit der
Zeit gehen zu wollen, erwarb; der Karren mit Erfrischungs-
getränken, den zerlumpte Händler die Gasse hinunterscho-
ben; Flaschen mit Sirup in schimmernden Blumenfarben;
oder die weiche Folie und der berauschende Geruch einer
Packung Gold-Flake-Zigaretten, die ich vom Boden aufhob
und an meine Nase drückte.

Ein Leben, das von Entbehrung bestimmt ist, lässt sich
nicht darauf reduzieren; es wird immer noch eine ganze
Reihe menschlicher Emotionen darin Platz haben. Wie viel
Freude hat es mir zum Beispiel gemacht, Häuser auf eine

Schiefertafel zu zeichnen und eine Eisenbahn aus Streichhölzern zu bauen. Wie beängstigend waren die Albträume über Churails, die Dämonen mit nach hinten gedrehten Füßen, die durch die dichte Dunkelheit rauschten – Geistererscheinungen, die jahrelang puren Terror verkörperten, bevor ich sie in Nächten ohne Strom zähmen konnte.

Und welch einen Traum von Friedlichkeit ich dem einzigen dekorativen Gegenstand in unserem Haus entlocken konnte: dem Kalender mit einem Bild des Himalaya, weiße Kegel über einem grünen Tal, die sich ins strahlende Blau hochkämpften.

Ich sehnte mich danach, irgendwo in dieser weiten Himalayalandschaft aufgehoben zu sein. Viele Jahre in Delhi mussten erst noch vergehen, bevor ich auf wundersame Weise in Ranipur, einem kleinen Dorf in Himachal Pradesh, Zuflucht fand. Deoli sah ich schließlich zum letzten Mal, als ich nach Ranipur umzog und meine alte Mutter mitnahm. Doch als ich unser klaustrophobisch kleines Zimmer verließ, überkam mich eine ungeheure Traurigkeit.

Ich gab vor, ich hätte etwas vergessen und rannte von meiner Mutter weg, die auf dem Rücksitz einer Tonga saß und einen Schlafsack umklammerte, sie war umgeben von prall gefüllten Gepäckstücken, die mit Seilen befestigt waren, starr vor Angst bei dem Gedanken an die Reise und nun erschrocken darüber, dass sie von ihrem Sohn ebenso erbarmungslos im Stich gelassen werden würde wie von ihrem Mann.

In dem leeren Zimmer herrschte eine ungewohnte Stille. Ich stand da und ließ meinen Blick durch den Raum schweifen, hin und her, über die Zeichen unseres alten Lebens, die in diesem Moment des Abschieds plötzlich geheimnisvoll und suggestiv erschienen: ein vertrauter dunkler Schatten, den das geölte Haar meiner Schwester an der Wand erzeugt hatte; ein leeres Rechteck, das der Kalender des Himalaya hinterlassen hatte; ein perfektes fingernagelgroßes Stück abblätternder Farbe, das ich nie berührt hätte; die wellige Vertiefung auf dem rilligen Steinboden, die ich bei meinen Schritten durch den Raum immer mied.

In einem kleinen Haufen weggeworfener Dinge in einer Ecke lag ein Kinderschuh auf der Seite, sein Riemen war gerissen. War es mein Schuh? Die Kerben des Messers im Türrahmen, mit denen meine Mutter einst mein Wachstum markiert hatte, waren verblasst. Und weshalb war mir nie die abgewetzte Wand neben der Tür aufgefallen, die von jahrelang vorbeigehenden Händen und Ellenbogen abgerieben worden war?

All das, ob bekannt oder unbemerkt, würde bald unwiederbringlich sein. Ich fragte mich, ob ich es ertragen könnte, mich von dem einzigen noch verwendbaren Gegenstand zu trennen, den meine Mutter nicht eingepackt hatte: einer unverschlossenen Thums-Up-Flasche, die ich zur Freiluftlatrine in der Nähe des Nullahs mitgenommen hatte und die nun in einer schattendunklen stillen Ecke des Zimmers stand.

Ich ließ die Flasche zurück, an jenem Ort, an dem ich mich von meiner Mutter bedingungslos geliebt gefühlt hatte und an dem nun andere Leben ihre eigene Gestalt annehmen, ihre eigenen Spuren hinterlassen und ihrerseits verraten werden sollten.

Aseem sagte immer, modern zu sein bedeute, die Vergangenheit mit Füßen zu treten; es bedeute, Verantwortung zu übernehmen, sich dafür zu entscheiden, etwas anstatt nichts zu sein, aktiv anstatt passiv zu sein, ein Entscheider anstatt ein Herumtreiber zu sein in einer Welt, die, wie er nie müde wurde zu wiederholen, nun mal so ist, wie sie ist.

Du hattest deine eigene, weit weniger männliche Sichtweise darauf: Du hattest nie Heimweh, sagtest du, weil du nie vertraute Dinge besessen hattest in einem Leben, das in fremden Landschaften ständig improvisiert wurde.

Doch als wir auf der Tonga von der Baracke davonglitten und bis zu einer Biegung der Straße noch hilflos genau das vor uns sahen, was wir zurückließen, spürte ich, wie meine Mutter meine Hand nahm. Sie blickte auf unser zurückweichendes Haus. Tränen rannen über ihr Gesicht, von der oberen Spitze ihrer Wange flossen sie herab, wo ich zum ersten Mal ein Netz aus feinen, zarten Falten ausmachte.

Wir fuhren vorbei am Tempel, wo ein neuer Pujari ohne bekannte Vergehen unter dem Niembaum saß, vorüber an Herden schwerfälliger Büffel und Ochsenkarren auf der staubigen Straße, und als wir uns weiter weg von dem zerfurchten Pfad befanden, der zum Nullah führte, spürte ich eher Angst als Erleichterung – was heute wirkt wie ein kalter Hauch aus der Zukunft, wie die Vorahnung einer immer fremder werdenden Welt, die einen ständigen Verrat an der Vergangenheit verlangt.

Am abfallenden Ufer des Nullahs, wo ich meine ersten Erfahrungen mit Einsamkeit mache, habe ich auch meine ersten klaren Visionen von Schönheit – etwas, das das seltsame Gefühl untermauert, das mich in der Schule beschleicht, wenn ich eine Zeile Naturlyrik in einem Schulbuch lese, das Gefühl, das mich überkommt, wenn ich auf einen vereinzelten Satz über einen stillen See stoße, in dem der Himmel abgespiegelt liegt, das Gefühl, nach dem ich mich dann sehne.

Unsere Freiluftlatrine, von der aus ich in der Morgendämmerung zu einem spät vorbeifahrenden Zug hinaufschaue, während ich mich abwasche, während ich verzaubert bin von dem goldenen Band der beleuchteten Fenster der Waggons, diese Latrine war auch der Ort, an dem die einheimischen Dhobis ihre Wäsche wuschen, gleich neben der Stelle, wo die Strömung am schnellsten über die glatten Steine fließt und lange, dünne Grashalme zu einer fließenden Mähne im Wasser zusammenführt.

Mit einem tiefen Grunzen schlugen sie die verdrehten nassen Stoffstränge auf die schwarzen Steine und schienen zu versuchen, die billige Kleidung der Bedürftigen zu erschlagen; wenn sie die ramponierten Kleidungsstücke anschließend aber zum Trocknen ausbreiteten, schienen sie sich auf bizarr besorgte Weise um die Wäsche zu kümmern.

Die weißen Dhotis, Kurta-Pyjamas und vielfarbigen Saris lagen den ganzen Tag über ausgebreitet herum. In den frühen Abendstunden kehrte ich manchmal an diesen Ort am Fluss zurück, um zu beobachten, wie die Dhobis ihre gefallenen Gegner von den Steinen aufhoben und sie respektvoll auf einem Haufen zusammenlegten. Inzwischen hatte die Hitze des Tages den Gestank der Exkremente weggebrannt, eine dichte Stille hatte sich über die staubsteifen, verfärbten Büsche gelegt, die nur durch das eintönige Heulen der Moskitos durchbrochen wurde, und weit in der Ferne schimmerten dünne Fata Morganas fiebrig über dem schwarzen Stahl der Gleise.

Wenn ein Zug vorbeifuhr und die Lok wütende Glut ausstieß, wartete ich auf die blauen Funken, die plötzlich wie ein Blitz von den davonfahrenden Rädern des verlassenen Begleitwagens in die Luft gespuckt wurden.

Dort blieb ich immer stehen, bis sich der vom Zug aufgewirbelte Staub wieder gelegt hatte und die rosafarbenen

Wolken kupfergrau wurden, und ich lauschte – auf was genau? Alles – die dickbauchigen Wolken, das Klackern des trockenen Schilfs, die schwarzen Spiralen von Rauch, die der Zug zurückließ, und sogar der Lakritzgeruch der Schlacke – scheint so intensiv *präsent*, ganz anders als mein flüssiges Selbst, und scheint so eloquent und eindringlich von etwas zu sprechen, auch wenn ich mit der Sprache, in der alles zu mir spricht, nicht vertraut bin.

VIER

Vielleicht kannst du verstehen, warum ich mich sofort zu Aseem hingezogen fühlte, während ich vor Virendra zurückschreckte. Nach Jahren der Isolation, der unbeantworteten Fragen und der unzureichenden Worte war ich beeindruckt von Aseems Fähigkeit, einer Erfahrung Ordnung zu verleihen, die mich größtenteils verwirrte, und in einer Welt zurechtzukommen, die für mich undurchsichtig blieb.

Ich weiß noch, wie du in London, kurz nachdem er uns zusammengebracht hatte, gefragt hast: »Wie seid ihr eigentlich Freunde geworden? Ihr seid euch so unähnlich!« Ich fühlte mich damals zu sehr befreit durch Aseems Gesellschaft und war zu glücklich über deine Gesellschaft, um deine Frage wahrheitsgemäß oder nuanciert zu beantworten.

Ich sagte dir, in unserer Kindheit hätten wir eine kleinstädtische Gemeinheit geteilt – und mit ihr den Wunsch, uns von ihr zu befreien. Ich habe nicht noch hinzugefügt, dass ich auch ein gewisses Maß an Ehrfurcht vor seinem selbstbewussten Voranschreiten in einer unnachgiebigen Welt empfand. Ich wollte jede latente Bewunderung, die du vielleicht für seinen Erfolg empfandest, nicht auch noch verstärken.

Aus dem Grund habe ich auch nichts von der tröstlichen Bestätigung gesagt, die er mir anfangs ob meiner unsicheren Entscheidungen entgegengebracht hat: wie er mich zum Beispiel eines Tages völlig entwaffnet hat, als er auf dem Weg von der Bibliothek des IIT in mein Zimmer kam, einen Band von Tolstois Erzählungen in meiner Hand sah und sagte: »Chef, ich liebe es, dass du Bücher zum Vergnügen liest.«

Er trug einen weißen Chikan-Kurti mit Paisley-Stickerei – er hatte diesen Lucknowi-Look, lange bevor Fab India traditionelle Kleidung zu etwas Hippem machte. Er hatte seine Beine auf seinen Schreibtisch gelegt, auf dem ein Tischventilator mit rotierendem Rattern heiße Luft durch den Raum blies, und während er sprach, wackelten seine Turnschuhe mit einer solchen Energie, dass ein feiner Staub auf die Wachstischdecke rieselte und die überlappenden weißlichen Ringe von Chai-Bechern bedeckte.

Als du ihn kennenlerntest, hatte er viel von seinem guten Aussehen eingebüßt. Um die zwanzig war er allerdings attraktiver als die schlaffwangigen Bollywooddynasten; er hatte einen wohlproportionierten und gut entwickelten Körper, der nicht übertrieben muskulös war. Selbst später in seinem Leben ging er an den Wochenenden zum Boxen und spielte Volleyball, diesen zutiefst unindischen Sport, bei dem Größe, Schnelligkeit und Beweglichkeit gefragt sind; im Gegensatz zu fast allen Desi-Männern seines Alters und seiner Klasse hatte er weiterhin einen flachen Bauch und trug seinen großen, schlanken Körper mit aufrechter Anmut.

Und dann waren da noch die seltsam blinzellosen, eindringlichen dunklen Augen, die, umrahmt und betont von einem Bart und einer dichtlockigen Mähne Haar, ihn wie einen Mann erscheinen ließen, dessen Berufung ihn keinen Augenblick seines Lebens etwas der äußersten Konzentration verlieren lässt.

»Er ist charmant«, sagtest du einmal, »aber dahinter verbirgt sich eine grundlegende Kälte.« Was du für Kälte hieltest, wirkte auf mich wie Selbstbeherrschung, eine beneidenswerte Unfähigkeit für Unglück oder Qual, und eine scharfe Entschlossenheit, als Erwachsener all das zu erreichen, was ihm verwehrt geblieben war und wonach sich seine ausschweifende, hungrige Seele in einer Kindheit gesehnt hatte, die er dem herzlosen Ehrgeiz seiner Eltern opfern musste.

Eine tiefe Abneigung gegen seine Eltern hatte seine Träume und seinen Drang nach Erfüllung noch weiter belebt. Als Punjabi wuchs er in kleinen Eisenbahnstädten auf, fernab vom Druck und den Zwängen der Großfamilien und überfüllten Mahallas, und anders als die meisten Menschen Indiens aus seiner Klasse besaß er die Fähigkeit, die weitere Welt als eine Chance zu betrachten.

Ihm gelang dies weit besser als mir, obwohl er die gleiche Art von mittelmäßiger Missionsschule besucht hatte wie ich – irgendetwas namens St. Mark's, Sacred Heart oder Christ the King –, wo er jeden Morgen mit anderen Hindu-Jungen fröhlich das Vaterunser anstimmte.

Er missachtete die elterliche Ausgangssperre, um die spätabendlichen Filmvorführungen zu sehen, die von Kleinstadt-Tongas reißerisch angepriesen wurden, und in rauchigen Kinosälen lachte er mit verzweifelter Freude über die Erschießung von Politikern mit Maschinengewehren und die Demütigung von aufstrebenden »modernen« Frauen. Er kannte die Lieder der Filme auswendig, die aus den Transistorradios an den langen Nachmittagen meiner Kindheit hervorgespült kamen; er konnte die Bollywoodversion von Ghalibs Ghazal »*Dil dhoondta hai phir wahi phursat ke raatdin*« mit einer tieferen Ernsthaftigkeit als Bhupendra selbst singen; und er brachte sogar Melodie in die grobe englische Übersetzung »My heart pursues once again those nights and days of leisure«, die er für die Südinder und Bengalis in seinem Publikum darbot.

Sein Englisch war ebenso wie meines autodidaktisch erlernt. Doch er hatte es sich beigebracht, indem er *Just a Minute* und Dave Lee Travis im BBC World Service lauschte; und während ich die Sprache immer wie ein Kind sprach, zögerlich und schüchtern, plapperte er sie mit dem Getöse eines Autodidakten und in einer Vielzahl von Akzenten heraus: Britisch, Amerikanisch und Punjabi. Die Aussprache seines Lieblingswortes *career* als *carrier*, was aus der Karriere den Gepäckträger machte, war nur eine seiner vielen sympathischen Eigenheiten.

Während ich mich durch eine kleine Schulbibliothek voller Bücher über englische Kinder in idyllischen Dörfchen und Internaten las, erwarb er bei Besuchen in sowjetisch subventionierten Buchhandlungen in größeren Städten billige gebundene Ausgaben von Dostojewski, Scholochow und Tolstoi. Während ich mich mit zerfledderten alten Exemplaren aus dem Kabadi-Wallah von *Parag, Nandan, Chandamama, Kadambini, Dharmyug, Indrajal Comics* und Hindi-Jasoosi-Romanen begnügte, die mit rostigen Metallklammern zusammengeheftet waren, und mich auf die wenigen Exemplare von *Manohar Kahaniyan* oder *Satya Katha* stürzte, die in Zugabteilen zurückgelassen wurden, schaffte er es, die glanzvollen Taschenbücher über die Hardy Boys oder von Alistair MacLean, Agatha Christie und Sidney Sheldon zu stehlen, die an den A.-H.-Wheeler-Bücherständen verkauft wurden.

Ins IIT hatte er einige *Reader's Digest Condensed Books* und vier oder fünf Bücher von Hemingway, Faulkner und

Mailer mitgebracht. Es waren Penguin- und Bantam-Taschenbücher mit verblichenen Einbänden, die er aus einer Eisenbahnbibliothek in Jabalpur gestohlen hatte, und die gebundenen Bücher mit den goldgeprägten Seiten erweckten dieselbe Ehrfurcht wie Virendras Porträt des Hanuman mit der aufgerissenen Brust.

Während seines unkoordinierten Vorpreschens in die Moderne war Aseem auch an raubkopierte Kassetten von Led Zeppelin, Deep Purple, Pink Floyd und den Eagles gekommen. Das Eröffnungsriff von »Smoke on the Water« klang zwar blechern auf seinem Akai Two-in-One, ließ ihn aber dennoch auf ehrfürchtige Weise in Schweigen verfallen, was wohl in etwa mit der Wirkung vergleichbar war, die die vier ersten Takte von Beethovens Fünfter auf ein Publikum im Europa des 19. Jahrhunderts hatte.

Im American Center am Connaught Place suchte er nicht nach Studienmaterial für den standardisierten Test GRE oder nach Informationen über das MIT, sondern nach alten Ausgaben von *Esquire,* der *Paris Review*, dem *Time Magazine* und dem *New Yorker*. Er hatte sich bereits entschieden (und würde mir bald behilflich sein, mich ebenfalls zu entscheiden): Die Zeit am IIT sollte nur dazu dienen, sich in einer Gesellschaft, die von Zeugnissen besessen ist, zu bewähren.

Im Gegensatz zu allen anderen Studenten war er nicht daran interessiert, in die USA oder an das Indian Institute of Management zu fliehen. Er wollte Schriftsteller werden, Romanautor, nichts Geringeres als ein *Künstler*, jedenfalls kein Ingenieur, kein Wissenschaftler, Banker, Berater, Geschäftsmann oder eine Führungskraft.

Er behauptete auch, bereits vom unvergleichlichen Glück gekostet zu haben, das uns vermutlich in der Zukunft erwarten werde. In seinen frühen Teenagerjahren wurde er von seinem Hockeytrainer in der Schule verführt und hatte eine heftige Affäre mit ihm.

Im Gegensatz zu meiner Begegnung mit dem Priester hatte diese Erfahrung bei ihm eine eindeutige Erinnerung von Lust hinterlassen. »Er war 20 Jahre älter. Aber es war völlig einvernehmlich und hat viel Spaß gemacht, und es war traurig, als es zu Ende war«, sagte er gerne. »Die Leute machen zu viel aus Sex zwischen alten Männern und Jungen. Aber wir haben einfach Spaß gehabt. Wenigstens habe ich nicht wie viele andere Jungs, die ich kannte, meine Cousinen und Schwägerinnen gevögelt oder andauern versucht, mir einen runterzuholen.«

Erstaunlicherweise hatte Aseem am IIT schon eine Freundin: seine zukünftige Frau Mrinal, deren regelmäßiges Auftauchen mit ihrem üppigen glatten Haar und ihrer Sonnenbrille uns alle in Erstaunen versetzte und mit der er – wie er anzudeuten schien – *es* bereits getan hatte, und zwar nicht nur einmal, sondern viele Male und mit erderschütternder Kraft.

Wir hatten das Glück, einen Professor für Geisteswissenschaften kennenzulernen, der uns von den internationalen Filmfestivals im Siri-Fort und der Alliance Française sowie der Buchmesse im Pragati-Maidan-Konferenzzentrum erzählte und unsere Liebe fürs Lesen vertiefte.

Ich erinnere mich heute daran, wie ausdrucksstark Professor Sir, wie wir ihn damals nannten, zu uns sprach: immer in Sätzen von großer Schönheit, mit Worten, die wie neu geprägt und ungehört klangen; wie in seinem staubigen Büro die kleinste Geste, die er machte – ein Exemplar des *Times Literary Supplements* in die Hand nehmen und wieder hinlegen, seine Brille absetzen, eine Modern- Library-Ausgabe von Faulkner aus einer Kaskade von Büchern herausziehen, beim Sprechen mit einem Stift herumspielen –, wie all dies sowohl bedeutsam als auch vollkommen natürlich auf uns wirkte.

Professor Sir war es auch, der uns mit seiner Fähigkeit, auf begeisterte Weise Wissen zu vermitteln, dazu verhalf, von Bollywoodfilmen zu Wim Wenders, von Enid Blyton, sowjetischen Übersetzungen und westlichen Sex- und Spionageromanen zu Balzac und Stendhal zu gelangen; und was noch wichtiger war, er half uns dabei, Bücher nicht mehr als bloße Unterhaltung zu betrachten, sondern als existenzielle Wegweiser, als eine Möglichkeit, sich selbst in der Welt der anderen zurechtzufinden.

Glücklicherweise wurde unsere Lektüre auch von den Büchern in der IIT-Bibliothek diktiert, die sich stark an Klassikern orientierte, welche den geistigen Zustand von Parvenüs wie uns beschreiben: Menschen aus dem Nichts, die gezwungen sind, sich einen Platz zu schaffen und Würde, Stabilität und Liebe zu finden.

Ich fühlte mich sofort zu diesen jungen Männern an den Rändern der Gesellschaft hingezogen, die mit widersprüchlichen Sehnsüchten zu ringen haben, wie in *Rot und Schwarz, Verlorene Illusionen, Die Erziehung des Herzens, Rudin, Väter und Söhne* – Menschen, die versuchen, ihren inneren Konflikt zwischen Idealismus und Zynismus aufzulösen. Wie viele Stunden verbrachte ich damit, in dieser menschenleeren Bibliothek von ihnen zu lesen, wo das Messingpendel der alten Standuhr mit königlicher Langsamkeit hin und her schwang und eine majestätische Ordnung im Leben des Geistes anschlug.

Ich erinnere mich noch gut an das Gefühl, das ich hatte,

wenn ich ein Buch beendete und ins Wohnheim zurückkehrte: diese gesteigerte Gefühlswahrnehmung und die gespannte Erwartung, die bald von jemandem durchbrochen
wurde, der Deep Purple spielte, oder von einem Dusch-
sänger, der »Hotel California« anstimmte. Diese Fiktionen
über junge Männer, Romantiker und Tagträumer, in denen
ich glaubte, mich wiedererkennen zu können, schienen
einige grundlegende Erkenntnisse bereitzuhalten, die ich in
ihrer Aufgeriebenheit zwischen Ehrgeiz und Ruhe, Begehren
und Gleichgültigkeit zu sehen meinte, und in ihrer bloß
geflüsterten Wahrheit, dass die stille innere Einkehr oder
ästhetische und intellektuelle Versenkung dem Verfolgen
sozialer oder politischer Ambitionen überlegen waren.

Aseem, so erinnere ich mich, war von dieser Literatur in
anderer Weise ergriffen und fand darin eine Bestätigung
seiner sich entwickelnden Weltanschauung. Ein frühes Vorbild war Julien Sorel, der Provinzler, der die Welt als eine
Verschwörung gegen talentierte und energische junge Männer wie ihn ansieht und Napoleon als Helden verehrt. Ich
war schockiert von Maupassants expliziter Sezierung von
Bel-Amis Verlangen nach Sex und Ruhm. Aseem kam zu
dem für mich überzeugenden Schluss, dass der Zynismus
dieses Journalisten durch eine skrupellose bürgerliche Gesellschaft bedingt war.

»Das ist es, worum es in der modernen Welt geht, Chef«,
sagte er, »ganz egal, ob Journalismus, Politik oder Liebe. Verliert man seine Interessen aus den Augen, verliert man alles.«

Virendra hörte unserem Gespräch über Bücher mit demselben leeren Blick zu, der uns an ihm so vertraut geworden
war. Er hatte keine Belletristik gelesen, außer die pornogra-
phischen Träumereien von Mastram und *Asli Kokshastra*;

und er brachte eine bizarre männliche Heiterkeit in den einen Song, den er auf Verlangen dahinschmetterte, »*Waqt ne kiya kya haseen sitam. Tum rahe na tum, hum rahe na hum*«, wodurch er Geeta Dutts düsteren Klassiker aus den 1950er Jahren zum Gesang eines Säufers machte.

Ein Gerücht über nackte Frauen veranlasste ihn in seinem zweiten Jahr am IIT, seinen ersten ausländischen Film, *Im Lauf der Zeit*, im Siri-Fort zu schauen (und sich aus Enttäuschung nicht weiter für ausländische Filme zu interessieren). Die einzigen westlichen Namen, die er zu kennen schien und die er falsch aussprach, waren Wharton, Sloan, Stanford und Kellogg.

Aber ich erinnere mich an ihn, wie er auf seinem Bett unter Hanuman saß, gekeimte Bohnen mampfte und über das Geräusch des Tischventilators hinweg aufmerksam zuhörte, als Aseem mir die Ermahnung einer reichen Pariser Frau an ihren freundlosen Verwandten aus der Provinz in *Vater Goriot* vorlas: »Die Welt ist gemein und nichtswürdig … behandeln Sie die Welt, wie sie es verdient! Sie wollen sich durchsetzen, ich werde Ihnen helfen. Sie werden ergründen, wie tief verdorben die Frauen, wie elend eitel die Männer sind. … Je kälter Sie urteilen, um so weiter werden Sie es bringen. Schlagen Sie mitleidlos zu, man wird Sie fürchten!«

FÜNF

Wenn du dein Leben selbst in die Hand nehmen willst, musst du rücksichtslos sein«, sagte Aseem oft, wenn wir über unsere Zukunft nach dem IIT sprachen. Und wenn ich etwas dagegen einwandte, sagte er: »Okay, vielleicht nicht immer, aber manchmal schon. Zur richtigen Zeit.«

Ungefähr zu dieser Zeit – denkwürdig, weil er damals von Lifebuoy- auf Liril-Seife umstieg und im Badezimmer immer einen berauschenden Limonenduft hinterließ – lieh er sich aus der persönlichen Bibliothek von Professor Sir ein gebundenes Exemplar von *An der Biegung des großen Flusses* aus und begann zu zitieren, dass es ein existenzielles Gebot sei, die Vergangenheit mit Füßen zu treten, auf ihr herumzutrampeln.

Ich weiß noch, was du sagtest, als ich dir zum ersten Mal von den ersten Zeilen des Romans erzählte: »Die Vorstellung, dass die Welt so ist, wie sie ist, und dass diejenigen, die nichts sind und es zulassen, nichts zu werden, keinen Platz in der Welt haben – das ist ein ziemlich ernüchterndes Gefühl. Ist das nicht eine Art Manifest für Menschen, die ohnehin schon privilegiert sind? Ist das nicht die Art von Idee, die Reagan und Thatcher vertreten haben? Dass alles von den Einzelnen abhängt und man selbst schuld ist, wenn man versagt?«

Ich wünschte, du hättest diesen Gedanken beim Schreiben über Virendra und Siva weiter ausgeführt. Auch wünschte ich, ich hätte diese entscheidende Tatsache begriffen, lange bevor mich die Umstände dazu zwangen, meine eigene geheime Geschichte eines inneren Zerfalls und Zusammenbruchs zu schreiben: dass unsere Generation die erste war, die den Ideologien der Selbstverliebtheit ausgesetzt war, die, von Großbritannien und den USA ausgehend, in den späten 1980er Jahren vollkommen ausgeformt in Indien ankamen.

Die alte feudale Elite, zu der du gehörtest, konnte ihr Vermögen bewahren, und es gab eine sehr kleine Gruppe von Industriellen. Doch selbst diese winzige Minderheit der Wohlhabenden war jahrzehntelang durch eine nationale Kultur der Austerität eingeengt worden – ein Erbe der frommen Asketen und sozialistischen Zölibatäre, die zur Befreiung Indiens von den britischen Imperialisten beitrugen und Selbstverleugnung als Mittel zur Erlangung politischer wie religiöser Verdienste ansahen.

In dieser streng brahmanischen Wertehierarchie wurde das Geldverdienen als vulgäre Leidenschaft betrachtet, die auf die Kaufmannskasten und die Handelsgemeinschaften in Punjab, Sindh, Rajasthan und Gujarat beschränkt war. Reisen ins Ausland gab es nicht; importierte Waren wurden entweder verboten, oder es wurde von ihnen abgeraten.

Es half, dass wir uns, wenn überhaupt, nur sehr wenige davon leisten konnten. In unseren Kleinstädten sah man niemals Privatautos. Der Luxus, der auf diejenigen wartete, die sich von Hercules-, Atlas- und Hero-Fahrrädern trennten, war ein Motorroller, eine gebrauchte Lambretta mit einem am Lenker befestigten Bastkorb; und die absurd lange Wartezeit – die nur verkürzt werden konnte, wenn man US-Dollar in bar hatte – verlieh der Bajaj Chetak (einer zuverlässigen

Vespa aus indischer Produktion) und ihrem unauslöschlichen Benzingeruch einen besonderen Glanz.

Das Indien, in dem du aufgewachsen bist, in dem privater Wohlstand und hektischer Konsum patriotische Notwendigkeiten zu sein schienen und Benzinabgase von einer wachsenden Minderheit ökologisch bewusster Menschen als umweltschädlich angesehen wurden, entstand erst in den späten 1980er Jahren, als das Land begann, sich den globalen Waren-, Medien-, Ideen- und Kapitalströmen zu öffnen. Und wir sind, wie ich heute sehe, gerade rechtzeitig in den 1990er Jahren aus dem IIT hervorgegangen, um für uns einen Anteil am Reichtum der Welt zu beanspruchen, der unseren Vorfahren lange vorenthalten worden war.

Rückblickend scheint kein Anspruch hartnäckiger zu sein als der von Aseem, und kein Individualismus kompromissloser als der seine, obwohl er immer weniger Geld verdiente als Virendra und den Berg aus Vorurteilen und Entbehrungen viel langsamer erklomm als er.

Aseem und ich haben aus unserer Ausbildung in rigorosem quantitativem Denken am IIT nichts gemacht. Virendra aber – der seinen Notenpunktedurchschnitt im vierten Jahr von 5 auf 9 steigerte und vom IIT Delhi zum IIM Ahmedabad und dann an die Harvard Law School weiterzog, die er nach der Hälfte der Zeit in Richtung Wall Street verließ – setzte sie in US-amerikanischen Firmen, die sich Innovationen wie Junk Bonds und Derivate zu eigen gemacht hatten, äußerst lukrativ ein.

Trotz seiner intensiven Lektüre amerikanischer Autoren und Zeitschriften konnte Aseem nicht von den günstigen Umständen in den USA profitieren. Dort hatten Ende der 1990er Jahre die Öffnung der Kapitalmärkte, neue Technologien und ein Aufschwung an der Börse eine neue Nachfrage nach Börsenmaklern, Bankern und Händlern geschaffen und die alte weiße Ivy-League-Aristokratie der USA gezwungen, Frauen und Südasiaten in ihren Unternehmen aufzunehmen.

Im Vergleich zu Virendra, der schließlich für Sivas Hedgefonds arbeitete und innerhalb weniger Jahre zum Milliardär wurde, wirkte Aseem ganz und gar nicht rücksichtslos, als er nach dem Verlassen des IIT ein schlecht bezahlter Reporter für eine Nachrichtenagentur in Kaschmir wurde.

Als Berichterstatter über den anti-indischen Aufstand in Kaschmir wurde er nur ganz allmählich und nur einer ganz kleinen Leserschaft bekannt durch seine Beschreibungen von Massakern an Zivilisten durch Terroristen – und durch indische Soldaten und Söldner, die als Terroristen verkleidet waren. In einem Feld, in dem die sensationellsten Nachrichten schläfrig aufgenommen wurden, ließ er seine agile, adjektivreiche Prosa sprechen. Ich erinnere mich an ein denkwürdiges Bild aus seinen Agenturberichten. Es war eine Szene nach einem Massaker: Er ging einmal den Gang eines voll besetzten Busses entlang, dessen Boden durch das viele Blut der Ermordeten rutschig geworden war, als er ein Harmonium sah, das auf einem freien Sitz zurückgelassen worden war und in dessen poliertem Holz ein sauberes Einschussloch klaffte.

Ich frage mich jetzt, ob er dieses Bild wirklich gesehen hatte. War es möglich, dass die Spaltenböden der Busse durch das Blut rutschig werden konnten?

Jedenfalls kündigte er nach zwei Jahren seinen Job – aus Langeweile über das routinemäßige Gemetzel, wie er zu sagen pflegte – und ging nach Delhi, um Redakteur bei einer auflagenstarken Monatszeitschrift für Mode und Lifestyle zu werden; seine kämpferische Prosa hatte das Interesse des Eigentümers der Zeitschrift geweckt.

Ich bin ihm in diesen Jahren häufig begegnet. Ich hatte, wie Aseem selbst oft betonte, die seltsamste Karriere von allen gewählt. Ich verbrachte noch ein paar Jahre am IIT, um ein sinnloses Post-Doc-Studium zu absolvieren. Danach arbeitete ich als Herausgeber für eine kleine Literaturzeitschrift, mit der Professor Sir mich vertraut gemacht hatte, und ich arbeitete acht Jahre lang freiberuflich als Übersetzer in Delhi.

Mich und Aseem fragtest du einmal: »Warum hast du nicht das gemacht, was die meisten Leute nach dem IIT machen? Wolltet Ihr nicht im Westen groß rauskommen wie eure Freunde vom IIT?«

Aseem sagte: »Es schien mir zu einfach, in ein reiches Land zu gehen und dort eine kleine Nische zu finden. Mir war ziemlich klar, dass Indien, Asien, der Osten, die Orte waren, an denen sich wirklich etwas tat, dass die Möglichkeiten, das Leben der Menschen zu verbessern, die Möglichkeiten für das Schreiben und den Journalismus hier immens waren, und ich wusste von Anfang an, dass ich einen Beitrag leisten und in meinem eigenen Land etwas bewirken wollte. Jetzt herrscht ein erbitterter Kampf zwischen liberaler Demokratie und Populismus, und ich will auf der richtigen Seite stehen.«

Ich habe eigentlich gar nichts gesagt, und mein Schweigen hätte man leicht als Zustimmung zu dieser patriotischen Gesinnung deuten können. Es schien mir unmöglich zu erklären, dass ich in unmerklichen Schritten das Alter erreicht hatte, in dem mir klarwurde, dass ich nie der Mensch werden könnte, der ich hätte sein sollen. Der Wunsch, dem Elend ganzer Generationen zu entkommen, den mein Vater schon lange vor meiner Geburt wie besessen in mir geweckt hatte, war nicht zu einem zielgerichteten Ehrgeiz geworden. Die Aussicht, noch härter arbeiten zu müssen, um mir materielle Wünsche zu erfüllen – die ich zwar haben sollte, aber nie wirklich zu meinen eigenen gemacht hatte –, ermüdete mich.

Am meisten fürchtete ich mich, wenn ich an die entfernten, reichen Länder dachte und mir vorstellte, dass ich einer der unzähligen Millionen aus unserem Teil der Welt wäre, der ungeduldig darauf wartete, in diese fremden Länder zu gelangen, um dann noch viel länger darauf warten zu müssen, von den neuen Nachbarn mit Würde behandelt zu werden.

Ich erinnerte mich an meine Mutter, die mich fest umklammerte, an meinen Vater auf dem Bahnsteig, der unhörbar etwas sagte, und ich erinnerte an die Leere in meinem Herzen, als der Zug, der mich zu meinem ersten Semester am IIT brachte, losfuhr. Ich hatte mich schon so weit von dem Ort entfernt, wo sie waren, der für sie die Welt war; die Reise in ein fremdes Land wäre für sie unbegreiflich gewesen. Wie weit musste ich noch gehen, um ein wenig Würde zu finden?

Auch konnte ich mich nicht auf Aseems Traum von Indiens bevorstehender Vergöttlichung einlassen. Vielmehr war die Minderwertigkeit, die bei Aseem und Virendra in Machtphantasien umschwang, in mir zu einer Art Schuldgefühl darüber geworden, dass ich zu viel von der Welt erwartete.

Einmal recktest du deinen Kopf hinter einem modernen Virago-Classics-Band hervor, um etwas Ähnliches vorzulesen: wie selbst viele gebildete Frauen dazu erzogen werden, Erfüllung als ein maßloses und unwürdiges Ziel zu betrachten. Ich denke, du wirst verstehen, warum Aseem und seine Fähigkeit, ererbte Gefühle der Wertlosigkeit in etwas anderes zu verwandeln, auf mich anziehend wirkten.

Als ich noch am IIT war, konnte ich nie an das Versprechen der Großstadt von Selbstverwirklichung glauben – schon gar nicht, während ich am Essen sparte, um mir Bücher zu kaufen, und auf Matratzen schlief, die mit dem Sperma vieler verzweifelter Studenten befleckt waren.

Als ich bei der Literaturzeitschrift in Delhi arbeitete, war ich finanziell nicht mehr so verwundbar, doch mir fehlte immer noch seine Gabe, die auch du besitzt, in der unpersönlichen Metropole eine heimliche Erregung zu empfinden.

Nachdem ich mich von den Netzwerken des IIT entfernt hatte, kannte ich dort außer Aseem kaum jemanden. Und ich hatte keine Ahnung, wie ich die Söhne und Töchter der alten Elite erreichen sollte, die über die Doon School und das St. Stephen's College nach Oxford und Cambridge weiterzogen, bevor sie aus dem Ausland zurückkehrten, um leitende Positionen im Verlagswesen und in den Medien zu bekleiden.

Die Literaturzeitschrift war eines ihrer Spielzeuge: der Zeitvertreib eines reichen Bengali, mit einer kleinen und unveränderlichen Abonnentenliste und besetzt mit anglophilen Sprösslingen des Establishments, die reflexhaft dagegen waren, dass sich jemand mit einem Maschinenbaudiplom und einem hybriden englischen Akzent in ein von Oxbridge-Absolventen beackertes Gebiet begab.

In ihrer Gesellschaft wurde ich das Gefühl nicht los, dass ich mir widerrechtlich den Platz eines anderen angeeignet hatte und dass ich nur so lange geduldet wurde, bis ein Vorwand für meine Entlassung gefunden war. Bei den wenigen Partys, zu denen ich ging – in einem riesigen Bungalow in

86

der Nähe der Aurangzeb Marg, mit weiß uniformierten Kellnern, die unter Souzas Gemälden herumhuschten –, erregte jeder der Anwesenden außer mir die Aufmerksamkeit und das Vergnügen von irgendjemand anderem, und ihre Blicke gingen genauso leicht durch mich hindurch wie durch den Chai-Wallah des Büros.

Der Gedanke an ein gesellschaftliches Leben, geschweige denn an Cocktailpartys, war für mich noch neu. Ich verstand wenig von dem Geplänkel, den Witzen und den Spitznamen meiner Kolleginnen und Kollegen und war erschöpft von der Anstrengung, mich in Gesprächsrunden einzubringen, auf jedem alten Knochen herumzukauen, der mir hingeworfen wurde, während ich versuchte, natürlich und kultiviert zu wirken. Anstatt mich zu ermutigen, mich ihnen anzuschließen und meine Schüchternheit zu überwinden, haben sie von meiner Abwesenheit einfach keine Notiz genommen.

Auch für Aseem brachten sie nicht mehr Zeit auf, obwohl fast alle von ihnen zu seinen Partys gingen.

»Das ist die alte liberale Elite von Delhi«, sagtest du einmal über einen Bekannten, der es geschafft hatte, dich in zwei Minuten lockerer Unterhaltung am Flughafen von Chennai mit Herablassung zu überschütten. »Sie schauen sogar auf Leute wie mich herab, die an der New York University studiert haben, aber eben nicht in Oxford oder Cambridge oder an den Ivy-League-Unis. Es spielt keine Rolle, dass mein Großvater eine wichtige Persönlichkeit in der Freiheitsbewegung war oder dass meine Familie seit langem im öffentlichen Dienst tätig ist. Die falsche Schule oder Ausbildung reicht schon aus, und du bist verdammt.«

Ich erinnere mich, wie meine Kollegen – die immer noch geneigt waren, »By Jove!«, »Donnerwetter!« zu rufen – sich über Aseems Akzent, seine Aussprache lustig machten, weil er *carrier* statt *career* sagte und das französische *ancien regime* auf Englisch als *ancient regime* aussprach; diese Liebhaber von P. G. Wodehouse, diese Autorinnen von D.-Phil-Doktorarbeiten über Kingsley Amis und Iris Murdoch spotteten über sein Schreiben und behaupteten, er habe »kein Ohr für englische Prosa«.

Ich hörte einmal, wie eine von ihnen mit einem leisen Lachen sagte: »Guckt euch seine Hemden an, das zottelige Brusthaar, und die Jeans, die im Schritt so eng ist, den Bart und die Sai-Baba-Matte, und diese Schlafzimmeraugen – er ist echt die Punjabi-Version von Barry White.«

Als ich bei Yahoo nach Barry White suchte, wurde mir klar, was sie meinte. Aber durch diesen Spott, von dem es eine Menge gab, fühlte ich mich Aseem näher.

Ich fragte mich oft, ob auch ich so viel Anlass gab für ausgelassenen Spott hinter meinem Rücken; und der Verdacht verstärkte meine innere Angst, dass meine Herkunft aus einer niedrigen Kaste kurz vor der beschämenden Enthüllung stand, ebenso wie der durch vergebliches Schrubben ausgewaschene Ring aus Schmutz in meinen zerfransten Hemdkragen.

Während dieser Jahre in Delhi entdeckte ich, wie zahllose versehrte Provinzler vor mir, dass die Vorteile von Geburt und Abstammung nicht zu Großzügigkeit gegenüber denen führten, die diese Vorteile nicht hatten. Im Gegenteil, die kleine Welt der anglisierten Elite, vielleicht weil sie so klein war und verzweifelt nach Anerkennung aus London und New York lechzte, wurde von absolutem Egoismus beherrscht, und ihre Mitglieder waren zu einer skrupellosen Feindseligkeit gegeneinander ebenso fähig wie gegenüber Außenstehenden.

Der einzige Brief, den Baba mir je geschickt hat, erreichte mich kurz nach meinem Abschluss am IIT; in den paar knappen Sätzen, die seltsamerweise mit mehr als zwei verschiedenen Tinten auf gelbem Papier geschrieben waren, beklagte er sich darüber, dass die Heirat meiner Schwester ihn an unmenschliche Geldverleiher ausgeliefert habe, und der Brief endete mit den Worten: »All unsere Hoffnungen ruhen nun auf dir. Nur mit mehr Geld können wir unsere Ehre und Selbstachtung zurückerlangen.«

Während meiner immer selteneren Besuche zu Hause konnte Baba es kaum ertragen, mit mir zu sprechen; er verlor kein Wort über die kleinen Geldbeträge, die ich meiner Mutter in die Hand drückte, wenn ich nach Delhi zurückkehrte.

Als Erster in der Familie, der eine Ausbildung erhielt, für die er seiner Ansicht nach viel geopfert hatte, wurde von mir erwartet, dass ich ein Ernährer würde. Und doch war ich in seinen Augen nur ein weiterer *nikamma* und *muft khor*, ein Verschwender und Schmarotzer, der seine teure Ausbildung in einem niederen Beruf vergeudete.

Es gab Tage, an denen ich mich fragte, ob er recht hatte.

Mein Traum, den ich in der kleinen Hütte, in der ich aufgewachsen bin, gehegt hatte, war der Traum von Freiheit, von weiten Bergen und Tälern, die menschenlos und stumm sind und mir gehören. In Delhi lebte ich in einem Barsaati in Mukherjee Nagar, eine kleine Dachwohnung in einem Zementkubus, der tagsüber kochte, mit staubschlierigen Fenstern, einem einfachen Schrank, dessen Türen in den rostigen Angeln baumelten und nie abgeschlossen werden konnten, einer Küche mit einem geschwärzten Kerosinherd auf einem Holztisch und einem »Badezimmer«, das zum Himmel hin offen war, wo der Wasserhahn, nachdem er die ganze Nacht getropft hatte, sich meist nach einem kurzen Stottern in Stille erschöpfte.

Der große *desert cooler* brummte in der Nacht und atmete schimmelig riechende Luft in den Raum, doch das Wasser im Innern der Klimaanlage sammelte sich an und züchtete Moskitos, anstatt durch die Strohballen zu zirkulieren; und die morgendliche Fahrt mit der Autorikscha zur Arbeit in Alt-Delhi war elend lang und führte vorbei an Straßenkehrern mit großen Besen, die verzweifelt fegten und deren Münder gegen die ruhigen weißen Wolken, die sie auffächerten, mit einem Stück Stoff ihres Turbans oder Saris bedeckt waren.

Jeden Tag zur Mittagszeit verließ ich meine Arbeitsnische, in der sich unentwegt eine dünne Staubschicht auf die Werkzeuge meiner editorischen Arbeit legte – auf Floppy-Disketten, Pappmappen, Fotokopien, Filofax, Nadeldrucker –, und dann stellte ich mich in die Schlange für Rajma-Chawal aus dem kleinen Dhaba an der Straßenecke. Ich arbeitete bis spät in den Abend hinein und blieb noch lange, nachdem meine Kolleginnen und Kollegen in ihren eigenen Autos zu ihren Häusern in Neu-Delhi gefahren waren, den pseudoklassizistischen Bungalows mit Erkern hinter glatten Hecken, geschlossenen Toren und bewaffneten Sicherheitsleuten in Wachhäuschen.

Ich sehnte mich danach, den labyrinthischen Gassen von Alt-Delhi zu entkommen, ihren Bataillonen streunender Hunde, dem Geruch von Abflüssen und verrottendem Müll sowie den häufigen Straßenschlägereien – den plötzlichen Explosionen von Schlägen und Flüchen zwischen Männern, die in den Eingeweiden der Stadt gefangen waren und die von großem Zorn und Enttäuschung zeugten. Britische Reiseschriftsteller und indische Touristinnen der Oberschicht fanden diesen Teil Delhis mit seinen Kebab-Buden, Sufi-

Schreinen und Urdu-Geschichtenerzählern charmant; ich fürchtete, für immer hier unterzugehen, in den Entbehrungen und Kämpfen dieser engen Häuser, die ihre schorfigen Fassaden aneinanderreiben, deren Balkone mit freiliegenden Kabeln geschmückt sind und die mit Wäscheleinen, Kisten, Besen, Töpfen und Eimern verstopft sind.

Aseems Gesellschaft war nicht nur für mich eine Stütze, sondern auch für viele andere junge Menschen, die den Depressionen der unteren Mittelschicht entkommen wollten, aber nicht wussten, wie sie es anstellen sollten. Für frühere Generationen hätte Fortschritt im Leben bedeutet, in den von Kaste und Klasse vorgeschriebenen Spuren zu bleiben. Die Notwendigkeit von Bildung (zwangsläufig mit beruflichem Ziel), Heirat (fast immer arrangiert, wobei die Liebe als Torheit der Jugend betrachtet wurde), Elternschaft und beruflicher Karriere (bei der Regierung) erzwangen zusammengenommen eine gewisse Ordnung, ohne dass allzu viele Fragen nach ihrem Zweck und Sinn aufkamen.

Die regionale Herkunft und die Kastenzugehörigkeit gaben die kulinarischen und kleidungstechnischen Gewohnheiten vor: Kurta-Pyjama und Sari oder Salwar Kamiz zu Hause, eintönige Kleidung im westlichen Stil in der Öffentlichkeit; ein unveränderlicher Speiseplan aus Dal, Gemüse, Roti und Reis, der in einigen Haushalten mit alkoholfreien Getränken gesüßt wird (Aseems erste Veröffentlichung in der Literaturzeitschrift des IIT waren an Neruda erinnernde Oden an Rooh Afza und Kissans Orangenlimo, Complan, Ovomaltine und Elaichi Horlicks).

Wir gehörten zu einer relativ mutigen Generation, deren Mitglieder die Verantwortung für die Gestaltung ihres eigenen Lebens übernahmen: Wir arbeiteten in der freien Wirtschaft, heirateten aus Liebe, aßen Pasta, Pizza und Chow Mein sowie Parathas und tranken zu Hause Cola und Bier, machten Strandurlaube statt Pilgerreisen und trugen Jeans und T-Shirts statt der Safarianzüge, die für die vorige Generation der indischen Mittelklasse zum Inbegriff guten Stils geworden waren. Unsere Möglichkeiten gingen weit über das hinaus, was sich meine oder Aseems Eltern überhaupt vorstellen konnten.

Und für diejenigen, die diesen schnellen und verwirrenden Übergang vollzogen, eröffnete Aseems kleine Mietwohnung in Saket, in der er mit seiner Frau Mrinal lebte, ein verlockendes Fenster zu einem möglichen neuen Leben.

Die exklusiven Clubs, die Reisen in Privatjets und andere Anzeichen seiner ständigen Transformation kamen später. Für den Moment gab es diese Wohnung, die mit Hilfe von Anokhi und dem Shop des Crafts Museum eingerichtet und dekoriert wurde, mit vielen Bücherregalen und Stapeln von *Esquire-* und *Time-*Ausgaben, dazwischen Warli-Terrakottatöpfe und Messingfiguren aus Bastar, ein Poster von Muhammad Ali (»Chef, Ali ist mein Gott«, sagte Aseem zu mir, »von ihm lerne ich die Regeln«), und immer kamen heiße Parathas aus der Küche, wo eine Angestellte – ein einfaches Zeichen für den Erfolg der Mittelklasse – sklavisch am Herd schuftete, während Aseem in dem großen Wohnzimmer eine Flasche Jameson Whiskey nach der anderen aufmachte.

Die indischen Medien waren dabei, mit ihrer starren Vergangenheit zu brechen; einige der etabliertesten Printjournalisten mutierten zu Fernsehpersönlichkeiten, und alle waren sie auf Aseems Partys, zusammen mit Kolleginnen von seiner Zeitschrift. Ein weiterer Stammgast, so erinnere ich mich, war ein Polizeibeamter namens T. C. S. Sood, ein ehemaliger

Leiter der Polizei von Jammu und Kaschmir, der in den Medien für seine Methoden der außergerichtlichen Tötung und Folter gefeiert wurde, in Aseems Kreisen aber dafür bekannt war, dass er ungeheure Mengen von Faiz' Lyrik auswendig kannte.

Weit unter dem sozialen Status der anderen befanden sich junge Journalisten aus Kleinstädten, die schmuddelige und ausgefranste Khadi-Jhola-Taschen um die Schultern hängen hatten. Aseem hatte diesen Kindern von *Kalyan*-lesenden Regierungsbeamten, Lehrerinnen und Ärzten aufgetragen, sich von den drittklassigen Weltanschauungen ihrer Eltern zu befreien und nach etwas Höherem zu streben als einem Regierungsjob, einem Maruti Van und Flitterwochen in Mussoorie.

Er sagte ihnen, es werde eine neue, hypervernetzte Welt mit ungeahnten Möglichkeiten entstehen; das Internet ermögliche eine allgemeine Emanzipation, die alte Grenzen auflösen und Horizonte verbreitern würde. Von Aseem hörte ich Mitte der 1990er Jahre zum ersten Mal die Worte »Globalisierung« und »Datenautobahn«, und er war auch der erste Mensch, den ich kannte, der ein Mobiltelefon, einen Laptop und ein Smartphone besaß.

Die Kleinstadtbewohner forderte er auf, seinem Beispiel zu folgen und ein Abenteuer des Geistes, der Seele und des Körpers anzustreben, so wie Oscar Wilde es formuliert hatte: »die Seele mittelst der Sinne, und die Sinne mittelst der Seele zu heilen«.

Unabhängig davon, ob die Erben kleinbürgerlicher Ambitionen diese Anweisungen befolgten oder nicht, sahen sie Aseem alle als ihren Helden. In einer Stadt, die immer noch von mürrischen anglophilen Oberschichtlern beherrscht wurde, hatte er auf energische Weise neue Möglichkeiten für

Wachstum und Unterhaltung eröffnet. Viele von ihnen waren bereit, bei seinen späteren Unternehmungen mitzuarbeiten, ohne ein regelmäßiges Gehalt dafür zu beziehen. Wie ich waren sie anfangs in Bewunderung an ihn gebunden und entwickelten im Laufe der Zeit den neidischen Wunsch, sich mit ihm und wie er ganz unbeeindruckt und beschwingt durch eine globalisierte Welt zu bewegen.

In der langen weißen Kurta und den Churidars, mit denen er die Chikan-Kurtis ersetzt hatte, schwebte Aseem, einige Köpfe größer als die meisten Menschen im Raum, durch die Partygesellschaft, und den Moment des Kontakts, das Händeschütteln, die Umarmung, schien er zu lieben. Anders als die Leute auf den Partys meiner Kollegen strahlte er gegenüber allen Anwesenden denselben Charme und dieselbe Lebendigkeit aus.

Seine Augen blieben jedoch wachsam, selbst wenn er lächelte und lachte – ganz ähnlich wie die Augen seiner Katze, die während seiner Partys unter einem Plantagensessel hockte und ihren Blick aus grünglänzenden Augen nicht abwendete, selbst wenn der Wirbel eines Saris oder eines Schals ein Weinglas von einem Beistelltisch auf den Boden stieß.

Heute frage ich mich: Gab es schon damals unter der Lebendigkeit und der Gelassenheit, dem amüsierten und wissenden Auftreten, einen Mangel an Gewissheit und ein unstillbares Verlangen nach Selbstbestätigung? Folgte auf diese Stunden triumphaler Lebhaftigkeit ein Missvergnügen, ein Gefühl der Unzulänglichkeit? Schlug die geschädigte Kindheit noch immer auf den Mann mit der überschwänglichen Persönlichkeit ein?

Irgendwann fiel mir auf, dass Aseem, der immer noch seine IIT-Ambitionen verfolgte, um als Künstler bekannt zu werden, davon besessen war, einen Roman zu schreiben. Der Roman *Eine gute Partie* war gerade veröffentlicht worden. Aseems eigene Zeitschrift brachte ihn auf die Titelseite, und er schrieb ein schmeichelhaftes Profil des Autors und verglich ihn mit Homer und Tolstoi. Insgeheim bezeichnete er den Roman als Seifenoper und sprach von seinen eigenen literarischen Ambitionen.

»Vor unserer Heirat habe ich Mrinal versprochen«, sagte er oft, »dass ich bis zu meinem dreißigsten Lebensjahr einen Roman schreiben werde. Jetzt habe ich dafür keine Zeit mehr, Chef. Aber ich weiß, dass du nicht einfach einen Roman schreiben kannst, nur weil dein Vater ein großer Bürokrat oder Richter ist und du in Oxford warst und weißt, wie man Indien bei Verlegern in London und New York als den hippsten Kram darstellt. Wenn du einen Roman schreibst, konkurrierst du mit den Besten der Branche!«

Er behauptete, der Roman werde von einer sozial ambitionierten indischen Bourgeoisie auf ein Schaustück reduziert, ganz wie die Namensschilder, die mit akademischen Titeln überwuchert sind, und der Schnickschnack in Glasvitrinen von Mittelklassehäusern.

Er schien seltsam verbittert über all dies. »Potenziell gesehen, ist der Roman eine so subversive Kunstform«, sagte er. »Schau dir doch nur an, was die Lateinamerikaner mit provinziellem Hintergrund wie García Márquez daraus gemacht haben. Von amerikanischen und britischen Schreibenden erwarte ich nie viel, schon gar nicht von den Weißen. Ihre Phantasie ist durch die Privilegien der Industrienationen begrenzt; sie können sich nur in ironische Selbstbetrachtung flüchten, und New York und London verfügen über den kulturellen Einfluss, um ihren zweitklassigen Kram als erstklassig auszugeben. Aber es gibt keinen Grund für unsere bürgerlichen Desi-Autoren, den Roman mit ihrem schlechten Gewissen, ihrem Narzissmus und ihrer fundamentalen Albernheit zu vergiften. Indische Schriftsteller haben so viel reichhaltiges Material, und doch spielen diese verwöhnten Kinder mit der Kunst und lassen sie dadurch regelrecht erschlaffen.«

Eines dieser Kinder arbeitete in meiner Redaktion; sie war sogar Mitherausgeberin der Literaturzeitschrift. Sie war die Tochter einer Pfeife schmauchenden, Koteletten tragenden, bebrillten Eminenz aus dem britischen Staatsdienst, und ihr Vater hatte ihr ein Stipendium für Cambridge verschafft. Dort galt sie als strahlende Schönheit; ihre blasse Haut, ihr dunkles Haar und ihre hellen haselnussbraunen Augen waren unter den Studienanfängern sogar der Anstoß für so manches Gelegenheitsgedicht. Sie hatte verlauten lassen, dass sie an einem Roman mit dem Titel *The Sherry Drinkers* arbeitete, einem satirischen und zugleich melancholischen Bericht über indische Menschen wie sie selbst, die sich seit ihrer Rückkehr nach Indien von einem belebenden Aufenthalt in Cambridge geistig isoliert fühlen.

»Faber und Faber schauen sich den Roman gerade an; sie sind begeistert davon«, sagte sie mir, kurz nachdem ich bei der Zeitschrift angefangen hatte, und fügte hinzu: »Kennst du die? Das ist die alte Firma von T. S. Eliot.«

Ein paar Jahre später brachte sie den Roman wieder zur Sprache: »Knopf schaut ihn sich an; sie sind sehr begeistert davon.«

Nach einigen weiteren Jahren sagte sie: »Faber ist wirklich begeistert davon.«

Ich berichtete Aseem von alledem, ohne ihm zu sagen, dass sie sich am meisten über den Vergleich mit Barry White gefreut hatte, den er in der Kaffeepause zog. »Chef, das ist *verrückt*!«, sagte Aseem, und seine Stimme erhob sich wieder schnell. »Ich weiß, dass jeder verwöhnte Inder, der in Oxford und Harvard war, heutzutage einen Roman schreiben will. Aber ich kann nicht glauben, dass diese Tussi zweitausend Worte am Stück schreiben kann, die lesbar sind, geschweige denn einen ganzen Roman.«

Die »ewig aufstrebende Romanautorin«, wie er sie nannte, war eine Vertreterin dessen, was Narendra Modi später mit großem Wahlerfolg als »Lutyens-Elite« anprangerte und was seine Armee von Trollen als »libtards« zu bezeichnen pflegte. In vielerlei Hinsicht nahm Aseem diese kultische, berauschende Abscheu gegenüber den anglophilen Bewohnern der von den Briten erbauten Bungalows in Neu-Delhi vorweg.

Er liebte es, Bazarows Zeilen aus Turgenews Roman *Väter und Söhne* zu zitieren, den wir am IIT immer gelesen hatten: »Du bist nichts als ein weicher, schön gezüchteter, liberaler Junge.« Seine eigenen Worte »*Chikna*« und »*Raja beta/beti*« drückten eine ähnliche Verachtung für die verwöhnte Herrscherklasse Indiens aus.

Einer seiner sorgfältig formulierten Sätze lautete in diesem Zusammenhang: »Diese glattwangigen Liberalen, diese *Chiknas*, diese *Raja betas* und *betis* wollen den Überschuss ihrer vornehmen Erziehung in die Unsterblichkeit der Kunst umwandeln.«

Modi würde der Lutyens-Elite mit einem Ersatz-Nativismus begegnen, indem er behauptete, er sei der Sohn eines einfachen Chai-Verkäufers, der kein Englisch sprach und keinen Grund sieht, warum er es sprechen sollte. Aseem bemängelte die Sherrytrinker genau in jenem Bereich, in dem sie überlegene Fähigkeiten behaupteten.

Die kleinen Beleidigungen, die sie mir an den Kopf warfen,

schwollen in seiner Gesellschaft zu regelrechten Verletzungen an, und ich ertappte mich oft dabei, dass ich Aseem die alltäglichen Übertretungen anvertraute, die ich bei der Literaturzeitschrift beobachtete: Während die Bücher prominenter Leute sorgfältig deren Freunden zum Rezensieren zugewiesen wurden, wurde das weitaus hochwertigere Werk von gesellschaftlich unsichtbaren und unbedeutenden Autoren wechselweise mit fehlender Anerkennung oder groben Anfeindungen durch dilettantische Rezensenten abgewertet.

»Bitte lass dich nicht von diesen zweitklassigen *Chiknas* in der Redaktion herumkommandieren, Arun«, sagte er dann meist. »Ich würde dir sofort einen Job besorgen, wenn du nicht so versessen darauf wärst, der Literatur zu dienen. Du bist ein echt talentierter Mensch, und die sind ein unglaublich hohles Volk. Sie haben Erfolg, weil es kein Talent gibt, das sie herausfordert, und sie vernichten jeden, der es wagt. Das ist das Problem, nicht nur in deiner Redaktion, sondern in ganz Indien, und das muss angegangen werden: Mittelmäßigkeit ist mutiger und besser vernetzt als Talent.«

Ich kann nicht leugnen, dass es mich belebte, die Menschen, die ich damals kannte, durch Aseems grellen Hochmut gefiltert zu sehen. Auch ihn schien dies zu beflügeln, und heute erkenne ich, dass es das unentrinnbare Band zwischen uns verstärkte: zwei Klassenflüchtlinge, die sich von ihrer beschämenden Herkunft befreien, indem sie sich die Sprache und das Benehmen der Elite aneignen, sich aber in ihrer angenommenen Haut nie weniger als unwohl fühlen und verfolgt bleiben von einem Gefühl der Betrügerei und der Angst, dass die eine oder andere Kleinigkeit – etwa dass Aseem statt *career* eben *carrier* sagte – alles auffliegen lassen könnte.

Aseem hat seinen Roman nicht geschrieben, auch nicht nach der Veröffentlichung von *Der Gott der kleinen Dinge*, worüber er im Privaten ebenfalls murrte, während er das Buch in seiner Zeitschrift feierte. Stattdessen ritt er auf der Dotcom-Welle und gründete sein eigenes Webzine. Frech *The People's Tribune* genannt, widmete er sich der Sensibilisierung für Ökologie (damals ein Nischenthema) und startete mit einer geheimen Untersuchung eines Tabuthemas: korrupte hochrangige Armeeoffiziere, die während der militärischen Besetzung von Kaschmir durch Indien große Teile des Tals abgeholzt hatten.

Sein feierliches Gesicht während dieses Triumphmoments zierte sofort Dutzende von Titelseiten von Zeitschriften, und all die neuen Fernsehtalkshows schienen abwechselnd über ihn und sein Exposé zu berichten.

Zu dieser Zeit mietete er das geräumige neue Haus in Golf Links, in dem du ihn gesehen hast und in dem ein ungewöhnlich fröhlicher Chowkidar in der Sperrholzkiste am bambusbestandenen Tor hockte; und es begann eine neue Art von Gästen auf seinen Partys zu erscheinen: junge Frauen mit glänzendem Haar und hohen Wangenknochen.

Die soziale und wirtschaftliche Liberalisierung hatte viele von ihnen aus konservativen Familien in die aufstrebenden Berufe der Medien, des Designs und der NGOs gebracht. Man kann sie jetzt im Internet sehen, wie sie durch die globalen Kreisläufe von Literaturfestivals, Konferenzen und TED-Talks tingeln, alle auf mysteriöse Weise exakt so trainiert, dass sie vor den Kameras die körperliche Haltung und das höfliche, aber undurchsichtige Auftreten eines Laufstegmodels haben.

Für seine Partys schien Aseem sie handverlesen zu haben; sein Umgang mit ihnen war frei und ungezwungen, vorgeblich bohemienhaft. Er stand ganz nah bei ihnen, durchtrennte zügig den Spannungsdraht zwischen Mann und Frau, berührte sie nicht, aber vermittelte die Gewissheit, dass er es irgendwann tun würde.

Auch erinnere ich mich an die Zeit, als er »Great Minds United« einweihte, sein Festival für Bücher und Ideen, das heute untrennbar mit unserem Leben verbunden ist.

Ich erinnere mich, dass du sagtest: »Ich wünschte, ich hätte nicht zu seinem Festival zugesagt. Es kommen diese internationalen Intellektuellen wie Joe Stiglitz und Vandana Shiva, aber ich habe gehört, dass der Rest der Menge aus Groupies und lüsternem Pressevolk besteht.«

So habe ich nicht zum ersten Mal davon gehört, sondern in einer E-Mail, die mir Aseems Sekretärin zukommen ließ. Darin wurde das Festival als »Aspen und Davos des globalen Südens« bezeichnet, und *Time* und *Forbes* wurden damit zitiert, Aseem als die Ikone eines intellektuell einfallsreichen, wirtschaftlich aufstrebenden und allgemein durchsetzungsfähigen und lebendigen »Neuen Indiens« zu bezeichnen.

Aseem, der sich schnell vom Umweltaktivismus zu internationalen Nerdfestivals bewegte, suchte, wie mir heute klarwird, immer wieder nach neuen Wegen, um diese Durchsetzungskraft und Lebendigkeit zu verkörpern. Er war fasziniert von einer Theorie: dass sexuelle Lust während einer nationalen Expansion, wie Indien sie gerade erlebt, größer wird und zu einem freieren Ausdruck führt.

Auf seinen Partys pflegte er gern zu sagen: »Schauen Sie sich Miller, Mailer, Vidal, Roth und Updike in den USA der fünfziger und sechziger Jahre an; sie wurden ziemlich kühn – viel kühner als etwa Hemingway, das ursprüngliche priapische Genie – ja, sie wurden kühner darin, den Bogen ihres

Pimmels nachzuzeichnen, wie dieser mit dem Reichtum und der Macht ihres Landes hochging.«

»Die Geilsten unter ihnen«, fügte er hinzu, »waren Schriftsteller aus bescheidenen Verhältnissen, die sich in der Gesellschaft hochgefickt haben.« Und dann zitierte er (wortwörtlich, wie ich feststellte, als ich nachsah) aus *Portnoys Beschwerden*: »Ich will damit sagen, Doktor, dass ich meinen Schwanz nicht so sehr in diese Mädchen selbst als vielmehr in ihre Herkunft zu stecken scheine – als ob ich durchs Vögeln Amerika entdecke.«

Offensichtlich war er dazu übergegangen, diese Theorie in die Praxis umzusetzen. Ich erinnere mich an einen Abend in seinem neuen Zuhause, einen der vielen Abende, die mit Duty-Free Johnnie Walker Blue Label statt mit dem von der Botschaft von Sierra Leone geschmuggelten Jameson Whiskey begossen wurde, als Aseem mit seiner Pornosammlung – Bücher und Videokassetten und DVDs – und mit seinen sexuellen Fähigkeiten prahlte.

»Zehntausend Ficks, Chef!«, sagte er.

Er behauptete, er habe die Rekordzahl erst neulich erreicht. Ich warf einen verstohlenen Blick auf Mrinal. Die Zahl schien doch sehr hoch und erforderte eine Nachprüfung. Er kannte Mrinal seit zwanzig Jahren. Hatten die beiden im Durchschnitt eineinhalb Mal pro Tag gefickt?

Die Rechnung ging nicht zugunsten seiner Ehefrau auf. Doch Aseems Frau sah ihn mit distanzierter Belustigung an. Ähnlich war es mit vielen der anwesenden jungen Frauen, und ich erinnere mich an meinen Gedanken, wie einfach sexuelle Freizügigkeit innerhalb weniger Jahre von Gemütern Besitz ergriffen hatte, die die längste Zeit puritanisch gewesen waren.

Auch hielt Aseem eine kleine Rede: »Wir Inder der Mittelklasse sind die größten Heuchler der Welt, wenn es um Sex geht. Warum können wir nicht begreifen, dass die Erotik schon immer ein fester Bestandteil unseres Lebens war? Das wussten schon die alten Inder, die das *Kamasutra* schrieben und die Tempel von Khajuraho bauten. Um Himmels willen, wir huldigen dem Phallus.

Die alten Hindus hatten das alles schon verstanden. Entweder du lebst in der Welt oder du entsagst ihr. Und, wohlgemerkt, der Entsagende wird verehrt; er steht im Mittelpunkt der hinduistischen Kultur; die Menschen haben immer noch große Achtung vor den Sadhus und Swamis. Aber das schlägt nicht in Verachtung für den Kerl um, der ausgiebig rumvögelt, heiratet, sich fortpflanzt und reich wird. Derjenige, der das Leben in all seinen materiellen und erotischen Exzessen annimmt, hat seinen eigenen Platz im Kosmos.«

Er zitierte gerne eine Verszeile aus dem *Rigveda*, um seiner Aussage über die amoralische Sinnlichkeit der klassischen Hindus Nachdruck zu verleihen: »Wer seinen Penis schlaff zwischen den Schenkeln hängen hat, hat keinen Erfolg; Erfolg hat nur der, dessen behaartes Ding anschwillt, wenn er liegt.«

Er insistierte dann immer: »Es ist eine Göttin, eine Frau, und nicht irgendein geiler Mann, der das im ältesten Text des Hinduismus sagt.«

(Ich habe einmal in der Penguin-Classics-Ausgabe nachgeschaut: er hatte das Zitat ebenfalls richtig im Kopf gehabt.)

»Vergleichen wir doch diese totale Akzeptanz von Sex mit der Erfindung der Erbsünde durch den heiligen Augustinus, weil sein Pimmel ohne seine Zustimmung steif wurde. In der Vergangenheit haben die Inder alles akzeptiert – Homosexualität, Androgynität, Transsexualität, was auch immer. Es waren die Christen, die Missionare, die Viktorianer und die

US-Amerikaner, die uns mit ihrem Puritanismus fertig-
gemacht haben. Ich bin froh, dass wir das jetzt überwunden
haben.«

Als Beweis erzählte Aseem dann eine Geschichte über eine
Studentin aus Miranda House, die ihn für ihre College-Zeit-
schrift interviewt hatte und danach mit ihm in der Defence-
Colony-Gegend in einer dieser Kneipen, in denen Minderjäh-
rige willkommen sind, etwas trinken gegangen war. Schon
nach dem ersten Glas Wein hatte sie gesagt: »Was bringt es,
hier rumzuhängen und Mücken zu erschlagen, warum
kommst du nicht mit in mein Barsaati und wir ficken?«

Aseem lachte und trommelte mit den Füßen auf den Boden,
als er diese Geschichte zu Ende erzählte, und er schien absichtlich nicht zu sagen, ob er die Einladung dieser Studentin
von einem Elite-College angenommen oder abgelehnt hatte.

»Selbst viele kluge Männer«, hast du einmal gesagt, »sprechen über Frauen auf übertrieben sexualisierte Art und machen sie zu Objekten, weil sie in ihrem Innenleben viel zu
beschädigt sind und keine Verbindung zu ihren tiefsten Ge-
fühlen herstellen können.« Das ist eine deiner Aussagen, an
die ich heute mit Schuldgefühlen zurückdenke.

Damals wirkten Aseems Äußerungen jedoch wie harmlose Prahlerei, mit der er seinen Anspruch aufblähte, einen
indischen Geist darzustellen, der nicht von Scheinheiligkeit
und Heuchelei befleckt ist.

Zu seiner neuen, kraftvollen Persönlichkeit gehörte auch
eine linke Politik, die sich nicht nur gegen Umweltverschmut-
zer, sondern auch gegen Korruption, religiösen Extremismus,
Autoritarismus und das Patriarchat richtete. Den westlichen
Journalisten, Think-Tank-Mitgliedern und multinationalen
Managern gegenüber, die vom Neuen Indien betört waren,

machte er mit seiner Zusammenfassung des ungenutzten Potenzials des Landes immer wieder Mut: »Hunderte Millionen von Jungspunden aus der unteren Mittelschicht«, sagte er und fütterte ihre Klischees. »Die demographische Dividende wird gigantisch sein.« Bei seinen öffentlichen Auftritten im Fernsehen und bei Presseinterviews erschien er jedoch mit seiner hochfliegenden, brüchigen Stimme in einem Zustand der permanenten Mobilisierung gegen furchterregende Feinde.

Ich erinnere mich, dass du sagtest, du hättest erstmals von ihm gehört, weil er sich politisch so offen äußerte. »Ich habe sein Mojo, seine Chuzpe, wirklich bewundert«, sagtest du. »Und das war bei vielen Menschen in meiner Generation genauso. Uns, den westlich orientierten, privilegierten Inderinnen und Indern, hat er gezeigt, wie dunkel unsere Welt unter der glänzenden Oberfläche tatsächlich war.«

Ich habe nicht gesagt, dass ich, obwohl ich für Aseems nachdrückliche Solidarität mit mir und anderen Menschen aus unserer Klasse dankbar war, seinen politischen Anprangerungen nur teilweise folgen konnte.

Eine Leidenschaft für die Umwelt oder für soziale und Gender-Gerechtigkeit hätte man von denjenigen, die seit ihrer Kindheit erbittert nach guten Noten und den Vereinigten Staaten strebten, nicht erwarten können. Soweit ich sie überhaupt wahrgenommen habe, riefen die Opfer von Gruppenvergewaltigungen in Nagaland, die kolossalen Staudämme an den Verwerfungen des Himalaya und die kollabierenden Grundwasserspiegel in den nordindischen Ebenen bei mir Empörung und Mitgefühl hervor. Und doch hielt sich mein Interesse an dem bunten Wandgemälde aus Verdorbenheit und Elend, das Aseems Zeitschrift wöchentlich malte, in Grenzen.

Aseem hat mich nicht überzeugt, und zwar nicht nur, weil sein soziales Gewissen zu spät geweckt wurde und sich zu sehr mit einer trivialen Lobhudelei Indiens paarte.

Er schien mir zu übertreiben und die Lehren aus unserem eigenen Leben sowie aus den Büchern, die wir am IIT so eifrig gelesen hatten, außer Acht zu lassen. Hypermaskuline Fanatiker, skrupellose Journalistinnen und käufliche Geschäftsleute stellten für mich keine ganz neue dämonische Realität dar. Nach dem, was ich von meinem Vater und der von Balzac und Maupassant beschriebenen Gesellschaft wusste, schienen sie völlig normal zu sein.

Außerdem – und das sehe ich jetzt deutlicher – wollte Aseem, ganz anders als du und viele andere, diese gemeine Welt nicht umgestalten. Seine Empörung über den Klimawandel oder Ungerechtigkeit blieb losgelöst von einem größeren politischen Anliegen oder Projekt: T. C. S. Sood, der Henker von Kaschmiris und das Vorbild für Mörder in Uniform anderswo, kam zum Büchergeplauder weiter auf Aseems Partys.

Es war, als ob Aseem eine Art persönliche Auszeichnung anstrebte, indem er sich auf die Seite der Verdammten dieser Erde stellte. Vielleicht hatte er sich ausgerechnet, dass die Opferrolle glamouröser und fruchtbarer werden würde als das kollektive Streben nach einer gerechten Gesellschaft.

In Delhi suchte und saugte Aseem eifrig Ideen und Anregungen auf und flutete dabei ständig seine ursprüngliche Ader des Hochgefühls. Andererseits träumte ich, nachdem ich am IIT das frühe Gerangel um Essen und ein eigenes Zimmer beendet hatte, von der Flucht in ein neues, geräumiges Leben, davon, meine beengte Umgebung zu verlassen und in der Himalayalandschaft des Kalenders zu Hause zu leben;

und meine Träume wurden noch bunter, nachdem ich auf einer Reise nach Shimla ein Kalenderdorf namens Ranipur entdeckt hatte.

Ich hatte begonnen, für eine gebundene Reihe klassischer Hindi-Literatur zu übersetzen, die von einem Philanthropen in den Vereinigten Staaten gesponsert wurde. Die Bezahlung in US-Dollar war für indische Verhältnisse großzügig, und die Flucht nach Ranipur schien mir finanziell machbar, als ich eines Abends von der Arbeit nach Hause kam und einen Brief von meiner Mutter vorfand.

Sie hatte mir schon seit Jahren denselben Brief geschrieben: »*Aasha hai ki tum swasth ho.* Ich hoffe, du bleibst gesund. *Aur padhai-likhai acchi chal rahi hai.* Und dein Studium geht gut voran. *Itne dinon se koi chitthi nahin aiyi tumhari.* Ich habe seit Ewigkeiten keinen Brief mehr von dir erhalten. *Thodi chinta ho jaati hai tumhare swasth ke baare main.* Ich mache mir ein wenig Sorgen um deine Gesundheit« – eine Besorgtheit, die nur gelegentlich von Geständnissen über Brustschmerzen und Atemnot unterbrochen wird, die ich ebenso sehr überfliege wie den Rest.

Die Ausdrucksform hatte sich im Laufe der Jahre ebenso wenig verändert wie das Design der Inlandspostkarte mit ihren drei Klappen und der Gandhi-Briefmarke; sie blieb die ganze Zeit über gleich, während ich von den Nachhilfekursen in Delhi zum IIT und zu meinem ersten Job wechselte; und ich öffnete das letzte Schreiben mit etwas Überdruss, nur um festzustellen, dass es von Meena, meiner Schwester, geschrieben worden war, die mich in zwei knappen Absätzen darüber informierte, dass unser Vater unsere Mutter wegen einer anderen Frau verlassen hatte; meine Schwester bat mich inständig, so schnell wie möglich nach Hause zurückzukehren, da sie nicht lange ihr Geschäft alleinlassen konnte.

Eine seltsame Erinnerung schoss mir durch den Kopf, als ich fassungslos dastand, das hauchdünne Papier mit den hastig abgerissenen Klappen in der Hand: Baba führt einen abgewetzten Becher mit frischer, warmer Milch zum Mund und schließt halb die Augen; seine dicken, rissigen Lippen ruhen auf dem Becherrand, um die Temperatur zu prüfen, dann pustet er vorsichtig. Schließlich nippt er mit geschlossenen Augen an seinem Frühstück, und für einen Augenblick ist sein breites, grausam hübsches Gesicht ganz friedlich.

Ich hatte weder gesehen noch gewagt, mir vorzustellen, welche Gelüste diesen Mann antrieben. Meine Mutter brachte es nie über sich, es auszusprechen, dass er ihrer unterwürfigen Weiblichkeit überdrüssig geworden war. Später erfuhr ich von meiner Schwester, dass er eine lange Affäre mit der verwitweten Tochter eines örtlichen Ladenbesitzers hatte und gleich nach dem Tod ihres Vaters zu dieser Frau gezogen war. Nun führte er das Geschäft mit seiner neuen Partnerin.

Vom Bahnhof in Alt-Delhi, wo die Menschenmassen auf den Fußgängerbrücken immer kurz vor einer Massenpanik zu stehen schienen, nahm ich den Nachtzug und spielte vor Schlaflosigkeit noch einmal alle meine Heimfahrten durch. Der Zug wurde jetzt von einer Diesellok gezogen, doch in den nicht reservierten Wagen der dritten Klasse wimmelte es immer noch von verschwitzten und schläfrigen Männern, durch das Loch im Toilettenboden drang ein dumpfes Brummen in den Waggon, während die Deckenlampen so schwach brannten wie eh und je, und goldene Funken flirrten noch immer zurück in die schwarze Nacht wie die feurigen Churails aus den Albträumen meiner Kindheit.

Als ich nach einem kurzen Schläfchen am frühen Morgen

die Augen öffnete, schien die Erde auf schwindelerregende Weise in die entgegengesetzte Richtung zu rauschen. Im aschfahlen Licht der Morgendämmerung stieg ich aus dem Zug aus und ging, noch immer orientierungslos, durch die weiß eingehüllten Körper auf dem Bahnsteig zu meiner Mutter in dem von ihrem Mann verlassenen Haus.

Erschöpft vom Kummer und von den schlaflosen Nächten, zitterte ihr gebrechlicher Körper vor Schluchzen, während sie sich mit ihrer festen Umarmung an mich klammerte.

Doch als ich mich von der Thums-Up-Flasche in dem leeren Raum entfernte, in dem ich das hilflose Gefühl hatte, für immer gefangen zu sein, und in dem alles längst alt geworden war und sich selbst überlebt hatte, empfand ich plötzlich Trauer; ich war voller Kummer über diese Zeit, in der ich von der Möglichkeit eines hellen, weitläufigen Lebens angezogen und unterstützt wurde.

Nun würde ich, mit meiner Mutter unerwartet an meiner Seite, dieser offenen und geheimnisvollen Zukunft an einem neuen Ort begegnen. Doch als die Tonga aus der zerfurchten Gasse ruckelte, als die Glocken am Hals des Pferdes ein hohles Geräusch von sich gaben und als die asphaltierte Straße unter den flackernden Hufen zu fließen begann, schien eine Vergangenheit, in der es Hoffnung im Überfluss gegeben hatte, unter mir davonzugleiten.

ZWEITER TEIL

SECHS

Aber das ist doch lächerlich«, sagte Aseem, als ich ihm von meinem Umzug erzählte. »Das ist ein Rückschritt. Was willst du denn in einem kleinen Dorf machen? Hör zu, wenn du einen neuen Job brauchst, ganz weit weg von diesen Chiknas in deinem Büro, dann sag mir einfach Bescheid.«

Ich erzählte ihm von dem Übersetzungsprojekt. »Wow«, sagte er, »das ist eine Menge Geld. Du wirst im Himalaya in Dollars schwimmen.«

Ich erzählte ihm darüber hinaus vom Schicksal meiner Mutter. »Für meine Schwester kann ich nichts tun«, sagte ich ein wenig selbstgerecht, »aber ich kann wenigstens versuchen, meiner Mutter ein besseres Leben zu schenken.«

Doch er dachte an etwas anderes. »Ich hoffe, dir ist klar, dass das Zusammenleben mit deiner Mutter dich aus dem Verkehr zieht.«

Der Gedanke war mir auch gekommen, doch in all den Jahren in Delhi war ich nicht in der Lage gewesen, mir vorzustellen, was es geheißen hätte, »*im* Verkehr« zu sein.

Wenig später in demselben Telefongespräch widersprach Aseem sich selbst. »Ich beneide dich«, sagte er. »Eigentlich hast du eine gute Entscheidung getroffen, dich aus dem Lärm der Welt rauszuhalten.«

Einen Lidschlag lang fühlte ich mich geschmeichelt. Doch

Aseems wehmütiger Tonfall war trügerisch. Denn erst jetzt realisierte er mit großer Willensanstrengung, was er schon immer gewollt hatte: eine Flucht aus den Zwängen seiner Kleinstadt, ein neues Leben mit neuen Einstellungen, Normen und Gewohnheiten, einen neuen, bunten Freundeskreis und ein Gefühl der Macht.

Nachdem er jahrelang in einem Ambassador zur Arbeit gekommen war, wurde er nun in einem Pajero zur Arbeit gefahren – gekauft hatte er ihn, wie vieles andere in seinem Büro, mit Virendras Geld. Auf Flughäfen blieben die Leute stehen und starrten ihn an; einige wollten ein Autogramm oder ein Foto von ihm. Geschichten über seine Pornosammlung, seine Theorie, die Roths und Updikes Penisse mit der US-amerikanischen Expansion der Nachkriegszeit in Verbindung bringt, und seine Fotos mit glamourösen Frauen drangen durch die LISTSERV-Mailingliste des IIT Delhi sogar bis in mein Dorf vor.

Ich stieß auf Interviews, in denen er nun auch mit Stolz über seine Herkunft sprach. Er sagte Dinge wie: »Die untere Mittelschicht ist der wahre Schöpfer der Geschichte. Historiker und Soziologinnen konzentrieren sich auf die Arbeiterklasse und die Reichen. Und die *Chikna*-Romanautoren schreiben über andere *Chiknas*. Aber es sind Menschen wie wir, die seit dem 19. Jahrhundert in der Literatur so gut wie gar nicht vertreten sind, die mit ihrem Begehren und ihrem Ehrgeiz die Welt gestalten und umgestalten.«

Ich habe dir nie ausführlich von dem Sommer berichtet, als ich Ranipur für eine kleine Vortragsreise durch die USA verließ und Aseem mich zu einer Party in East Hampton mitnahm, die ausgerichtet wurde von Virendra, damals gerade frischgebackener Milliardär und Hauptfinanzier von Aseems Zeitschrift.

Ich traf Aseem in seiner Suite im Pierre Hotel. Der Ort der Party war nicht überraschend. Das letzte Mal hatte ich Aseem während einer meiner seltenen Besuche in Delhi gesehen, und zwar auf einer Feier in seinem Haus in Golf Links, die er für seinen Helden V. S. Naipaul veranstaltete.

An den Wänden hing Kunst – nicht die Drucke von Canaletto und Vermeer, die er in Saket besessen hatte, sondern Gemälde moderner indischer Künstlerinnen und Künstler, die begonnen hatten, in europäischen Galerien auszustellen. Wenn man danach fragte, bekam man Whiskey, sowohl Single Malt als auch Blended Whiskey, doch die hohen Gläser auf den Tabletts enthielten Marquise De Pompadour, die indische Version von Champagner, und Sauvignon Blanc von Weinbergen in Maharashtra und Karnataka. Die von Aseem protegierten Kleinstadtjournalisten waren älter und vernetzter geworden und hatten ihre Jhola-Taschen gegen Imitate von JanSport-Rucksäcken und ihre Bata-Schnürschuhe und Kolhapuri-Sandalen gegen Timberland-Bootsschuhe und Mokassins eingetauscht.

Die gesamte Menge von Auslandskorrespondenten, Journalistinnen, Werbefachleuten, angehenden Schriftstellerinnen, Bürokraten und attraktiven jungen Frauen schienen offene Ehrfurcht vor Naipaul zu haben und seine Nähe zu suchen, während der Autor, in einer Ecke des Raumes verschanzt, stämmig und überraschend klein wirkte, in dickes Tweed gehüllt, mit großer Brille, schütterem Haar und borstigem weißem Ziegenbart (ich hatte den lebhaften – und größeren? – jüngeren Mann auf dem Foto des Einbands des Romans *An der Biegung des großen Flusses* erwartet).

Nur Aseem, der sich des leichten Zugangs zu seinem angesehenen Gast und neuen Freund sicher war, hielt sich abseits von Naipauls Aura – er und seine Katze, ein in Delhi auffallend seltenes Haustier, und seine Frau Mrinal, die sich wie immer in seiner Nähe herumdrückte und kaum etwas sagte, während ihr Mann über Rupert Murdoch und Indiens sexuelle Revolution sprach, doch sie lächelte leicht und verriet eine sanfte Skepsis.

Im Pierre traf ich gleichzeitig mit einem silberhaarigen Schwarzen Kellner ein, der ein Tablett mit Brioches, Marmeladengläsern, Servietten und Hotelsilber in der Hand hielt. Aseem, gekleidet in die monogrammierte Seidenrobe des Hotels, kritzelte wild seinen Namen auf die Rechnung, während er serviettenlos eine Brioche zum Mund führte.

Als der ältere Kellner die Tür hinter sich schloss (etwas verächtlich?), sagte er: »Guck' uns nur an. Wir sind auf Ochsenkarren gereist, und hier sind wir, von Asien ins Pierre befördert auf dem obersten Deck einer Boeing 747. Hat irgendjemand in einem einzigen Leben schon mal so schnell Fortschritte gemacht?«

Wann ist er mit einem Ochsenkarren gefahren? Ich bin nie mit einem Ochsenkarren gefahren. Jedenfalls war ich nicht mit einer Boeing 747 nach New York geflogen, sondern mit einer sowjetischen Iljuschin der Billigfluglinie Ethiopian Air; und nach einer langen Zwischenlandung auf dem Flughafen von Addis Abeba, während der ich in der flach überdachten Lounge von Sikhs begleitet wurde, die mit zugeklebten Pappkartons und Stoffbündeln rätselhafterweise auf dem Weg in den Kongo waren, verbrachte ich vier Stunden bei der Einwanderungsbehörde von JFK in einer kleinen Zelle voller deprimiert wirkenden Menschen mit vagem nahöstlichen Aussehen, neben einer pakistanischen Frau, die unter ihrer schwarzen Burka rassistische Schimpfworte auf Urdu gegen ihren afroamerikanischen Entführer murmelte.

Ich wohnte in einem Days Inn in der Bronx, und als ich

zum ersten Mal eine US-amerikanische Toilette sah, befürchtete ich schon, dass die Spülung, die den Inhalt der Schüssel fröhlich umherwirbelte und ihn vor einem krampfhaften Saugen erst beunruhigend herumschweben ließ, kaputt war. Ich war mit der U-Bahn zur 59. Straße gefahren, hatte mich an eine schmutzige Haltestange geklammert und das Kaleidoskop sehr unterschiedlicher, aber einheitlich emotionsloser Gesichter der Fahrgäste bestaunt. Ich hatte vor, am nächsten Tag mit dem Zug zum Hamilton College zu fahren, um dort einen Vortrag über modernistische Hindi-Literatur zu halten, für den ich eintausend Dollar plus Spesen erhalten würde – vermutlich der Preis für eine Übernachtung im Hotel Pierre, doch in Anbetracht meines zu erwartenden Publikums von fünf bis sieben Personen sehr großzügig.

Ich starrte aus dem Fenster auf die dunklen, dampfenden Spitzen der Gebäude. Als ich sah, wie das zweite Flugzeug sich in den Turm bohrte, war einige Tage nach dem eigentlichen Ereignis meine erste Reaktion gewesen, dass es etwas unnatürlich war, so hoch oben in den Lüften zu leben oder zu arbeiten. Derselbe Gedanke kehrte jetzt zurück, von seiner Gefühllosigkeit befreit, als Aseem mir ein dünnes, langes Glas reichte, in dem kalter, rosafarbener Champagner cremig vor sich hin schäumte.

»Es ist noch früh, aber was soll's, es ist Dom Pérignon, gratis vom Hotel, und Mrinal ist nicht hier, um meinen Alkoholkonsum zu überwachen«, sagte Aseem.

Der Champagner schmeckte für meinen ungebildeten Gaumen weniger gut oder zumindest weniger süß als der Marquise de Pompadour, den Aseem auf seinen Partys zu servieren begonnen hatte. Allerdings sagte ich ihm das nicht. Auch nicht, dass ich mir, während er auf dem Klo war, die Finger geschnitten hatte, und zwar an den Papierkanten der

New York Times, die wuchtig auf seinem Schreibtisch hockte, und dass ich mir die winzigen Blutperlen, die aus dem Schnitt hervorquollen, an den Sportseiten abgewischt hatte.

In jedem Fall schien er die Aussicht auf den Park aus der Suite im 32. Stock genießen zu wollen, in die ihn der Hotelmanager, der um die Kontakte seines Gastes zu seinen indischen Chefs wusste, umgebucht hatte.

Während er mit einer Hand an den Quasten seines Gewandes herumspielte und mit der anderen den Stiel seines Glases hin und her drehte, lud er mich ein, das Hotelzimmer zu inspizieren.

»*Panditji*, du musst das ländliche und zölibatäre Leben doch manchmal satthaben. Nun, das hier ist es, was die große böse Welt außerhalb deines kleinen Himalaya-Asyls zu bieten hat.«

Die Kissen auf beiden Seiten von Aseems eilig und unsachgemäß gemachtem Bett waren eingedrückt. Hatte er in der Nacht zuvor Besuch gehabt? Er summte förmlich vor Energie; und ich frage mich jetzt, ob Sex für Aseem in einer Welt, die seine Wünsche so eifrig erfüllte, fast zu einer beiläufigen Form der Befriedigung geworden war, zu etwas, das er einfach abhakte.

Als ich durch seine Suite ging, erinnerten mich die hellen goldenen und cremefarbenen Möbel, der dekorative Kamin und der silberne Glaslüster an das *Playboy*-Poster, mit dem wir so viel von unserer begrenzten Freizeit am IIT verbrachten.

Ich war draußen an Büroangestellten vorbeigegangen, die auf Betonblumenkästen sitzend Sandwiches verschlangen, während um sie herum gierige Tauben lauerten, und die auf mich gehetzter gewirkt hatten als die Wanderarbeiter in Ranipur, die in ihr Mittagessen aus trockenem Roti und rohen Zwiebeln bissen, während sie im Sand hockten. Die uniformierten Portiers auf roten Teppichen unter Markisen, die über die Bürgersteige der Park und Fifth Avenue gespannt waren, sahen einsamer aus als die *Chowkidars* in den heruntergekommenen Villen von Ranipur.

Doch unsere alte indische Vergangenheit hatte für Aseem keine größere Bedeutung mehr. Er sagte: »Die Hotels in Shanghai und Mumbai kriegen es nie ganz richtig hin. Sie haben zwar größere Räumlichkeiten, aber sie bieten nicht das einzigartige Flair von einem Ort wie diesem hier.
J. P. Getty hat die Privatwohnungen in dem Gebäude bauen lassen. Dies hier ist wirklich das richtige Haus für Mr. Biswas. Kompromisslos schick, Chef, und beruhigend teuer«, fügte er lachend hinzu.

Er lachte, weil er wusste, dass ich den Ausdruck »Kompromisslos schick« wiedererkennen würde, den V. S. Naipaul offenbar zu Paul Theroux gesagt hatte, als Naipaul, der Nachkomme indischer Arbeiter, eine Wohnung in der Londoner Nachbarschaft South Kensington kaufte: der erste Meilenstein auf seiner persönlichen Reise von der Armut und Unbekanntheit an den Ort, an dem er seine neue Selbstachtung und Unempfindlichkeit gegenüber Demütigungen kultivieren könnte.

Das war in den 1970er Jahren. Jetzt versuchten viele andere aus einer 1,4 Milliarden starken Bevölkerung, den Gipfel des Wohlstands und des Selbstbewusstseins zu erreichen, der so lange von weißen Männern und Frauen besetzt gewesen war. Auf dem Flug nach New York hatte ich in der BBC-Sendung *Hardtalk* eine indische Schriftstellerin gesehen, die auf Englisch schreibt und in ihrem wohlklingenden Klosterschulenglisch erklärte, dass es für die Hindus an der Zeit sei, sich voller Stolz als Hindus zu bekennen und dazu beizutragen, Indiens Schicksal als große Zivilisation und als Nationalstaat zu erfüllen.

Lange Zeit beschämend hingestellt als ein Land der Bettler und Elefanten, forderten viele gut ausgebildete indische Menschen der Oberkaste nun Respekt und Aufmerksamkeit von den weißen Herrschern der Welt ein. Eine Unternehmensdynastie aus Mumbai hatte vor kurzem das Pierre gekauft und versuchte nun ganz direkt, das Autounternehmen zu erwerben, das den Jaguar herstellt – zwei von vielen Trophäen im Rahmen dessen, was in indischen Zeitungen angepriesen wurde als »globale indische Übernahme«.

Ein Kleinstadtschwindler aus Uttar Pradesh würde bald das Plaza Hotel gegenüber vom Pierre kaufen. Jetzt schon flog die indische Trikolore über dem Central Park, und in der Lobby hallte das Hinglish und Mandarin obszön reicher Asiaten wider. Einige alte US-amerikanische Damen klammerten sich in dem schmalen Gebäude noch an ihre Genossenschaftswohnungen. Wenn sie mit ihren verwöhnten Pudelchen den holzgetäfelten Aufzug betraten, wandten sie sich verächtlich von den chinesischen und indischen Emporkömmlingen ab und klammerten sich an ihre Kriegsbeute aus den Läden der Fifth Avenue, während sie alle gemeinsam langsam nach oben schwebten.

Aseem antwortete mit seiner eigenen Art von Verachtung. »Für die USA ist alles vorbei«, sagte er. »Der amerikanische Traum ist als Betrug entlarvt worden, die Menschen hier wissen selbst, dass sie getäuscht wurden, und die Elite, die diesen Betrug begangen hat, ist am Ende.

Selbstmord, Depressionen, Drogensucht, willkürliche Waffengewalt, Aufruhr in den Straßen – glaub mir, Chef, das ist die Zukunft dieses Landes. Ich meine, Philip Roth, der zu veröffentlichen begann, als die USA grade im Aufschwung waren, schreibt jetzt darüber, dass Zuckerman keinen mehr hochkriegt. Was braucht man noch als Beweis? Die haben es zu lange zu einfach gehabt, Chef. Die wurden von den Schrecken des 20. Jahrhunderts verschont, haben nach dem Zweiten Weltkrieg wahnsinnig davon profitiert, eine Weltmacht zu sein, und sind mit einer ganzen Menge Mittelmäßigkeit durchgekommen, weil es keine Konkurrenz gab. Und jetzt werden sie beim geringsten Kontakt mit Widrigkeiten verrückt. Die Sache ist die, dass sie sich auf Leute wie uns verlassen müssen, um ihr kaputtes Land zu reparieren.«

Und Leute wie wir oder Aseem schwebten in diesem feudalen Horst weit über den Desis einer anderen Zeit, die in Indien die Ochsenkarren hinter sich gelassen hatten, um gelbe Taxis zu fahren, die in Zeitungskiosken in Manhattan eingepfercht waren, gefühllos und trostlos, während ihre Kinder nun durch Straßen voller Menschen mit kämpferischen Gesichtern und erhobener Brust stapften, die glühend um Belohnungen wetteiferten, die ebenso zweifelhaft wie schwer zu erreichen schienen.

Überall – in der Politik, in der Tech-Industrie, im Finanzwesen, in den Medien und im Verlagswesen – erhebt sich plötzlich eine bessere Klasse indischer Menschen aus dem sinnlosen Verkehrsgetümmel. Aseem leierte die Namen und Verdienste einiger prominenter indischer US-Amerikaner herunter – Sonny Mehta, Fareed Zakaria, Vikram Pandit, Vinod Khosla –, die gekommen waren, um sich die Aufgabe der Vermittlung zwischen US-amerikanischen und indischen Eliten mit dem großen Rajat Gupta von McKinsey & Company zu teilen.

Er berichtete mir von gleichzeitigen Titelgeschichten in *Newsweek*, dem *Economist* und *Foreign Affairs*, die Indiens unaufhaltsamen Aufstieg unterstrichen; und er schien ein wenig verärgert, als ich gestand, dass ich diese Zeitschriften nicht lese. Sogar *Vanity Fair*, so meinte er, interessiere sich für die neue asiatische Macht; er habe es direkt von Graydon Carter erfahren.

»Der Herausgeber«, sagte er und setzte darauf, dass ich ihn nicht kannte.

Es entstand eine Pause, dann fügte er hinzu: »Diese irren Moslem-Fundamentalisten haben alles falsch gemacht und das World Trade Center zum Einsturz gebracht. Sie hätten versuchen sollen, das Gebäude zu kaufen.«

Nach seinen eigenen Angaben hatten sich zumindest einige weiße Männer und Frauen mit ihrem Niedergang abgefunden und freuten sich auf ihre dunkelhäutigen Nachfolger.

»Tina schmeißt morgen Abend eine Party für mich«, sagte Aseem. »Willst du mitkommen? Wir können direkt von Virendras Wohnung in East Hampton hinfahren. Salman ist vielleicht auch da.«

»Chef«, sagte er am nächsten Tag auf dem Weg nach East Hampton, »wir leben in einer neuen Welt, in der deine Erziehung in einem asiatischen Land auf einmal von Vorteil ist. Virendras Firma eröffnet Büros an Orten, von denen ihre WASP-Gründer kaum jemals gehört haben: Manila, Bogota, Lagos, Jakarta. Sie brauchen Leute mit kosmopolitischem Hintergrund, die immun sind gegen die Scheißerei in Delhi, Kulturschocks und andere Traumata, die diese verweichlichten Weißen erleiden.«

Aseem lehnte sich in seinem Sitz nach vorne und blickte auf den Highway, als wolle er einen Blick in seine eigene Zukunft werfen. Seine Hände, die das Lenkrad umklammerten, zitterten auf beinahe unmerkliche Art unaufhörlich, und er hatte Probleme mit seinem linken Auge, das er ständig mit einem Taschentuch abtupfte.

Er fügte hinzu: »Du weißt, dass ich mich für Indien einsetze, und du willst dein Dorf nicht verlassen, aber ich kann verstehen, warum Virendra hier ein ganz neues Leben hat, wo er die Möglichkeit hat, zu reisen, neue Länder zu sehen und sein Ego zu pampern. Er hat sich immer wie ein Aal gefühlt, der sich an die unerwartetsten Orte reinschlängelt. Jetzt kann er wie eine Gazelle durch die Welt streifen und sogar als Held nach Indien zurückkehren.«

Die Sache mit dem Aal und der Gazelle schien etwas zu sein, das Aseem vorbereitet hatte, vielleicht für BBC und CNN, worüber IIT-LISTSERV immer mit Begeisterung berichtete, wenn er in den Sendern aufgetreten war und über das Versprechen des neuen Indien gesprochen hatte. Ich weiß, dass er die Metaphern verwendet hat, als du ihn für dein Buch interviewt hast.

»Weißt du, Chef«, sagte er jetzt, »Virendras wahres Vorbild, was das angeht, ist Naipaul, auch wenn er kein einziges Wort von ihm gelesen hat. Er war das Original des modernen Selfmademan aus Indien, jemand, der erfolgreich eine höhere Vorstellung des Selbst verfolgte, der Prototyp des globalisierten Menschen im frühen 21. Jahrhundert.«

Ich erinnere mich, dass du dich bei einem unserer ersten Treffen recht verwundert über Aseems literarische Vorlieben geäußert hast. »Ich meine, er steht immer noch auf diese Pimmelschwenker, Autoren wie Roth und Mailer. Und er schwärmt von Naipaul, diesem totalen Islamhasser und Frauenfeind. Ich kenne niemanden mehr, der diese Leute liest.«

Ich war überrascht, dies zu hören. Damals wusste ich nicht, dass ich, während ich mich mit einem überwiegend männlichen Kanon der Literatur des 20. Jahrhunderts vertraut machte, eine reiche Tradition des Schreibens von Frauen weitgehend ignoriert hatte. Die Bücher von Jane Bowles, Zora

Neale Hurston und Annie Ernaux, die in den indischen Buchhandlungen nur wenig vertreten waren und die ich erst bei dir kennenlernte und zur Hand nahm, machten mich auf Denkweisen aufmerksam, die mir gleich sympathisch waren.

Auch Aseem hatte keine Ahnung von dieser ganz anderen Welt der Schriftstellerinnen (und Leserinnen). Und so war Naipaul, der Enkel von Vertragsarbeitern, für ihn, der von beeindruckend glaubwürdigen indischen Autoren umgeben war, die ein Studium in Oxbridge als Voraussetzung für literarisches Schreiben erscheinen ließen, eben zu sehr ein Mensch nach seinem eigenen Ebenbild: der Mann, der aus dem Nichts auftaucht und sich gegen jeden Widerstand durchsetzt.

Ganz gleich, ob Aseem seine Bücher kannte oder nicht – ich selbst fand sie zu schematisch oder zu bitter und habe sie selten zu Ende gelesen –, er hielt vehement am Mythos Naipaul fest. Auch machte er sich dessen Diagnose von Indien als »verwundete Kultur« zu eigen, vielleicht weil Naipaul es auf jene sanftmütigen Liberalen aus gutem Hause abgesehen hatte, die besessen waren, sich die Wertschätzung der weißen Westler zu ergattern, dabei aber die Grausamkeiten von Kaste und Armut, an denen sie eine Mitschuld trugen, einfach verschwiegen.

Als Aseem ihn kennenlernte und sich mit ihm anfreundete, hatte Naipaul seine Meinung längst drastisch geändert. Seiner Ansicht nach hatte Indien endlich ein großes intellektuelles und politisches Erwachen erlebt. Unglaublicherweise sah er den Beweis dafür in den Hindu-Fanatikern, die 1992 die Babri-Moschee zerstörten und Hunderte von Muslimen in ganz Indien massakrierten. Ihre Gewalt stellte offenbar eine Welle des historischen Bewusstseins von unten dar, von Indiens unterdrückten Klassen und Kasten.

Obwohl Aseem über das Blutbad in Mumbai entsetzt war,

bei dem einer seiner engen Freunde ums Leben gekommen war, und obwohl er seither offen gegen Hindu-Fanatiker auftrat, entschuldigte er bereitwillig Naipauls Fehleinschätzung, nachdem er sich mit dem Schriftsteller auf einem seiner Festivals angefreundet hatte.

»Chef, am Ende des Tages sagt er eben immer, was er auf dem Herzen hat. Ohne Angst. Was für mich zählt, ist seine Integrität.«

Integrität: Das war das größte Lob von Aseem. Wie bei einigen anderen englischen Wörtern, die er verwendete, war ich mir nicht ganz sicher, was er unter »Integrität« verstand. Ich meine, er verstand darunter eine Direktheit, die ungehemmt und sogar unangenehm ist, und er benutzte dasselbe Wort, als Naipaul in einem Interview gestand, dass er seine Mutter nicht mochte, dass er Prostituierte aufsuchte und dass er mit einer Geliebten erotisches Glück erfuhr, während seine Frau an Krebs starb; und dann benutzte er es ein weiteres Mal, als eine feministische Kritikerin Naipaul vorwarf, dass er Frauen in seinen Romanen abwertend darstellte.

Meine eigene Meinung über Naipaul fror sich augenblicklich fest, als ich ihn auf Aseems Party sagen hörte: »Der Booker Prize ist jetzt eine Wohltätigkeitsorganisation für Homosexuelle. Ja, ja, ja, es ist eine Wohltätigkeitsorganisation für Homosexuelle.« Er bezog sich auf den Autor des jüngsten Preisträgers, *Die Schönheitslinie*, einen Roman, den ich mit einigem Unglauben gelesen hatte, da ich kaum fassen konnte, dass solch subtile Wahrnehmungen und aufmerksame Prosa möglich waren, und ich hatte schon halb damit geliebäugelt, ihn ins Hindi zu übertragen.

Aseem tat diese Seite von Naipaul ab als Teil seiner Überlegenheit als großer Künstler. Mir scheint, Aseem sah Naipaul mittlerweile als einen der literarischen Bösewichte des

19. Jahrhunderts, die er am IIT kennengelernt hatte: ein weiterer Vertreter von Talent und rohem Ehrgeiz in einer feindseligen Gesellschaft. Die von ihm verehrten jüdisch-amerikanischen Schriftsteller Roth und Mailer betrachtete er auf die gleiche Weise.

Ich kannte Naipaul nicht genug und interessierte mich zu wenig für ihn, um diese Visionen einer ästhetisierten Amoralität zu bestreiten. Tatsächlich schmolz der von Aseem verehrte Schriftsteller aus der Nähe betrachtet zusammen zu einem Mann, der seine Haare verliert, mit Kapuzenaugen, schlaffem Doppelkinn, einem Pelikanbauch und einem unhinterfragten Recht, andere beleidigen zu dürfen.

Ich kann heute nicht anders, als mich zu fragen, welche Wirkung Naipaul auf Aseem hatte, da Naipaul sein Leben lang davon besessen war, gefeiert zu werden, und folglich eine Schwäche für Reiche, Berühmte und Mächtige entwickelte – also für genau jene Menschen, über die er einst so scharf geurteilt hatte.

Ich bin nicht auf Tinas Party in New York gegangen und habe daher nie herausgefunden, was es im untergehenden Amerika bedeutet, das »aufstrebende« Indien zu verkörpern. Aber ich kann bestätigen, dass all die auffälligeren Macher und Publizistinnen dessen, was allmählich als das »neue Indien« bekannt wurde – von Autoren von Büchern mit Titeln wie *The Indian Idea*, *The Amazing Rise of India*, *The New Asian Tiger* und *Super-Fast Curry Nation* bis hin zu dem schwulen Bollywoodregisseur, der Soap-Opera-Queen und dem eloquenten Geschäftsführer einer Werbeagentur, die zu drei der rauflustigsten Unterstützer Modis wurden – ja, ich kann bestätigen, sie waren alle auf Aseems Partys.

Die wenigen Male, wenn ich aus Ranipur kam und Delhi

besuchte und bei Partys zugegen war, habe ich nie die Immobilienmagnaten, Politikerinnen und Waffenhändler getroffen, die später seine verschiedenen Projekte unterstützen sollten. Allerdings agierte die Art von Person, die den ästhetischen und ethischen Ton des neuen Indien entscheidend prägte, unsichtbar und hinter den Kulissen.

Einen Bericht über Aseems neugewonnenen Einfluss, der in einer Klatschspalte von *Outlook* erschienen war, hätte ich als Warnung auffassen sollen. Er hatte die jungen, idealistischen Organisatoren eines Literaturfestivals zum Farmhaus eines Geschäftsmannes mit amerikanischem Akzent in Mehrauli geschickt. Nachdem die literarischen Groupies mit dicken Dollarbündeln herauskamen, wie man sie heute in *Narcos* sieht, fanden sie heraus, dass ihr ungemein wohlwollender Gönner als Lobbyist für Lockheed Martin arbeitete.

Eine gesamte Ausdrucksweise änderte sich, und Aseem hatte sich an die Spitze dieser moralischen und kulturellen Revolution gestellt, indem er das Banner des neuen Indien mit seinem unternehmerischen Mut und seinem Glanz hochhielt, wie es von Scheinwerfern aus allen Ecken der Welt angestrahlt wurde.

In den späten 2000er Jahren hallten auf seinen Partys das Vokabular und der Akzent von Indern und Inderinnen wider, die nicht in England, sondern in den Vereinigten Staaten ausgebildet worden waren. Ob sie nun Fiktionen oder Reportagen schrieben oder bei einer der internationalen Banken und Unternehmens- und Risikoberatungsfirmen angestellt waren, sie warfen mit Begriffen um sich, die vor Fachwissen und Profit strotzten – »Opportunitätskosten«, »Kernkompetenzen«, »Branding«, »Prozessinput« –, und sie gaben einem das Gefühl, dass man zurückgeblieben war; ebenso beunruhigend war, dass sie einen mit »Dude« ansprachen.

Du bist mit diesem Kult der privaten und nationalen Selbstüberhöhung in deinen ersten Jahren im Westen in Berührung gekommen. Ich habe viel später gesehen, wie die Auswanderung in den Westen und die Ausbildung im Westen eine neue Art indischer Menschen auf die Welt losgelassen hat: ehrgeizige junge Männer aus Ghettos, die im kalifornischen Freemont und in New Jersey nach der Gewürzküche ihrer Mütter riechen, die an ihren Business-Schulen in Machergehabe und Strebertum eingeweiht wurden und nun völlig amerikanisiert sind und dabei gänzlich unberührt von der Zurückhaltung, die ihnen eine beschränkte indische Mittelklasse-Erziehung oder ein Aufenthalt im kalten, feuchten Oxbridge gegeben hätte, Männer, die uns wie Kleinkriminelle vorgekommen wären, wenn wir nicht schon damals erkannt hätten, dass aggressive Selbstdarstellung statt Bescheidenheit die US-amerikanische und zunehmend auch die indische wie globale Lebensweise war.

Für die daheimgebliebenen indischen Menschen der Mittelschicht wurden ihre wohlhabenden Verwandten in den USA zur Geschenkquelle: Spielzeug, Gadgets, Comic-Hefte, Magazine wie *Cosmopolitan* und *Seventeen*. All dies schränkte infolge den Vorstellungshorizont des »aufstrebenden« Indiens weiter ein.

Du hattest wenig Interesse an Bollywood und warst meist entsetzt über seine Produkte, wenn du sie dir auf Langstreckenflügen zu Gemüte führtest. »Irgend so ein Produzent hat mir auf einer Party eine Rolle angeboten«, erzähltest du mir einmal. »Ich sollte die lebenslustige Inderin im Minirock geben, die im Herzen aber eine hinduistische Traditionalistin ist und am Ende weißen Amerikanern das Gayatri-Mantra beibringt. Ich war so entsetzt, dass mir die Spucke wegblieb.«

Du wusstest wahrscheinlich nicht, dass *Archie*-Comics, die

in einer hormonell aufgeladenen Highschool der USA spielen, Ende der 1990er Jahre, als du volljährig wurdest, einige der erfolgreichsten indischen Filme inspiriert haben: Filme, deren reiche, die Welt erobernde indische Charaktere ganz und gar das freche Ethos des neuen Indien verinnerlicht haben.

In jenem Sommer, als Aseem mich vom Pierre nach East Hampton fuhr, entdeckten wir, dass Virendra, dem in seiner trostlosen Kindheit Archie und Veronica entgangen war, sich in seiner Villa, die er kürzlich von einer Koryphäe von Sullivan & Cromwell erworben hatte, in der Rolle des Jay Gatsby übte.

An diesem windigen Tag raste Aseem trotz seiner zitternden Hände und seiner Augenprobleme durch die Landschaft. Ich erinnere mich, wie das lange Gras auf den steilen Wiesen neben dem Highway zu nicken schien, als stimmten die Grashalme zu, wie die Flugzeuge laut und tief am Himmel standen und die Autos durch die Landschaft sausten, während das Chrom der Wagen in der Sonne blitzte und glänzte; und wie selbst die trostlos aussehenden Wohnwagen mit Geschwindigkeit und Dringlichkeit ausgestattet schienen.

Das Meer funkelte zwischen den dichtbelaubten Wäldern, und dann tauchte es urplötzlich auf und plätscherte glatt gegen die schroffen Felsen. Wir bogen vom Highway ab und drängten ins Farmland vor. Nachdem ich Manhattan gesehen hatte – mit seinem elenden, zielstrebigen Sommergedränge und dem Geruch von kochendem Teer, seiner beklemmenden Unermesslichkeit des anonymen, hektischen Lebens –, war dies eine Landschaft, die mir gefiel: weiße Zäune um beschnittene grüne Wiesen, auf denen schwarz-weiße Rinder umherstreiften, die viel fülliger aussahen als ihre indischen Gegenstücke.

127

Wir fuhren an weißen Häusern mit Veranden vorbei, die so glänzend leuchteten, dass sie wirkten, als hätte man sie mit weißem Zuckerguss überzogen, an einer Kirche mit Kirchturm, die wie ein großes Spielzeug erschien, das man im überwucherten Gras vergessen hatte, und an Schildern für frische Makrelen und Hummer. Aseem fuhr langsamer, als der Wagen über eine Holzbrücke rumpelte und dann ein paar Viehposten passierte. Anschließend fuhren wir durch eine Vorfahrt und gelangten auf eine gewundene Schotterstraße, an deren Ende sich ein Herrenhaus im Greek-Revival-Stil mit Blick auf einen großen runden Teich befand.

Niemand schien in der Nähe zu sein, doch als wir blinzelnd im hellen Sonnenschein standen, vor uns eine mit Kapuzinerkresse bewachsene Urne auf einem Steinsockel in der Mitte des Kieskreises, tauchte ein Mann aus dem Teich auf und ging auf uns zu.

Aus irgendeinem Grund erinnerte mich der Anblick von Virendras nacktem, in der Sonne glitzerndem Oberkörper mit dem dichten schwarzen Haar auf seiner massigen Brust an ein Bild, das ich einmal von Mao Zedong gesehen hatte, wie der Große Vorsitzende aus dem Jangtse auftauchte.

»Hallo. Panditji. Hallo, Mr. Playboy!«, rief er. »Wie schön, meine beiden großen literarischen Gurus zu sehen.«

Ich war ihm nicht mehr begegnet, seit er das IIT verlassen hatte. Zwar sprach er noch immer in derselben näselnden Stimme, doch stand sie jetzt im direkten Widerspruch zu seiner zunehmenden Körperfülle. An den dünnen Knochen, die in seiner Kindheit ausgehungert worden waren, hing jetzt viel schlaffes Fleisch, und obwohl seine Augen weiterhin leer waren, wirkte sein Gesicht, dessen dünner, vager Schnurrbart durch einen volleren Bartwuchs ersetzt worden war, gelassener und klüger.

»Mann, guck uns nur an«, rief er, »so ganz erwachsen und hier in den USA!«, und mit so viel freudigem Unverständnis wie früher fing er an, sein altes Lieblingslied zu schmettern: »*Waqt ne kiya kya haseen sitam.*«

Nachdem er aufgehört hatte zu singen, standen wir noch eine Weile beieinander, während das Sonnenlicht durch die Kapuzinerkresse flirrte.

»Aber es stimmt doch, oder?«, fügte Virendra in ruhigem Tonfall hinzu. »Wir hätten wie unsere Eltern werden können, völlig machtlos, völlig hilflos und gefangen. Wir mussten abhauen. Wer hätte das für möglich gehalten? Aber wir haben es geschafft.«

Sein Lächeln war nun verschwunden. »Was ist mit deinem Auge passiert?«, fragte er Aseem unvermittelt. »Es ist ein bisschen rot.«

Seine Atmung klang schwerfällig, ein Schleim der Vergangenheit schien darin zu röcheln. Oder keuchte er nur? Ich konnte nicht aufhören, ihn anzustarren: die nackten Handgelenke, an denen er einst eine locker sitzende HMT-Frauenuhr getragen hatte: Nichts an dem Virendra, den ich vom IIT kannte, hatte auf seine ungesunde Fleischigkeit und seine Überzeugung, sich vom Leben seiner Eltern völlig befreit zu haben, hingedeutet.

Der Kies am Fuße des Steinsockels war von den Rädern des Mietwagens von Aseem aufgewirbelt worden. Virendra bemerkte die Spuren und begann, sie mit seinen Sandalenfüßen zu glätten; und obschon ich von dieser Zärtlichkeit gegenüber seinem neuen Eigentum gerührt war, fühlte ich mich ihm gegenüber unbehaglicher als gegenüber einem Fremden, da sich eine große Barriere nicht geteilter Jahre und Erinnerungen zwischen uns erhob.

Er blickte von dem neuerlich geebneten Kies auf, fuchtelte

mit dem Arm herum und sagte fröhlich: »Ist dieser Ort nicht wunderbar?«

Ich nickte. Er umarmte uns ausgiebig, was feuchte Flecken auf unseren Hemden hinterließ; dann befreite er uns kurz, um uns erneut zu umarmen und Küsse auf unsere Gesichter zu drücken, wobei er seinen nassen, kalten Schnurrbart gegen unsere Wangen presste.

»Ich gebe euch noch eine kurze Tour«, sagte er und führte uns, weiter leicht keuchend und mit flatternden Wangen, zum Teich, der von Trauerweiden und weißen Pfingstrosen mit rotem Rand gesäumt war. Auf dem glatten Wasser glitten Schwäne. Er deutete auf die grasbewachsene Insel in der Mitte des Teiches und sagte: »Dort will ich viele Sommer mit einer wunderschönen Frau verbringen.«

Er sprach leichthin, als wolle er die Aussage von ihrer Tragweite befreien.

Durch einen kleinen Hain mit weiß blühenden Robinien führte er uns in eine altertümlich aussehende Scheune. In der muffigen Dunkelheit deutete er auf Spinnräder, Kerzenformen und eine riesige Waage. »Das haben die ersten Amerikaner benutzt. Sie haben ihr eigenes Tuch gesponnen und ihre eigenen Kerzen hergestellt. Ist das nicht unglaublich?«

Auf dem Weg zurück zum Haus berührte er die mit Farn bewachsenen Wände und sagte: »Sie sind einen halben Meter dick!« Wir traten durch die Vordertür ein, die mit einem massiven Messingklopfer verziert war, und befanden uns in einer großen Halle vor einer Teppichtreppe.

Ein strenger Geruch von Bienenwachs stieg mir in die Nase, als wir durch wohlproportionierte Räume voller Gegenstände gingen, die ich mit nach Politur duftenden Antiquitätengeschäften in Shimla in Verbindung brachte – kleine Mahagonitische mit schlanken Beinen, Stühle mit hoher

Rückenlehne und spiralförmigen Beinen, rote Karaffen aus böhmischem Glas, ein Spiegel, auf dessen Oberseite der US-amerikanische Wappenadler aufgemalt war, und überall Gemälde mit romantischen Landschaften in vergoldeten Rahmen, Dinge, die nicht nur das Alter des Hauses, seinen historischen Reichtum, sondern auch die Fülle der Leben, die in seinen Mauern gelebt worden waren, andeuteten.

Aseem schlenderte mit Virendra davon, während er immer noch an seinem linken Auge herumtupfte. Ich blieb zurück, um mir die gerahmten Fotos anzusehen, die von den früheren Bewohnern des Hauses zurückgelassen worden waren.

Viele der Bilder sahen alt und verblichen aus, waren wahrscheinlich in den frühen Jahren des Jahrhunderts aufgenommen worden. Mit einer Ausnahme – einer Ahnfrau in einem goldenen Rahmen mit einem kantigen Kinn und langem Hals – zeigten alle Bilder nur Männer und suggerierten ein selbstgefälliges, rein männliches Reich der Macht: die jungen Schüler in ihren gestärkten Eton-Kragen, Anzügen und Pumps vor der weißen gotischen Kapelle von Groton; athletisch aussehende junge Männer vor den Türmen und schmalen englischen Torbögen von Yale; ältere, selbstbewusst wirkende Männer, die unter einem Schild mit dem Namen Sullivan & Cromwell stehen, mit goldenen Uhrketten, die aus ihren Anzügen hervorlugen; ein weißhaariger Herr, der in Nadelstreifenhose, Seidenhut, Morgenmantel und weißen Schuhen wie Cromwell selbst aussah.

Nur die jüngsten Männer auf den Bildern lächelten. Einer von ihnen fesselte meinen Blick: ein Junge mit einem altmodischen Tennisschläger aus Holz, dessen große, unsichere Augen Verletzlichkeit verrieten. Wer war er? Was war aus ihm geworden?

Die Gesichter und Körperhaltungen der übrigen Männer boten eine unerschütterliche Fassade; so aufgeweckt und im gemeinsamen Ziel vereint, wie sie waren, schienen sie sich ihrer Rolle in der Welt bereits vollkommen bewusst zu sein.

Sie sahen aus wie die Bilder von Jägern aus der Kolonialzeit, die ich in alten Almanachen über Shimla und Ranipur gesehen hatte: die ungebildeten jungen Offiziere in Tropenhelmen und Reithosen, Winchestergewehre an den Knien, ihre Frauen mit Dauerwellen und Cloche-Hüten, ein Tiger, der sich wie ein großes Stofftier vor ihnen ausbreitete, die Beine im Tod versteift.

Ich denke jetzt häufig an das, was Aseem über die ältesten Eliten der modernen Welt und die neuen, unerwarteten Nutznießer der Globalisierung gesagt hat: wie ein Dalit aus einer Straßensiedlung in der Nähe von Gorakhpur dazu kam, die Clans von Groton und Yale zu verdrängen; wie ein Aal, der aus einer grausamen Vergangenheit herausgekrochen kam, befreit worden war und nun wie eine Gazelle durch die moderne Welt streifte.

Wusstest du, dass Aseem oft mit Virendra auf Reisen ging, als Anzahlung für die großzügigen Mittel, die Virendra für Aseems Zeitschrift zur Verfügung stellte? Auf dem Rückweg von East Hampton erzählte mir Aseem von ihrer Kenia-Safari, bei der die Maasai-Stammesangehörigen auf einem kleinen Flughafen erschrocken waren, als sie einen Mann aus dem Privatjet steigen sahen, der so dunkel wie sie selbst war, aber ein Gefolge von Frauen in Seidensaris und Männern und Kindern in T-Shirts und Turnschuhen anführte.

An einem Geburtstag (wessen, frage ich mich, doch es hätte jeder sein können) flog Aseem in einem Privatjet in die Toskana, wo Siva und Virendra eine Villa gemietet hatten, die

früher von päpstlichen Bankiers für ihre Großfamilien genutzt wurde. Am Swimmingpool – dessen Winzigkeit eine
Enttäuschung für diejenigen war, die an Schwimmbäder von
olympischer Größe in East Hampton und Cape Cod gewöhnt
waren – wurden alte Chiantis geöffnet und dann schnell wieder weggeschüttet; sie passten nicht zu den würzigen Mala-
Bar-Gerichten, die die aus Kerala eingeflogenen Köche zube-
reiteten.

»Es war einfach unglaublich«, sagte Aseem. »Diese ver-
zogenen Kinder rannten schreiend durch die Weinberge und
über die Oliventerrassen.«

Seine Stimme hob sich und brach, als er erzählte, wie die
kleinen Barbaren unter den antiken Zypressen, deren Kalli-
graphenpinselformen den Rasen zierten, Fußball spielten und
sich nach dem Mittagessen die fettigen Finger im Schwimm-
bad wuschen.

Hätte ich es bereits gekannt, hätte ich Aseem die Zeilen aus
Sartres Vorwort zu *Die Verdammten dieser Erde* zitiert, das
du mir empfohlen hattest: »Europa ist an allen Ecken leck.
Was ist denn geschehen? Ganz einfach dies: bisher waren wir
die Subjekte der Geschichte, jetzt sind wir ihre Objekte.« Das
alte Europa stopfte nun seine Lecks mit Koketterie vor den
orientalischen Karrieremachern; und obwohl es schien, dass
das undichte Europa in seinem historischen Niedergang zu
viel Bedeutung in sein kommodifiziertes Erbe gesetzt hatte,
konnte diese Bedeutung für angehende Meister des Universums wie Siva und Virendra gar nicht hoch genug sein.

Ich war immer beeindruckt von der unbefangenen Leichtigkeit, wie du mit dem großen Reichtum deiner Familie um-
gegangen bist, was deine zahlreichen Wohnsitze, oft mit
Angestellten, in Delhi, Mumbai, Ranipur, London und New

York als zeitlosen und natürlichen Lebensraum erscheinen ließ. Neureich zu sein schien mir jedoch ein eher unangenehmer Zustand.

Virendra und seine Freunde mussten andauernd Gelegenheiten finden, um ihr Geld auszukosten und sich ihr großes Glück zu beweisen. Und der einfachste Weg war, extravagante Ausgaben für Urlaube zu tätigen – lange Transatlantikreisen, Siebensternehotels und Yachten.

Eine Kavalkade von BMWs mit Chauffeuren brachte Aseem in berühmte Städte in Italien, und er wurde zum inoffiziellen Reiseführer für eine neue Gruppe Bildungsreisender, die keine Ahnung hatten, wo sie waren.

»Aseem kennt sich mit dem Scheiß aus, er hat alle Bücher gelesen«, behauptete Siva.

»Ich hätte lügen können, weißt du«, sagte Aseem. »Diese Typen, die eine Menge Geld verdienen, sind totale Philister geworden. Ich glaube, wir hatten Glück, dass Professor Sir uns am IIT in die große Literatur eingeweiht hat. Diese Typen wollten nicht mal meine Bücher lesen – aber Virendra hat gesagt, dass er die Stellen übers Vögeln toll fand. Ich habe getan, was ich konnte. Bevor ich in Italien ankam, hatte ich ein Buch von Tim Parks gelesen. Ich erzählte ihnen von den Medicis und den Renaissance-Päpsten, die dem Geld näherstanden als Gott.«

Aseem sagte, in einem Meer aus glasigen Augen sei Virendras Blick am aufmerksamsten gewesen und er habe die meisten Fragen gestellt. Virendra habe der Gedanke gefallen, dass Banker gleichzeitig rücksichtslose Herrscher und großzügige Kunstmäzene sein konnten.

Virendra bat Aseem später um Buchempfehlungen. Er sagte, er sei begeistert von der Arroganz und der Gier der Renaissance-Päpste und fasziniert von der Geschichte, dass das Papsttum seine politische Autorität im achten Jahrhundert durch eine gefälschte Urkunde erlangt hatte.

Aseem sagte: »Ich weiß nicht, ob er überhaupt Bücher gelesen hat, aber er hat sich den Wikipedia-Eintrag über die Konstantinische Schenkung angeschaut und ist dann immer wieder darauf zurückgekommen und hat gesagt: ›Das ist erstaunlich. Eine große Institution wie diese, die auf Betrug aufgebaut ist.‹«

Jetzt kommt mir in den Sinn, dass Virendra durch mittelalterliche Fälschungen vielleicht selbst nach einer privaten Entlastung suchte oder eine höhere Vorstellung von sich selbst entwickelte. Ich war gerührt, als ich von Aseem erfuhr, dass er nicht nur seine Zeitschrift und seine Feste sponserte, sondern auch Stipendien für Studenten aus seinem Distrikt Basti eingerichtet, neue Häuser für alle seine nahen Verwandten gebaut und Tausende von Dollar im Namen seiner verwitweten Mutter an eine Wohltätigkeitsorganisation für obdachlose Witwen in Varanasi gespendet hat.

»Um all das tun zu können, musste er aus Indien weggehen«, sagte Aseem.

»Aber weißt du was, Chef?«, fügte er hinzu, »der Kerl muss immer noch Tropfen um Tropfen den Sklaven aus sich herauspressen – Tropfen um Tropfen Sperma.«

Aseem gluckste. Wir befanden uns auf dem Rückweg von East Hampton. Seine Zeitschrift war für weitere fünf Jahre finanziert, und Aseems Hände schienen nun ruhiger am Steuer zu liegen, während er mir erzählte, dass Virendra von Blowjobs besessen war und exorbitante Summen zahlte, um die blondesten russischen Models dazu zu bringen, ihm einen zu blasen.

»Er ist der Leo DiCaprio unserer Generation vom IIT«, sagte Aseem. »Er will nur junge Frauen. Und er will nur Blowjobs von ihnen. Und warum auch nicht? Er ist nicht heuchlerisch oder fake mit seinem Verlangen. Er glaubt nicht an die Liebe oder die Ehe; er erkennt nur die Realität des sexuellen Verlangens an. Ich wünschte, mehr Menschen wären so ehrlich wie er.«

»Ach, ich bitte dich«, sagte ich, was Aseem dazu veranlasste, meine Unerfahrenheit wieder einmal auf die leichte Schulter zu nehmen.

»Vielleicht«, sagte er, »kann der Herr Zölibatär ja noch was von unseren Heldentaten lernen. Ich weiß, dass du gerne so schüchtern und zurückhaltend daherkommst, aber vielleicht steckt ja auch ein wilder, lüsterner Mann in dir.«

Aseem fuhr mit seiner Spöttelei fort, und ich spielte mit und lachte, wenn auch mit Unbehagen. Ich spürte, wie sich etwas in mir zusammenzog, als ich die ordinäre Begierde eines alten Studienkameraden entdeckte, den ich einst als schüchternes Opfer von Brutalität kennengelernt hatte. Aber ich erkannte in Aseems Stimme und irgendwo in meinem eigenen Herzen – und vielleicht reagiert jeder Mann in den zügellosen Tiefen seines Wesens darauf – ein Gefühl der Ehrfurcht vor den Formen der Lust, die so beiläufig erlangt werden, eine Ehrfurcht vor Sex, der so sauber von Emotionen abgetrennt ist.

Was für seltsame, selbstverzerrende Reisen hatten wir am IIT unternommen. Heute fällt es mir leicht, Aseem und Virendra und Siva als Menschen zu beurteilen, die letztlich zu sehr von ihrer eigenen, hart erkämpften Freiheit geblendet wurden. Damals wurde ich von einem Gefühl der Undurchsichtigkeit der Welt heimgesucht und stand sprachlos vor Menschen, die sie kraftvoll kartographiert zu haben schienen, die schon früh eine Vorstellung davon entwickelt hatten, wer sie selbst waren und welche Fähigkeiten sie besaßen.

SIEBEN

Während meiner Jahre in Ranipur schrieb Aseem schließlich seine Romane. Er hat nie aufgehört, sich an seinem Erfolg als Umweltaktivist, Kulturimpresario und intellektueller Unternehmer des globalen Südens zu laben. Doch er wollte immer noch in erster Linie als Schriftsteller literarischer Romane bekannt sein, als *Künstler*; und er schickte mir wiederholt Entwürfe seiner Romane mit DHL (die sich weigerten, in mein Dorf zu liefern, so dass er sie erneut per Einschreiben schicken musste), und er widersprach meinen redaktionellen Vorschlägen mit Vehemenz (bevor er sie schließlich ignorierte).

Meine Vorschläge waren weitgehend technischer Natur. Mit Aseem konnte ich viele andere Dinge seiner Romane nicht ansprechen. Ich konnte sein Engagement für den sozialen Realismus nicht in Frage stellen, seine Entschlossenheit, die groteskesten Tatsachen des indischen Lebens unbeirrt zu dokumentieren, von der Lynchjustiz und Vergewaltigung der Dalits bis hin zu den routinemäßigen Pogromen gegen Muslime – Dinge, die, wie er sagte, Romanautoren in englischer Sprache, Mitglieder einer selbstzufriedenen herrschenden Klasse, nicht wahrnähmen.

Auch stellte ich seinen lautstark bekundeten Zorn über Ungerechtigkeiten nicht in Frage, obwohl sich dieser im

Laufe seiner Anhäufung von Reichtum und Macht eindeutig zu extravaganten Gesten verdünnte.

Ich empfand es aber durchaus als Verlust, dass er sich zwar den Status eines kompromisslosen Wahrheitsverkünders über soziale und politische Realitäten gesichert und das Licht des rationalen Intellekts auf einige wichtige Fragen des Tages geworfen hatte, dabei aber den Schatten und Halbschatten, in denen alles Leben stattfindet, keinerlei Beachtung schenkte.

Seine Romane waren stets gut recherchiert und barsten vor Details – sei es über die illegale Herstellung von Pistolen in Gorakhpur, den Holzschmuggel in Kaschmir oder die geringfügigen Abstufungen der Kaste in einem Dorf in Bihar –, doch die Romane weigerten sich schlichtweg anzuerkennen, dass wir weiterhin private Unzufriedenheit und Ängste in uns tragen, ganz gleich, wie übermächtig das Chaos des öffentlichen Lebens ist und wie entwickelt oder unterentwickelt unsere Gesellschaften auch sein mögen.

Aseems allwissende Ich-Erzähler wiesen sich selbst und einer Reihe von Figuren mitreißende Schicksale zu. Ehrfurchtsvoll schilderten sie glühende Organe, Stöße und Penetrationen und hoben den Penis zu einer religiösen Heiligkeit an. Dabei schienen sie völlig blind für die ewigen Fragen zu sein: Wer sind wir? Weshalb sind wir hier? Gibt es eine Realität jenseits unserer ständig wechselnden Wünsche und ihrer hartnäckig unbefriedigenden Erfüllung? Und gibt es nicht noch etwas anderes jenseits der dunkelsten und brutalsten Alltagswirklichkeit – eine versprochene, wenn auch unerreichbare Verzauberung einer anderen Welt und eines anderen Lebens?

Aseem hat nie geahnt, dass es Wahrheiten außerhalb des literarischen und intellektuellen Egoismus gibt, Dinge, die tragischerweise unerkennbar bleiben können. Ich hingegen hätte aufmerksamer auf bestimmte Persönlichkeiten und Ereignisse in seinen Romanen achten sollen, vor allem, als er eine Nymphomanin beschrieb, in deren Ohr der Hauptprotagonist – eindeutig nach dem Vorbild von Aseem – Obszönitäten auf Punjabi murmelt, während er sie an die Wand »nagelt«.

Ich riskiere die Unannehmlichkeit, sie zu erwähnen, nur weil dies eine weitere Vorwarnung war, die mir nicht auffiel.

»Du warst dein ganzes Leben lang allein, *Panditji*«, pflegte Aseem zu sagen, wenn ich ihn in Delhi traf. »Überwinde deine Zurückhaltung. Missbillige dich nicht. Wenn du ein Asket in der großen Hindutradition sein willst und dich ganz aus dem gesellschaftlichen Leben zurückziehen willst, dann nur zu. Aber hör auf, ein erbärmlicher kleiner Handjob-Meister zu sein. Es ist eine sexuelle Revolution im Gange, und du dienst immer noch dem alten Regime der Masturbatoren. Date ein paar Mädchen. Mrinal kennt einige, die unbedingt mit dir in dein *chaddhi* wollen, aber denken, du hättest ein Zölibatsgelübde wie Ghandi abgelegt und der Welt entsagt.«

Er zitierte wiederholt Mrinal, die sagte, dass die »Mädchen« mich sehr »süß« fänden, wie ein Ebenbild von Dharmendra, mich aber nicht für kokett, sondern gar etwas kühl hielten – »Thanda Dharam statt Garam Dharam«, sagte er und lachte gellend.

»Na ja«, sagte er, »wenigstens hast du dich nicht auf eine arrangierte Ehe eingelassen. Das ist eine Erleichterung.«

So war es. Meine Eltern hatten es nie erwähnt. Ich fragte mich oft, warum nicht? Wie auch immer, ich konnte die Vorstellung davon nicht ertragen. Eine Frau zu heiraten, die ich nicht kannte, wie während der Baraats meiner Kindheit auf einem Pferd zu sitzen, halb geblendet von meinem Schleier aus roten Rosen, während eine Blaskapelle in zerschlissenen und schmutzigen weißen Uniformen unbeholfen in die

Trompeten bläst und die Zimbeln scheppern lässt und betrunkene Männer ihre Hüften unter einem Regen von sehr kleinen und größtenteils gefälschten Geldscheinen schwingen; dann mit meiner Braut auf einem mit rotem Samt überzogenen Thron auf einer Bühne zu sitzen und Glückwünsche und weiße Umschläge von Hochzeitsgästen in Seidensaris und schlecht geschnittenen westlichen Anzügen entgegenzunehmen – all das empfand ich als zutiefst beschämend.

Ich habe Aseem nie erzählt, dass ich einmal tatsächlich jemanden auf einer seiner Partys getroffen habe. Sie lud mich zu einem Kaffee in der Nähe ihrer Wohnung in South Extension ein, angeblich, um über einen Beitrag für die Literaturzeitschrift zu sprechen. Dann verlegte sie unseren Treffpunkt in ihre Wohnung und behauptete in ihrer SMS, es sei zu heiß, um auszugehen, und sie habe »frisch geröstete Bohnen« zu Hause.

Ich ging zwei Stockwerke dreckiger Treppen hinauf, mein Herz klopfte und mein Kopf schmerzte ungewöhnlich, als sie in Shorts und T-Shirt über mir auftauchte. Sie schloss die Tür hinter mir, und mit kurzen, intensiver werdenden, ruckartigen Bewegungen drückte sie sich an mich, steckte eine Hand in meine Kurta und umkreiste meinen Bauch; die andere streichelte sanft meine Stirn und mein Haar.

Aus der Nähe betrachtet sah ihr Gesicht für mich seltsam verzerrt aus; ich war erleichtert, als sie mich umarmte und ich ihr nicht mehr in die Augen sehen musste. Als ich ihr unaufgeräumtes Zimmer mit einer leckenden Klimaanlage, einem Kokosfasersofa und krummen Bücherregalen aus Bambus betrachtete, wurde ich auf Prominente aufmerksam, die auf den Titelseiten von Hochglanzmagazinen vom Boden zu mir rauf grinsten.

Bei diesem ersten Besuch ergab sich ein Muster. Wir sprachen nicht viel – ihr geplanter Beitrag für die Literaturzeitschrift kam nie zur Sprache. In den folgenden Monaten kam ich häufig zurück in dieses Zimmer, weil ich im Sex einen Balsam gegen die Verletzung der sozialen Ausgrenzung fand. Ich war begeistert, dass ich meinen Trieben nachgehen konnte, ohne irgendeine Demütigung befürchten zu müssen, und ich war immer wieder überrascht, überrascht und erfreut über die neuartige Erfüllung dieser Triebe, aber auch erleichtert, dass ich mich auf diese Weise von der Langeweile bei der Arbeit erholen konnte.

An einem Sonntagnachmittag im Juni lag sie auf der alten Matratze neben mir, ihr Körper war schweißnass, als sie sagte: »Weißt du, all das hier führt zu nichts. Ich denke, wir sollten es beenden, bevor es zu kompliziert wird.«

»Wie kommst du darauf?«, platzte ich heraus.

»Du bist einfach ein bisschen anstrengend«, sagte sie.

Ich war fassungslos und wusste nicht, was ich antworten sollte. Sie verschwand in ihrem Badezimmer. Ich hörte das leise Zischeln ihrer kaputten Dusche, während ich dort saß, immer noch nackt, aber mittlerweile in Socken.

Ich zog mich schnell an und ging, bevor sie aus dem Bad kam. Ich fuhr mit einer Autorikscha durch einen Sandsturm in mein Barsaati, und aus irgendeinem Grund ließen die deutlichen Abdrücke, die meine Schuhe auf dem Boden hinterließen, mein Herz noch schwerer werden.

Hatte sie etwas anderes von mir erwartet? Und was hätte ich ihr überhaupt bieten können? Hatte sie geahnt, dass ich meine Herkunft aus einer niedrigen Kaste verheimlichte, oder etwas ähnlich Ehrloses?

Bei der Lektüre von Aseems Roman in Ranipur quälte ich mich mit dem Gedanken, dass die von ihm beschriebene sexuelle Genießerin mit ihrem exquisiten Gesicht, den tiefen, dunklen Augen und dem sensiblen Mund sowie dem anrührenden Hauch von Verletzung, der, wie Aseem schrieb, »zu viriler Wiedergutmachung einlud«, der Frau in South Extension nachempfunden war.

Ich wunderte mich über das Muttermal, das er in ihrer Schamgegend und nicht auf ihrem Nabel platziert hatte, und ich verschwendete viel Zeit damit, seine Prosa nach weiteren verräterischen Details zu durchforsten. Ich war erleichtert, dass ich Aseem nichts von ihr erzählt hatte und seinem Spott entgangen war, weil ich Thanda und nicht Garam Dharam war.

Manchmal überkam mich tatsächlich eine Ruhelosigkeit, das Gefühl, dass ich die besten Dinge des Leben verpasste und dass eine aufregende Dimension gerade außerhalb meiner Reichweite lag. Nach einem langen Arbeitstag fragte ich mich, als ich im Bett lag: *Ist das alles? Worauf soll ich mich freuen und worauf soll ich zurückblicken?* Am Morgen, wenn ich oft durch das erwartungsvolle Plätschern des Wasserhahns oder das Klappern eines gefüllten Eimers in der nächsten Baracke geweckt wurde, war die Panik wieder verflogen.

Rückblickend wird mir klar, dass ich Aseems Panik vor Langeweile, sein immenses Bedürfnis nach Stimulanzien und seinen Wunsch nach ständiger Verzauberung, insbesondere durch die Jugend und alles Neue, hätte erkennen müssen. Ich hätte sehen müssen, dass in seiner gewählten Pose als erotischer Fürst eine entstellende Angst vor Wertlosigkeit lag.

Es gelang ihm nicht, über längere Zeit im Zustand von innerer Konzentration zu verweilen, der für Schriftsteller unerlässlich ist. Der von Aseem ersehnte internationale Ruhm – Bestsellerlisten in London und New York, Übersetzungen in mehrere Sprachen, finanziell unbedeutende, aber prestigeträchtige Preise in Lissabon und Berlin – blieb ihm versagt.

Er versuchte, seine verbitterte Hoffnung zu verbergen, indem er Buchpremieren in Fünfsternehotels in ganz Indien organisierte. Ich sah die Fotos in der *Delhi Times*, auf denen Aseem mit Politikern, Geschäftsleuten, Fernsehmoderatorinnen, Models, Cricket- und Bollywoodstars, wenn auch nicht mit Schriftstellern zu sehen war. Eines Tages stellte ich zu meiner Überraschung fest, dass er sich angewöhnt hatte, eine kesse flache Mütze über einer scheinbar dramatisch ausgedünnten Bouffantfrisur zu tragen; die Mütze passte ganz und gar nicht zu seinen Kurtas, Churidars und Westen. Ich hätte erkennen müssen, dass er mit zunehmendem Alter und schütterem Haar in Panik geriet.

Ich besuchte eine der Feiern im Taj Palace Hotel in Delhi, bei der Aseem mit Soumak, einem der bekannteren liberalen Fernsehmoderatoren, »im Gespräch« war. Ich verbrachte fast meine gesamte Zeit damit, entweder der Frau aus South Extension, die jetzt selbst eine Fernsehmoderatorin war, aus dem Weg zu gehen oder mich um die Verwirrung eines jungen Dalit-Schriftstellers in Hindi aus Gorakhpur zu kümmern, den ich unbedacht zu der Party mitgebracht hatte. Bei seinem ersten Besuch in einem Fünfsternehotel schien er sowohl entsetzt als auch fasziniert davon zu sein, dass man in einem so luxuriösen Ambiente englischsprachige Literatur finden konnnte.

Während er an einem Filogebäck herumknabberte (das ihm der offen höhnisch grinsende Kellner, der sich mit ethnischen und Kastenvorurteilen über seine gegenwärtige Rolle erhob, als griechische Samosa bezeichnet hatte), sagte er zu mir: »*Yeh angrezi-waley sahitya ko upabhog kee vastu mein badal rahe hain.* – Diese *English-wallahs* machen Literatur zu einem Konsumartikel.«

Aseems Sekretärin leitete nun routinemäßig Youtube-Videos von Aseems Vorträgen bei Literaturfestivals und Podiumsdiskussionen über das Handwerk des Romans an die Personen in seinem Adressbuch weiter. Und dann kündigte Aseem an, dass er den »Metropolitan Grove« gründen wolle, einen Privatclub, in dem, wie er es ausdrückte, »sehr erfolgreiche und kultivierte Inder zusammenkommen und ein ausgewähltes Menü mit erstklassigen Getränken und feinem Essen genießen können«.

Mit dem Niedergang seiner Prosa war Aseems Wunsch, besser zu schreiben als seine Zeitgenossen, zu dem Wunsch mutiert, mächtiger, berühmter, wichtiger, wohlhabender und stilvoller zu sein als seine Zeitgenossen.

Es ist seltsam, wenn ich mich heute daran erinnere, dass Aseem, unterstützt von Virendra, sich und seine Zeitschrift zur gleichen Zeit auf die richtige – und unterlegene – Seite aller zeitgenössischen politischen Schlachten gestellt hatte: gegen politischen und religiösen Extremismus und Leugner des Klimawandels und für Demokratie, Gerechtigkeit, Feminismus und Menschenrechte.

Seine Zeitschrift machte keine Jagd auf die großen Geschäftsleute, die die globale indische Übernahme beaufsichtigten – die Betrüger, die letztlich von Stadthäusern in Mayfair und der Park Avenue aus gegen ihre Auslieferung nach Indien kämpfen würden. Doch es war die einzige Zeitschrift, die konsequent über Umweltzerstörung und routinemäßige Folter in Kaschmir und im Nordosten des Landes berichtete.

Sie hat korrupte Politiker, Richterinnen und Bürokraten entlarvt und nach den Gräueltaten in Delhi eine Vorreiterrolle bei der Forderung nach schneller Gerechtigkeit für Vergewaltigungsopfer übernommen.

So konsequent, ja sogar vorhersehbar, war dieses Festklammern am politischen Unrecht geworden, als Aseem mich vor drei Jahren mit der Nachricht anrief, dass Siva und Virendra sowie drei weitere Inder in New York wegen Insiderhandels, Geldwäsche und Steuerhinterziehung verhaftet worden waren.

»Es handelt sich um eine Anklageschrift vor einem Bundesgeschworenengericht«, sagte er. »Virendra und Siva haben von vertraulichen Informationen profitiert, die sie von ihren indischen Kumpanen bei Intel, IBM und Goldman Sachs erhalten haben. Und sie haben ihr Geld in Steuerparadiese in der Karibik geschafft und es über Strohfirmen in Indien in die USA zurückgebracht.«

Aseem wirkte am Telefon atemlos vor Aufregung: »Das ist eine Art Hattrick der indischen Korruption im Ausland. Erst Vijay Mallya und Nirav Modi und jetzt Siva und Virendra.

Es ist einfach unglaublich, wie viel Geld Virendra verdiente, als wir ihn in den USA trafen. Deshalb war er auch so gut drauf. Damals sind die Aktien von Google durch die Decke gegangen. Aber von einem jungen indischen Angestellten einer Investor-Relations-Firma, die für Google arbeitete, hat Virendra von den schlechten Finanzergebnissen des Unternehmens Wind gekriegt. Prompt verkaufte er seine Google-Aktien und ging eine Short-Position in Höhe von 15 Millionen Dollar ein. Als Google dann zwei Wochen später seine Ergebnisse bekanntgab, hatte Virendra coole sieben Millionen Dollar Gewinn gemacht.«

Er fügte hinzu: »Diese Nebengeschichte wird dir gefallen. Die Angestellte, die ihm die Informationen gegeben hat, ist eine schöne junge Frau aus einer armen Familie in Murshidabad. Du kannst dir vielleicht ihren Weg vorstellen: aus einer Medresse mit einem bärtigen Mullah, der Jungen und Mädchen getrennt voneinander den Koran eintrichtert, nach San Francisco und in das Singleleben einer attraktiven Frau in der Bay Area. Virendra hatte ihre Studiengebühren an irgendeinem texanischen College bezahlt; und Siva besorgte ihr einen Job. Und sie lud die beiden zu ihrer Hochzeit mit einem Schwarzen ein – ein weiterer Akt der Rebellion.

Das ist alles so eine phantastische Geschichte, wie ein Roman. Aber das FBI war ihnen schon auf den Fersen und hatte begonnen, Beweise zu sammeln und auf den richtigen Moment zu warten, um zuzugreifen. Und sie haben es mit einem indisch-amerikanischen Staatsanwalt zu tun, der sich einen großen Namen machen will, bevor er selbst in die New Yorker Politik geht. Ich fürchte, das heißt Vorhang zu für unsere Freunde. Mindestens lebenslänglich für sie, und nur, wenn sie sich auf einen Deal einlassen.«

Aseem nannte weitere Details und kostete sie aus, als stammten sie tatsächlich aus einem Roman. Virendra war am frühen Morgen in seinem Stadthaus in Chelsea verhaftet worden; Siva war zusammen mit seinem Adoptivsohn, einem Tamilen aus Sri Lanka, von einem Flug nach Vancouver abgeladen worden. Ihre Anwälte hatten ewig auf sich warten lassen, und das FBI hatte Kokain auf Virendras Nachttisch und einen größeren Vorrat Koks in seinem Bentley gefunden.

Ich war Siva nicht mehr begegnet, seit er das IIT verlassen hatte, und ich hatte Virendra seit mehr als einem Jahrzehnt weder gesehen noch mit ihm auch nur ein Wort gewechselt. Einmal hatte ich halbherzig versucht, ein Telefongespräch zu arrangieren, nachdem ein Verleger in Hindi von unserer IIT-Verbindung erfahren hatte und mich fragte, ob er ein Übersetzungsprojekt finanzieren würde. Zu meiner großen Erleichterung kam es nicht zu dem unangenehmen Gespräch, das aufgrund der weit auseinanderliegenden Zeitzonen immer wieder verschoben werden musste.

In gewisser Weise war es richtig, dass du mich, wenn auch nicht Aseem, aus deiner Erzählung herausgehalten hast. Wenn ich gelegentlich die Leute googelte, die ich am IIT kannte, fand ich sie bei HSBC in Hongkong, bei der Deutschen Bank in München und in Hightechlaboren in Palo Alto und am MIT wieder. Einige dieser Einblicke in diese vergoldeten Leben und Gesichter waren unwiderstehlich, vor allem die Bilder von Siva mit Cindy Crawford und Elle Macpherson und Virendra auf der Met Gala mit einer hochgewachsenen Blondine, die sich beim weiteren Googeln als Victoria's-Secret- oder Sports-Illustrated-Model entpuppte.

Auch faszinierten mich die Bilder von Siva, dem Unterdrücker-Dämon unserer ersten Nacht am IIT, der bei verschiedenen gesellschaftlichen Anlässen kreischend lachte. Sein glattes, rundes Gesicht, das einst so furchteinflößend gewesen war, schien nun sein unbeschwertes Leben darzustellen; unberührt von Sorgen oder Zweifeln, war es nur von Humor gezeichnet.

Doch ich hielt mich mit unseren IIT-Kumpeln nicht annähernd so gut auf dem Laufenden wie Aseem; mein Wissen über ihr Leben in den Vereinigten Staaten, das so weit von meinem eigenen Leben entfernt war, bezog ich aus dem, was ich in der Presse oder im IIT-LISTSERV las. Aseem selbst habe ich während meiner Jahre in Ranipur häufiger im indischen Fernsehen als in Person gesehen.

Als er anrief, hatte ich gerade ein langwieriges Ringen mit

einer besonders schwierigen Stelle in einem Buch hinter mir, das ich übersetzte. So nahm ich Aseems außergewöhnliche Nachricht mit einer gewissen Kühle auf und wusste nicht, was ich davon halten sollte.

Er wusste es. »Die weltweite Party, die in den Neunzigern begann, ist jetzt rum, Chef«, sagte er. »Deshalb ist Modi auch unanfechtbar geworden. Und Leute wie Donald Trump tauchen auf. Das ist nicht das Ende der Geschichte. Die Welt wird nicht flacher, sie wird nur ungleicher. Die aufstrebende untere Mittelschicht ist zu frustriert; sie hat genug von einem manipulierten System und wählt Verrückte, die das ganze Ding zu Fall bringen können.«

Ich erinnere mich, wie Aseem ein Jahr vor Modis Wahl in der BBC ein »indisches Jahrhundert« ausrief und erklärte, dass die weißen Nationen ihre politische, kulturelle und moralische Führung an große asiatische Zivilisationen wie Indien und China abzutreten hätten. An einem anderen Abend war er auf CNN zu sehen, wo er über die moralische Überlegenheit der »Gründerväter« Indiens, Gandhi und Nehru, parlierte und mit seiner hochsteigenden, brüchigen Stimme den Eindruck erweckte, dass der Menschheit ein besonderes Geschenk darbringe, wer Inder sei.

Die unmittelbar bevorstehende globale Führungsrolle Indiens war zu einem ständigen Thema bei Aseems prominent besetzten Konferenzen geworden, die in den E-Mails seiner Sekretärin als »globale Vordenker« bezeichnet wurden: Garri Kasparow, Hillary Clinton, Tony Blair und Ayaan Hirsi Ali. Doch schien es, als hätte ein hinduistischer Rassist, der plötzlich an der Macht war, Aseem dazu gezwungen, seinen Glauben an die indische Ausnahmestellung zu revidieren.

»Indien: Der Anfang vom Ende« hatte er in der Woche

nach Modis Wahl auf dem Titelblatt seiner Zeitschrift verkündet. Ich erinnere mich gut daran, denn am selben Tag sah ich, wie mein Vater auf Facebook das Regime eines wahren »Sohnes des indischen Bodens« begrüßte.

Aseems Probleme hatten sich seither vervielfacht. Zwei seiner Sponsoren, die Eigentümer des New Yorker Plaza Hotels und der Kingfisher Airlines, hatten schließlich die böswillige Aufmerksamkeit der Aufsichtsbehörden auf sich gezogen. Eine rachsüchtige neue Regierung grub alte Fälle wieder aus und schickte ihm Steuerbescheide.

Und Aseem hatte sich die neuen Interpretationen der Vordenker zu eigen gemacht. Nun sagte er: »Die liberale Demokratie ist überall durch Rassisten und Populisten in tödlicher Gefahr.«

Ich war wie immer beeindruckt von Aseems Redegewandtheit und auch von der Art und Weise, wie er sich so schnell von seinem alten Freund und Förderer distanziert und diesen zu einer politischen Abstraktion werden ließ.

Ich sah ihn im Fernsehen – die Nachrichtensender hatten sich auf die Geschichte der von den Indern verursachten Verwerfung an der Wall Street gestürzt –, als er über ein, wie er es nannte, »größeres Problem« sprach: ob das US-amerikanische System, das durch Sklaverei und Völkermord aufgebaut worden war, jeden befleckt, der Teil davon wird. »Ich meine, Sie haben einen totalen Hochstapler als Präsidenten«, sagte er zu einem nickenden jungen Moderator. »Weiße Liberale taten gern so, als sei ihr Land eine Stadt auf dem Hügel. Aber ihre angeblich glorreiche Geschichte hat den gleichen Anteil an Verbrechen und Bestialität wie die Geschichte aller mächtigen Nationen.

Sehen Sie, weiße Männer haben sich die besten Positionen

in der von ihnen beherrschten Welt gesichert. Sie halfen sich gegenseitig, während sie andere Ethnien und Völker kleinhielten. Jetzt sind diese weißen Herren des Universums natürlich nervös und versuchen, ihr Privileg mit allen Mitteln aufrechtzuerhalten. Früher haben wir sie aus der Ferne beneidet und bewundert, wir haben ihren Erfolg überdurchschnittlichen Verdiensten und harter Arbeit zugeschrieben. Aber ihr Erfolg ist auf ihren frühen Durchbruch mit dem Rassenkapitalismus und der Technologie zurückzuführen – und das wissen sie auch. Jetzt haben die Dunkelhäutigen und die Chinesen aufgeholt, und die haben ihre eigenen großen Ansprüche.«

Auf die Frage nach seiner engen Beziehung zu Virendra Das schien er eine einstudierte Antwort parat zu haben: »Sehen Sie, ich will ganz offen sein. In Indien, wo intellektuelle Aktivitäten immer noch unterfinanziert sind und von der breiten Öffentlichkeit nicht unterstützt werden, muss man für gute Zwecke immer ein bisschen tricksen, und so findet man sich leicht in der Gesellschaft von Leuten wieder, die Schriftsteller und Künstlerinnen idealerweise meiden sollten.«

Daran schloss er an: »Wenn man die Kulturgeschichte kennt, dann ist das nichts Neues. Die großen Museen in Europa und Amerika wurden alle von Gaunern und Abzockern gebaut. Wie Brecht sagte, ist die Kultur ein Palast, der aus Hundescheiße gebaut ist.«

Dem fügte er dann meist noch hinzu: »Die Welt ist ein chaotischer Ort. Ich meine, wir haben rechtsextreme Leute auf unserem Festival der Ideen, deren Meinung wir aufs Schärfste ablehnen. Aber wir müssen anerkennen, dass auch sie ein Recht auf einen Stand auf dem Marktplatz der Ideen haben.«

Aseems allgemeines Gebaren bei diesen öffentlichen Auftritten deutete darauf hin, dass Fragen über Virendra aus der kühlen Distanz seiner hart errungenen Stellung als Schriftsteller, Herausgeber und kulturelle Ikone Zeitverschwendung waren und dass er seine Zeit lieber damit verbrachte, den kürzlich verstorbenen V. S. Naipaul, oder »Vidia«, wie er ihn zu nennen begann, vor der feministischen Kritikerin zu verteidigen, die erneut Fälle von sexuellem Missbrauch von Frauen in seinen Romanen gegen den Autor ins Feld geführt hatte.

»Die Welt weiß von Virendras Verbrechen«, sagte er, »aber bitte machen Sie nicht den Fehler, einen großen Künstler wie Vidia mit seinen Werken zu verwechseln. Mein Magazin und ich sind mit der MeToo-Bewegung und der Forderung nach Geschlechtergerechtigkeit absolut solidarisch, aber wir wollen keine Cancel Culture der willkürlichen Anschuldigungen und des Philistertums unterstützen.«

Die Unfähigkeit, Virendra irgendwelches Mitgefühl entgegenzubringen, hat mich nicht überrascht, denn ich verspürte sie ebenfalls. Aus irgendeinem Grund hieltest du uns für eine eingeschworene Gruppe. Je mehr ich aber darüber erfuhr, was Virendra angestellt hatte, desto gleichgültiger wurde ich gegenüber seinem Schicksal.

Als Nutznießer von Virendras Großzügigkeit sah sich Aseem gezwungen, seine Gefühllosigkeit durch etwas Wehmut abzumildern. Ich erinnere mich, wie er sagte: »Das Schreckliche an den niedergetrampelten Dunkelhäutigen wie Virendra ist, dass ihr Anspruch auf den Reichtum der Welt zu spät kam. Kurz bevor wir überall auf der Welt ins Endspiel der Moderne eintraten. Jedes große Gebäude der Moderne – wachsende Volkswirtschaften, politische Institutionen, Informations-Ökosysteme, Vertrauen zwischen den Bürgern – stürzt derzeit ein, und wir alle laufen Gefahr, von den umherfliegenden Trümmern lebendig begraben zu werden.«

Vielleicht rief mich Aseem aus einer anhaltenden Unruhe heraus häufiger an, um mir die neuesten Details aus dem Prozess gegen Virendra und Siva mitzuteilen. Diese Details werden in deinem Buch verewigt werden, doch ich glaube nicht, dass ich dir erzählt habe, was Aseem über einen der beiden sagte.

Virendra zeichnete seine liebsten sexuellen Handlungen mit seinem iPhone auf und bearbeitete die Videos anschließend mit Lightroom. Die Festplatte, die das FBI von seinem Computer erhielt, enthüllte unter anderem, dass er nicht so sehr den Moment der Verzückung suchte als vielmehr den Anblick eines wippenden blonden Kopfes unter ihm und das anschließende Verspritzen seines Spermas über das theatralisch begierige Gesicht.

Als Aseem mir davon berichtete, sagte er: »Ich schätze, irgendetwas in ihm ist kaputt.«

Es gab eine Pause. Dann fügte er hinzu: »In jedem von uns.«

Ich freute mich darauf, das Telefon wegzulegen und mich wieder meiner Arbeit zu widmen, und erst im Nachhinein erscheint mir Aseems Bemerkung überraschend. Wie viele von uns hatte auch Aseem die Introspektion verlernt. Vielleicht war er durch die Ahnung eines umfassenden Endspiels dazu gedrängt worden.

Er sagte: »Vielleicht ist der Unterschied zwischen uns und den verrückten Hindus doch nicht so groß. Ehrgeiz und Eitelkeit haben uns wahrscheinlich ähnlicher gemacht, als wir es wahrhaben wollen.«

ACHT

Aseem sagte in demselben Gespräch, dass er mich um mein Leben in Ranipur beneide. »Chef, du hattest das Glück, all diese Jahre in einem abgelegenen Dorf zu verbringen, während die Welt in sich zusammenfiel. Ich träumte immer, wie Mirza Ghalib träumte – *Dil dhoondta hai*. Aber du hast es einfach getan. Ich bewundere deine Entscheidung sehr.«

Allerdings war ich mir nicht bewusst, dass ich eine solche Entscheidung getroffen hatte. Auch du schienst mir mit einer Mischung aus Bewunderung und Verärgerung zu unterstellen, dass ich mich, indem ich mich aus dem Treibhaus der großstädtischen Ambition entfernte, einem Projekt der Selbstauslöschung hingegeben hatte.

Das Ereignis, das zu meiner Entscheidung führte, war eigentlich ziemlich plump gewesen: mein Vater hatte meine Mutter verlassen; und ich hatte einfach nur Glück, denn Ranipur, das ich zuerst als Tagestourist von Delhi aus besuchte und das sich schnell als zentraler Punkt in meiner Vorstellung von einem Leben im Himalaya herausstellte, erwies sich als der perfekte Zufluchtsort.

In einer Hinsicht hatte Aseem recht: Wie du kam auch er aus einem Indien ins Dorf, in dem das Leben brodelte und mit großem Getöse durch das frühe 21. Jahrhundert hetzte.

153

In Ranipur floss das Leben die meiste Zeit über unhörbar an einem vorbei. Eine große Ruhe schien entweder vom Himmel oder von der Erde auszugehen – ich war mir nicht sicher, von was genau. Nach diesen langen Jahren in Delhi, die durch die Plackerei und meine Außenseiter-Nerven zu einem so farblosen Klumpen zusammengepresst worden waren, dass man sie nicht voneinander trennen konnte, fühlte ich mich in jedem Fall glücklich wie ein Kind, in Ranipur zu sein, zwölfhundert Meter über der Welt.

Obwohl das Dorf keine zehn Kilometer von Shimla entfernt ist, fühlte es sich dennoch sehr weit entfernt an, so dass ich das Gefühl hatte, endlich mein eigenes Leben zu leben, privat und unbeobachtet, an einem Ort meiner Wahl. Die Weiler am Grund des ozeantiefen Tals sahen nicht größer aus als ein Schwalbennest, und das seltene Flugzeug am Himmel, das sein weißes Band ins tiefblaue Firmament nähte, schien sich verirrt zu haben.

Es gab nur wenige motorisierte Fahrzeuge zu sehen, abgesehen von einem Jeep aus dem Zweiten Weltkrieg, dessen Windschutzscheibe mit spinnwebhaften Sprüngen übersät war und dessen Verdeck aus Segeltuch in seinem Metallrahmen flatterte. Der Jeep brachte die Post aus Shimla zum örtlichen Postamt, einem feuchten und verschlafenen Raum mit einem nicht funktionierenden öffentlichen Telefon und einer kaputten Uhr, in der die Gleichgültigkeit des Dorfes gegenüber Vorstellungen von linearem Fortschritt und Entwicklung verbildlicht zu sein schien: Sie war um zehn Minuten vor zwei stehengeblieben, was die Zeiger wie einen üppigen, gelockten Rajput-Schnurrbart aussehen ließ, und für mindestens ein Jahrzehnt nach meiner Ankunft bewegten sie sich nicht mehr.

Kleine Lastwagen lieferten Gemüse, Mehl, Reis und Gas

zum Kochen, und im Spätsommer transportierten sie Apfel-
kisten von den örtlichen Obstplantagen ab. Ein unregel-
mäßig verkehrender Bus, der nach Shimla fuhr, schien immer
darauf bedacht zu sein, an den schiefen kleinen Holzhäusern
des Dorfes vorbeizurasen und eine weitere Staubschicht auf
den safranfarbenen Maiskolben, die an den Dachrändern
hingen, und auf dem Palimpsest alter und neuer Werbung
(von Nirodh bis Coca-Cola) auf den soliden Fensterläden der
Kirana-Läden zu hinterlassen.

Wenn der ein oder andere Fahrgast den Wagen anhielt,
hielt das klapprige Gefährt mit einem quälenden Rütteln seiner Blechtafeln an, was die streunenden Hunde aus ihrem
Schlummer aufschreckte und sie zwang, aufzustehen und
sich heftig zu schütteln.

Dann wartete der Bus, der Kühler des hutlosen Motors
dampfte streitsüchtig, während die Hunde, nun wieder beruhigt, sich mit den Hinterpfoten hinter den Ohren kratzten.

Das Leben schien plötzlich so zu sein, wie ich es mir, ohne es
zu wissen, immer gewünscht hatte: frei von der Last des Ehrgeizes, der nicht mein eigener war, und frei von der Müdigkeit
über Unsicherheiten, die mir von anderen auferlegt worden
waren; und Glück wurde unmittelbar zu etwas Unkomplizier-
tem, zu etwas, das selbst in der kühlen Stille eines Weges
durch einen Wald von Himalaya-Zedern zu finden war.

In Ranipur hatte alles – die beiden Kühe mit den großen
Köpfen, den rosa Nasen und den traurigen Augen, die unterhalb meiner Hütte lebten, sowie die Wolken, die sich öffneten, um Lichtstrahlen ins Tal zu werfen wie in den illustrier-
ten Bibeln meiner Schule –, alles hatte den Zauber von etwas
sehr Vertrautem.

Ich war erstaunt über diese unmittelbare Sympathie für

einen neuen Ort. Später wurde mir klar, dass ich, da ich mit meiner Mutter zusammenlebte, zu einer gereinigten Version meiner Vergangenheit zurückgekehrt war: zu meiner ungehetzten Kindheit, zu jenen Nachmittagen der Isolation und Einsamkeit am Nullah, wo die grobe Materie – die schweren Massen von Erde, Himmel, Felsen und Wasser – nur existierte, um den Fluss der Zeit aufzuhalten und wo die Welt sich noch vollständig und voller Geheimnisse anfühlte.

Zum ersten Mal in meinem Leben spürte ich, wie sich das Jahr klar in Jahreszeiten unterteilte, die jeweils durch deutliche Veränderungen in Geruch, Temperatur, Farbe und Beschaffenheit gekennzeichnet waren. Der erste Monsunregen, der andernorts unbändig war, zog in hohen, grauen Säulen durch das Tal, und danach war das Gras im Apfelgarten nie mehr so grün und satt, und die Grillen zirpten nie wieder so hell. Anfang September verzogen sich die Nebelbänder, die zwei Monate lang im Tal gehangen hatten, und gaben den Blick frei auf feuchtgrüne Hügel und glitzernden Tiefschnee.

Anders als in den Tiefebenen war der Herbst in Ranipur phantasievoll. Er ließ die Natur verschwenderisch verdorren, indem er die Himayala-Zedern erröten und vergilben ließ, die Bergpfade mit knusprigen Blättern bedeckte und die Pflaumen blau färbte, bis ihre Haut aufplatzte, und so verlieh der Herbst dem Verfall eine gewisse Süße.

Wiedehopfe und Zwerghühner nagten das Fruchtfleisch verfaulter Äpfel und Aprikosen an und ließen die Früchte mit ihren braunen Kernen auf der Wiese langsam verfaulen. Die kühlen Abende im Oktober und das monotone Geräusch der letzten Grillen, in dem etwas Trauriges lag, sowie der feuchte Duft von Kiefernharz verhießen einen langen sepiafarbenen Winter mit Schnee und Frost.

Im Frühjahr taute die Erde so schnell, dass die Luft dunstig wurde, und der kleinste Windstoß ließ die Kirschbäume ihre Köpfe schütteln und einen Schwall von Blüten aussäen, die dann tagelang unendlich blass auf dem dunklen, feuchten Boden lagen.

Die beiden Kühe wurden aus ihrem Stall unter meiner Hütte herausgelassen. Von der Sonne gewärmt, schüttelten sie die Fliegen ab, während sie mit den Wimpern blinzelten und schnaubten, bevor sie tief und lang ins Tal hinuntermuhten.

Aus der Küche hörte ich das Zischzischen und *Tsssssss* des Herdes und das Brutzeln von Knoblauch und Zwiebeln, die in Desi-Ghee gebraten wurden – meine Mutter bereitete das Essen vor. Auch konnte ich die Schritte der vorbeigehenden Dorfbewohner auf dem schmalen Pfad durch den Obstgarten hören. Aber Naazku, die Grasmäherin, die in dem von Tannen und Fichten dominierten Wald lebte, der sich rechts gegen mein Häuschen drückte, hörte ich nie, bis sie hinter einer dichten Wand aus Bäumen hervorkam; mit einer Sichel in der Hand stapfte sie einen steilen Pfad hinunter, warf ein paar Kieselsteine aus dem Weg und weckte mich aus meiner Siesta.

Es gab Familienrituale und Zeremonien – Beerdigung, Hochzeit, Initiation –, bei denen irgendwo im Dorf erratisch eine Trommel schlug, begleitet von enthusiastischen Messingzimbeln; doch der Klang verblasste angesichts der unermesslichen Weite sehr schnell. Wie die meisten Bewohner von Ranipur hatte ich zu Hause keinen Festnetzanschluss – die Warteliste der Regierung erstreckte sich auf unbestimmte Zeit in die Zukunft.

Die einzigen anderen Geräusche kamen von meinem Vermieter Devdutt, einem hochgewachsenen Mann mit übertrieben guten Manieren, der in einem niedrigen Schuppen neben meiner Hütte mit einer alten Tretdruckmaschine im Alleingang eine Monatszeitschrift in Sanskrit setzte und druckte.

Er kümmerte sich um die Apfelplantage, und oft traf ich ihn dort an, wie er gerade die Erde lockerte und aufhäufte oder wie er auf einer Leiter an einem Baumstamm stand und mit der Gartenschere schnappte, während die Blätter dicht an seiner Wange hin und her wogten. Er fütterte und molk auch die Kühe und mistete abends ihre Ställe aus, wobei sich der Geruch von Heu, Dung und frischer Milch in meinem Zimmer vermischte.

Und wenn die ratternden Räder der Druckerpresse, das Klappern der Nähmaschine meiner Mutter und das gemächliche Rascheln von frischem Stroh im Kuhstall verstummt waren und Devdutt durch den Obstgarten nach Hause ging, senkte sich die reinste Stille nieder, in der ich das Knistern von Blättern und trockenen Zweigen, das leise Stoßen eines sich bewegenden Hufes unter mir und das sanfte Schlagen meines eigenen Herzens hören konnte.

Die Dunkelheit kam schnell über das Dorf herunter, in dem es keine Straßenlaternen gab, und um neun Uhr abends schienen alle zu Bett zu gehen. Später in der Nacht hörte man aus dem Tal Geräusche; ein Hund bellte gleichgültig, ein Baby weinte. Gelegentlich ertönte ein vom Wind verwehter Gesang oder, im September, das Klopfen eines Apfels, der ins Gras plumpste. Doch die Geräusche schienen aus der Leere zu kommen und bestätigten nur unsere Abgeschiedenheit.

Ich vermute, du hättest auf mein Häuschen herabgesehen. Devdutt, der mit seiner Frau Pratima in einem hübschen Haus mit vielen Zimmern am Ende des Obstgartens lebte, hatte es erbaut – oder besser: improvisiert –, drei Zimmer und schmale Balkone, die auf dünnen Holzpfeilern thronten.

Die Geschichte, die ich hörte, besagte, dass einige lokale Baumaterialien – Lehm, Holz und Wellblech – von Reparaturen an seinem eigenen Haus übriggeblieben waren, und Devdutt hatte beschlossen, über einem Kuhstall und einem Raum, in dem er Äpfel lagerte, eine kleine Bibliothek für seine Sanskritmanuskripte einzurichten.

Das Holz war in größter Eile gehobelt und zusammengenagelt worden, in einer alternden Schreinerhütte, aus der immer vier oder fünf verschiedene Geräusche von Sägen, Meißeln, Hämmern und Hacken hervorkam, wenn ich daran vorbei und zum Basar ging. Ich musste die hervorstehenden rostigen Nägel und ihre mögliche Tetanusgefahr selbst mit dem Hammer ins Holz schlagen. Die unebenen Dielen knirschten beim leichtesten Schritt, und immer wieder schlüpften seidene Silberfischchen aus ihren Ritzen hervor.

Für meine Mutter war das Haus allerdings ein Zeichen von Luxus. Zum ersten Mal in ihrem Leben hatte sie eine Küche mit einem Gasherd, der sofort zum Leben erwachte, und einem Wasserhahn, der auf Wunsch einen Strom von Wasser hervorsprudeln ließ. Kein Suchen nach Kohle auf dem Bahngelände, kein mühsames Anzünden des Angeethi-Ofens, kein mühseliges Entsorgen der Asche. Kein mühevolles Hantieren mit geschwärzten Töpfen mehr und kein Auftischen von Mahlzeiten in gestohlenen und verbeulten Aluminiumschalen vor einem verschwitzten Grobian.

Naazku, unsere Nachbarin, kam, um ihr beim Putzen des Hauses zu helfen, und die dünnen Finger meiner Mutter, obwohl zittriger als zuvor, verloren ihr weißes und abgehärmtes Aussehen. Eine Nähmaschine, die sie aus zweiter Hand in einem von tibetischen Flüchtlingen geführten Laden in Shimla gekauft hatte, nahm den Platz ihrer Stricknadeln ein; und als sich ihre – für mich auf geheimnisvolle Weise erwor-

159

bene – Fähigkeit herumsprach, wurde sie zu einer Einnahmequelle.

Der hölzerne Griff, der einem dicken Tierschwanz ähnelte, war rissig und schien unter den flatternden Händen meiner Mutter immer wieder kurz davor, zu zerbrechen; die Brust, die Taille und das Hinterteil der Nähmaschine sowie der hölzerne Tisch, auf dem sie stand, waren so schwarz wie die Dampfmaschinen meiner Kindheit und rochen nach Maschinenöl.

Wie durch ein Wunder stach die wahnsinnig wippende und klappernde Nadel nicht ein einziges Mal in die Finger meiner Mutter, als sie den Saum durchführte. Der Stoff kam immer unblutig heraus; und kleine Mädchen kamen aus dem ganzen Dorf, um ihre Maße nehmen zu lassen und dann, schüchtern mit ausgebreiteten Armen inmitten eines Wurfes aus Fetzen und Schnipseln stehend, mit Schuluniformen ausgestattet zu werden, die mit Nadeln besetzt waren.

Häufig hörte ich meine Mutter mit ungläubiger Stimme zu Naazku sagen: »*Yahan pahadon mein kitni kam dhool hoti hai.* Hier in den Bergen gibt es so wenig Staub.«

Eine weitere Offenbarung für sie war der Kühlschrank, den sie in den ersten Tagen mit leuchtenden Augen öffnete und dann ebenso sanft wieder schloss, wobei sie einen verträumten Gesichtsausdruck behielt. Für sie war seine Styroporverpackung nicht weniger faszinierend als die glatte weiße Oberfläche und das wiederholbare Wunder von kaltem Wasser und Eis, und sie behielt die Verpackung jahrelang, bis ich sie heimlich wegwarf.

Bevor sie Deoli verließ, hatte sie einige Stücke unseres

alten, mit Monogrammen versehenen Geschirrs in ihren Blechkoffer gepackt. Eines Tages, als ich das Motto Satyamev Jayate (*Allein die Wahrheit siegt*) plötzlich als Kränkung empfand, warf ich dieses gestohlene Eigentum der indischen Eisenbahn weg und begegnete darauf der überraschend tiefen Trauer meiner Mutter mit billigem Keramikgeschirr, das sie sofort liebgewann.

Sie las noch immer ihre *Ram Charit Manas* und wiegte sich dabei andächtig hin und her; sie baute ihren Altar mit ausgefalleneren Figuren in einer Ecke ihres Zimmers in der Hütte nach und verneigte sich jeden Morgen und jeden Abend vor ihm, wobei sich ihre Lippen in stillem, inbrünstigem Gebet bewegten. Doch auch die Bollywoodverfilmungen von Rama und Krishna hatten es ihr angetan, und sie schaute alte Fernsehfolgen von *Ramayana* und *Mahabharata* an, die sie damals verpasst hatte, als sie zum ersten Mal in einer Endlosschleife an den langen Nachmittagen, zwischen den Mahlzeiten und nach dem Abendessen, ausgestrahlt worden waren.

Wenn ich an meiner Mutter und sehr oft auch an Naazku vorbeikam, wie die beiden gebannt auf dem Boden saßen, sah ich auf dem kleinen Bildschirm immer etwas wie feurige Pfeile oder wirbelnde Scheiben oder dichtbärtige weise Männer, die Weisheiten über Karma und Dharma verkündeten. Die beiden Frauen schalteten den Fernseher aus und diskutierten über die moralischen Tugenden und Schwächen von Ram und Sita, als ob sie ihnen persönlich begegnet wären.

Doch war es die Küche, die ihr die größte Freude bereitete. Sie füllte den kleinen Raum mit regelmäßigem Getöse, dem Pfeifen des Schnellkochtopfs und dem Klappern von Töpfen und Pfannen, die versehentlich herunterfielen. Doch aus diesem engen, lauten Raum und den zitternden Händen entstanden jeden Tag köstliche Mahlzeiten wie Dal, Chawal und Sabji; und sie rief mich zwischen den Essenszeiten zu sich, um frisch zubereitete Minz- und Tamarinden-Chutneys sowie eingelegte Limetten und Mango zu kosten.

Sie kochte jetzt Gerichte, die sie in Deoli nie versucht hatte: Puris und Kachoris, Mathris, Gajar Halwas, Til Ka Laddoos und, kurz vor Holi, Halbmonde von Gujiyas, bestreut mit geriebenem Kardamom, ganz genau wie in den Mithai-Läden meiner Kindheit.

Während sie kochte, sang sie Lieder, die ich nicht erkannte, und als ich ihre zierliche Gestalt betrachtete, die so wenig von der Welt verlangt und noch weniger erhalten hatte, fragte ich mich, welche Erinnerungen ihr durch den Kopf gingen – sie, die seit ihrem fünften Lebensjahr vor allen anderen aufgestanden war und dann den Tag mit ihrer Arbeit verbrachte – kochen, fegen, scheuern, melken, kneten, stricken, stopfen und nähen –, bevor sie lange nach allen anderen ins Bett ging.

In meiner Kindheit war es unmöglich, sie dazu zu bringen, lange genug stillzusitzen, um ein Gespräch über die Vergangenheit zu führen. In jedem Fall konnte ich sie nie danach fragen, wie die Kindheit schrumpfte und das Alter sich ausdehnte in einem Leben, das durch mühsame Arbeit unpersönlich geworden war. Es schien ihr gegenüber nicht fair, auf eine so weitreichende Strenge hinzuweisen, auf das, was sie durch ihre Hinwendung zu Gott beiseitegedrängt hatte; ich wusste, dass ich weit davon entfernt war, vorbereitet zu sein, wenn sie, aus der Gewohnheit ausbrechend, ihre Hilflosigkeit entdeckt hätte und der Verzweiflung erlegen wäre.

Und obwohl wir im Dorf ein wenig mehr miteinander sprachen als in Deoli – oftmals über kleine Ereignisse, Hochzeiten, Geburten, Abreisen in die Großstädte, Neuankömmlinge, über Dinge, von denen Naazku und ihre Kundinnen ihr berichteten –, trotz dessen konnte ich nie die fortwährende Verletzung erwähnen, die ihre Ehe mit einem Mann dargestellt hatte, mit dem sie nichts außer den körperlichen Handlungen geteilt zu haben schien, die zwei Kinder gezeugt hatten, und den sie anscheinend vor allem deshalb ertrug, damit ich lesen und schreiben und rechnen lernen und sie schließlich von ihm befreien konnte.

Baba hatte sich in der Tat schnell aus unserem Leben gezogen. Nur meine Schwester hielt uns über ihn auf dem Laufenden. Sein Geschäft hatte sich vergrößert. Er baute ein neues Haus. In den letzten Jahren hatte er sich ein Smartphone und einen Laptop zugelegt. Er baute sich eine raue Präsenz auf Facebook auf und verbreitete nun aufgeregt WhatsApp-Theorien über verräterische Linke, Agenten des Vatikans (Sonia und Rahul Gandhi), urbane Naxaliten und sich sündhaft fortpflanzende Musliminnen.

Für meine Mutter war es, als hätte er nie existiert, obwohl sie immer noch ihr Haar mit Sindur markierte – ihr einziges Bekenntnis zu dem Mann, der sie verlassen hatte.

Gelegentlich schrieb sie mit ihrer Tochter, und einmal bat sie mich nach einer langen Pause zwischen den Briefen, nach Meena zu sehen. Bei der Rückkehr in die Straßensiedlung in der Nähe von Deoli, in der meine Schwester lebte, stellte sich heraus, dass ihr Ehemann die meiste Zeit im örtlichen Schnapsladen verbrachte und seine Frau die Erziehung der vier Kinder und den Betrieb seines Dhabas übernahm.

Dieser Imbissstand war ein unordentlicher kleiner Raum, der auf drei Seiten von hohen Zuckerrohrfeldern umschlossen war, mit einer einzigen Tür, die auf eine durchlöcherte Straße führte, auf der sich schwarze Schneematschspuren mit Reifenprofilen abzeichneten. An dem Nachmittag, an dem ich sie besuchte, schnieften und brüllten die Kinder im Hinterzimmer, wo die ganze Familie schlief, und Fliegen schwirrten über den Glasregalen mit den halb geöffneten Packungen Traubenzucker und Krackjack-Keksen, während meine Schwester hin und her lief und den Lastwagenfahrern gekochten Chai servierte.

Die Fahrer, alle mit stoppeligen Gesichtern und dunklen Ringen unter den roten Augen, saßen mit gespreizten Knien auf niedrigen Charpais. Sie senkten ihre Köpfe, um auf den Zementboden zu spucken; dann kehrten sie den Staub mit ihren großen fluoreszierenden Turnschuhen über ihre Spucke. Einer von ihnen ging ein wenig wacklig zum Zuckerrohrfeld, während er die Kordel seines weitbeinigen Pyjamas öffnete. Vielleicht hatte er Angst vor Schlangen und deshalb seine Meinung geändert, worauf er gegen die Wand des Dhabas urinierte.

Noch bevor die Fahrer in einem Nebel aus Dieseldunst davonfuhren und auf dem schwarzen Schneematsch frische Spuren hinterließen, erschien meine Schwester mit einem roten Plastikeimer voll Wasser in der einen und einem Lappen in der anderen Hand. Sie kniete sich hin, tauchte den Lappen in das Wasser, holte ihn tropfend wieder heraus und begann, den Boden zu wischen, wobei die roten Glasperlen an ihren Armen leise klirrten. Das Seifenwasser breitete sich um sie herum zu einer Lache aus, und die Sohlen ihrer nackten Füße waren hart und dunkel wie Hufe.

Zwischen ihren Hausarbeiten brachte sie mir Tee und flehte mich an, zum Mittagessen zu bleiben. Wir hatten eine so merkwürdige Kindheit miteinander geteilt, und wenn wir gespielt hatten, dann nur miteinander. Mit ihrem schütteren und ergrauten Haar, das ihr wie immer feucht an der

Stirn klebte, schien sie das gleiche überarbeitete und gestresste Mädchen zu sein, das ich einst gekannt hatte und aus dem nun eine überarbeitete und gestresste Frau geworden war.

Ich saß vor den schiefen, leeren Charpais mit den durchhängenden Saiten und verspürte weniger Mitleid als vielmehr den Wunsch, so schnell wie möglich wieder zu gehen.

Ein Konvoi von vier fast identischen Lastwagen donnerte heran, die schwarzen Pompons an den vorderen und hinteren Stoßstangen schwankten; die Charpais waren wieder von schwatzenden und spuckenden Männern besetzt. Ich wurde immer unruhiger. Ich log, um meine Abreise zu beschleunigen, und sagte, ich hätte dringend etwas in Delhi zu erledigen. Meena, die durchgeweichte Teeblätter aus einem Plastiksieb schüttelte, hatte keine Einwände.

Ich gab ihr ein Bündel Rupien, das sie annahm, ohne Überraschung oder Dankbarkeit zu zeigen. Als ich ging, klammerte sie sich an mich und weinte so lange, dass die Lastwagenfahrer, die in langsamen, lauten Schlucken Chai tranken, uns mit blutunterlaufenen Augen anstarrten, und ich hörte mich zu meiner Schande sagen: »*Main phir aaonga, Meena, main phir aoonga.* Ich werde wiederkommen, Meena, ich werde wiederkommen.«

Doch ich wusste, ich würde nicht wiederkommen, und auch wusste ich, dass das Band zwischen uns, das nie sehr stark war, nun endgültig durchtrennt war.

Es ist ein Moment der Kaltherzigkeit, der mir heute bedeutsam erscheint und zu meinen anderen Momenten des Verrats passt. Damals, unbehaglich über das vertraute Elend, rechtfertigte ich meine Gefühle auf eine Art und Weise, die Aseem gutgeheißen hätte: Man muss nach vorne schauen, nicht zurück, vor allem, wenn die Vergangenheit voll von nutzlosem und nicht zu erlösendem Schmerz steckt.

Ich fühlte mich weniger schuldig, da meine Mutter ungerührt von der Notlage meiner Schwester zu sein schien. Allerdings war das Schicksal ihrer Tochter, wie ich später erst feststellte, ihrem eigenen zu ähnlich.

Sie hatte ihre Kindheit in einer der heißesten Gegenden von Madhya Pradesh verbracht und erzählte gelegentlich von den quälenden Sandstürmen jener Sommer und den langen Tagen auf dem ausgedörrten Land, wenn in der schimmernden Ferne nichts zu sehen war außer großen, beladenen Karren, die erst nach einer Ewigkeit näher kamen und dann vorbeischwankten und die weiße Landstraße mit Heuhalmen übersäten.

Auch sie war als Kind zur Arbeit gegangen, und wenn ich Naazku dabei zusah, wie sie mit schnellen, unermüdlichen Schlägen das Gras im Obstgarten mähte, stellte ich mir oft meine Mutter vor, wie sie auf den weiten Feldern unter der glühenden Sonne stundenlang Bündel um Bündel, Garbe um Garbe zusammenschnürte, ohne den Rücken aufzurichten oder die Lippen an ihre Matki zu legen.

Wie es schien, war sie nicht immer unglücklich gewesen, trotz allem; und sie war nicht immer von Mangel geplagt gewesen. Ihr Vater war gestorben, als sie noch sehr jung war, doch ihre Großfamilie von Reisbauern hatte einen eigenen Brunnen, pflügende Ochsen und eine Kuh besessen; von jeder Ernte hatten sie sich etwas abgespart und Säcke voller geschältem Reis in einem kleinen, mit Steinen ausgelegten Getreidespeicher gelagert.

Ihre stärkste Erinnerung ist die, wie sie mit sechzehn Jahren diesen Ort der Autarkie verließ (von ihrer Hochzeit erinnerte sie sich nur an den stechenden Schmerz des dicken

Rings, der ihr in die Nase gedrückt wurde). Ihre weinende Mutter steht in der Tür. Die Augen meiner weinenden Mutter sind nicht feucht, doch ihr Gesicht ist aufgedunsen von der Schwere der Tränen. Sie weiß nicht, was sie sagen oder wie sie sich ihrem neuen Mann gegenüber verhalten soll. Der Fremde, den sie gerade erst kennengelernt hat, sitzt bereits auf dem Ochsenkarren, neben sich eine Blechkiste voller Kochutensilien sowie ihre Saris, und es ist etwas Ungeduldiges an ihm. Ihr ist übel, und in ihrem Hochzeitssari aus dicker Seide und ihren neuen Pantoffeln, die nicht passen, stolpert sie häufig, wobei die Fußkettchen an ihren Knöcheln jedes Mal laut klirren.

Irgendwie schafft sie es, sich neben ihn in den Wagen zu setzen, die Füße an die Brust gezogen. Hinter ihrem langen Schleier hat sie die Augen gesenkt, und alles, was sie sehen kann, sind ihre vielgeschmückten Arme, die mit Henna bemalten Hände und die zum ersten Mal lackierten Fingernägel. Der Wagen setzt sich in Bewegung, schlingert, bis die Ochsen ungeschickt ihren Rhythmus finden, und sie übergibt sich auf ihren Schoß, sehr zum Unwillen ihres Mannes.

Es war eine Ehe, wie sie in meiner Klasse und Kaste üblich war, zwischen zwei Menschen, die sich nicht kannten und keinerlei sexuellen Erfahrungen hatten. Einmal habe ich mir etwas ausgemalt, was ich mir nicht hätte vorstellen sollen: die ersten Tage und Nächte meiner Mutter mit ihrem Mann, der neuartige Akt der Leidenschaft, aus dem er zweifellos etwas Brutales machte und der von ihr als Verletzung erlebt worden sein musste, die jegliche ursprüngliche Erwartungen, die sie gehabt hatte, zunichtemachte.

Hat sie sich in den winzigen Zimmern der Eisenbahnbaracken jemals an seine Berührungen gewöhnt, oder hat sie sich seinem unerbittlichen männlichen Verlangen nur mit Widerwillen ergeben? Und war es diese Erfahrung der ständigen Demütigung, die den Wunsch ihrer Mutter, ihren Sohn zu verheiraten und sesshaft zu machen, im Keim erstickte?

Auch stellte ich mir ihre Isolation in den kleinen Dörfern am Gleisrand vor, in denen sie unmittelbar nach der Hochzeit lebte, von ihrer Familie abgeschnitten und gänzlich von ihrem Ehemann abhängig; ich malte mir die Tage aus, an denen ein vorbeifahrender Güterzug die Stille durchbrach und ein Schwarm verängstigter schwarzer Krähen aus den Bäumen entlang der Gleise aufstieg – die langen Tage und Nächte, in denen sie ihre Gewohnheit vertiefte, auf Gott zu vertrauen, dass er ihr beistehe.

Meine Geburt, eine gefährliche Frühgeburt mit vielen Missgeschicken, hatte ihr etwas Schutz vor der völligen Verzweiflung gestiftet. Meine frühesten Erinnerungen sind, wie sie meine Gliedmaßen mit Senföl massierte und mühsam Läuse in meinen Haaren suchte und zerquetschte, während wir beide auf einem sanft raspelnden Charpai saßen; und aus irgendeinem Grund scheint über diesen Erinnerungen an eine Zeit des Friedens und der Sicherheit immer die milde Sonne eines nordindischen Winters.

Ich erinnere mich auch daran, wie sie stolz mit einem Messer in den Rahmen der einzigen Tür unseres Hauses Kerben ritzte, um meine Größe darauf festzuhalten, und wie sie mich zur Schule brachte, wobei sie mich an der Hand führte, ihre Finger mit meinen verschränkt, während ihre andere Hand meinen Schulranzen hielt, den sie für mich aus Jutesäcken genäht hatte. Wenn ich sie dann ein paar Stunden später wiedersah, wie sie vertrauensvoll vor der Schultür wartete, zupfte sie eines ihrer bestickten Taschentücher aus meiner Hosentasche und entfernte kopfschüttelnd über meine Vergesslichkeit vorsichtig die nassen Rotzspuren von meiner Nase.

Wenn ich mich am späten Nachmittag, nachdem ich meine Hausaufgaben gemacht hatte, auf den Weg zum Nullah machte, sagte sie immer: »*Dhoop se bachkar rahna, Raju beta. Aur gehrey paani mey mat jana.* Gibt acht, dass du dich vor der Sonne schützt, Raju beta. Und geh nicht zu tief ins Wasser.«

Wenn ich zurückkam, reichte sie mir ein Glas heiße Milch und, während ich über die hauchdünne Oberfläche pustete, inspizierte sie mit zuckenden Augenbrauen meine Beine, um nach Anzeichen dafür zu suchen, dass ich ihr nicht gehorcht hatte, und wenn sie nichts fand, fuhr sie mit ihrem abgehärmten Finger über die blassen Kratzer vereinzelter Zweige und über die Schwellungen von Moskitostichen.

Vielleicht hat sich in diesen Tagen meine Überzeugung gefestigt, die ich nie ausgesprochen habe, die aber immer in meinen Entscheidungen enthalten ist: dass das Leben am besten in der Stille und in der Nähe unbedingter Liebe gelebt wird.

Eine fast tödliche Malariaerkrankung brachte sie einmal für drei Wochen in ein Bahnkrankenhaus in einer anderen Stadt. In den darauffolgenden Tagen, die ich mit meinem Vater und meiner kleinen Schwester in jenem Kothri verbrachte, wo der Pujari eines Morgens die Satyanarayan Katha rezitierte und auf seine Anweisung hin Tag und Nacht eine irdene Lampe mit einem Baumwolldocht brennen gelassen wurde, machte ich meine erste Erfahrung mit dem Elend. Und als sie zurückkam, ausgemergelt und mit schwarzen Ringen unter den Augen, und als die irdene Lampe gelöscht wurde, hatte ich das Gefühl, dass meine Welt auf wundersame Weise wieder in Ordnung gebracht und mir zurückgegeben worden war.

Ich schreibe ausführlich über meine Mutter, weil wir nie über sie gesprochen haben. »Vor allem deine Mutter ist so hübsch! Aber dein Vater sieht auch nett aus«, sagtest du, als ich dir einmal ein winziges, verknittertes Schwarzweißfoto meiner Eltern zeigte, das kurz nach ihrer Hochzeit aufgenommen worden war und auf dem meine Mutter von der Kamera wegschaut und ihr Haar zu einem tiefen, engen Dutt hochgesteckt hat.

Einmal aber habe ich dir eine Erinnerung an meine Mutter geschildert, nämlich von ihrer leisen Stimme im Zimmer nebenan, in der etwas größeren Wohnung, die wir hatten, bevor Baba degradiert wurde, und von dem dumpfen Geräusch, als mein Vater wieder und wieder mit der Faust gegen die Wand schlug. Ich lag schweigend in dunkler Spannung neben meiner schlafenden Schwester und quälte mich mit Fragen: Worüber stritten sie sich? Würde er sie schlagen?

Endlich schien im Zimmer nebenan Ruhe einzukehren, doch ich lag noch stundenlang hellwach, und mein Herz war noch immer von Vorahnungen geplagt.

Ich habe mit meiner Mutter gelitten. Doch gab es auch Zeiten, in denen ich Abneigung gegen sie empfand, weil sie so sehr litt und in ihrem Leiden wie in allem anderen auch den Willen Gottes am Werk sah. Ein anderes Mal wünschte ich mir Babas Tod, um mir dann schnell wieder zurückzuwünschen, dass er, der einzige Ernährer der Familie, gerade lange genug lebte, um mich durchs Studium zu bringen. Danach, so hatte ich beschlossen, würde ich mich um meine Mutter kümmern.

Von dem Zeitpunkt an, als ich mein erstes Gehalt in Delhi erhielt, schickte ich jeden Monat eine Zahlungsanweisung über 300 Rupien auf ein Postkonto, das ich für sie eröffnet hatte; und bei den seltenen Gelegenheiten, bei denen ich sie in Deoli besuchte, milderte ich meine Schuldgefühle, indem ich sie mit kleinen Geschenken überschüttete.

Während ich all ihre Briefe weggeworfen hatte, stellte sich heraus, dass meine Mutter all meine Sendungen, die grünen Inlandsbriefe mit Gandhi auf dem Poststempel, sorgfältig in einem bestickten Jutesack aufbewahrt hatte (heute frage ich mich, woher sie dieses Säckchen hatte).

Eines Nachmittags las ich die Briefe, als sie schlief, und stellte beschämt fest, dass ich auf ihre herzlichen Notizen mit Ausflüchten, wenn nicht gar mit Lügen geantwortet hatte, die in ihrer biederen Knappheit etwas von einem Lehrbuch für das Erlernen von Sprachen hatten. »Ja, mir geht es gut. Das Wetter ist schön. Ich esse ordentlich. Mein Haus ist sehr gemütlich. Ich habe etwas zugenommen.«

Ihre Briefe waren ihr stärkster und nachhaltigster Anspruch auf mich als Elternteil. Doch ich konnte sie in dieser Rolle nie akzeptieren, da sie ganz offensichtlich nicht in der Lage war, mich oder auch nur sich selbst vor ihrem Mann zu schützen – das Gefühl der Unzulänglichkeit ihm gegenüber, das wir beide in uns spürten, war es, was uns näher zusammenbrachte, seit sie mich an der Hand zu meiner ersten Schule geführt hatte.

In Ranipur wurde der Rollentausch abgeschlossen: Ich wurde ihr Beschützer vor der Welt, die sie so rücksichtslos in sich selbst hineingestoßen hatte.

Dennoch – und das weiß ich heute besser – war sie nicht so einfach, wie sie schien. Hinter ihrer Schüchternheit verbarg sich eine zarte Härte, eine schonungslose Klarheit, die sich aus langer Schmerzresistenz hervorgeschürft hatte.

Jeden Morgen um acht klingelte es an der Tür; ich öffnete und fand Vishal, den Sohn meines Vermieters, in seiner Schuluniform vor, der einen Teller mit dampfenden Aloo- oder Gobhi-Parathas und frischgekochter Milch balancierte.

»Jetzt wissen wir, dass wir die Hütte für jemanden wie Sie gebaut haben«, sagte Devdutt eines Tages mit einem höflichen Lächeln; er und sein Vater, Panditji, ein rüstiger Achtzigjähriger, der in Shimla lebte, hatten sich einmal über meine quasi-literarische Übersetzungsarbeit unterhalten. Es schien das Versagen der Mitglieder ihrer eigenen Familie zu entschädigen, die ererbte Berufung zu ergreifen oder auch nur ein nichtinstrumentelles Interesse am Lesen und an der Kontemplation zu hegen.

Die beiden Männer nahmen diese Abtrünnigkeit ernst. Panditji, der aus einer Priesterfamilie stammte, hatte den gut bezahlten Dienst am Hof des Maharadschas von Rampur aufgegeben, um sich dem Sanskritstudium zu verschreiben. Mit seinem eigenen Geld hatte er das erste Sanskrit-College in der Region gegründet. Als einzige Wanddekoration hatten Devdutt und sein Vater Porträts berühmter Sanskritgelehrter und -schriftsteller in den größten Raum des Hauses gehängt.

Alle Gemälde zeigten weißbärtige Männer, die im Schneidersitz vor Manuskriptblättern und einem Hintergrund der weißen Himalayakulisse saßen. Es waren simple Kopien von Basarkunst, ohne ästhetischen Wert, ja selbst ohne handwerkliches Geschick. Dennoch waren sie ein Bindeglied zu einer früheren Ära edler Bestrebungen und Kreativität. Sie bewahrten in einem materiellen Zeitalter ein Ideal intellektueller und spiritueller Autonomie; sie verkörperten die Ideale von Entsagung und Enthaltsamkeit, die, wie selbst Aseem zugab, einst verehrt wurden und heute meist abschätzig betrachtet werden, sofern sie überhaupt noch jemand wahrnimmt.

Ich konnte mich nicht so recht in der bedeutenden Linie von Panini, dem Grammatiker, oder Valmiki, dem Verfasser des *Ramayana*, sehen, obwohl ich den ganzen Vormittag in meinem Zimmer arbeitete, wobei meine Konzentration nur durch das Klatschen und Schlagen der Gummisandalen meiner Mutter durchbrochen wurde, wenn sie zur Küche und zurück ging (sie weigerte sich immer noch, Schuhe zu tragen); und jeden Nachmittag und bis spät in die Nacht beschäftigte ich mich mit Lektüre.

Ich fühlte mich sehr unwohl und wurde von alten Ängsten über meine Herkunft aus einer niedrigen Kaste gepackt, als Devdutt, ein hochgewachsener Mann mit klugen Augen unter überhängenden Brauen, einer zurückhaltenden Miene und einer ruhigen Sprache, plötzlich anfing, gegen Hindus aus unteren Kasten zu wettern und sie für Indiens ausbleibenden Fortschritt verantwortlich zu machen.

Dennoch war ich froh, von ihm auf der Grundlage eines Missverständnisses adoptiert worden zu sein; es war besser, für einen Gelehrten gehalten zu werden und nicht für einen Brahmanen. Er war sichtlich erfreut, als er auf der Suche nach einer Milchkuh für seinen Cousin war und mich aufgrund meiner Kindheit als Kenner dieser Tiere darum bat, ihn zum Viehmarkt zu begleiten, wo ich mich vergewisserte, dass die Euter der Kuh, die er kaufte, lang, die Zitzen geschmeidig und anständig platziert waren und gute Öffnungen hatten.

Solch uneingeschränkte Herzlichkeit und solches Wohlwollen, die von einem Volk ausgehen, das so spürbar in seiner Umgebung verwurzelt ist, entschädigten mich für die Ziellosigkeit meiner Vergangenheit. Unter diesen Männern und Frauen verspürte ich eine neue Freiheit – ich war frei von Überwachung, Beurteilung und Rollenzwang. Und wenn ich morgens aufwachte, während das Sonnenlicht durch die Spalten der Fenster und Türen strömte, wurde ich nie müde, über mein Glück zu staunen, dass dies hier der Ort war, an dem ich lebte.

Meine Mutter hatte ihren Platz im Kosmos des Dorfes als Hausfrau und Näherin. Da ich keinen offensichtlichen Beruf hatte, sorgte ich anfangs für einige Verwirrung im Dorf. Unverblümt neugierige männliche Augen verfolgten mich, wann immer ich durch den Basar schlenderte; in den schiefen Fenstern der engen Häuser fand ich häufig ein neugieriges weibliches Gesicht eingerahmt, dessen bleicher Teint sich in der Dunkelheit abzeichnete. Plappernde Ladenbesitzer versuchten herauszufinden, was genau ich beruflich machte, während sie meine Einkäufe in Zeitungssäcke einpackten.

Es wäre schwer zu erklären gewesen, und ich habe es auch nie versucht. Ich war mir meiner eigenen Fremdheit sehr bewusst, wenn ich mit einem Taschenbuch in der Hand durch das abgelegene Himalaya-Dorf schritt. Im Gegensatz zu dir und Aseem konnte ich nicht behaupten, Schriftsteller zu sein. Mir fehlte der Antrieb, der unabdingbare Wille, mich in der Welt zu beweisen und die Existenz der Zeitgenossen als ständige Bedrohung zu betrachten. Auch hatte ich nicht das in gewisser Hinsicht unerhörte Vertrauen, dass ich der Summe der veröffentlichten Werke irgendetwas Wesentliches hinzuzufügen hätte. Ich war unsicher, was ich von der Welt halten sollte, und wollte keine Spekulationen darüber anstellen, und darüber hinaus fehlte mir das Bedürfnis, das Aseem sehr stark verspürte, andere Menschen dazu zu bringen, die Dinge so zu sehen wie ich.

»Du solltest wirklich ein Memoir schreiben« – das hast du oft gesagt, wobei du das Wort »wirklich« betontest. Ich war gerührt von deinem Versuch, das, was du als mein »Potenzial« ansahst, hervorzuheben und mich in der großen weiten Welt als etwas Glänzendes hinzustellen. Und du dachtest immer, dass ich Witze machte, wenn ich sagte, mein kleines, zurückgezogenes Leben sei für niemanden von Interesse.

Für kurze Zeit hatte ich tatsächlich einmal schreiben wollen, als mich Professor Sir am IIT dazu ermutigte, der mir aufgrund einer halbfertigen Kurzgeschichte sagte, ich hätte einen »literarischen Geist«, den ich nicht an den Maschinenbau verschwenden sollte.

Ich kritzelte ein wenig in ein Notizbuch, hielt das ein oder andere Erlebnis schriftlich fest, schrieb Gedichte und Prosa ab, wenn mir etwas gefiel. Ich las all die Bücher, die Professor Sir mir empfahl, aber meine Kurzgeschichte habe ich nie ganz zu Ende geschrieben. Gelegentlich entdeckte ich etwas in einer der Zeitschriften, die ich zuerst in der Bibliothek des IIT gelesen und später in Ranipur abonniert hatte, und dachte mir, *das kann ich besser*, doch der Moment der Eitelkeit verflog immer wieder.

Ich war dazu bestimmt, ein Leser zu sein, etwas der Vergangenheit abzulauschen, zu wissen, wie die Menschen in fernen Gesellschaften gefühlt und gelebt hatten, in einen Zustand der Empfänglichkeit einzutauchen, in dem ihre Freuden und Qualen meine eigene Seele und meinen Geist berühren konnten; und dieselbe Neugier hat mir auch als Übersetzer gute Dienste geleistet, indem sie eine ideale Ausdrucksweise für fertige Prosa gefunden hat.

Die Ankunft eines Vorabexemplars mit meinem Namen darauf war immer ein wunderbarer Moment: Das Objekt, das aus den Jiffy-Tüten (die an sich schon wunderbar anmuteten, weil sie so selten waren) genommen wurde, war ein solider und sehr befriedigender Beweis für eine fast vergessene Arbeit. Natürlich verschwanden die fertigen Exemplare bald nach der Veröffentlichung rezensionslos in amerikanischen College-Bibliotheken und Restpostenbuchhandlungen und hinterließen das Gefühl, dass ich mit meinen Autorinnen und Verlegern eine Totgeburt zur Welt gebracht hatte.

Außerdem war meine Arbeit zwangsläufig unvollkommen, denn keine noch so geschickte Meditation kann den Abgrund zwischen den emotionalen Bereichen des Hindi und des Englischen überbrücken, geschweige denn das erfassen, was jenseits der Grenzen der Sprache liegt.

Doch ich tröstete mich mit dem Gedanken, dass das, was ich tat, zumindest eine Andersartigkeit andeutete, die man sich nicht vollständig zu eigen machen konnte. Und die Schriftstellerinnen und Schriftsteller in den nordindischen Städten, deren Werke ich verenglischte, waren immer froh, ihre Namen auf helleren Einbänden sowie festeren Buchrücken zu sehen und gelegentlich der Herablassung indischer Schreibender in englischer Sprache und der allgemeinen Vernachlässigung durch Gastprofessuren in den USA und Europa zu entkommen.

Fast alle Menschen, die ich kannte – sie betrieben kleine Läden, arbeiteten für die Regierung oder im Tourismus –, besaßen Grundstücke, auf denen sie etwas für den Eigenbedarf anbauten (vor allem Gemüse, Getreide, Pflaumen, Kirschen und Äpfel), und sie hatten genug übrig, um es auf den lokalen Märkten zu verkaufen.

Devdutt hatte sich schon lange von seiner Lehrtätigkeit zurückgezogen; die Arbeit an seinem Magazin, ein Liebesdienst, sollte in kleinerem Umfang das Engagement seiner

Familie für die alte Sprache aufrechterhalten. Die Apfelplantage, in der Devdutt stundenlang pflanzte, knospte und beschnitt, war eher eine Verbindung zu dem Beruf seiner Vorfahren als ein gewinnbringendes Unternehmen.

Mein eigener Beitrag zu seinem Einkommen in Form der monatlichen Miete für meine Hütte war unbedeutend. Panditji war ein Guru für viele Lokalpolitiker gewesen und hatte ihnen astrologische Ratschläge für ihre Karriere gegeben. Devdutt behielt die Kunden seines Vaters. Als ausgebildeter Priester übernahm er auch Hochzeiten und hinduistische Rituale, zu denen er in einer Seidentunika und mit einem weißen Dhoti bekleidet mit einer braunen Ledertasche mit den Objekten seiner Pandit-Arbeit anreiste. Pratima, seine Frau und Vishals Mutter, arbeitete als Büroangestellte für die Landesregierung. Ihre gemeinsamen Gehälter boten ihnen genug Geld zum Leben.

Meine andere Nachbarin, Naazku, besaß den steilen, bewaldeten Hügel rechts von meiner Hütte. Ihr Gesicht war ein Muster aus verzweigten Falten; vergilbte Augen und schlechte Zähne sprachen von lebenslanger Unterernährung, und ein schwarzes Kopftuch, das ihr oben auf dem Kopf Hasenohren verlieh, gab im Nacken die zartesten Locken ihres grauen Haars frei.

Devdutt erzählte mir, dass sie bereits als Jugendliche geheiratet hatte und in den ersten zwei Jahren ihrer Ehe ihren Mann und ihren neugeborenen Sohn verlor. Sie hatte Brüder und Neffen, doch sie waren zu arm, um Naazku bei sich aufzunehmen. So begann sie, ihren Lebensunterhalt mit dem Schneiden des langen Grases zu verdienen, das nach dem Monsun auf ihrem Grundstück wuchs, und sie verkaufte es als Futter an die Kuhhalter der Region.

Die anstrengende Arbeit, die frühmorgens beginnen

musste, wenn das taufrische Gras noch zart war, und die mit keinem komplizierteren Werkzeug als einer Sichel ausgeführt wurde, hatte ihren kleinen Körper gekrümmt; sie konnte nicht älter als sechzig sein, doch die Falten in ihrem vogelhaften Gesicht und die schlaffe Haut, die von ihrem Hals herabhing, ließen sie wie neunzig aussehen, und obwohl sie recht gesund war, deuteten der Stock, auf den sie sich beim Gehen stützte, sowie ihre stoischen kurzen Schritte auf eine Person hin, die ein Leben lang an knöchelknackende Bergpfade gewöhnt war, und legten dabei eine große und andauernde Gebrechlichkeit nahe.

Sie lebte in einer Hütte aus Lehm und Gras auf einer Lichtung mitten ihres Kiefernwaldes. Der mit Kuhmist gepflasterte Hof vor ihrer Hütte war gut gefegt und von den tiefen Kringeln ihres Besens gezeichnet. Neben glänzenden Emaille- und Messingtöpfen stand ein Plastikeimer mit Wasser, das sie vom öffentlichen Wasserhahn in der Nähe meines Hauses geholt haben musste. Ein Kalb war an einem Pflock angebunden, und in der Ecke des Hofes lag ein Haufen Tannenzapfen.

Rauch quoll unter dem strohgedeckten Dachvorsprung hervor und drang durch die halboffene Tür aus dünnem Wellblech. Vor einem Chulha-Feuer hockend, das auf ihren Wangen glühte, wenn sie hineinblies, bereitete sie ihr Abendessen zu: Chapati auf einer dicken Eisenplatte, das eine stärkere Hitze zu benötigen schien, als Tannenzapfen sie erzeugen konnte, um aufzugehen.

In einer Ecke stand ein Feldbett mit einer geschrumpften Matratze und einer unbezogenen Bettdecke darauf, und darunter befand sich ein Aluminiumkoffer. Ich erkannte unser kleines Transistorradio in der perforierten Ledertasche, das meine Mutter ihr geschenkt hatte. Alles in ihrer Hütte war vom selben abgenutzten Aussehen gezeichnet, von Zeit und Überbeanspruchung und vom Mitleid ihrer Wohltäter; und die einzige Dekoration war ein alter Kalender von Shiva, der das Jahr 1979 zeigte.

Bei meinem einzigen Besuch in ihrem Zuhause war sie überwältigt, mich zu sehen; sie habe selten Besuch, sagte sie, und sie hätte nie erwartet, dass der Brahmane aus dem großen Haus an ihre Tür anklopfen würde. Sie bedeckte ihren Kopf und die Kaninchenohren mit dem Ende ihres Saris, bestand darauf, ihr Bett abzustauben, und drängte mich, darauf Platz zu nehmen, während sie sich auf den Boden hockte und mir, statt sich um die Chapatis zu kümmern, einen milchigen Chai zubereitete. Dann sah sie mir zu, wie ich den Tee nippte, während das Feuer erlosch und sich blauer Rauch gegen das Strohdach kräuselte.

»*Aaapki maata ji aapke baare me chinta karti hai.* Deine Mutter macht sich Sorgen um dich«, sagte sie.

»*Kyon?* Warum?«

»*Unkey baad aapki kaun dekh-bhal karega?* Wer wird sich nach ihr um dich kümmern?«

»*Koi chinta ki baat nahi hai.* Es gibt nichts, worüber man sich Sorgen machen müsste.«

So ging es eine Weile lang weiter, Naazku schilderte Sorgen, von denen ich keine Ahnung hatte und die ich zurückwies.

Ich fühlte mich immer unbehaglicher. Anfangs war ich noch stolz darauf gewesen, mit meinem Besuch bei ihr ein Tabu gebrochen zu haben, doch nun wurde ich von der Kleinlichkeit und Absurdität meines Stolzes und der Verzweiflung darüber, dass ich mit viel lauterer Stimme als sonst sprechen musste, heimgesucht – denn wie sich herausstellte, war sie ein wenig schwerhörig.

Ich war erleichtert, als sie das Thema der Ängste meiner Mutter über meine Zukunft beiseiteließ und von ihrem Grundstück zu sprechen begann. Ihr Mann war gestorben, weshalb sie sich darum kümmern musste; sie hatte ein paar Verwandte, Cousins und Neffen, die jedoch nie zu Besuch kamen. Der Besitz eines Hügels machte sie in einer von Immobilienspekulationen angetriebenen Volkswirtschaft potenziell zu einer mehrfachen Millionärin.

Ich hatte gehört, dass Bauträger aus den Tiefebenen ständig vor ihrer Tür standen. Zuerst wollte ich das nicht glauben. Wer würde dafür bezahlen, in Ranipur zu leben, oder gar dort Eigentum zu besitzen? Es war schwer vorstellbar, dass irgendjemand einen finanziellen Wert in diesem Dorf mit den wenigen Häusern und Geschäften, die auf einem Bergrücken verstreut waren und wo es nicht mal Straßenlaternen gab, erkennen konnte.

Doch es stellte sich heraus, dass ein Immobilienmakler aus Chandigarh namens Mathur, der Devdutt alle paar Monate besuchte, um sein Horoskop neu erstellen zu lassen, hartnäckig war. Ich bin ihm oft begegnet. Er war ein sehr höflicher, stämmiger Paansüchtiger Ende vierzig, der die Hände hinter dem Rücken verschränkte und halb nach vorn gebeugt dastand, als wolle er sich verneigen, auch wenn er in Wahrheit nur roten Betelsaft ausspuckte. Er trug zwei identische Montblanc-Füllfederhalter in der Tasche seines Safarihemdes und zupfte seine Plastik-Visitenkarte aus einem Stapel mit Gummiband heraus; dann hielt er den Stapel in seiner linken Handfläche, wobei ein Daumen das Gummi streichelte, und kaute noch schneller auf seinem Paan herum, während man auf seiner Karte das Firmenlogo und seine akademischen Titel betrachtete – ein Doppelmaster in englischer Literatur von der Punjab University.

Mathur besaß bereits das Hotel Kipling und nutzte den Namen einer alten Kolonialeinrichtung, um britische Touristinnen auf Empire-Jagd sowie Inder der Oberschicht anzuziehen. Es gab Gerüchte, dass er den örtlichen Förster bestochen hatte und dass seine Männer in den Kiefernwäldern unterhalb des Hotels unverhohlen Brände legten, um Waldstücke zu roden und Platz für den Bau zu schaffen.

Danach konnte ich nachts keines der entlegenen Waldfeuer im Tal mehr sehen, die sich leise und schnell und herrlich leuchtend wie in einem Traum die Hänge hinunterrollten, ich konnte nicht mehr den Aschegeruch im Wind wahrnehmen, ohne an Mathur zu denken, ohne daran zu denken, wie ein kleiner Wurm aus roter Betelspucke langsam an seinem Kinn herunterkroch, während er sprach.

Er hatte Naazku angeboten, eine »Penthouse-Wohnung« in einem der von ihm geplanten Gebäude auf ihrem Grundstück zu bauen.

Sie wusste nicht, was diese Worte bedeuteten, nur dass sie für unvorstellbaren Luxus standen. Ich fragte sie, warum sie nicht verkaufe.

Sie antwortete schnell: »*Mujhe shahar ke log mein koi vishvas nahin hai. Agar kagazaat ke baat dhakka maar ke nikaal diya, to? Main kya karoongi phir? Kahan jaongi?* Ich vertraue diesen Stadtmenschen nicht. Was ist, wenn er mich, nachdem der Papierkram erledigt ist, von meinem Land vertreibt? Was soll ich dann machen? Wo soll ich dann hin?«

Sie war als junges, verheiratetes Mädchen in ihre Hütte auf dem Hügel gekommen. Ihre kleine Lebenshoffnung war mit dem Tod ihres Mannes und ihres Sohnes geschwunden. Sie wünschte sich nichts sehnlicher, als ihre Arbeit fortzusetzen und an diesem Ort zu sterben.

»*Daant nikal gaye, peeth mein hamesha dard rahta hai,*

lekin zinda hoon, sar ke upar chhat hai, Bhagwan se zyada nahin maangna chaiye, Yahin itne saal beet gaye, yahin se ab arthi uthegi, and karta-dharta se milne jaongi. Mir sind die Zähne ausgefallen, mein Rücken schmerzt die ganze Zeit, aber ich lebe und habe ein Dach über meinem Kopf. Man sollte nicht zu viel von Gott verlangen. So viele Jahre sind auf diesem Hügel vergangen, und ich werde diesen Hügel auf meiner Bahre verlassen, um meinem Schöpfer zu begegnen.«

Ich stellte mir vor, wie ihre blumengeschmückte Totenbahre ihre leere Hütte unter Gesängen von Ram Naam Satya Hai verließ, wie sich mit einem Quietschen die Blechtür öffnete, um den Kalender von 1979 und das Transistorradio aus meiner Vergangenheit zu enthüllen.

Aseem hätte über dieses Eingeständnis von Fatalismus, diese Resignation vor einem Leben voller Entbehrung, diese Zufriedenheit mit Gottes Plan nur gelacht. Er schreckte immer vor allem zurück, was nach Vergangenheit schmeckte und die vielen Möglichkeiten von Wissen und Vergnügen in der Gegenwart und Zukunft einzuschränken schien.

Je mehr Zeit ich jedoch in Ranipur verbrachte, desto größer wurde mein Respekt vor der Notwendigkeit, die die Menschen dazu trieb, hartnäckig an ihrem engen, aber starken Leben festzuhalten. Ich verstand das heftige Misstrauen, mit dem sie dem Unbekannten und dem Wunsch nach Verbesserung begegneten, immer mehr.

Für gebildete Menschen wie uns war es unmöglich geworden, in einer Weltanschauung zu verharren, die von Generation zu Generation unverändert bleibt. Das ewige Leben der Demut und des Gebets, in dem nichts als zu beängstigend oder schockierend empfunden wurde, da alles einer göttlichen Ordnung folgte, und da religiöser Prunk sowohl Drama als auch Geheimnis bot – all das war mit der Generation unserer Eltern zu Ende gegangen. Doch stand es uns zu, dies zu verachten?

Aufgewachsen in einem Leben mit wenig Sinn, hatten wir uns eingeredet, dass es bedeutungsvolle Wege des Seins gibt und dass wir sie finden würden. In Wahrheit aber lief es darauf hinaus, dass wir in die eine oder andere Richtung gingen, ohne zu wissen, wohin wir wollten, und dass wir immer wieder fragend zurückblickten.

Ich vermute, dass es bei Aseem schon immer anders gewesen war, denn er hat sich schon sehr früh außergewöhnlich gut mit der Zukunft arrangiert. Für ihn war das Gefühl, das er schon am IIT hatte – dass irgendwo tief in seinem Leben seine wahre Berufung keimte und dass der Tag in naher Zukunft lag, an dem er sie in die Realität umsetzten würde –, kein Hirngespinst gewesen.

Dennoch wagte ich mich nicht, mir vorzustellen, wie wir wohl sein würden, wenn wir um die siebzig oder achtzig wären und die Bedeutung langsam aus der Sexualität, aus Schönheit, Kunst, Familie und Nation herausgesickert wäre; wenn wir stumpf, alt und sauer würden, wenn wir alle um uns herum quälen und langweilen würden und keinerlei Verbindung mehr zu unserer Vergangenheit hätten, die für so lange Zeit religiös geprägt gewesen war, wenn wir keine Zukunft mehr vor uns hätten, auf die es sich zu freuen gälte.

NEUN

Kurz nach meiner Ankunft in Ranipur begann ich, lange Wanderungen in den hohen Bergen und Tälern an der Grenze zu Tibet zu unternehmen. Es fällt mir nicht leicht, die Einzelheiten dieser Reisen in einer Moral oder einer Formel zu fassen oder gar zu sagen, was sie für mich bedeuteten. Das Wahrhaftigste, was ich sagen kann, auch wenn es etwas seltsam anmutet, ist vielleicht, dass diese Landschaften, die ich nie zuvor besucht hatte, mir das Gefühl gaben, an einen vertrauten Ort zurückzukehren. Sie kitzelten Erinnerungen und den Gedanken an eine frühere Existenz hervor und holten mich aus meiner sterilen Versunkenheit in mich selbst heraus.

Während der Wanderungen fühlte ich mich mehr und mehr aus mir selbst herausgerissen und war weit weg von der Person, die ich am Morgen noch gewesen war, und dieses Gefühl verstärkte sich, als ich nach einer tagelangen Fahrt über Schlaglochstraßen in einem entlangstürzenden bockigen Bus, der völlig entschlossen schien, mich abzuwerfen, meine Handflächen gerötet, weil ich mich so sehr ans rostige Metall einer Sitzlehne geklammert hatte, schließlich ein Dorf an steilen Klippen betrat, das sich noch an Bräuche wie Polyandrie klammerte.

Aus der Dämmerung tauchten riesige Schäferhunde mit

schwarzglänzendem Fell auf, die ihre Zunge herausstreckten und gefolgt waren von rotwangigen Kindern.

Nachts, in der von der Elektrizität ungebrochenen Dunkelheit, schwebten Glühwürmchen, die in einem topasfarbenen Licht erglommen. Von irgendwoher ertönte ein gedämpfter, unregelmäßiger Trommelschlag und das kehlige Wehklagen von etwas, das immer dasselbe endlose Lied zu sein schien. Ich schaute hinaus, um in der Ferne Lagerfeuer lodern zu sehen, umgeben von bewegten, schwankenden Schatten; und, von diesem Anblick auf eine seltsame Weise getröstet, schlief ich ein, nur um bald von einem dieser rätselhaften nächtlichen Geräusche in den Bergen hochgeschreckt zu werden: Jemand schreit von weit her und bekommt schnell eine Antwort. Man lauscht ganz genau, es ist nichts zu hören, doch der Klang, den man zu hören glaubt, hallt noch lange nach.

Früh am nächsten Morgen begann ich meine Wanderung. Ich stieg ein Tal hinauf, das sich im Rhododendrondickicht verlor, durchquerte heisere Bäche mit kaltem, silbrigem Wasser und freute mich im Stillen darüber, dass die Distanz zu den schimmernden Gipfeln immer weiter abnahm, die ich von meinem Balkon in Ranipur sehen konnte und die mit jedem Schritt reiner, weißer und größer zu werden schienen.

Ich schlief unter freiem Himmel, eingemummelt in meinen Schlafsack, oder ich übernachtete, sofern es welche gab, in verschimmelten Zimmern in den von den Briten errichteten PWD-Rasthäusern, die immer noch über terrassenförmig angelegte Gärten mit Äpfeln und Pflaumen, einen alterslosen *Chowkidar*, eiserne Bettgestelle und Bettzeug verfügten, das nach dem brackigen Seifenwasser roch, in dem es so oft gewaschen worden war, dass es so dünn wirkte wie ein Moskitonetz.

Nach zwei Tagen Fußmarsch, bei dem ich mir immer ein Stück Haut an meinem vierten Zeh abkratzen musste, erreichte ich schließlich das Basislager für Bergsteiger und sah die Berge mit ihren zerklüfteten, schneebedeckten Gipfeln noch trotziger vor mir stehen.

Hier verweilte ich stets einige Tage, versorgte meine Wunden, trocknete meine feuchte Kleidung und versuchte, die strenge Majestät meiner Umgebung irgendwie zu spüren, in mich aufzunehmen und dort zu konservieren: die Bergmassive, die den ganzen Tag über von einem gemächlichen Tanz von Schnee und Nebel, Licht und Schatten beherrscht wurden: lange Wolkentürme, die aus eisigen Klüften aufstiegen, die die Weite der Felsen verdunkelten und enthüllten, bis sie am späten Abend in einer langen und breiten Nebelschürze davonzogen.

Tagsüber lese ich; doch keines von meinen Büchern, die ich für solche Reisen sorgfältig ausgewählt habe, scheint meinem Verlangen zu entsprechen – ich weiß nicht, wonach ich mich sehne, wahrscheinlich nach einer Lektüre, um die Chiffre zu entschlüsseln, in der der grenzenlose Himmel und die Erde an jenen Abenden am Nullah in meiner Kindheit zum ersten Mal zu mir sprachen.

Hier, hoch oben in dieser kahlen und funkelnden Landschaft, schien alles auf eine Weise angeordnet zu sein, dass es einen Sinn ergab: das Flattern einer blau-weißen Gebetsfahne im Wind, das Murmeln eines versteckten Baches, das Heulen eines Wolfes in der Nacht.

Vor allem in den Nächten, die ein Spektakel aus Licht und Raum waren, spürte ich die kristallene Überzeugung, mich einer großen Wahrheit zu nähern. In meinem Schlafsack liegend, starrte ich lange Zeit in die Sterne, die erschreckend nah waren und in einem solchen Übermaß vorhanden und die dazu neigten, dramatisch aus dem Himmel zu fallen, und ein seltsames Rauschen, das meinen Körper und meinen Geist durchströmte, hielt mich stundenlang vom tiefen, traumlosen Schlaf in diesen großen Höhen ab.

Auch in Ranipur selbst konnte man lange Wanderungen unternehmen. Eine davon führte mich vorbei an dem, was jetzt deine umgebaute Villa ist, auf einem teilweise asphaltierten Weg nach Salerno, einem von einem italienischen Konditor errichteten Rückzugsort aus dem 19. Jahrhundert, den die Regierung in ein Rasthaus im Wald umgewandelt hatte.

Ich habe dir einmal empfohlen, selbst diese Wanderung zu unternehmen, aber das hast du nie getan. Gesäumt von den verlassenen Villen der Briten, führte der Weg weiter zu verschlafenen Siedlungen oder vereinzelten Häuschen, und oft knallte ein einsamer Jeep oder Bus über die Schlaglöcher und hüllte die Fußgänger in eine feine graue Staubwolke.

Ich zog den anderen Weg vor, den Vishal und ein Freund von ihm jeden Tag zu ihrer Schule in der Nähe der alten Viceroy's Lodge nahmen. Er schlängelte sich durch Naazkus Wald und zeigte keine Anzeichen von menschlicher Anwesenheit, abgesehen von einem gelegentlichen Hirten mit einer Herde, deren Kuhglocken läuteten. Die Pfade waren auf dem ansteigenden, mit Tannennadeln bedeckten und von verworrenen Wurzeln gezeichneten Boden nicht immer deutlich gekennzeichnet. Häufig verirrte ich mich in den dichten, dunkelgrünen Baumgruppen aus Zedern und Eichen, die selbst in der hellen Sonne fast schwarz waren und in denen braune Spechte immer wieder die knorrigen, von bronzenen Flechten überzogenen Baumstämme hinauf zu den Sonnenwipfeln liefen.

Wenn ich innehielt, um mich zu orientieren, wurde ich

mir meines schnelleren Herzschlags und des Duftes von Harz und feuchter Erde gewahr.

Auf Wegen mit einem dünneren Blätterdach säte die Sonne helle Muster aus Licht und Dunkelheit über den Boden; die rostroten Kiefernnadeln glitzerten gespenstisch, und an stillen Frühlingsmorgen konnte man das Rascheln der Eichenblätter des letzten Jahres hören, die durch den auftauenden Boden in Bewegung gerieten.

Einer dieser baumgesäumten Wege führte zu einer sonnenbeschienenen Lichtung in der Nähe der Viceroy's Lodge. Von hier aus wirkte Ranipur wie eines jener Dörfer, die ich von meinem Balkon aus gesehen hatte: friedlich und auf bescheidene Art selbstgenügsam. Die Sonne wärmte meinen Rücken, und alles, was ich fühlte und hörte – das leise Wispern der Bäume, das Zirpen der Insekten, der gemächliche Flügelschlag eines Falken und die stillen Wolken über dem Tal –, alles schien die Freiheit meines Herzens zu bestätigen, noch einmal die Tage und Nächte der Muße zu genießen.

Ich wollte, dass Ranipur so bleibt, wie ich es vorgefunden hatte: abgelegen, ruhig und heilsam, die perfekte Erfüllung der Sehnsucht eines Kindes nach einem sicheren Zuhause tief in den Bergen. Und die Zeit schien sich dort auf magische Weise auszudehnen und zu verlängern.

Jedes Morgengrauen flutete das Tal mit Licht, die Sterne standen gläsern und fest am Himmel, und die mondhellen Nächte schienen uns tief in Privilegien und Geheimnisse zu tauchen. Die Jahreszeiten wiederholten sich so klar und deutlich, wie bei meiner Ankunft hier. Meine Mutter verneigte sich morgens und abends vor ihren Göttern. Und ich blieb ein Gelehrter, ein Mann außerhalb der Gesellschaft, ein

Objekt zärtlicher Achtung in den Augen meiner Vermieter und Nachbarinnen.

Wenn ich zurückblicke, scheinen meine ersten Jahre dort allerdings eine Pause im Leben des Dorfes dargestellt zu haben, eine Pause, bevor die Zeit vorwärts zu rasen begann und der Ort, der mir Schutz und Trost gespendet hatte, von einem Verlangen nach Veränderung erfüllt wurde.

Ranipur konnte sich der Explosion von Energie und Ehrgeiz im Flachland nicht entziehen, auch wenn es sich in seinem Werben um Weltoffenheit eher bescheiden gab.

Jahrelang standen selten mehr als drei oder vier Reisende an der Bushaltestelle, die sich ängstlich an ramponierte Koffer oder Säcke mit Gemüse und Obst klammerten, neben streunenden Hunden, die im Sand schliefen. Es brauchte einigen Mut, bis Sood, ein Fahrer eines Tourismusunternehmens in Shimla, einen Kredit aufnahm und einen lokalen Taxidienst gründete.

Sood lebte mit seiner Familie in einem der verfallenen Häuser am nördlichen Ende des Dorfes. Er war groß und drahtig und ging mit gebeugten Schultern, als ob er ständig von der Anstrengung gezeichnet wäre, sich durch seine winzige Haustür und in sein niedriges Haus zu zwängen, als wäre er beschwert von den langen Fahrten auf kaputten, prekären Straßen ins Hochgebirge.

Der Besitz eines Tata Sumo, der strahlend weiß an der Kreuzung stand, schien zu einer Veränderung in Soods Charakter zu führen; er wirkte plötzlich größer, seine Schultern breiter, und innerhalb weniger Jahre erweiterte er seinen Fuhrpark um einen Innova und einen Scorpio.

Zu diesem Zeitpunkt gab es bereits viele andere Taxis, die die Kreuzung säumten: Die Regierung baute die Straßen immer tiefer in die Berge hinein, und da die Busse noch nicht auf ihnen fahren konnten, erwies sich Sood als Vorreiter. Raju, ebenfalls ein Einheimischer mit roten Wangen, aber mit intensiven grünen Augen und einer dröhnenden Stimme, eröffnete einen Teeladen mit Blick auf die Kreuzung. Er stellte sogar Eier, Brot und trockenen Zwieback in seine Vitrinen, doch die Kunden für seine Omeletts waren in diesem streng vegetarischen Dorf selten; die übrigen Regale blieben leer.

Bald folgten weitere Geschäfte, ein »Souvenirladen« und ein Geschäft für Kinderkleidung, beide mit einem Überangebot an Produkten aus China; ihre glänzenden Schaufenster blieben leer, als priesen sie die Unsicherheit ihrer Besitzer an, die Annahme, dass die meisten Dorfbewohner und Touristinnen es ohnehin vorzögen, in Shimla einzukaufen. Schon bald mussten sie schließen, und ihre Fensterläden setzten unter ihrem neuen Lack Rost an.

Ein Kabelfernsehbetreiber machte es besser, indem er Zugang zu seiner teuren Satellitenschüssel auf illegale Weise verkaufte. Das Dorf wurde mit weißen Koaxialkabeln übersät, die alle von einem staubigen Laden voller kaputter und vermutlich irreparabler Schwarzweiß-Fernsehgeräte ausgingen. Aus den niedrigen Häusern, in denen es zuvor still gewesen war, dröhnten nun Soaps aus Mumbai und Cricketspiele aus Südafrika, Australien und England; vor allem die alten Leute im Dorf schienen den ganzen Tag zu Hause zu sitzen und fernzusehen.

Mit der Kommunikationsrevolution, die Indien erfasste, waren auch andere elektronische Geräusche immer häufiger im Dorf zu hören. Mein Antrag auf ein Festnetzanschluss wurde schließlich bewilligt, und Devdutt, der als Priester bei Hochzeiten und Beerdigungen amtierte, wurde zusammen mit jungen Männern, die außerhalb des Dorfes Arbeit suchten, zu einem der regelmäßigen Nutzer meines Bakelit-Telefons.

Das Telefon brachte mir wenig. Ich begann es zu hassen, wie es bockig im Zimmer meiner Mutter kauerte, als würde es bloß darauf warten, in die Luft zu gehen und seine Granatsplitter gegen die Wand und die Decke zu schießen; wenn ich den Hörer abnahm, schlug mir der Geruch des Atems seines letzten Benutzers entgegen, und oft hörte ich am anderen Ende bloß eine einzige Stille. Die unerschwinglichen Kosten für Orts- und Ferngespräche führten dazu, dass ich die Dauer der Gespräche genau überwachen und das Telefon in einer mit einem Vorhängeschloss versehenen Holzkiste einschließen musste, damit mich nicht ein unvorsichtiger Gesprächspartner in den Ruin stürzte.

Als billige Prepaidverbindungen weithin verfügbar wurden, befreite ich das Telefon aus seiner Kiste. Plötzlich schien jeder ein Mobiltelefon zu besitzen, manchmal sogar zwei oder drei, mit beschwingten Klingeltönen, obwohl der Empfang immer noch sehr schwach war und nur sporadisch bis zu meinem Haus reichte.

Auf dem sich rasch entwickelnden Dorfplatz rund um die Bushaltestelle wurde ein weiteres Geschäft eröffnet, das neben Passfotos auch Zugang zu einem Computer, einem Nadeldrucker und einem Kopierer bot. Nach und nach sah ich dort einige junge Männer, die Bewerbungen für private Universitäten tippten, deren hässliche, gedrungene Gebäude die Berggipfel des Staates zu verschandeln begannen.

Neeraj, der puttenwangige Sohn eines Dhaba-Besitzers, kündigte an, dass er Computer- und Englischkurse besuchen wolle, da all seine Freunde und Bekannten dies auch täten. Das könnte, so sagte er, sein Sprungbrett für ein Leben in einer großen Stadt wie Delhi sein.

Irgendwie hatte sich herumgesprochen, dass ich daran interessiert war, die Karrieren der Dorfjugend zu fördern. Am Anfang waren es nur ein paar schüchterne junge Männer, die so hager waren, dass sich ihre Schulterblätter unter ihren Hemden abzeichneten. Nachdem sie von meinem Studium am IIT erfahren hatten, standen viele weitere vor meiner Tür, und immer war ihre Neugier von einer naiven Hoffnung gefärbt.

Die meisten sagten, sie seien arm und wollten Geld, um ihr Studium in Delhi und Chandigarh fortzusetzen. Andere hatten spezifischere Ziele: einen Computerkurs, einen Abschluss in Betriebswirtschaft oder Medizin.

Ich erinnerte mich an sie als gehorsame Schuljungen mit prallen roten Wangen, die von vorbeigehenden Älteren gelegentlich gekniffen wurden; die Geräusche, die sie beim Pauken des Einmaleins in der örtlichen staatlichen Schule von sich gaben, drangen oft bis zu meiner Hütte vor. Als sie zu jungen Männern in chinesischen Lederjacken heraufschossen, schienen sie ihre Trägheit der Bergumgebung und das Talent für ein langsames Leben, das fast jeder in Ranipur von Geburt an zu besitzen schien, nicht verloren zu haben.

Doch anders als Aseem, Virendra und ich waren sie viel schneller erwachsen geworden, was vor allem dem Internet zu verdanken war, das nicht nur Wissen und Ideen, sondern auch neue, mutigere Ansichten verbreitet hatte.

Die Leute, die ich an meinen Kleinstadtschulen kennengelernt hatte, waren, wie ich beim Googeln ihrer Namen feststellte, einfach verschwunden, ohne die kleinste digitale Spur zu hinterlassen; es war, als hätten sie sich nach ihren nie sehr hohen Erwartungen klaglos mit einem bescheidenen Schicksal in der analogen Welt begnügt. Viele der »Aufstrebenden« von Ranipur gaben dagegen zu, dass sie den Ehrgeiz hätten, Unternehmen zu gründen und superreich zu werden. Indien befinde sich im Aufschwung, so sagten sie, es werde bald eine Supermacht sein, und sie wollten die neuen Möglichkeiten des Wohlstands nutzen.

In solchen Momenten dachte ich oft an die Partys bei Aseem und an die vielen vergleichbaren Zusammenkünfte der Elite in Neu-Delhi, wo eifrige Ausländer und emporkommende Inderinnen miteinander agierten und aufeinander reagierten und sich die Vorstellung eines unwiderstehlich »aufstrebenden« Indien zur Überzeugung verfestigte. Wenn man nach Ranipur reiste, konnte diese Hochstimmung einem nur als Illusion erscheinen.

Ich hörte diesen Aufstrebenden zu, von denen viele sehr klug waren, und ich ermutigte sie sogar mit kleinen Geldgeschenken, Vorschlägen und Kontakten. Es erschien mir grausam, ihnen dies vorzuenthalten, auch wenn die neuen Universitäten und Computerkurse sündhaft teuer waren und häufig auf perfide Weise dazu designt waren, die Armen um ihre mageren Ersparnisse zu bringen. Die Art von Tutorium, die ich in Delhi besucht hatte, war zu einer gesamtindischen Geschäftemacherei geworden.

Ich glaube, du wusstest nicht, dass Mohit, den du in deiner Villa anstelltest, eines der Opfer war. Seine Eltern, die ihren Ehrgeiz auf ein flüchtiges Unternehmen in Ludhiana gesetzt hatten, hatten 300 000 Rupien verloren. Als sie ihre Hoffnungen schließlich auf einen jüngeren Sohn setzten, fielen sie einem Rekrutierer einer Schleuserorganisation mit Sitz in Amritsar zum Opfer, der versprach, junge Männer über

Afghanistan, die Türkei und Griechenland nach Italien zu bringen.

Ich habe sogar einige wenige junge Männer zu Aseem geschickt, in der Hoffnung, dass sie wenigstens eine Anstellung in einem der Callcenter in Gurgaon finden würden, um die Aussprache von Atlanta und Newcastle imitieren zu lernen. Ich war nicht erfreut, als ein Freund von ihm im Onlinehandel sie als Hilfsarbeiter und Bürojungen anheuerte, und ich war verzweifelt, als ich von einem anderen von ihnen in Delhi hörte, der als Laufbursche in einem Massagesalon arbeitete. Ich verzweifelte an ihrer Unfähigkeit, über Gelegenheitsjobs hinauszukommen.

In Unkenntnis des Lebensstils anderer Länder hatten sie sich in ihrer relativen Armut lange Zeit gut gehalten. Die Aufstrebenden hegten nun die überzogene Hoffnung, in eine offensichtlich florierende Welt integriert zu werden. Das Hauptergebnis war, dass sie jene Immunität gegen seelenvernichtende Demütigungen verloren, die ihnen in der Abgeschiedenheit garantiert gewesen war.

Einige von denen, denen ich zu helfen versuchte, kehrten von ihren Streifzügen in die Metropolen mit Bitterkeit im Gesicht zurück. Eine Zeitlang gingen sie mir aus dem Weg, und wenn sie mir im Dorf begegneten, blickten sie in plötzlicher und offener Verlegenheit in eine andere Richtung, vor allem Mohits jüngerer Bruder, der es bis nach Griechenland geschafft hatte, bevor er verhaftet und deportiert wurde.

Das einzig Wertvolle, was die meisten im Dorf besaßen, war ihr Land, das von ihren Vorfahren bewirtschaftet oder besessen worden war: Kartoffeläcker, ein oder zwei Terrassen mit Apfel-, Pflaumen- und Kirschbäumen, Kiefernwälder und baufällige Häuser mit ein paar Kühen, die im Hinterhof mit ihren Schwänzen schlugen. Bemerkenswerterweise wurde der Schnurrbart im Postamt von Ranipur schlapp, und die Uhr begann wieder zu ticken, wenn auch ruckartig und nach jeder Minute – etwa zur gleichen Zeit, als die Immobilienspekulanten, die Hauptakteure des indischen Wirtschaftswachstums, Himachal erreichten.

Eines Tages erzählte mir Naazku, dass Mathur geholfen hatte, die Lecks in ihrem Strohdach zu stopfen, ihre Blechtür durch eine Holztür zu ersetzen und neue Kleidung für sie zu kaufen. Ich versuchte, sie zu warnen, sich zurückzuhalten oder zumindest hart zu verhandeln.

In Aseems Zeitschrift hatte ich über das neue Phänomen gelesen, dass Bauern in ganz Nordindien, verlockt durch Geldbeträge, die sie sich kaum vorstellen konnten, geschweige denn zu sehen bekamen, kultivierbares Land an Bauträger verkauften und dann ihr Kapital entweder in unklugen Geschäftsunternehmungen oder durch exzessiven Konsum, meist von Heroin und Alkohol, verprassten.

Einige in Ranipur waren bereits den Verlockungen des leichten Geldes erlegen. An den systematisch von Bäumen befreiten Hängen entstanden schmucklose eintönige Wohnhäuser aus Beton. Diese neuen Sommerhäuser gehörten Richterinnen, Politikern und Geschäftsleuten, die ihr unversteuertes Einkommen in Immobilien und indirekt in Mathurs Baufirma parkten.

Du, so erfuhr ich erst viel später, hattest für die Renovierung deiner Villa ebenfalls Mathur beauftragt.

Ich hörte von Beschwerden. Bei ihren gelegentlichen Besuchen in Ranipur – meist im Sommer – verweigerten die neuen Eigentümer des Dorfes den örtlichen Läden auch nur das kleinste bisschen Umsatz, indem sie ihre eigenen Lebensmittel sowie Bedienstete aus dem Flachland mitbrachten. Die von den steigenden Lebensmittelpreisen gebeutelten Einheimischen konnten sich kaum ihren einzigen Konsum leisten: Mobiltelefone.

Da die Immobilienpreise stiegen, versuchte Raju, der Besitzer des Teeladens, sich in einen Makler zu verwandeln. Jedes Mal, wenn ich an seinem Laden vorbeikam, trat er hinter seinem Glastresen hervor und erzählte mir von neuen Angeboten, wobei er in aller Ruhe erstaunliche Summen nannte, von denen er noch nie zuvor gehört hatte.

Wanderarbeiter aus weit entfernten Orten wie Bihar und Jharkhand tröpfelten heran, um das Land zu roden und einzuebnen sowie weitere ungenutzte Spielplätze für die Reichen zu bauen. Als immer mehr Sommerhäuser aus dem Boden sprossen, schien das Dorf zu seiner ursprünglichen kolonialen Hierarchie zurückzukehren: die Herren oben und die Diener irgendwo unten.

Die Lohnsklaven, die fast alle von waldbewohnenden Stämmen kamen, kauerten am Abend eines Tages, an dem sie gehackt, gegraben, gesiebt und geschleppt hatten, fröstelnd unter Planenhütten neben den Baustellen. Ihre Kinder, die unbeaufsichtigt und frei im Dorf herumstreunten, trugen Vogelscheuchen-Kleidung mit Flicken, Fetzen und Rissen, hatten schmutzsträhniges Haar und trugen etwas von der Trostlosigkeit der extremen Armut aus den Tiefebenen in die Berge von Ranipur.

In dem kleinen Postamt wurde ich ausnahmslos immer wieder von ein oder zwei Arbeitern gebeten, kurze Nachrichten auf Postkarten und Geldanweisungsformularen an ihre Eltern zu schreiben.

»Was macht deine Gesundheit heute?« »Hat dich meine letzte Geldanweisung erreicht?« »Es ist sehr kalt hier.« »Ich werde versuchen, zu Diwali nach Hause zu kommen.«

Ich schrieb in Hindi, in einer immer schlechter werdenden Handschrift, während ich versuchte, nicht an meine eigenen Briefe und die von meiner Mutter zu denken, und an den Tagen, an denen ich Devdutt bitten konnte, meine Post abzuholen, empfand ich große Erleichterung.

Doch ich sollte nicht sentimental werden. Wenn du damals in Indien warst, erinnerst du dich vielleicht an die Modi-Masken, die Anfang 2014 ihren Weg von den Fließbändern in Shenzhen in die kleinen indischen Städte und Dörfer fanden. Ich entdeckte sie an einem Frühlingsmorgen in einem Kirana-Laden, der sich an den Bergrücken in Richtung Salerno klammerte und die Plünderungen der Immobilienmakler in seiner Nachbarschaft überlebt hatte.

Die Masken lagen neben offenen Säcken mit Reis, Kidneybohnen, Sojabohnennuggets und von Rüsselkäfern befallenem Mehl. Ich hob eine der Masken auf: Die fleischigen Lippen des Mannes waren durch das Gummi aufgebläht und leuchtend rot gefärbt, und in den Rillen des weißen Bartes hatte sich schwarzer Schmutz festgesetzt.

Der Ladenbesitzer, der im Schneidersitz zwischen seinen Waren saß, blickte nicht von seinem Smartphone auf, als ich das Ding zurücklegte. In mehr als zehn Jahren, in denen er schnell gealtert war, hatte ich nur ein einziges Mal etwas bei ihm gekauft: eine Packung Maggi-Nudeln, als ich mir noch keine Gedanken über den hohen Gehalt an Glutamat in meinem Essen machte.

Als ich am Nachmittag nach Hause kam, ging ich auf den Balkon, um die Affen zu verscheuchen, als ich einen weiteren Modi sah. Diesmal schwebte das Gesicht über der schlanken Gestalt eines sehr kleinen Mannes in Jeans und Turnschuhen. Als er den gewundenen Pfad zum Haus hinaufging, muss er die Affen gesehen haben, die auf mein Dach hämmerten, und auch mich bemerkt haben.

Er nahm die Maske ab, als er sich mir näherte.

Ich hatte ein raues Erwachsenengesicht erwartet, das sich nicht scheut, seinen Glauben an einen reuelosen Mörder zu verkünden, ein Gesicht wie von Konzernchefs aus Mumbai, Wirtschaftswissenschaftlern mit amerikanischem Akzent aus Columbia und Princeton, oder in Oxbridge ausgebildeten Fernsehmoderatoren aus Delhi. Hier jedoch war ein zehnjähriger Stammesjunge mit einem schmalen Gesicht, dünnen Armen, von Ekzemen vernarbten Beinen, einem harten, geblähten Bauch und Haaren, die durch die Unterernährung fast blond geworden waren, der mich schwach anlächelte.

ZEHN

Als Aseem mich letztes Jahr anrief, machte ich mich auf ein weiteres Gespräch gefasst, in dem sich anzüglicher Klatsch und Tratsch über Virendra mit distanzierten Einsichten und Beobachtungen mischte. Er hatte mich kürzlich angerufen, um mir mitzuteilen, dass er einen Roman über Virendra und unsere ersten Tage am IIT geschrieben hatte. Ich war verblüfft, als er ankündigte: »Ich werde dieses Wochenende endlich in dein Himalaya-Heiligtum kommen.«

Endlich: Mehr als ein Jahrzehnt nachdem ich nach Ranipur gezogen war, hatte das Leben, das ich in der Ebene zurückgelassen hatte, nach mir gesucht. Als ich mit Aseem telefonierte, wusste ich noch nichts von den bevorstehenden Umwälzungen.

Er sagte: »Dieses Mädel, Alia heißt sie, will mich über unsere IIT-Freunde interviewen. Ich hab' sie beim JLF getroffen und sie gebeten, nächstes Jahr bei Great Minds United ein Panel zu moderieren. Sie hat mir erzählt, dass sie von HarperCollins India den Auftrag gekriegt hat, ein Buch zu schreiben. Ich hab ihr gesagt, dass sie auch mit dir sprechen sollte. Sie meinte, sie hat ein Haus in der Nähe von dir. Irgendwas, das sie von ihrer Familie geerbt hat und auf Vordermann gebracht hat.«

Aseem hat mir nichts Genaueres gesagt. Das Festnetztelefon knisterte, wie immer; es war schwer zu verstehen, was genau er sagte – irgendetwas darüber, dass du die Ex-Freundin von Soumak seist ... Trotzdem erkannte ich in dem Haus, von dem er sprach, deine Villa.

Das war nicht schwer, denn die besagte Villa stand auf der Spitze des Bergrückens, als würde sie die Vorherrschaft über den Berg beanspruchen. Auf dem Rückweg von meinem Spaziergang nach Salerno schlich ich oft widerrechtlich über das Grundstück und ging vorbei an einem weißen Steintor, neben dem ein unverbundener Telegraphenmast stand, und ich stahl mich durch zwei Reihen sehr hoher, dichtstehender Weißtannen, die das Gebäude wie zwei feste Mauern einfassten.

Zum ersten Mal war ich auf das Grundstück geraten, als meine Mutter erkrankt und ich an den ausgehöhlten Nachmittagen von den Erinnerungen an ihr Siechtum aus der Hütte getrieben wurde. Am Ende der Tannenallee stand die weiße Villa mit einem Säulengang, von dessen Pfeilern der Putz abbröckelte, dessen Dach mit rotbraunem Rost überzogen war und dessen schwarze Fensteröffnungen gleichgültig auf einen überwucherten Garten starrten.

Seit ich nach Ranipur gezogen bin, habe ich den Ort mit solch herzerwärmenden Bildern von Verfall und Ruinen assoziiert, mit diesen Erinnerungen an flüchtige und zweifelhafte Errungenschaften und vergänglichen Einfluss.

Das Dorf war eine Sommerresidenz für die britischen Herrscher Indiens gewesen, von denen sich die mächtigsten Villen entlang eines steilen Bergrückens mit Blick auf den Abgrund eines teetassenförmigen Tals errichtet hatten. In Anlehnung an längst verlassene Häuser in England und Schottland legten sie unvollkommen nachgebildete Gärten mit Rosen, Geißblatt und Dahlien an und hängten Töpfe mit Fuchsien und Geranien über ihre Veranden; sie tranken Tee und aßen Brunnenkresse-Sandwiches auf ihren Rasen und ritten mit Pferden durch die

Wälder aus Zedern, Eichen, Weißtannen, Fichten und Birken, und sie wurden unterstützt von treuen indischen Bediensteten, die, von den Pfaden ihrer Herren ausgeschlossen, in einer Siedlung am unteren Ende des Bergrückens hausten.

Von den abziehenden Briten nach 1947 an indische Könige und Geschäftsleute verkauft, die sie vernachlässigten, waren diese Villen längst in die stille Ruhe von Orten versunken, die von ewig hektischen Menschen befreit sind. Nach jedem Monsun verwilderten die Landschaften mit Maiglöckchen und Pfingstrosen, die alten Apfel- und Kirschbäume blühten nicht mehr, und der Rost an den Eisenlitzen der kaputten Gewächshäuser und den schräg an den Toren hängenden Briefkästen färbten sich zu einem tieferen Braun.

Ich mochte diese Villen in ihrem Zustand des langsamen Vergehens lieber, mochte die toten Blätter, die sich in den zerbrochenen Brunnen sammelten, und die Eulen, die in den Säulengängen ein- und ausflogen, in denen lautlos der Blauregen die Säulen erdrosselte. Diese Häuser erfüllten ihr Versprechen des ewigen Friedens so gewohnheitsmäßig, dass ich etwas bestürzt war, als ich eines späten Nachmittags durch das verlassene Anwesen schlenderte und am Ende der Tannenreihe eine hochgewachsene Frau stehen sah, die bei dem kalten Wetter unpassend mit einem knielangen Rock bekleidet war (obwohl – und es war zu weit weg, um es genau zu erkennen – du vielleicht auch deinen dicken Tweedrock und deine Strumpfhose getragen haben könntest).

Du schienst einen Bautrupp zu überwachen und überragtest die zierlichen Stammesangehörigen aus Bihar und Jharkhand, die mit Ziegelsteinen auf dem Kopf und Wassereimern, die sie wie eine Waage an den Enden ihrer Arme hielten, umherwuselten.

Ich winkte verlegen und drehte mich sofort wieder um.

Ich hielt mich von dem Haus fern, da es sich in den nächsten Monaten rasch verwandelte und nur noch die hohen Solarpaneele, die in der Sonne funkelten, als sichtbares Zeichen dienten. Und als ich das nächste Mal zum Haus ging, geschah dies auf Einladung von Aseem.

Wie seltsam war es, mich nach den vertrauten Spaziergängen zwischen den Tannen nun vor dieser ungewohnt renovierten Villa wiederzufinden und kalt auf einen schlammverschmierten Pajero mit Delhi-Nummernschildern zu starren und nun in einem sehr großen Wohnzimmer zu stehen, dessen Größe durch die hohen Decken akzentuiert war und noch betont wurde, da man offenbar ein Loft sowie mehrere Säulen und Trennwände entfernt hatte; hinzu kam, dass der Raum spärlich möbliert, die Wände kahl und weiß angestrichen waren und man durch die großen Fenster einen gänzlich freien Blick auf das Teetassental und die dahinter liegenden Gebirgsketten hatte.

Licht strömte durch die Glasfronten und ein Oberlicht herein. Drinnen war es ungewöhnlich warm.

Aus dem Phantasiezuhause der britischen Kolonialherren, das übermäßig gepolsterte Reich aus Chintz-Sofabezügen, gesteppten Tagesdecken, dicken Teppichböden und ausgestopften Leoparden- und Antilopen-Köpfen, war ein minimalistisches »Studio« mit glänzenden Oberflächen, türkischen Kelim-Teppichen und spitzwinkligen Lampen gemacht worden.

Von der alten, überfüllten und dunklen Einrichtung waren nur der Kamin mit einem Sims übrig geblieben. Und die ledergebundenen Bände von Trollope, Thackeray und Dickens in den Bücherregalen aus Nussbaumholz mit geschnitzten Aufsätzen und Glastüren waren verdrängt worden von vielfarbigen Taschenbüchern wie *Alles ist erleuchtet*, *Naokos*

Lächeln und *Tipping Point*, die sich in offenen Regalen grell von den blassen Wänden abhoben.

Damals wusste ich noch nicht, dass diese Freiheit von Unordnung sowie das sorgfältige Kuratieren von Raum und Licht anstelle von herumstehenden Gegenständen – die kunstvolle Kargheit, die ich später in Shoreditch und Hackney und in den Wochenendbeilagen der *Financial Times* wiederfinden würde, die du aus irgendeinem Grund jeden Samstag in London kauftest –, dass dies der sicherste Ausdruck von Reichtum und Geschmack im 21. Jahrhundert war.

Es fühlte sich an, als würde ich zusammenschrumpfen, und mir wurde plötzlich meine Kurta aus dem Khadi Ashram in Shimla bewusst, ein indigenes Gewand, das durch das Aufkommen von Fab India zu etwas Schäbigem geworden war, und obwohl natürlich weder Aseem noch du es gesehen hatten, war ich erinnert an mein eigenes baufälliges Haus, das solider war als die meisten anderen Behausungen im Dorf, schiefe Gebäude aus verrottetem Holz, Lehm und unverputzten Ziegeln, in dem einst die Diener des Raj gehaust hatten, das aber noch immer ohne klares Design oder Planung und voller Anzeichen einer übereilten Konstruktion existierte: schiefe Lehmwände und Fenster, die sich nicht schließen ließen und deren Rahmen gegen die Zugluft mit Stoff umwickelt werden mussten, und ein Wellblechdach, das während des Monsuns undicht war, so dass das Wasser durch Risse in den Deckenbrettern tropfte und eine Reihe von Stahlwannen und Plastikeimern gut beschäftigt hielt.

Aseem hingegen hatte es sich in diesem modernen Umfeld schnell gemütlich gemacht. Er hatte gerade ein Gespräch zwischen euch beiden aufgenommen; und während ich kurz zögerte, als ich in einem Stuhl saß, der niedriger war als alle Stühle, in denen ich je Platz genommen hatte, während ich nicht wusste, was ich mit meinen Händen tun sollte, und sie nacheinander auf meine Oberschenkel und Knie und dann auf die Armlehnen des Stuhls legte, schien Aseem bequem in den Abgrund eines braunen Ledersessels einzusinken, während er seine Hände vor seiner Brust faltete.

Seine Beine waren auf eine Weise gespreizt, die mich verlegen machte; seine Jeans saß hauteng im Schritt, und zwei Knöpfe seines Hemdes waren geöffnet. Er kaute auf etwas herum – wie ich dann sah, waren es Mandeln, die er aus einer Schale stibitzte, die neben ihm auf dem Boden stand und auf die der von Staubmotten durchflimmerte Sonnenglast gerichtet war. Und trotz seiner erschlafften Haltung wirkte Aseem groß, athletisch und wachsam, vor allem im Vergleich zu dir, die du im yogahaften Schneidersitz auf einem niedrigen Sofa lehntest, während ein MacBook Air auf deinem Schoß balanciert war.

»Weißt du, Chef«, hatte Aseem an diesem Tag am Telefon zu mir gesagt, »du solltest dir deine neue Nachbarin schon mal ansehen. Sie ist eine Art Inderin, wie wir sie in unserer Kindheit nie kennengelernt haben. Sie kommt aus einer konservativen muslimischen Familie, ist aber sehr fortschrittlich und überall auf der Welt zu Hause, ohne irgendwo hinzuzugehören. Eine moderne Roma.«

Er fügte hinzu: »Außerdem ist sie echt heiß. Reich, aber doch mit ein paar Gehirnzellen und politisch ziemlich engagiert – im Gegensatz zu diesen dummen reichen Bonzenkindern, die ich ständig auf Partys in Delhi treffe, die nur das sauer verdiente Geld von Papa und Mama auf Partys in Mykonos verbrennen wollen und dir erzählen, dass Modi der engagierteste Nationalist und beste Manager seit Hitler ist.«

Er hatte mir das Exposé deines Buches gemailt und teilte

mir nun die Ergebnisse seiner eigenen Recherchen über dich mit: die Tweets über LGBTQ-Rechte in Indonesien und die indische Unterdrückung in Kaschmir, die Retweets von MeToo-Aktivistinnen in den USA, die Instagram-Posts über das harte Vorgehen gegen Uiguren, die Vermischung lokaler Anliegen mit globalen Trends.

»Da ist ein bisschen was faul im Staate Dänemark«, sagte Aseem. »Ergibt sich wahrscheinlich, wenn man finanziell abgesichert ist und nicht arbeiten muss. Wie auch immer, es ist alles ein bisschen rührend. Sie sucht irgendeinen Weg, um in der Welt wahrgenommen zu werden, wie die meisten jungen Leute heutzutage.«

Er setzte noch hinzu: »Aber warum gerade sie? Eigentlich machen wir um die vierzig und fünfzig das doch gerade auch. Im Grunde genommen zwingen die sozialen Medien doch jeden dazu, selbst ein Betreiber zu werden; jeder ist ein Stricher auf dem neoliberalen Markt. Wir müssen alle lernen, aggressive Selbstdarstellung mit aufrichtigem Aktivismus zu verbinden – abgesehen von dir natürlich!«

Ich glaube, Aseem konnte auf diese Art mit mir sprechen, weil ich im Gegensatz zu seinen anderen Bekannten und Freundinnen oder im Gegensatz zu dir nicht darauf aus war, ihn im Streben nach Ruhm zu übertreffen – ich war kein Konkurrent, den man im Stillen ärgern und, wann immer möglich, untergraben musste. Vielmehr war er verblüfft und sogar ein wenig verdrossen über mein Versagen.

Nach dem IIT hatten wir beide der Karriere des leichten Geldverdienens, die sich uns bot, den Rücken gekehrt. In seinen Augen hätte ich jedoch mehr tun müssen: Verantwortung übernehmen, mein »wahres Potenzial« ausschöpfen. Ich war ein einfacher Übersetzer geblieben, eingeschlossen in eine sterile Intimität mit ein paar obskuren Autoren und einflusslosen Universitätsverlagen.

Er hörte nicht auf, die Tatsache zu erwähnen, dass ich nichts aus meinen erotischen Möglichkeiten machte. Am Telefon von seinem Hotel aus improvisierte er für mich eine Kontaktanzeige für die *London Review of Books*: »Arun Dwivedi, einsamer 70er-Jahre-Schwarm, der im Himalaya lebt, sucht Partnerin. Alter, Kaste und Klasse egal. Fähigkeit, sich über Hindi-Literatur und Natur auszutauschen nicht unbedingt erforderlich. Interesse an erotischen Spielereien jedoch schon.«

Ich lachte. Er hatte Humor, und ich freute mich über sein Interesse an meinem Leben, das sonst niemand teilte, auch wenn ich es nicht immer mochte, wie er mit seinen Fingern an den Rändern meiner Existenz herumfuhr, als suchte er nach einem Geheimfach, das vielleicht eine sexuelle Neigung enthüllen könnte, die genauso unverblümt war wie seine eigene.

Seine Schlussfolgerung war, dass ich etwas unterdrückte, und ich war erleichtert, dass er zu viel Taktgefühl besaß, um dieses Thema weiter zu verfolgen. Ich hätte ihm nicht die Komplexe erklären können, die eine echte Beziehung, einen echten Austausch von Zärtlichkeit, unmöglich machten.

Mein Verzicht bedeutete allerdings, dass er mir nie den wachsamen Neid entgegenbrachte, mit dem er in deiner Vergangenheit kramte und das Leben wie den Werdegang seiner erfolgreicheren Zeitgenossen verfolgte.

Aseem, der immer noch halb waagerecht lag und mit seinen Fingernägeln Mandeln abkratzte, stellte uns vor: »Alia, das ist einer meiner engsten Freunde und dein neuer Nachbar.«

Du standst auf, um mir die Hand zu schütteln, und ich sah,

dass deine Bilder im Internet deine Größe heruntergespielt hatten – du warst einen Zentimeter größer als ich und hattest einen sehr geraden Rücken in deinem schwarzen T-Shirt und deiner Jogginghose.

Mein erster Eindruck war Gleichgültigkeit. Deine Hand fühlte sich klein und kühl an, und deine Augen, die so klar und ruhig waren, musterten mich kurz, als ob sie herausfinden wollten, ob etwas für dich persönlich dabei war, dann wandten sie sich weg. Dein längerer und ausdrucksstarker Blick galt Aseem; und ich frage mich heute, ob er das wusste, während ich noch einmal an seine Worte und Gesten von dieser entscheidenden ersten Begegnung zurückdenke.

Aseem sagte: »Ich glaube, ich sollte auch hierherziehen und dein Nachbar werden. Sorry, Chef, aber ich hätte dich früher besuchen sollen. Mir war der Weg zu weit, nur um ein paar Berge zu sehen und die Äpfel zu beschnuppern. Aber ich bewundere wirklich die Art und Weise, wie du und Alia hier leben. Das ist mein eigener Traum – in der Abgeschiedenheit des Himalaya zu leben und die Tage mit Lesen und Schreiben zu verbringen.«

Ist es das, was du machtest? Diese Information überraschte mich.

Aseem sagte: »*Jii dhoondta hai phir wahi phursat ke raat-din.*« Und als du verblüfft dreinschautest, fügte er hinzu: »Mein Herz sucht noch einmal die Tage und Nächte der Muße. Die Hymne unserer Generation.«

Du strichst die dunkelblaue Satindecke des Sofas glatt, bevor du dich wieder hinsetztest, und harktest durch dein Haar; diese beiläufige Geste legte deinen Nacken frei, der mit flaumigen Locken bedeckt war.

Ich saß schräg vor der Balkontür mit dem Blick nach draußen. Ich schaute immer wieder raus. Es war windig gewesen, und die Pflaumenbäume unter uns schüttelten sich und streuten Schatten ins Haus. Ein Kreuzmuster aus Blättern zitterte über die leeren weißen Wände.

In der schallgedämpften Stille ertönte von irgendwo im Haus ein Geräusch, das zwischen einem Klappern und einem Galopp lag. Ich muss etwas erschrocken ausgesehen haben, denn du sagtest leise und lächelnd: »Das ist nur der Wasserkocher.«

Ich habe dich nach deinem Buch befragt. »Wann haben Sie angefangen, es zu schreiben?«, fragte ich und spürte beim langsamen Sprechen die Unbeholfenheit der englischen Worte auf meiner Zunge. In Ranipur sprach ich fast nie Englisch, und es vergingen Monate, bevor ich es benutzen konnte.

Du sagtest, du recherchiertest seit über einem Jahr für dein Buch und hättest Siva und Virendra sowie viele ihrer Mitarbeiter in den USA interviewt.

Es entstand eine Pause, und dann fügtest du hinzu: »Ich habe noch keinen Verlag in den USA oder Großbritannien gefunden.«

Ich überlegte, was ich sagen sollte. In der Stille begann Aseem wieder zu sprechen, etwas taktlos, wie ich fand, denn er sprach darüber, dass der indische Markt für ernsthafte Belletristik und Sachbücher zusammenschrumpfte.

Einige Vögel flogen dicht an der Balkontür vorbei, warfen Schatten auf die Wände und verschwanden. Als ich ihnen nachschaute, sah ich Blätter, die sanft durch die Luft schwebten und sich auf dem Gras unter den Bäumen niederließen.

Plötzlich erschien ein junger Mann, den ich seit seiner Schulzeit kannte; sein Gesicht war sonnenverbrannt, und er trug ein Tablett mit Teetassen und einer Zuckerdose. Ich hatte ihn, wie viele junge Männer im Dorf, als zufriedenen Arbeitslosen kennengelernt, der chinesische Lederjacken vom tibetischen Markt in Shimla trug. Man fand ihn und seine Freunde oft über ein Schachbrett gebeugt an einer Straße am Dorfrand vor einem steilen, malerischen Abhang, an dem Touristen oft ihre Autos anhielten, um Fotos zu machen.

Mohit bemerkte mich; er wurde sehr verlegen. Er bedeckte seinen Bauch mit dem Tablett und zog sich seitlich in die Küche zurück, als ob er sich vor Vorwürfen schützen wollte.

Der milchige Tee stand eine Weile da und verströmte seinen Kardamomduft, während Aseem anfing, sich zu beschweren.

»Dieses Land geht vor die Hunde«, sagte er. »Wir haben unseren Idealismus verloren – die Ideale, für die unsere Gründerväter Gandhi und Nehru gekämpft haben. Hunderte von Millionen junger Menschen suchen nach ordentlichen Jobs. Aber Sie haben einen hoffnungslos unfähigen Premierminister, der seine Kleidung drei- bis viermal täglich wechselt und vorgibt, der Sohn eines bescheidenen Chai-Wallahs zu sein.

Diese *Chikna*-Journalisten, diese falschen, Sherry schlürfenden Liberalen, tun gerne so, als würden sie den Widerstand gegen Modi anführen. Aber mit ihrem britischen Akzent helfen sie ihm nur, noch populärer zu werden.«

Ich erkannte dies als eine von Aseems aufrichtigen Erklärungen, die, obwohl er sie zwischen den Zähnen zischte, immer fast wie eine Warnung oder Ermahnung wirkten. Seine Stimme überschlug sich und wurde schnell lauter, bis er fast hysterisch klang.

»Meinen Neffen und Nichten sag' ich jeden Tag: ›Baby, hau' ab von hier, geh' in die USA und sieh zu, dass du dortbleibst.‹ Hier gibt es keine Zukunft für sie, also sollen sie nicht zurückkommen, sondern dortbleiben! Trumps Amerika hat seine eigenen Probleme, aber da gibt es nichts von dem Ausmaß wie in Indien. Es ist immer noch eine funktionierende Gesellschaft, aber in Indien haben wir längst die Pistole auf der Brust. Hier ist die liberale Demokratie am Ende: Die verrückten Populisten haben gewonnen.«

Diese unendlich dunklen Augen Aseems blitzten auf, als er sprach. Seine Hände zeichneten die Bögen und Brücken seines Arguments nach, und seine Schuhe wippten noch schneller. Am Ende seines Ausbruchs fuhr er sich mit den Fingern durch seinen Haarschopf und lachte, während seine Schultern zitterten und seine Schuhe auf den Boden knallten.

»Ich sag' es ihnen jeden Tag – jeden Tag, Chef! ›Ja, haut ab und kommt nicht zurück! Bleibt einfach da!‹«

Jeden Tag? Aseem nötigte mich immer, seine Übertreibungen zu glauben. Und meistens tat ich das auch.

Mir war ein kleiner Aschenbecher voller rotgefärbter Zigarettenstummel auf dem Boden unter deinem Sofa aufgefallen. Hattest du geraucht? Welcher gesellschaftliche Anlass, abgesehen von Aseems Ankunft, könnte dich dazu bewogen haben, Lippenstift aufzutragen? Der Aschenbecher war seltsam verwirrend.

In der Zwischenzeit hattest du von einem in Delhi ansässigen Korrespondenten der *Financial Times* erzählt, den du kürzlich auf einer von Aseems Partys in Delhi kennengelernt hattest. Du hieltest ihn für »nett«. Aseem war anderer Meinung.

»Weißt du, Alia«, sagte er jetzt, »ich kenne Gordon, seit er in den 1990ern als Journalist für eine britische Boulevardzeitung gearbeitet hat. Damals war Indien für westliche Menschen gleichbedeutend mit Bettlern und Maharadschas, also hat er totale orientalistische Klischees verbreitet. Jetzt hat er ein Buch herausgebracht, in dem es darum geht, dass Indien sich modernisiert und den Westen hinter sich lässt und so weiter. Der Osten ist eine Karriere, wie Robert Clive von der East India Company gern sagte. Aber, weißt du, Chef, letzten Endes sind wir selbst schuld. Wenn die Weißen schon Juttis und Churidars von Fab India tragen und Bollywood-Mottopartys schmeißen, dann haben die braunen Sahibs halt verloren. Vergleich' doch nur die arschkriecherischen und unsicheren Inder mit den Chinesen, die die Weißen immer auf Distanz gehalten haben ...«

Du hast Aseem weiterreden lassen und gelächelt, während er sprach. Ich konnte nicht sagen, ob du Ehrfurcht vor ihm hattest. Vielleicht hast du aber auch festgestellt, dass Aseems Publikum ihn aus irgendeinem Grund immer gewähren ließ, wenn er jemanden oder etwas ausführlich kritisierte; er hatte ein Talent dafür, Nachsicht zu erregen.

»Weißt du, Gordon ist ein netter Kerl, aber ich kann diese hochpolierten Public-School-Jungs von der *FT* und dem *Economist* in Bezug auf Indien nicht ernst nehmen. Ich hab' eine Zeitschrift, und wir wissen, was für ein verwirrendes Land das ist, wie schwer man es nur versteht, und natürlich kann man weißen Leuten alles über Indien erzählen, was man will – sie werden's dir schon glauben.«

Du hattest mir den Weg durch einen weißen Flur zum Bad erklärt, und ich ging zur Toilette. In dieser geräumigen und geordneten Nische mit feinsäuberlich angeordneten Reihen von Flaschen und dicken, sauberen Handtüchern setzte ich mich lieber auf die Toilette, als zu riskieren, mein Ziel zu verfehlen und den beigen Teppichboden einzunässen. Eine Reihe kleiner Fürze knatterte aus mir heraus, und ich war besorgt, dass man sie vielleicht im Wohnzimmer hören könnte.

Es war eine Erleichterung, als ich zurückkehrte und Aseem sich sofort zu mir drehte und sich über einen jungen, englischsprachigen Romanautor aus Delhi lustig machte.

»Diese grünschnabeligen Liberalen, diese *Chiknas*, wollen die Dividende ihrer vornehmen Erziehung in die Immoralität der Kunst verwandeln.«

Hatte Aseem sich dir zuliebe wiederholt?

Dein MacBook klingelte nach der Ankunft einer E-Mail, und ich fragte mich, ob du WLAN hattest; kein Plastikgerät mit blinzelnden Lichtern und klobigen Kabeln verunstaltete die sauberen Oberflächen des Zimmers. Ich hatte dich an diesem Morgen umständlich gegoogelt – das Kabel von meinem Bakelit-Drehscheibentelefon abgezogen, es an einen alten Laptop mit Einwahlmodem angeschlossen, nur um dann festzustellen, dass die Nummer in Chandigarh wie immer besetzt war – und ich hatte mir, nicht zum ersten Mal, einen Breitbandanschluss im Dorf gewünscht.

Aseem sagte zu dir: »Du solltest dich mit Arun über Virendra unterhalten. Er kannte ihn gut, vom IIT her, wo wir alle ein paar unvergessliche Erfahrungen gemacht haben.«

Mit einem vagen Lächeln sahst du zu mir auf. Damals schien mir dies wie die höfliche Geste gegenüber einem Gast. Hatte ich mich geirrt? Dann nahmst du einen rosa Pappordner, der neben dem Aschenbecher auf dem Boden lag.

»Das würde ich wirklich sehr gerne tun«, sagtest du, während du wieder auf dem Sofa Platz nahmst. »Vielleicht können wir uns ja bald treffen.«

»Ja, ja, das würde ich gerne tun«, sagte ich und war wieder verblüfft über die englischen Worte, die aus meinem Mund kamen, und besorgt darüber, ob es die richtigen gewesen waren.

Dann sprachst du mit Aseem wieder über dein Buch.

Aseem hatte einige neue Einsichten über das Thema entwickelt. »Die Menschen meiner Generation«, sagte er, »wuchsen in dem Glauben auf, den mein Held Naipaul einmal formuliert hat: Wenn du dir erlaubst, nichts zu werden, hast du keinen Platz in der Welt. Als Schwarzer oder brauner Mensch hat es keinen Sinn, sich über Rassismus zu beschweren, sich als Opfer hinzustellen und auf irgendein Damaskuserlebnis und eine moralische Bekehrung der Weißen an der Spitze zu hoffen. Du musst selbst an die Spitze kommen und dann eine sichere Welt für deine Leute und für die nächsten Generationen erschaffen. Das ist es, was diese WASPs und dann die Juden in den USA in den elitären Firmen von Boston und New York getan haben, bevor die Inder kamen. Das ist es, was die Leute tun, die für Trump gestimmt haben. Und das ist es auch, was Virendra und die anderen Inder im Ausland zu tun versuchten, aber ich denke, sie sind zu weit gegangen.«

Nach einer Pause sagte er: »Aber was man bei Virendra bedenken muss, ist, dass er ein Dalit war, und mehr als alles andere wollte er das Blut der Unberührbaren, das durch seine Adern floss, aus sich herauspressen. Armer Barack Obama – er kam ein paar Jahre vor Virendra an die Harvard Law School, und als er die Schule verlassen hat, floss noch immer das Blut von Sklaven durch seine Adern. Kein Wunder, dass er Ehrfurcht hatte vor Tyrannen wie Larry Summers, dass er reichen Weißen an der Wall Street die Schuhe küsste, und kein Wunder, dass er so ein schwacher Beschützer seiner eigenen Leute geworden ist.«

»Faszinierend«, sagtest du und schautest von deinem Bildschirm auf. »Das ist wirklich faszinierend.«

Während du mit Aseem sprachst, konnte ich nicht aufhören, die Aussicht vor der Glasfront zu betrachten. Es war derselbe Blick wie von meinem Balkon, nur etwas höher gelegen: ein tiefes Tal mit bewaldeten Hängen, über denen sich eine ausgedehnte Kette weißer Berge erhob.

Der Anblick wirkte im Dunst des späten Nachmittags etwas verblasst, und ich wusste, dass die untergehende Sonne bald fuchsrot auf den Schnee der Gipfel fallen würde, dass die Berge kurz nach Sonnenuntergang einen schwachen amethystfarbenen Umriss bekommen würden, dass der Rauch der Küchen die Berghänge in ein transparentes Blaugrau hüllen würde und dass die Lichter in den bescheidenen Häusern, die wahllos übers Tal gestreut waren, erleuchtet werden würden.

Es war kaum mehr als der alltägliche Blick von meinem Balkon aus, doch die doppelverglasten Scheiben und der perfekt symmetrische Rahmen verliehen allem eine kühle Unnahbarkeit – die kantige Geometrie dieses staublosen Raumes, die sich bis tief in die wildeste Natur hinein erstreckte.

Ihr unterhieltet euch immer noch, ohne meiner Anwesenheit viel Aufmerksamkeit zu schenken, und ich spürte, wie die Erinnerung in mir aufstieg, dass es Anfang Frühling gewesen war, als ich mit meiner Mutter nach Ranipur zog. Die Luft war noch kalt, das Gras morgens hartgefroren, und der Boden der leeren Hütte war mit toten Bienen übersät, deren vertrocknete Kadaver unter den Füßen knisterten.

Das Licht funktionierte nicht, und nachts tanzten die Schatten von Kerzen die kahlen Wände rauf, bis hoch unter die Spinnweben im Dachstuhl. Die Tiere im Stall unter uns erfüllten die beiden Schlafzimmer mit dem Geruch und der feuchten Wärme ihrer Körper; die winzige Küche, die aus Beton statt aus Holz gebaut war und ein Fenster hatte, das nicht richtig schloss, blieb bitterkalt. Eines Morgens betrat ich sie und musste feststellen, dass ein gefrorener Wasserkrug geplatzt war und eine große, eisige Pfütze auf der Arbeitsplatte gebildet hatte.

Es gab Gewitterregen: Die Bäume schienen im aufkommenden Wind in die Höhe zu wachsen, und dunkle, weiße Blitzschlangen standen über dem Tal, gefolgt von wütenden Donnerschlägen. Die verängstigten Glühbirnen, die von der Decke hingen, begannen zu summen und zu flackern.

Eine lange Pause breitete sich zwischen uns aus und wurde nur von einem Donnergrollen unterbrochen, das irgendwo in der Ferne heranzurollen schien; es stieg viele Berge und Täler hinauf und hinunter, bevor es über das Dorf hinwegzog und die Ohren anspitzte und die Herzen lauter klopfen ließ.

Während einer Reihe von Blitzschlägen und entferntem Donnerknallen klopfte der Regen ein paar Mal auf das Dach, als ob er zunächst höflich um Erlaubnis bat, bevor er in seiner ganzen Wut ausbrach.

Mit einem harschen, rachsüchtigen Trommeln flutete das Wasser die Rillen des Daches nieder, sickerte durch die Löcher und platschte direkt in die Töpfe und Pfannen auf dem Boden. Die Glühbirnen, die das Schlimmste überstanden hatten, erloschen plötzlich und hinterließen stachelige Geister aus gelben Glühfäden in der Dunkelheit.

»*Kya toofan bhagwan ne bheja hai*. Was für ein Sturm, den Gott uns geschickt hat«, sagte meine Mutter, während sie brennende Kerzen in den Zimmern verteilte, und hinter den flackernden Kerzen, die von ihren Händen geschützt wurden, erschien ihr Gesicht ängstlicher und schmaler. In den letzten Jahren hatte sie nicht mehr viel von mir gesehen, seit ich am IIT studierte, seit ich von zu Hause weggegangen war, wo wir noch in demselben kleinen Zimmer auf dem Boden geschlafen hatten, wo ich aufwachte und sie neben mir, wenn auch weit weg, vorfand, die geschlossenen Augen in ihrem Gesicht, das klein und ruhig wirkte, als würde meine Mutter an einem Ort ohne Schmerzen spazieren gehen.

Die Weite der Landschaft um unser Haus in Ranipur machte uns einsam. Als ich in Deoli aufwuchs, gab es so wenig Gelegenheit zur Kommunikation, und noch weniger, nachdem ich nach Delhi gezogen war. An diesem neuen Ort, wo wir uns gemächlich aufeinander zubewegten, waren wir beide schüchtern und auch ein wenig besorgt über das gemeinsame Leben, das uns erwartete; und, lange nachdem sie mein Zimmer verlassen und der Regen aufgehört hatte, beobachtete ich die Wassertropfen an den Fensterscheiben, wie sie ihr Sinken auf das Glas zeichneten, sich herunterschlängelten, um anderen Tropfen auszuweichen, bevor sie schnell ineinanderflossen und gemeinsam außer Sichtweite verschwanden.

An einem stürmischen Abend krachten plötzlich Schüsse durchs Dunkel, ein Kugelregen prasselte auf das Blechdach und prallte auf den Holzbalkon. Innerhalb weniger Minuten türmten sich die Hagelkörner auf, bis sie den Boden mit einer schimmernd weißen Schicht überzogen.

Dann, eines Nachts, als ich mit Pullover und Wollmütze unter zwei Bettdecken schlief, verwandelte sich der feine, prasselnde Regen in Schneeflocken und wuchs an zu einem kleinen Sturm, der auf das Dach niederging, bevor er mit einem einschläfernden Dröhnen wieder verstummte.

Vergraben unter den beiden Bettdecken erschien mir die Nacht endlos und freudvoll. Ich erwachte und sah den warmen Atem der Kühe, die unter meinem Zimmer wiederkäuten, und öffnete die Vorhänge, um aufs Tal zu blicken, das weiß und nebeldampfend vor mir stand, die kahlen Apfelbäume, die sich leuchtend gegen die hoffnungsvolle Frühlingssonne abhoben, die Krähen, die krächzten, und die Hunde, die irgendwo von weit unten heraufbellten.

Es war nicht mein erster Schnee; ich hatte bereits in einem Winter in Musoorie das Wunder erlebt, das Horden von staunenden Bewohnern der Tiefebene zu Weihnachten und Neujahr in die Berge brachte. Dennoch stand ich staunend auf meinem Balkon und betrachtete das stille Tal, wobei ich mich fragte, ob ich ein Anrecht auf diese Schönheit und diesen Frieden hatte.

Ich überredete meine Mutter, unter ihren vielen Schichten von Bettdecken hervorzukommen und sich zu mir auf den Balkon zu begeben, wo wir zum ersten Mal bemerkten, wie der Atem aus dem Mund des jeweils anderen dampfte. Bald nach unserer Ankunft waren wir nach Shimla gefahren, um uns mit Mänteln, Handschuhen, Schals und Wollsocken auszurüsten. Sie weigerte sich noch immer, Schuhe zu tragen: Sie hatte nie Schuhe getragen und behauptete, dass Schuhe nicht an ihre Füße passten. Stattdessen trug sie Sandalen mit warmen Socken.

Keines ihrer neuen Kleidungsstücke passte ihr, und als wir beide mit halbgeschlossenen Augen vor dem blendenden Weiß standen, wie zwei stämmige Bären in steifen neuen Dufflecoats, die unsere Arme leicht von der Seite abhoben, die Köpfe fast unsichtbar unter den Wellen von Wollschals, begann ein Lächeln freudiger Komplizenschaft in ihren Mundwinkeln zu spielen, das die Haut ihrer Wangen in Falten legte und ihre Augen zum Leuchten brachte.

Der Schnee bröckelte schnell, als die Sonne aufging, und fiel mit lautem Klatschen von den Dächern und den Kiefern und Kirschbäumen. Das Wasser rann unter seinem weißen Mantel hervor, und innerhalb weniger Stunden rauschten die Bäche das Tal hinunter und wirbelten überall, wo sich etwas in ihren

Weg stellte, einen hellen Dunst auf. Das stereophone Gurgeln des herabstürzenden Wassers überdeckte bis zum Abend alle anderen Geräusche, als die weiße Mondsichel als letztes Zeichen eines magischen Tages am grauen Himmel hing.

Es war dunkel, als ich deine Villa verließ, die Lichter regungslos im graublauen Dunst des Tals, die Reihe der Tannen in ihrer blauschwarzen Höhe waren plötzlich schrecklich geworden, und das Dickicht des Waldes vor mir hatte sich bereits in sein geheimnisvolles nächtliches Leben zurückgezogen.

Ein flüchtiger Mond zwischen den Wolken schärfte plötzlich die Linien des Kieswegs, der zum Eisentor führte.

Etwas hielt mich davon ab, zurückzublicken. War es Aseems Widerwillen, von seinem Sessel aufzustehen, als ich mich verabschiedete? Als er sich zögerlich und unwillig erhob, spürte ich zum ersten Mal einen Stich der Irritation über seinen Zwang, das Gespräch zu dominieren, es nach seinen eigenen Bedingungen zu führen.

Doch ich blickte trotzdem zurück und konnte meinen Blick nicht von dem sanften Schimmer, der die Fassade der Villa erhellte, und von den dunklen Fenstern abwenden, die meinen Blick ausdruckslos erwiderten.

Heute denke ich an all die Dinge, die ich bei meinem ersten Besuch in deiner Villa sah und die mir fremd waren: diese elektronischen Klänge, die an ein geschäftiges Großstadtleben erinnerten; diese geheimnisvollen Vögel und die lippenstiftverschmierte Zigarette; die Helligkeit und Weitläufigkeit dieses Zimmers; Aseems Unbekümmertheit darin und sogar dieses Etwas, das zwischen dir und ihm vibrierte, von dem ich damals noch nicht wusste, dass es eines Tages hervorbrechen und unser ganzes Leben umstoßen würde.

TEIL DREI

TEIL DREI

ELF

Ich erinnere mich, dass Aseem nach dem ersten Treffen mit dir in Ranipur sagte: »Dieser Soumak hatte Glück mit ihr.« Das war der Freund, den er am Telefon erwähnt hatte – der in Oxford ausgebildete Bengali mit einer preisgekrönten Doktorarbeit über Locke, der kürzlich in seiner Talkshow zu einem weiteren hindunationalistischen Hysteriker mutiert war.

Vor Aseems Abreise nach Delhi tranken wir noch schnell einen Kaffee in Mathurs Vorzeigegebäude in Ranipur, dem Hotel Kipling. Wir saßen in der gewaltigen getäfelten Lobby, umgeben von riesigen Gemälden der angloafghanischen Kriege und einem Auflauf an Kellnern, allesamt vertraute Einheimische, die in ihren Kummerbunden und Tuniken im Raj-Stil noch verlegener wirkten als Mohit.

Aseem hatte eine schlechte Nacht gehabt; er hatte nicht viel Schlaf bekommen, sagte er, obwohl er sonst wie ein Murmeltier schlief. »Ich fühl' mich in der Natur nicht wohl«, sagte er. »Ich kann eine Biene nicht von einer Wespe unterscheiden.«

Er hätte dies nie zugegeben, doch wie viele Besucher, die zum ersten Mal hierherkamen, hatte ihn die Stille und Friedlichkeit, die ziellose und daher unverständliche Schönheit des Tals bei Tag und des Himmels bei Nacht verunsichert.

Folglich kritisierte er sowohl Ranipur als auch dich, und ich habe ihn wie immer wettern lassen.

»Das Problem in Ländern mit westlich gebildeten und sozial ambitionierten Bürgern wie Indien ist, dass sie mehr angehende Schreibende als Lesende hervorbringen. Sie hat zwar ihre Hausaufgaben gemacht, aber ich bin mir nicht sicher, ob das Mädel schreiben kann«, sagte er. »Vielleicht ist sie auch nur eine von diesen überheblichen Typen. Eine aufdringliche Selbstdarstellerin, wie die Kids von heute, die mehr auf Bilder als auf Worte stehen, mehr auf Selbstdarstellung als auf Inhalt. Ich sage ja immer, jeder Mensch ist heute ein Unternehmer. Niemand, nicht einmal die Reichsten, Schönsten und Berühmtesten, sind sich sicher, wer sie sind, und in der Aufmerksamkeitsökonomie der sozialen Medien müssen alle gleich um Anerkennung feilschen. Hast du dir mal Instagram angeguckt? Und hast du gesehen, wie ahnungslos sie aussah, als ich Ghalib zitiert habe? Sogar unsere fanatischen Hindu-Freunde kennen die Zeilen auswendig. Wahrscheinlich weiß sie mehr über Stormzy als über Urdu-Lyrik.«

Er fügte hinzu: »Auf jeden Fall ist sie wahnsinnig heiß. Sie hat tolle Haare, und was für ein sexy Achselzucken. Ich bin mir sicher, beim Festival nächstes Jahr wird sie der totale Hingucker.«

Dann sagte er: »Wahrscheinlich ist sie großartig im Bett. Ein paar von diesen Moslems sind richtig wild – wahrscheinlich, weil ihre Mullahs so verklemmt sind. Ich hab' gehört, dass die Szene in Pakistan der reinste Wahnsinn ist, mit Orgien ohne Ende, eimerweise Kokain, und Imran Khan kriegt nur noch bei einem Dreier einen hoch.«

Seine Stimme wurde lauter und brüchiger: »Aber weißt du, der Prophet selbst war ein ganz normaler erregter Kerl, so wie die Leute, die das *Kamasutra* erfunden haben, also ist es doch gut, dass einige Hindus und Moslems zu den Grundlagen ihres Glaubens zurückkehren. Ach, weißt du, das ist die Art von Fundamentalismus, die mir gut gefällt.«

Ich sah mich um, um zu schauen, ob uns jemand zuhörte. Ich wurde unruhig, doch es wäre unehrlich von mir, jetzt zu behaupten, dass mir die Art und Weise, wie Aseem über dich sprach, sofort missfallen hätte. Zu sehr war ich an die Art und Weise gewöhnt, wie er am IIT über Frauen redete.

Kurz darauf sprach er auch wieder über dich: »Politisch gesehen ist sie auf der richtigen Seite. Eigentlich ist es echt ärgerlich, wie sehr sie mit ihren Tweets bei allem richtig liegt – Kaschmir, Palästina, Klimawandel, Großkapitalismus, MeToo ... was auch immer. Vergiss die Meritokratie und Black Lives Matter, Dalit-Rechte, LGBTQ-Rechte, Feminismus, soziale Gerechtigkeit und die ganzen lauten Parolen von heute. Es wird diese Art von dunkelhäutiger Prinzessin sein, mit ihren elitären Netzwerken und ihrem sozialen Gewissen und ihren sozialen Medien, die die Goldgrube hipper progressiver Politik plündern wird.«

Zum ersten Mal, in all der Zeit, die ich ihn kannte, fiel mir in seinem Gesicht eine Unzufriedenheit auf, ein finsterer Blick in seinen sonst so unaufgeregten Augen und ein leichtes Zucken in den Mundwinkeln. Es war, als ob er, der sich früh für Ruhm und Ehre entschieden hatte, in der Mitte des Lebens vom Gefühl ereilt wurde, dass die jungen Leute ihn überholten; als ob er, unfähig, sich einzugestehen, dass die schiere Größe seines Ehrgeizes ihn besiegte, zunehmend Befriedigung darin fand, seine Konkurrenten herabzusetzen.

Ich habe versucht, ihn an eines unserer sinnlosen, aber angenehmen Streitgespräche zu erinnern. Wir hatten uns über

Ranipur gestritten, bevor er anfing, von dir zu sprechen. Er hatte auf seinem Spaziergang durch das Dorf einige Frauen beobachtet, die in einem Steinmörser Getreide mahlten, und er hatte mir diesen Anblick als Beweis dafür verkaufen wollen, dass geographische Isolation und Unterentwicklung zu einer Mischung aus extremer Armut und rückständigen Bräuchen führen.

In seinen Romanen waren Dörfer Abgründe der Ungerechtigkeit, in denen Dalits gelyncht wurden, weil sie außerhalb ihrer Kaste heirateten oder eine Affäre hatten, oder auch nur, weil sie schlicht und ergreifend einer niedrigen Kaste angehörten; Frauen wurden verbrannt, weil sie nicht genügend Mitgift in die Ehe brachten, und Polizeistationen waren Schauplätze von Folter und Mord in Gefangenschaft. Er behauptete, dass die benachteiligten Menschen Modi an die Macht gewählt hätten, obwohl klar war, dass Modi von den reichsten Geschäftsleuten des Landes und einem Großteil der Mittelschicht unterstützt wurde.

Ich weiß nicht, warum ich versuchte, Ranipur als etwas Außergewöhnliches zu bezeichnen; vielleicht, um Aseem von Themen fernzuhalten, die ihm unangenehm waren. Ich ertappte mich oft dabei, dass ich meinem Vermieter, Devdutt, zustimmte, wenn er sich über die Schlampigkeit und Unzuverlässigkeit der örtlichen Arbeitskräfte beschwerte, einschließlich des Zimmermanns, der mein Haus gebaut hatte, auch wenn ich nie so weit ging wie er, dies auf ihre Herkunft als Dalit zu schieben.

Doch Aseem wollte noch mehr über dich sagen, und seine Stimme wurde immer lauter und brüchiger: »Du solltest dich mit ihr treffen! Sie ist direkt vor deiner Haustür! Was nützt es, wie Dharmendra auszusehen und Single zu sein, wenn du in einem Dorf nur Hindi-Bücher übersetzt und dich um deine Mutter kümmerst?! Mann, wann erkennst du endlich dein wahres Potenzial?«

Ich wusste, dass er auf die Hindi-Literatur vor allem deshalb herabschaute, weil sie entweder aus korpulenten alten Männern oder unansehnlichen Frauen zu bestehen schien und nie in den Magazinen – *Esquire*, *Time*, *New Yorker* – rezensiert wurde, für die er sich früher interessiert hatte, und an Unis im ehemals kommunistischen Moskau, Prag und Sofia bekannter war als in Harvard oder Stanford.

Insgeheim war ich begeistert über seine Ermutigung. Irgendetwas an dir – die kalkulierte Dekonstruktion der kolonialen Villa, der große territoriale Pajero in der Einfahrt oder diese rotgefärbten Zigarettenstummel – hatte sich in mein Gedächtnis gebrannt.

Ein Zeichen dieses Interesses war, dass ich am Ende unseres Gesprächs von Aseems abfälligen Bemerkungen über dich genervt war, und in mir machte sich eine lange unterdrückte Verärgerung über seine dominante Art breit.

Außerdem ärgerte ich mich über die Art und Weise, wie er, der seine eigenen Verpflichtungen gegenüber seinen Eltern kurzerhand über Bord geworfen hatte, über meine kranke Mutter sprach. Ich fühlte mich als redlicher Mensch, zumindest einen Augenblick lang, bevor das tugendhafte Gefühl wieder abebbte und eine leichte Verlegenheit zurückließ.

Allerdings konnte Aseem nicht wissen, dass er mich dir in einer beschädigten Idylle vorgestellt hatte.

Eines späten Nachmittags kam ich von meinem Spaziergang zurück und fand Naazkus rosa Hausschuhe auf der Fußmatte. Das war seltsam: Sie kam nie zu dieser Zeit. Etwa zeitgleich nahm ich mein Handy aus der Tasche und sah sechs verpasste Anrufe von Devdutt.

Naazku sagte: »*Ek ghantey se zameen par bechaari baithi thi*. Sie saß schon seit einer Stunde hilflos auf dem Boden.«

Meine Mutter war auf dem Küchenboden ausgerutscht. Devdutt, der gekommen war, um mir meine Post zu bringen, hatte sie durch das Fenster gesehen, wie sie an die Kühlschranktür gelehnt war, leise weinend und unfähig, selbst aufzustehen.

In den darauffolgenden Tagen rutschte sie erneut aus. In Shimla kaufte ich einen Rollator für sie. Doch sie geriet in Panik, als sie ihn benutzte: »*Mein gir rahi hoon, Beta, main gir rahi*. Ich falle, Beta«, sagte sie immer wieder, »ich falle.«

Naazku machte es noch schlimmer, indem sie schrie: »*Hey Bhagwan. Kya karenge, kya karenge, hey bhagwan, bachao hamey!*« Oh mein Gott, was sollen wir nur tun, was sollen wir nur tun? Oh mein Gott, bitte rette uns!«

Das nächste Mal stürzte sie im Badezimmer, neben der Hocktoilette, und sie stieß einen Schrei aus, der die Kühe unter ihr aufschreckte; das Kuhgebrüll hallte laut und tief im Tal wider.

Und dann, sehr bald, wurde sie nach einigen Arztbesuchen in Soods neuestem Scorpio zu einer erkennbar kranken Frau; ein ganzes Regal in ihrem Zimmer war von Tabletten und Toniken kolonisiert worden – um ihre Arthritis zu lindern, ihren Blutdruck in den Griff zu bekommen, ihren Stuhlgang zu regulieren und, nach einer Weile, um ihr Herz am Schlagen zu halten.

Es kam zu einigen demütigenden Erfahrungen mit einem Einlauf, die sie verängstigt und hilflos zurückließen. Nach vielen Jahren weinte sie wieder leicht und schrumpfte auf ihrem Bett zusammen; in ihren Augen lag Angst, wie sie während unserer Zeit in Deoli darin gelauert hatte. Sie schien nicht mehr in der Lage zu sein, ihren Sari zu binden, und trug ihn hochgeschlossen, so dass ihr Unterrock zu sehen war, und dazu trug sie weiße Socken und Hausschuhe.

Eines Morgens vergaß sie, ihr Nachthemd auszuziehen, und trug von da an Tag und Nacht nur noch Nachthemden, jedes von ihnen mit gerüschtem Kragen, und sie blähten sich in weiten Falten auf, hatten breite Manschetten, die ihre Hände verbargen, was meine Mutter noch kleiner aussehen ließ.

Eines der Mädchen, das von meiner Mutter genähte Salwar Kamizas trug, wurde das erste in einer langen Reihe bezahlter und ungeschulter Pflegerinnen – junge Frauen mit unbeweglichen Gesichtern, die nichts als Schüchternheit und Unbehagen ausdrückten und die in meiner Gegenwart immer unbeholfen auf der Stuhlkante saßen, die Beine übereinandergeschlagen, die Handflächen auf die Knie gelegt.

Sie flößten ihr Vitamin-, Magnesium-, Zink- und Kalziumpräparate sowie frische Fruchtsäfte ein, legten sie jeden Morgen vorsichtig in die Sonne, und auf diese Weise ließen die Pflegerinnen meine Mutter wie eine verwelkte Pflanze erscheinen.

Naazku kam, um zu kochen; ich war beunruhigt, wie sanftmütig meine Mutter das Ende ihrer wichtigsten und angenehmsten Beschäftigung hinnahm.

Ich verließ das Haus erst, nachdem ich mich vergewissert hatte, dass sie auf die Toilette gegangen war und sicher saß, die Kissen unter ihrem Rücken gestapelt und die geschwollenen Beine mit einem Tuch bedeckt; als ich zurückkam, fand ich sie in derselben Position, wie eine steife Leiche.

Beim Essen sagte sie nichts, hüstelte ein wenig, ohne den Blick von ihrem Teller zu heben, in den, von ihrer Pflegerin unbemerkt, ein Faden klaren Speichels von ihren Lippen tropfte. Und wenn sie dann doch plötzlich etwas sagte, war es so unerwartet und laut, dass ich aufschreckte.

Ihre Zähne waren schon lange durch ein Gebiss ersetzt worden, und sie aß nun langsamer und mit großer Anstrengung, wobei sie auf beunruhigende Weise einen Mund mit Fettröllchen offenbarte, der sich öffnete, schloss und dehnte, um zerkautes Essen preiszugeben, das über kleine blasse Knochen verstreut war.

Ihr Gesicht war eingefallen, unter den Augen bildeten sich kleine Tränensäcke, die Augen verdunkelten sich in ihren Höhlen, die Haut über ihrer eleganten, hoch aufragenden Nase wurde dünner.

Mich überkam ein seltsames Gefühl, wenn ich ihr Gesicht betrachtete, als hätte ich sie nie zuvor gesehen – bis ich eines Tages etwas schockiert feststellte, dass dies das Gesicht war, das sie bei ihrer Feuerbestattung haben würde.

ZWÖLF

An dem Tag, an dem ich dich zum ersten Mal sah, wie du die Bauarbeiten überwachtest, waren die bisher beschämendsten Beweise für den sich rasch verschlechternden Zustand meiner Mutter ans Licht gekommen. Und an dem Tag, an dem ich dich und Aseem sah, hatte eine weitere unfähige Pflegerin, während sie auf die übel zugerichteten Decken auf dem Bett meiner Mutter blickte, ihren Entschluss verkündet, zu kündigen.

Deine Villa wurde zu einem Ort der Möglichkeit; fortan ging ich jeden Nachmittag daran vorbei in der Hoffnung, dich zu sehen, während meine zittrigen Hände mit dem schnellen Winken schwanger gingen und meine Lippen allzeit bereit waren, herzlich zu grüßen. Sogar auf den dunklen Waldwegen behielt ich einen Ausdruck freundlicher Erwartung auf meinem Gesicht, nur für den Fall, dass ich dir begegnete, obwohl ich mit einem sinkenden Puls immer nur in den enttäuschenden Sonnenschein vorstieß.

Eines Tages, als dein schlammverschmierter Pajero am Tor und nicht unter dem überdachten Säulenvorgang geparkt war, ging ich einfach die Einfahrt entlang. Meine Schuhe knirschten auf dem Kies, mein Herz schlug schneller, und als ich mich von unsichtbaren Augen beobachtet fühlte, fragte ich mich, ob ich mir meinen Zweitagebart hätte rasieren sollen.

Ich klopfte an die schwere Holztür. Innen hörte ich, wie sich jemand bewegte, doch es war Mohit, der, wie immer rotwangig, mit einer Himachal-Mütze auf dem Kopf erschien.

»*Madam Shimla gayi hain, aati hoongi.* Madam ist nach Shimla gegangen, aber sie wird bald zurück sein.«

Er musterte mich neugierig von Kopf bis Fuß.

»*Intezar karenge?* Willst du warten?«

Während er auf meine Antwort wartete, nahm er seine Mütze ab; er fuhr sich mit der Hand über die Stirn, strich sich über das plattgedrückte Haar und setzte die Mütze wieder auf.

Es schien wie eine Herausforderung, auf die ich mich einlassen musste.

Dein Wohnzimmer erschien mir größer als in meiner Erinnerung, und der Blick durch die doppeltverglaste Balkontür auf das Tal war kühler als früher.

Mohit verschwand in der Küche. Ich fragte mich, ob er mir durch einen Spalt in der Tür nachspionierte, und ich machte mir Sorgen, ob ich ihn irgendwann einmal brüskiert hatte.

Ich wusste nicht, was ich tun sollte, und obwohl ich mich entschlossen hatte, wieder zu gehen, blieb ich vor den Bücherregalen stehen, um im Dunkeln die Buchrücken zu betrachten. Mir fiel eine elegante Penguin-Modern-Classics-Ausgabe von *Delta der Venus* auf. Sie erinnerte mich an die indische Raubkopie von Siva mit dem reißerischen Einband; die Ausgabe war abgenutzt und fleckig und wurde in unserem IIT-Wohnheim häufig »benutzt«.

Im Regal befanden sich keine Bücher in Übersetzung in Hindi oder einer anderen indischen Sprache.

Plötzlich entmutigt, ließ ich mich in den Sessel fallen, den Aseem bei meinem letzten Besuch so unverschämt besetzt hatte. In seinen Falten fand ich etwas Hartes: eine Mandel, wie sich herausstellte (hatte Aseem sie dort fallen lassen?).

Mit der Mandel in der Hand sank ich wieder in den Sessel zurück, und weil ich nichts anderes zu tun hatte, betrachtete ich das blaue Satinsofa, auf dem du im Schneidersitz gesessen und Aseems Aussagen abgetippt hattest; jetzt sah mich das Sofa mürrisch an.

Deine Stimme in der knisternden Telefonleitung später am Tag klang entschuldigend. »Es tut mir so leid, dass ich Sie verpasst habe. Ich musste in Shimla Besorgungen machen; die kleinen Läden hier sind ja nett, aber sie verkaufen nichts Brauchbares. Können wir uns später treffen? Möchten Sie mit mir zu Abend essen?«

Das Versprechen dieser schnörkellosen Einladung überwältigte mich. Doch nach dem langen und ergebnislosen Warten fühlte ich mich noch etwas verlegen, und so lehnte ich ab; ich musste selbst Besorgungen für meine Mutter machen. Vielleicht ein anderes Mal?

Ich sprach gestelzt und fühlte mich wie ein förmlicher alter Mann. In den darauffolgenden Tagen, die von Selbstvorwürfen über meine Ablehnung geplagt waren, wurde meine Neugier auf dich zu einem Begehren.

Als ich in Delhi und dann in Ranipur lebte, hatte ich kaum eine muslimische Frau getroffen, geschweige denn eine so schöne und gebildete wie dich. Und als ich dich das erste Mal sah, konnte ich das Flüstern in meinem Kopf nicht unterdrücken, dass du aufgrund deiner Religion im Regime der hinduistischen Fanatiker und der allgemeinen Islamophobie irgendwie benachteiligt sein müsstest.

Ich hatte an dir den besorgten Gesichtsausdruck von jemandem erwartet, der sich im Belagerungszustand befindet; und ich konnte nicht fassen, wie ungewöhnlich selbstbewusst du warst, als wüsstest du kaum, dass du Muslima warst (und noch Monate nach unserem Treffen war ich überrascht, dass du nur zweimal in einer Moschee gewesen warst, in der Jama Masjid in Delhi und in der Süleymaniye in Istanbul, beide Male als Touristin).

Die Fakten, die Aseem mir nannte – wie ich heute weiß, verzerrt durch Angst, von der Jugend überholt zu werden –, die Fakten waren meistens verwirrend: »Sie hat viele verschiedene Dinge gemacht«, sagte er, »zum Beispiel bei einem Online-Literaturmagazin in Brooklyn gearbeitet, in Sri Lanka für Amnesty, sie hat für eine Feuchtigkeitscreme gemodelt und in einer Literatursendung im Fernsehen mitgemacht, bevor sie sich entschloss, ein Buch zu schreiben. Ich weiß genau, was das für eine ist. Bei meiner Zeitschrift arbeiten viele von dieser halb englischen, halb indischen Art als Praktikantinnen. Der Umgang mit ihnen kann durchaus schwierig sein – sie haben den Stolz reicher Leute, die ihre kostbare Zeit für eine gute Sache verschwenden.«

Im Gegensatz zu Aseem hatte ich noch nie jemanden wie dich gekannt, nicht wirklich, und ich wollte mehr wissen. Als ich entdeckte, dass in Ranipur tatsächlich Breitbandanschlüsse verfügbar waren, besorgte ich mir einen und bestach den BSNL-Ingenieur, damit er die Installation beschleunigte. Da das Haus so gebaut war, dass Modem und Router im Zimmer meiner Mutter standen, musste ich warten, bis sie schlief oder nicht im Zimmer war, um fieberhaft deine Erscheinungen auf verschiedenen Websites zu verfolgen.

Und so rekonstruierte ich, während die Pflegerin auf dem Balkon die nutzlosen Beine meiner Mutter massierte oder mühsam die Spuren ihrer Inkontinenz beseitigte, verschiedene Etappen deines Lebens als Studentin, Fernsehmoderatorin, Model und angehende Schriftstellerin.

Es gab Bilder deines Vaters, der elegant in einem Sherwani und einem Achkan aussah, ein »Führer« der Muslime, auch wenn er eine höfliche und zurückhaltende Art hatte, die heute seltsam und unmöglich erscheint; Bilder von dir als kleines Mädchen, ungewöhnlich süß mit dunklen Locken neben den Wangen, und von dir als Teenager bei der Beerdigung deines geliebten Onkels, wie du das Salāt-al-Dschanāzah betest, mit tränenverschmierten Augen, die auf deine nach oben gekehrten Handflächen starren; Bilder deiner Mutter, jugendlich mit dickrandiger, juwelenbesetzter Sonnenbrille, die mit Begum-hafter Haltung in der Firmenloge deines neuen Mannes bei einem IPL-Spiel in Mumbai sitzt; Bilder von deinen politischen und literarischen Aktivitäten an der NYU, wo du eine von vielen internationalen Studentinnen warst, die versuchten, verantwortungsvolle Erwachsene zu spielen.

Auf eBay fand ich alte Ausgaben von Bombay-Klatschmagazinen mit Titeln wie *Society*, *Savvy*, *Verve* und *Gentleman*, auf deren Cover häufig deine Familie abgebildet war, wie sie sich auf weiten grünen Rasenflächen entspannte, mit eleganten Villen im Hintergrund und wilden Hunden zu euren Füßen.

Ich schaute mir die verblichenen Bilder genau an, auf denen deine Familie in aller Öffentlichkeit eine Romanze mit sich selbst aufzuführen schien; und ich wurde immer neugieriger auf ihre verwöhnte und behütete Welt, die sich so sehr von der meinen unterschied und ihr sogar entgegengesetzt war, so dass sie mir wie eine Chimäre erschien, nicht wie das Milieu einer Frau, die ich kennengelernt und mit der ich mich unterhalten hatte.

Auch war ich fasziniert von der Tatsache, dass du, obwohl du unter Menschen geboren wurdest, die aufgrund ihrer familiären Beziehungen entweder bereits mächtig waren oder es werden konnten, eine eigene Persönlichkeit für dich improvisiert hattest. In der muffigen Dunkelheit des alten Zimmers meiner Mutter, direkt über ihrem Altar mit den Miniaturgöttern und -göttinnen, auf dem Ringelblumen süßlich vor sich hin faulten, und neben einem Haufen halb verbrauchter Gläser und Tuben, klickte ich mich durch die Fotos von dir als Model für eine Zahncreme, auf denen dein Gesicht unter deinem tiefschwarzen Haar erleuchtet war vom Glanz deiner Zähne.

Ein stalkerhafter Fan hatte Videos von dir als Fernsehmoderatorin auf Youtube gespeichert, und nun sah ich mir beim Schnaufen meines alten Laptops an, wie du mit stacheligen Wimpern, gewölbten Augenbrauen und rosigen Lippen Riz Ahmed, Mohsin Hamid und Nassim Nicholas Taleb mit einer Mischung aus Ernsthaftigkeit und guter Laune interviewtest.

Ich bemerke, dass ich selbst wie ein Stalker wirke. Vielleicht ist diese Beschreibung gar nicht so unzutreffend. Im Gesellschaftsteil der *Delhi Times* fand ich Fotos von dir und Aseem auf der jährlichen Amber Palace Party des Jaipur Literary Festival. Ihr steht neben einem ehrgeizig durchtrainierten regionalen Potentaten, du, elegant in einer Lehenga aus Rajasthan, und Aseem, ehrfürchtig und sportlich wie eh und je, in Jeans und weißem Hemd.

Facebook verlangte von mir, dass ich mich mit dir befreunde, um deine Beiträge zu lesen, und Twitter, wo dein Profilbild ein altes Foto aus deiner Zeit als Model war und deine Bio »Schriftstellerin, Feministin und Aktivistin« lautete, drängte mich dazu, einer deiner über eine Million Follower zu werden – einer der Horde, die solche Sprüche in deine Timeline tippten wie »Hey Hottie! Schreib mir was. Hab ein tolles Angebot für dich.«

Doch dein Instagram-Account, den du vor einigen Jahren eingerichtet hast, stellt deine politischen und ästhetischen Vorlieben mit Buchcovern, Tuschezeichnungen von Audre Lorde und Bildern von politischen Demonstrationen von Hongkong bis La Paz offen zur Schau.

Dein meistgelikter Post war einer, in dem du neben einem Bild eines uigurischen Mädchens in Handschellen standest und eingestandest, dass du ein Angebot abgelehnt hattest, für einige indische Modemarken auf Instagram zu werben. »ICH BIN KEINE INFLUENCERIN« lautete der Titel des Posts – in Großbuchstaben –, und du legtest darin dar, dass soziale Medien, obwohl sie durch den Markenkapitalismus und den rechten Flügel schrecklich kompromittiert waren, trotz allem einen positiven Wandel herbeiführen könnten.

Nirgendwo schien ein Lebenspartner zu lauern, auch wenn der erste automatische Vorschlag bei der Google-Suche lautete »Alia Omar Freund« – doch wer war der nicht getaggte Mann mit dem rüssellangen Hals und den muskulösen Beinen in Shorts, der eine Felswand hochkletterte? Wie ich in jenen Tagen meiner gespannten Suche und der wachsenden Sehnsucht erneut lernte, muss eine »wahre« Geschichte der Realität untreu sein, um zu verführen.

Ich verstand erstmals, dass die Flut von Darstellungen im Internet das Geheimnis des Dargestellten noch verstärken kann. Auf der Flucht aus dem Haus der Krankheit in die Spiegelkabinette der sozialen Medien fühlte ich mich rastloser und dennoch glücklicher als seit Jahren.

Wenn man etwas ganz Wesentliches in seinem Leben vermisst hat, so ist das Schwierigste, dass man nicht erkennt, was einem fehlt. Vielleicht ist dies die wahre Definition eines beschädigten Lebens: nicht zu wissen, was es reparieren könnte, und zu denken, dass zehntausend Ficks, teure Blow-jobs, eine Suite im Pierre, eine Greek Revival Villa in East Hampton oder intellektueller und literarischer Ruhm dauer-hafte Formen von Selbstverwirklichung darstellen können.

Meine eigenen Illusionen in dieser Hinsicht entwickelten sich später als die von Aseem und Virendra. Sie entstanden in deiner Gesellschaft und forderten in dir ein unschuldiges Opfer. Wenn ich heute so detailliert über unsere gemeinsame Zeit schreibe, an die du sicher andere Erinnerungen hast, dann nur deshalb, weil ich hoffe, die Natur meines Leidens zu verstehen, meine Unfähigkeit ein anderes, gesünderes Leben zu führen, von dem du mir einen Eindruck vermittelt hast.

Unser nächstes Treffen fand im Hotel Kipling statt. Die Lobby schien, wie üblich, riesigen Gemälden von unbeugsa-men Pashtunen und ihren widerspenstigen britischen Fein-den vorbehalten zu sein. Als du in deinen kniehohen Stiefeln durch diese Lobby gingst, vermitteltest auch du einen Ein-druck von Vitalität und Ausdauer.

Ich sah eine der ehemaligen Pflegerinnen meiner Mutter, und die Frage, was sie hier machte, wurde beantwortet, als die junge Frau mit einer Flasche Mineralwasser an unseren Tisch kam, unsere Gläser auffüllte und mich schüchtern an-lächelte.

Ich ertappte mich dabei, wie ich deine zarte, elegante Hand auf dem Tisch anstarrte. Es war alles etwas merkwürdig: Aus-gerechnet in Ranipur saß eine sehr schöne Frau vor mir, und ich wusste nicht mehr, wie es eigentlich dazu gekommen war.

Deine zahllosen Fotos bei Google haben mich vielleicht reizüberflutet; ich bemerkte zum ersten Mal, dass sich dein Aussehen, wenn du deinen Kopf mit dem geflochtenen Haar zur Seite drehtest, unsere nervöse Kellnerin abfragtest oder mich geradewegs ansahst, ja, dass sich dein Aussehen andauernd neu konfigurierte.

Allerdings war ich über dein Vorhaben falsch informiert worden. Du warst nicht nach Ranipur umgezogen, du warst nur kurz dort, gerade lange genug, um die Renovierung deiner Villa abzuschließen. Du wolltest schon bald nach London zurückkehren.

Ich weiß noch, wie du sagtest: »London ist echt nett. Es ist *die* Stadt für eine Schriftstellerin. Übrigens, wenn du mal dort bist, kannst du in der Wohnung meiner Familie unterkommen. Sie steht leer, wenn ich nicht da bin, und ich überlasse sie Freundinnen und Freunden; wir vermieten sie nie über Airbnb.«

Ich war unerwartet verletzt, als ich hörte, dass du bald nach London abreisen würdest; doch dann war ich überrascht und gerührt von deiner schnellen Annahme von Freundschaft – und ich fühlte mich geschmeichelt, dass ich, ganz gleich, wie geringfügig, mit einem Leben von solch rätselhafter Fülle in Berührung kam.

Deine Offenheit provozierte Indiskretion. Wir begannen, über Aseem zu sprechen.

Du sagtest: »Er neigt zu Übertreibungen, oder? Ich meine, keiner von Obamas Vorfahren war ein Sklave.« Und ich habe mich gefragt, warum du ihm damals nicht widersprochen und sogar gesagt hast, was er sagte, sei »faszinierend«.

Wir sprachen auch über Aseems Romane.

Mit einem Achselzucken sagtest du, sie seien sexy.

»Ich meine, immerhin gibt es darin tatsächlich Sex, was man von den zimperlichen indischen Romanen, die ich gelesen habe, nicht sagen kann.«

Du fügtest hinzu: »Allerdings hatte der Roman, den ich gelesen habe, einen sehr männlichen Blick; er versuchte, dass sich die Frau dem Erzähler unterwirft, dass sie irgendwie in seinem körperlichen Bann steht. Das war eben vor MeToo. So kann man heute nicht mehr über Frauen schreiben.«

Ich hörte nicht zu. Ich hatte deinen Instagram-Account nach Hinweisen auf Aseem abgesucht, war weit zurückgegangen und konnte zusehen, wie die Qualität der Bilder immer schlechter wurde, und ich war erleichtert, dass nichts auf Aseem hindeutete. Jetzt war ich von deinem Wort »sexy« so sehr beunruhigt – vor allem, weil es von diesem Achselzucken begleitet worden war, das Aseem erwähnt hatte –, dass ich mich illoyal zu einer Kritik hinreißen ließ, die ich nie vor ihm ausgesprochen hätte.

Am Vortag kam der Postbote langsam durch den Obstgarten getrottet und brachte ein dickes Paket mit dem Manuskript seines neuen Romans über einen Dalit-Studenten namens Virendra und seine Radikalisierung, und ich hatte mich gefragt, ob ich diese absehbare Begegnung mit einem seiner geschwätzigen Erzähler über Sex, Politik und Verbrechen irgendwie vermeiden könnte.

Jetzt stellte ich die sanftmütigen Erben von Beckett, Walser und Kafka, die Kenner des Scheiterns, deren Literatur ich übersetzte, seinen lauten, extravaganten Erzählern gegenüber. Ich verglich die indischen Geschichtenerzähler auf Englisch, genauer gesagt Aseem und seine Bekannten, mit meinen experimentellen Hindi-Autoren und ihrer winzigen, aber treuen und respektvollen Leserschaft.

Ich wollte nicht, dass Aseem etwas war, was wir gemeinsam hatten, und ich habe den Verdacht, dass alles, was ich in meinem zögerlichen Englisch über ihn sagte, etwas aufgeblasen und mit Ressentiments behaftet war.

Trotzdem beugtest du dich vor, um meinen Worten zu lauschen, dein Kinn auf eine deiner Hände gestützt.

»Ja«, sagtest du und lehntest dich in deinen Stuhl zurück, »er ist sehr, sehr klug und politisch völlig auf der Höhe, aber, wie gesagt, ein bisschen altmodisch, auch wenn es um Literatur geht.«

Du hast mit den Augen gerollt, als ich dir sagte, dass Aseem von Frauen als »Mädel« spricht.

»Ist das sein Ernst? Genau das meine ich! Das ist alles so 60er-Jahre!«

Wir kamen auf London zu sprechen. Ich war nur ein einziges Mal dort gewesen, während eines einmonatigen Übersetzungsstipendiums, und jeden Tag nahm ich den Bus von meinem Bed & Breakfast in Kentish Town nach Bloomsbury, und nun führte ich meine Liebe zu etwas aus, das ich nur kurz erlebt hatte: Londoner Busse.

Ich sagte, dass ich die Einsamkeit und Geräumigkeit der Busse den U-Bahnen vorziehe, die sich durch die Erde gruben. Ich meinte das völlig ernst. Für mich war eine fremde Stadt plötzlich attraktiv geworden, nachdem ich die kleine Wendeltreppe in die obere Etage des Busses hinaufgestiegen war und von dort aus das Hochglanzgrün Londons bestaunen konnte, die Trauerulmen, die abblätternden Platanen, die Krähen, die den Himmel bekleckerten, und die Rosenbüsche in den Privatgärten.

Während ich vorsichtig jedes Wort und jede Geste zwei Mal durchdacht hatte, als wir uns das erste Mal in deiner Villa trafen, schien es nun, als wäre ich über Nacht richtig geschwätzig geworden; und beim Reden machte ich mir Sorgen, dass ich dich langweilte. Später erfuhr ich, dass du in London kaum öffentliche Verkehrsmittel nutztest – gelegentlich die »Tube«, aber niemals Busse.

Dein Blick wirkte immer leicht distanziert und nachdenklich. Und dann lächeltest du ein kleines, einseitiges Lächeln und lehntest dich in deinem Stuhl zurück.

In der Nähe der Rezeption fragte jemand mit dröhnender Stimme: »Was ist das WLAN-Passwort?« Und dann sofort: »Hören Sie *auf*, hören Sie *sofort auf* damit.«

Wir sprachen über unser Umfeld, und erneut versuchte ich vielleicht zu sehr, dich zu beeindrucken, war zu sehr darauf bedacht, die ganze Masse meiner nicht geteilten Gedanken und Gefühle, die sich während meines Alleinseins im Dorf angestaut hatten, in dich hineinzuspülen.

Wir sprachen über die Zukunft des Dorfes. Konntest du spüren, wie sehr ich mir wünschte, dass du siehst, was ich gesehen habe?

Kleine Orte wie Ranipur, sagte ich, müssten ihr eigenes Gleichgewicht finden; vielleicht mit Hilfe neuer Technologien erfolgreicher die Dinge verfolgen, in denen sie gut waren: Kleinindustrie, Landwirtschaft, Gartenbau. Ich erwähnte Devdutt. Ich erzählte dir von Naazku.

In deiner Villa hattest du es nicht gehört, doch am Vorabend war Lärm im Dorf ausgebrochen, Kläffen und Jaulen von Hunden, gefolgt von menschlichen Schreien. Später erfuhr ich von Naazku, dass ein Wolf in einem der Hinterhöfe am Dorfrand ein Kalb gerissen hatte, während seine Besitzer nur ein paar Meter entfernt zu Abend aßen, und dass das Raubtier das Kälbchen fast mitgenommen hatte. Auf das feige Geschrei der Hunde hin waren einige Männer mit Latten aus ihren Häusern gerannt und hatten den Wolf vertrieben; der Bauch des Kalbs war aufgerissen, das Tier war tot.

Wir sprachen über die Umwelt, über die Abholzung der Wälder und die Überbesiedelung der Landschaft, die dazu führte, dass die Fauna verzweifelt nach Nahrung und Wasser suchte.

»Sie sollten das alles meinem Bruder erzählen«, sagtest du. »Er ist einer von den Bankern, die Indien mit seiner jungen, sich urbanisierenden und modernisierenden Bevölkerung für eine Goldgrube halten. Er hat mal gesagt, wenn er an Occupy-Protesten vorbeiging, sammelte er heimlich Speichel in seinem Mund an. Und dass die Idioten keine Ahnung hätten, dass der Kapitalismus Hunderte Millionen Menschen aus der Armut befreit.«

Ich ertappte mich dabei, wie ich in eine Tirade gegen Mathur verfiel, der kürzlich einen der Bewerber, die ich ihm geschickt hatte, zwei Stunden lang vor seinem Büro hatte warten lassen, bevor er ihn in weniger als einer Minute wegschickte. Für mich war er der Hauptverantwortliche für die Verwüstung von Ranipur durch seine Grundstückserschließungen; und seine Subunternehmer stampften die indigene Bevölkerung in Grund und Boden, während sie ihnen nur eine magere Abfindung zahlten, und ich sagte, dazu gehörten auch diejenigen, die beim Wiederaufbau deiner Villa halfen.

Dein Gesicht verzog sich, und du hieltest dir die Hand vor den Mund.

»Oh mein Gott«, sagtest du. »Ich wünschte, ich hätte das gewusst. Das ist einfach furchtbar.«

Du wühltest in deiner Tasche. »Ich muss Mathur gleich mal googeln«, sagtest du.

Ich ahnte, wie unbeholfen ich war, als ich über die massive Binnenmigration in Indien sprach, über die indigene Bevölkerung, die von den Bergbaukonzernen, der Politik und der Polizei aus ihrer angestammten Heimat vertrieben und gezwungen wurde, anderswo nach Arbeit zu suchen.

Als ich mich nach vorne beugte, um meine Teetasse zu

nehmen, sah ich, dass du deine Recherche über Mathur beendet hattest und deinen Twitter-Feed anschautest.

Eilig stecktest du das Smartphone weg und sagtest: »Was
Sie gesagt haben, ist so interessant und originell. Obwohl
wir so viel über Politik und Wirtschaft reden, schauen wir
nie von einem Dorf auf das große Ganze. Die Leute beklagen
sich über die wachsende Kluft zwischen Stadt und Land,
aber die dominierende Sichtweise ist die der Elite aus der
Großstadt. Ich wünschte, Sie würden irgendwo was darüber
schreiben.«

Deine Antwort hat mich ermutigt. Ich stellte mir deinen
Bruder an der Wall Street und in East Hampton vor. Ich war
mir bewusst, dass ich ein Argument vorbringe, das weltweite
Resonanz finden würde, und ich wurde selbstgerechter.

Von deinem Bruder sprachst du mit einer angenehmen
Direktheit. »Seine Ansichten sind echt peinlich. Er ist natürlich Muslim, aber er ist fest überzeugt, dass Modi der richtige
Führer für Indien ist. Es würde mich nicht überraschen,
wenn er zu einer dieser großen Rallyes für Inder gehen
würde, die Modi in den USA veranstaltet.«

Auch sprachst du sehr packend über deine Arbeit mit
Amnesty in Sri Lanka.

Du meintest: »Es war sehr anstrengend, mit dem Kopf gegen die Wand zu rennen, nur um ein paar grundlegende Fakten über die Behandlung der Tamilen herauszubekommen.
Es war so unglaublich ermüdend, dass ich jedes Wochenende
vor den frustrierten ausländischen NGOs nach Galle flüchten musste, um mich am Strand auszuruhen und mich massieren zu lassen.«

Unser Treffen neigte sich dem Ende zu – ich beglich die
Rechnung ohne Widerworte und tauschte ein weiteres, noch
unbeholfeneres Lächeln mit der ehemaligen Pflegerin meiner

Mutter aus, die vage Absicht für ein weiteres Treffen wurde besprochen –, und dann sagtest du in deiner leicht gelangweilten Art: »Ach, Arun, ich wollte Sie um einen großen Gefallen bitten. Aseem hat gesagt, Sie seien ein brillanter Leser, und ich habe mich gefragt, ob es Ihnen etwas ausmachen würde, einen Blick auf einen Entwurf meines Buches zu werfen? Es ist noch recht skizzenhaft, aber die Hauptideen sind alle da, glaube ich. Ich würde mich wirklich sehr freuen, wenn Sie Lust hätten« – in mir schwebte eine Vorstellung von uns beiden auf, wie wir auf dem blauen Sofa in deiner Villa sitzen.

Später am selben Tag kam Mohit mit dem ausgedruckten Manuskript deines Buches in meinem Haus vorbei, merkwürdigerweise trug er keine Mütze. Zwei Tage lang las ich das Manuskript sehr aufmerksam, versah fast jeden Absatz mit Anmerkungen und verfasste ein langes Memo.

In deinem Exposé schriebst du, dass dein Buch eine »geheime Geschichte« der Globalisierung werden solle, ein »genauer Bericht« über das neue Indien. Ich erinnere mich, dass ich dir mitteilte, dass das Buch noch nicht seinen eigenen inneren Rhythmus gefunden hatte, etwas, das ich immer suchte, wenn ich mich entschied, ein Buch zu übersetzen, und ich war der Meinung, dass dein Fokus auf die Einzelheiten von Virendras und Sivas Korruption in den USA einen Preis hatte, nämlich den, dass du ihre ganz spezifisch indischen Qualen ausließt, insbesondere die komplexen Verletzungen, die vielen erfolgreichen Männern ihrer Generation sehr früh durch Kaste und Klasse zugefügt wurden.

Die komplizierten Fakten darüber, wie Virendra und Siva das US-amerikanische System betrogen haben, erschienen mir immer als die am wenigsten interessanten Aspekte deines Buches. Dennoch hast du den größten Teil deiner Zeit und Energie darauf verwendet, das Inferno der Gier und Gesetzlosigkeit zu beschreiben, das deiner Meinung nach seit den 1980er Jahren an der Wall Street herrscht.

Das Buch musste meiner Meinung nach radikal neu ausgerichtet werden; es musste angereichert werden mit Details über unseren Klassenhintergrund und unser moralisches und emotionales Leben, und hier versuche ich, diese Details darzulegen. Doch damals warst du nicht neugierig darauf, und ich schämte mich zu sehr für die frühen Demütigungen unseres Lebens, die kleinen Gewalttaten zu Hause und am IIT, um sie freiwillig vor dir zu enthüllen. Und so kam es, dass ich dich zwar immer gerne zu Gesprächen über dein Buch traf, aber nie mehr als kleinere Vorschläge machte.

Wir trafen uns erneut im Hotel Kipling, was mir unangenehm war, da ich, als ich mit dir aus dem Hotel ging, die unterbeschäftigten jungen Männer bemerkte, die am Straßenrand herumlungerten; ihre Augen musterten uns, als wir uns näherten, und ihre Blicke durchbohrten unseren Rücken, als wir vorbeigingen; gelegentlich wurde etwas gemurmelt, das ich zum Glück nicht hörte.

Ich war erleichtert, als du deine Villa für unser nächstes Treffen vorschlugst. Es folgten viele Abendessen und Drinks – Anlässe, bei denen Mohit, der lautlos den Tisch deckte und abräumte, mit Gin Tonic auf einem Tablett auftauchte und wieder verschwand, mit einer silbernen Zange vorsichtig Eiswürfel nahm und sie in hohe Gläser fallen ließ, wo sie zersplitterten und dampften; schließlich schien er vollends zu einem Diener zu werden. Und als ich neben dir auf dem blauen Sofa saß, im Wohnzimmer, wo das herunterflutende Sonnenlicht deine Haut hervorhob, roch ich bei jeder deiner Bewegungen eine winzige Wolke von etwas, das ich später als Molton-Brown-Duschgel erkennen sollte.

Als ich einmal zur Toilette ging, fiel mir dein helles, hohes Schlafzimmer auf, dessen Ausblick auf das Tal gerade so ruhig und elegant war wie vom Wohnzimmer aus; und als ich diesen alltäglichen Luxus beobachtete (sogar das Wasser wurde mit den kleinen Aufmerksamkeiten von Eis und einer Zitronenscheibe verfeinert), einen Luxus, der alles in meinem eigenen Leben übertraf, staunte ich erneut über den stilvollen Geschmack und die Gleichgültigkeit gegenüber Geld, mit der du die Villa umgestaltet hattest.

Und sehr schnell habe ich mich so sehr an die Annehmlichkeiten deines geordneten Haushalts gewöhnt, dass ich mich an manchen Abenden, wenn ich auf dem blauen Sofa saß, fragte, wie ich es schaffen sollte, mich loszureißen, in die Dunkelheit nach draußen zu gehen und die lange, leblose Straße des Dorfes entlangzugehen, zurück in meine Junggesellen-Kargheit über einem Kuhstall.

Ich war nicht mehr nervös, Englisch zu sprechen. Nach Jahren der schweigsamen Gesellschaft meiner Mutter und den kurzen zielgerichteten Unterredungen mit Devdutt und anderen empfand ich große Befriedigung, Ideen und Meinungen zu äußern, Sätze mit »Ich denke«, »ich glaube« und »ich habe das Gefühl« zu beginnen, und ich ertappte mich oft dabei, wie ich dem Klang meiner eigenen Stimme lauschte.

Auch genoss ich es sehr, dir zuzuhören: den Einsichten, die du aus deiner Lektüre und deinen Reisen gezogen hattest, die sich so sehr von meinen eigenen Erfahrungen unterschieden und mir oft eine Wirklichkeit erhellten, die mir so vertraut geworden war, dass ich sie nicht mehr wahrnahm. Ich erinnere mich an einen späten Abend auf deiner Wiese mit Blick auf die zackigen Gipfel, Gin Tonics leuchteten in unseren Händen im späten Licht, und da wandest du dich zu mir und sagtest: »Findest du es nicht wunderbar, dass ein einzelner

Berg wie eine ganze Welt ist? Er hat so viele verschiedene Ebenen, alle möglichen versteckten Orte und überraschende Anblicke und Gerüche.«

In der darauffolgenden Pause blicktest du wieder auf die silbernen Kegel der fernen Berge. Dann fügtest du hinzu: »Ist es nicht auch wunderbar, dass es in diesen Bergen viele Orte gibt, die noch nie ein Mensch betreten hat? Seit Anbeginn der Zeit sind die Dinge weitergegangen. Ich meine, die Sonne hat geschienen, und es ist Schnee und Regen gefallen, aber alles ganz heimlich, ohne dass irgendjemand etwas davon erfahren hat.«

Solche Wahrnehmungen hatten etwas Betörendes, denn sie gaben deinem Ich, das im Internet nur wenig Gewicht zu haben schien, eine gewisse Festigkeit. Deine Eloquenz war im Gegensatz zu der von Aseem sorgfältig dosiert; und deine Art zu sprechen war ruhig und sanft, als würdest du einem Vertrauten ein langgehegtes Geheimnis anvertrauen.

Ich versuchte, mein neues alternatives Leben so sehr zu bewahren, dass ich dich beinahe einmal gebeten hätte, niemandem von unseren Treffen zu erzählen. Doch ich fand nicht die richtigen Worte, und später begriff ich, dass diese Bitte völlig überflüssig gewesen wäre: Die einzige Person, die wir beide kannten, war Aseem, der Hunderte von Kilometern entfernt lebte. Ich konnte mich nie dazu durchringen, meiner Mutter von dir zu erzählen. Ich war der Sohn, der sich entschieden hatte, an ihrer Seite zu bleiben, und ganz gleich, wie unvoreingenommen ihre Zuneigung und ihr Verstand waren, es erschien mir nicht fair, sie plötzlich, während ihrer Krankheit, mit einer Rivalin aus einer anderen Religion und einer anderen Klasse zu konfrontieren. Und die Geheimhaltung verlieh unseren Begegnungen den Glanz des Verbotenen und Sündhaften, was mir äußerst gut gefiel.

»FaceTime?«, hieß es eines Tages in einer SMS von dir. Und als ich bei Google herausgefunden hatte, was das Wort bedeutete, schrieb ich dir, dass ich weder ein iPhone noch ein MacBook hatte, worauf du antwortetest: »Skype?« Und ich skypte zum ersten Mal von meiner Hütte aus, auf dem Balkon sitzend mit Blick auf das Tal, und ich staunte, wie das, was mir gehörte, in Echtzeit mit allen geteilt werden konnte.

Wenn dein Telefon mitten in einem unserer Gespräche klingelte und du dich kurz entschuldigtest und damit weggingst, rätselte ich, warum eine Frau wie du noch Single sein konnte, worauf ich in Selbstmitleid versank.

Und dann riefst du eines Abends an, als ich Naazku gerade dabei half, meine Mutter vom Balkon in ihr Zimmer zu bringen. »Ich habe den ganzen Tag an dich gedacht«, sagtest du mit warmer Stimme, und ich klemmte mir das Telefon zwischen Schulter und Kopf. »Du hast mir echt geholfen herauszufinden, woran ich arbeite.«

Als du aufgelegt hattest, lag meine Mutter in ihrem Bett, und ich stand noch eine Weile lang in ihrem Zimmer und starrte auf ihren schütteren Scheitel.

Am nächsten Tag kam eine SMS: »Ich liebe es, mitanzusehen, wie dein Gehirn funktioniert. Es ist, als könnte ich das Feuern deiner Synapsen hören.« Danach schriebst du mir fast stündlich SMS, manche waren länger als andere; meine Augen glitten über sie hinweg, bevor ich mich konzentrieren konnte, und dann las ich sie immer mehrmals, besonders die Nachricht, in der stand: »Sorry, wenn ich so oft schreibe! Aber ich fühle mich, als wäre ich ausgehungert gewesen und hätte plötzlich eine volle Mahlzeit vor mir.«

Ich habe mir lange den Kopf zerbrochen, was ich antworten könnte, um nicht so schwerfällig und zurückhaltend zu wirken, bis ich schließlich, aber nach wie vor unsicher, zurückschrieb: »Das ist wirklich ausgesprochen nett von dir. Es ist mir wirklich eine wahre Freude, mich mit deinem Buch zu beschäftigen.«

Als mein Bildschirm daraufhin leer blieb, ging ich den ganzen Weg zum Basar des Dorfes, um näher an den Mobilfunkmast heranzukommen und zu überprüfen, ob ich eine Nachricht verpasst hatte. Diese bergauf führenden Wanderungen machten mich nicht im Geringsten müde, denn ich war getragen von dem Gefühl, dass etwas Neues, Ungewöhnliches und Wichtiges in mein Leben getreten war.

Es gab lästige Störfaktoren: eine weitere Fahrt zum Arzt in Shimla mit meiner Mutter in Soods Scorpio, während der ihr Rollator beim Überwinden einer hohen Stufe kaputtging. Ihre aktuelle Pflegerin, die ohnehin widerwillig war, wollte kündigen.

Ich rief Aseem an und bat ihn um Hilfe bei der Suche nach geschulten Pflegerinnen oder Krankenschwestern in Delhi. Ich hätte nicht erwarten sollen, dass er Verständnis für meine Dringlichkeit hatte: Er hatte jede mögliche Angst über den Gesundheitszustand seiner eigenen Mutter entschärft, indem er sie als ein Monster darstellte, eitel, gierig und heuchlerisch religiös.

Er sagte, er würde sich darum kümmern. Er fragte mich, ob ich dazu gekommen sei, seinen neuen Roman zu lesen. Ich sagte, ich sei etwas zu beschäftigt gewesen.

Er sagte: »Ich bin der Meinung, es ist mein bestes Buch. Alles, was ich über die Gattung des Romans und über die Welt weiß, steckt da drin. Ich hab' es auch an Alia geschickt – ich denke, es vermittelt ihr vielleicht ein Gefühl für unsere Herkunft.«

Er redete weiter, und ich hörte nur halb zu, während ich

einen gelben Faden, der wahrscheinlich von der Nähmaschine meiner Mutter stammte und an meinem Hosenschlitz hing, entfernte und mich währenddessen fragte, ob er dir bei unserem letzten Treffen aufgefallen war.

Als hätte Aseem meine Gedanken gelesen, fragte er mich, ob ich mich mit dir getroffen hätte; er sagte, du hättest ihn angerufen, um meine Telefonnummer zu erfragen.

Ich gab zu, dass ich mich mit dir getroffen habe.

»Gut gemacht«, sagte er. »Ich hab' den Eindruck, dass sie einen Mann wie dich will: sensibel und intellektuell. Sie hat ihre Affären mit notgeilen Männern in ihrem Alter gehabt. Jetzt, mit Mitte dreißig, braucht sie einen reifen Liebhaber.«

Trotz der Düsternis des Moments kam einmal mehr Aseems unsterbliche Jugendlichkeit zum Vorschein. »Und bitte steck' für mich einen mit weg. Wozu sind die Berge und Wälder denn da, wenn nicht zum Vögeln unter den Bäumen und im Gebüsch?«

Er fuhr auf diese ermüdende Art fort, und jetzt frage ich mich, ob seine Glorifizierung grenzenloser erotischer Möglichkeiten von dem alternden Schürzenjäger in ihm stammte, den die Angst, er könnte etwas verpassen, verfolgt und völlig wahnsinnig gemacht hat; ich fragte mich, ob sich sein Innenleben, von mir gänzlich unbemerkt, längst verfinstert hatte.

Ich wand etwas ein, musste mich aber unterbrechen. Mein Herz klopfte genauso lächerlich heftig wie damals, als du mich, früher am selben Tag, während unseres Gesprächs über dein Buch per WhatsApp gefragt hattest, ob ich »für ein paar Tage an einen warmen Ort fahren« wolle.

»Ja, ja, das wäre schön«, hatte ich vor mich hingemurmelt, doch im Badezimmer, wohin ich mich zurückzog, um in Ruhe über deine Worte nachzudenken, stützte ich mich mit beiden Händen aufs Waschbecken, schaute in den Spiegel und wurde plötzlich auf sinnliche Weise ruhig.

Ich hatte mir die Bedeutung unserer Beziehung also nicht bloß ausgedacht, und die kleinen Anzeichen von Gegenseitigkeit, die ich bei dir zu erkennen begann, waren kein wirres Hirngespinst von mir.

Ich war nicht nur ruhiger, als ich einige Tage später Aseem anrief, ich spürte sogar ein köstliches Prickeln – erotisierend, dabei vermischt mit einer erwarteten Entdeckung, fast einer spirituellen Erweiterung –, als ich ihm dieselbe halbgesottene Lüge auftischte, die ich meiner Mutter serviert hatte: dass ich zu einer Konferenz in Chennai zu Übersetzung und Literatur von Emigranten reisen würde. Und, ach, kannte er vielleicht einen schönen Ort an der Küste in der Nähe, wo ich übers Wochenende hinfahren könnte?

Unangenehme Erinnerungen werden nun wach: an meine Mutter ohne Backenzähne, wie sie mühsam und hörbar kaut und wie ihre Kopfhaut zwischen einer Wildnis grauer Haare zum Vorschein kommt. Und ich bin mehr und mehr genervt: Ihre bedingungslose Liebe zu mir, die trotz ihrer Gebrechlichkeit ungebrochen ist, stößt mich ein wenig ab.

Es entgeht mir nicht, dass sie mir gegenüber stets die gleiche Unterwürfigkeit an den Tag legte wie gegenüber meinem Vater. Sie saß mir am Esstisch niemals gegenüber, und es irritiert mich heute, dass sie trotz ihrer Unfähigkeit zu kochen immer noch darauf besteht, mich weiter zu bedienen, indem sie Naazku von ihrem Bett aus anweist, mir noch etwas Sabji auf den Teller zu geben. Warum hatte sie sich den Männern, erst ihrem Mann und dann ihrem Sohn, mit derartiger Hörigkeit untergeordnet, für sie gekocht und dafür gesorgt, dass sie gut aßen, und dazu noch stets, bevor sie selbst einen Bissen nahm?

Auch irritieren mich Kleinigkeiten, die mich früher nie gestört haben, etwa die Schweißperlen auf ihrer Oberlippe und die Geräusche – Stöhnen und Seufzen und Grunzen –, die sie bei jeder Bewegung macht. Der Anblick von Damenunterwäsche – riesig, rehbraun –, die auf einem ungenutzten kleinen Stuhl im Zimmer meiner Mutter ausgebreitet ist, bringt mich dazu, Naazku mit einer Strenge zu rügen, die sie schockiert.

Sie habe sehr viel zu tun gehabt, sagt sie auf ganz sachliche Weise: Ich brauche nur aus dem Fenster zu schauen, um das endlose Grasmeer des Spätsommers zu sehen. Einiges davon ist gemäht und geharkt, aber vieles steht noch ungeschnitten auf dem Feld, wiegt sich in der sanftesten Brise und wartet auf Naazkus bescheidene Sichel.

Später ertappe ich Naazku dabei, wie sie mich mit einem traurigen, verwunderten Gesichtsausdruck ansieht, und ich spüre, wie meine Irritation wächst.

Eines Nachmittags sehe ich meine Mutter mit dem Gesicht nach unten auf ihrem Bett liegen, ihre kleinen Schultern zittern leicht. Als ich spät in der Nacht von dir zurückkomme, etwas angetrunken vom Gin Tonic, sind meine Schuhe ganz nass vom Tau des Grases, und meine Mutter ist noch wach; sobald ich das Haus betrete, höre ich ihr leises Schluchzen.

Ich liege auf meinem Bett und stelle mir den Moment vor, in dem wir langsam durch die Allee aus Tannen zum Eisentor deiner Villa gingen, wie mein Arm deinen berührte, berührte und wieder losließ, bis wir stehenblieben und du mir gute Nacht sagtest. Ich stelle ein Inventar von Szenen zusammen, in denen du in meiner Nähe sitzt oder stehst, und suche Beweise, dass du mir gegenüber nicht mehr gleichgültig bist.

Ich versuche, geheime Bedeutungen in die beiläufigsten

Worte von dir hineinzulesen; verschönere völlig harmlose Dinge, die du sagtest; stelle mir Unterhaltungen vor, in denen ich glänze.

Doch es dauert eine lange Zeit, bis meine Mutter sich wieder beruhigt, und ich möchte so sehr in meinem Zustand hoffnungsloser Sehnsucht verweilen – die verführerischer ist, weil sie unstillbar scheint –, dass ich meine Mutter beinahe anschreie.

Die ganze Zeit über habe ich das Gefühl, diese Szene aus der Ferne zu betrachten, und ich schaue mir zu und bin angewidert von meiner Herzlosigkeit. Manchmal ärgere ich mich sogar darüber, dass deine Anwesenheit in Ranipur mir ständige und anstrengende Aufmerksamkeit abverlangt; darüber, wie viel ich leiste, damit du mir wohlgesinnt bist. Passt das alles wirklich zu einem Mann Ende vierzig? Und wozu führt es überhaupt?

Eines Morgens betrachte ich mein Gesicht aus verschiedenen Blickwinkeln im rostgerahmten Spiegel des Badezimmers und frage mich, ob Aseems Vergleich meines Aussehens mit dem von Dharmendra auch heute noch zutrifft, und ich lasse mich auch durch das wiederholte Klopfen der Pflegerin meiner Mutter nicht beirren, bis ich schließlich die Tür öffne und die Pflegerin mir sagt, dass meine Mutter versehentlich Wasser gelassen hat.

Doch ich kann mich nicht zusammenreißen. Die Bilder von dir suchen mich immer wieder heim, was meinen Selbstekel nur noch verstärkt.

Der Gedanke an dein Leben, bevor du mich kennengelernt hast, und an das Leben, das du weit weg von Ranipur führst, der Gedanke an meinen völligen Ausschluss von beidem, ist besonders schmerzhaft. Und ich zucke innerlich zusammen, sobald ich mich an deine beiläufige Erwähnung erinnere, dass du für die Arbeit an deinem Buch in Kürze nach London reisen wirst, *der* Stadt für eine Schriftstellerin, wie du sagtest.

Es ist lächerlich, dass ich auch nur für eine Sekunde geglaubt habe, dass jemand, der so jung, so lebendig und weltgewandt ist wie du, sich in einem abgelegenen Himalayadorf abschotten würde. Trotzdem wache ich jeden Morgen auf mit dem Gedanken, dass du weggehen und bald nicht mehr da sein wirst. Ich stelle mir vor, wie du in deinem Pajero davonfährst, aus irgendeinem Grund ist es Nacht, wie die Reifen über den Kies knirschen und wie kleine Steine davonsplittern und wie die großen Scheinwerfer über die Allee wischen und die schlafenden Bäume verhöhnen.

Seltsame neue Gedanken suchen mich nun heim: Ich habe die zwei Jahrzehnte zwischen zwanzig und vierzig verschwendet; ich habe die ganze Zeit am Rande des Lebens gewartet – wofür?

Ich lese und schreibe immer noch, doch es fällt mir nicht mehr leicht, denn plötzlich ist es mir unangenehm, auf diese passive Weise das Leben anderer Menschen zu verfolgen. Der Drang, selbst zu leben, ist zu stark geworden.

Die Tage, an denen ich dich nicht sehe, wirken auf mich besonders wenig verheißungsvoll. Das Haus fühlt sich plötzlich zu eng an, die Decke zu niedrig; mein Zimmer, das seit mehr als zehn Jahren unverändert ist, wirkt wie ein Gefängnis. In der Wärme und dem Geruch von Kuhmist liegt jetzt eine schwache Anschuldigung. Ich mache mir Sorgen, dass dieser Gestank an meiner Kleidung haftenbleiben wird, wenn ich in deiner Nähe bin, und ich werde immer mehr von dem Wunsch ergriffen, auszubrechen.

Allerdings weiß ich nicht, wie – bis du mit ungeheuerlicher Einfachheit eine Reise »ins Warme« vorschlägst.

DREIZEHN

Es gibt so viele Dinge, die ich dir nicht anvertrauen konnte, als wir zusammenkamen, und die ich jetzt nachliefern muss: die Krankheit meiner Mutter, mein wachsender Drang, meiner Verantwortung zu entkommen, und die Erleichterung, die durch die Schuldgefühle beeinträchtigt wurde, die ich während eines Großteils unserer gemeinsamen Zeit spürte. Ich habe dir auch nie erzählt, dass Aseem es war, der auf die Frage nach einem warmen Ort Pondicherry vorschlug.

Er war in die Stadt gereist, nachdem er eine idealisierte Version des Ortes in *Life of Pi: Schiffbruch mit Tiger* gesehen hatte, und er war immer noch begeistert von der Atmosphäre einer kleinen französischen Kolonie in den Tropen, von den sauberen, ruhigen Boulevards, den hohen Hauswänden, die sich mit einer Mischung aus grünen Fensterläden und Leere von der Sonne abheben. Er empfahl uns sogar das Yoga-Retreat am Strand, in dem wir übernachteten.

Erinnerst du dich an die Rezeptionistin mit dem streng zurückgekämmten grauen Haar und den großen enttäuschten Augen? Sie sah uns aufmerksam an, und plötzlich wurde mir bewusst, dass ich in einer Szene auftrat, die schon von vielen Menschen zuvor durchgespielt worden war – ein Mann mit einer jüngeren Frau aus einer höheren Kaste oder einer anderen Religion, die als Ehepaar einchecken.

»Sie sind nicht verheiratet?«, sagte die Rezeptionistin, drehte uns abrupt den Rücken zu, um, ohne meine Antwort abzuwarten, meine Aadhaar-Karte und deinen US-amerikanischen Reisepass zu kopieren, wobei das Fleisch ihrer Unterarme wabbelte.

»Glaubst du, sie ist eine Hindu-Fanatikerin?«, hast du mir ins Ohr geflüstert. »Und war das hier nicht mal ein Treffpunkt für Hippies und freie Liebe?« Ich spürte den verheißungsvollen Druck deiner Finger auf meiner Hand, und der Glanz von etwas elegant Wildem in deinen Augen, als du mich anlächeltest, schien uns in etwas wundervoll Verbotenem zu verbinden.

Ein ähnliches Aufflackern unerlaubter Erregung empfand ich auf dem Parkplatz vor dem Flughafen von Delhi, als du plötzlich zwei Finger auf meine Schulter legtest, während du hinter dich auf den Boden blicktest. Es handelte sich um eine Fichtennadel, die sich in Ranipur an deinem Absatz festgeklebt und die du bis nach Delhi mitgenommen hattest; du kratztest sie mit der Spitze deines Autoschlüssels ab, während du dich an meine Schulter klammertest, und ein dunkles Ringellöckchen löste sich aus deinem Haarschopf.

Das gelegentliche Berühren der Unterarme auf dem Flug von Delhi nach Chennai machte mich eher nervös als erwartungsvoll; meine Augen glitten abwesend ein Dutzend Mal über denselben Absatz in dem Buch, das ich gerade las. Und da lag etwas Unangenehmes in den Köpfen, die sich umdrehten, um dich zu mustern, wenn du in Tanktop und Jeans den Gang zur Toilette entlanggingst, und die sich am Gepäckband immer wieder nach dir reckten, bis das faszinierende Gepäckstück vorbeikam: ein retro-moderner Koffer mit Metallkanten und schicken silbernen Schlössern, bedeckt mit Spuren von Gepäckaufklebern.

Doch als wir vom Flughafen Chennai nach Pondicherry fuhren und die Reiher über die Reisterrassen hüpfen sahen, spürte ich, wie mein Herz schneller schlug.

Wochenlang hatten wir uns in Ranipur scheinbar aufeinander zubewegt. Es gab kein Zurück mehr, nicht nachdem du das Zimmer im Retreat auf unseren Namen gebucht hattest; und obwohl ich mich immer wieder gefragt hatte, wie unzureichend meine Erinnerung an glühende, aber längst vergangene Begegnungen mit der Frau in South Extension im Vergleich zu einer deiner reichen und kürzlichen erotischen Erfahrung sein müsste oder ob mich meine Gewohnheiten von privater Täuschung und Befriedigung für die Gegenseitigkeit der Liebe untauglich gemacht hatten – in dieser neuen Landschaft mit ihren sanften Hügeln, dem jungen Reis und den Bananen, dem klaren Licht, das nach dem Smog von Delhi eine willkommene Abwechslung darstellte, hier erfreute ich mich plötzlich an dem Gefühl, dass die letzten Ängste – vor dem Verlassen der Heimat, vor der Reise –, hinter mir lagen, und vor mir ein lang erwartetes Abenteuer.

Beim Aussteigen aus der klimatisierten Luft des Wagens am Strand berührten sich einen Lidschlag lang unsere Handrücken, und in meinem aufgeregten Zustand während dieser Reise, die mir beinahe wie ein Durchbrennen vorkam, schien ich alles wahrzunehmen: das Babyblau des Himmels des Meeres, die weißen Möwen, die sich jagten, und den Gärtner mit der undichten Gießkanne, der eine feuchte Zickzackspur über den roten Lehm zog.

Wie sich herausstellte, bat uns die Rezeptionistin noch um etwas Geduld; unser Zimmer war eines der wenigen, die für die aktualisierte Website des Retreats fotografiert wurden.

Wir verließen das unbestuhlte Foyer und gingen durch den Garten, in dem die Bewohner des Pflegeheims nebenan still und mürrisch in ihren Rollstühlen saßen, und schlenderten zum Strand, wo wir uns in den Sand setzten. Die Arme um die Knie gelegt, sahen wir dem Meer zu, wie es ungeduldig an dem goldenen Sand zerrte, und plötzlich, unter dem hohen weiten Himmel, waren wir schüchtern miteinander.

Eine sehr braungebrannte Französin hinter uns schmierte sich gletscherlangsam mit Sonnenmilch ein. Ein gescheckter Hund mit schmutzigem Schwanz stand vor ihr und schaute mit heraushängender Zunge zu. Von irgendwoher im Osten kam das irritierende Stottern eines Zweitakt-Bootsmotors, der gerade angelassen wurde, und die Tauben, die im Plastikmüll unter einer Betonbank kauerten, stiegen in die Sonne auf.

Ein hagerer kleiner Junge in einer Weste brachte aus einer Hütte hinter uns ein Tablett mit Filterkaffee für eine Horde junger Männer, Tagesausflügler aus Chennai, die sich abwechselnd umdrehten, um dich wie Frettchen anzustarren.

Während die Messingbecher von einer Hand in die andere wanderten und der Kaffee in die Davaras gegossen wurde, sagte der Junge etwas auf Tamil, woraufhin alle Männer gackerten und sich mit frechem, spöttischem Grinsen zu uns umdrehten.

Ihre hässliche Heiterkeit war typisch für alles, was mich anspannte, und in dem spöttischen Lächeln, das der Kaffeejunge beim Weggehen hatte, lag etwas von der Unhöflichkeit, die die Niederen denen gegenüber hegen, die sie als ihresgleichen erkennen.

Ich war fest entschlossen, seinen Blick niederzuzwingen und beobachtete ihn, wie er zurückkam; er schwang munter sein glänzendes Stahltablett zwischen Daumen und Zeigefinger und walzte zu der Hütte aus rostigem Blech und verrottetem Holz mit sonnenverblassten Pepsi-Schildern; dann stolperte er plötzlich, und das Tablett fiel mit einem langanhaltenden Klirren zu Boden: Ein unsichtbarer Mann, vermutlich der Ladenbesitzer, hatte ihm eine Ohrfeige verpasst.

»Was gefällt dir besser«, hast du mich gefragt, »die Berge oder das Meer?«

»Die Berge, keine Frage«, antwortete ich und log: »Dort habe ich die meiste Zeit meines Lebens verbracht.«

Als du dich abwandest, dachte ich an die weniger banalen und ehrlicheren Dinge, die ich hätte sagen können. Mein Hemd klebte an meinem Rücken. Plötzlich bellte der Hund. Ich sah mich nach dem Kaffeejungen um. Warum hatte ich mich auf ihn fixiert? Ich schämte mich ein wenig für das Gefühl der Befriedigung, das ich empfunden hatte, als seine Frechheit brutal bestraft worden war.

Ich dachte an Sarita, die neue Pflegerin meiner Mutter, die ich unausgebildet und nervös in Ranipur zurückgelassen hatte. Sie war ein Teenager aus einem nahegelegenen Dorf und machte fast alles kaputt, was sie berührte, oder ließ es zumindest fallen. Sie zitterte, wenn man sie um etwas bat, und ihre erschrockenen Augen schienen zu sagen: »Glauben Sie, dass ich es schaffe?«

Nach einer Weile zücktest du dein Smartphone. Deine Sonnenbrille verrutschte immer wieder, wenn du auf den Bildschirm runterblicktest, und du schobst sie mit einem Fingerknöchel hoch.

Du hattest mir gerade erst von deinen Tausenden von Twitter-Trollen erzählt, von denen auch die Gemäßigsten dich als »Dschihadisten-Schlampe« bezeichneten, und obwohl du über diese routinemäßige Flutwelle von Verleumdungen gelassen hinwegzusehen schienst – »Man muss diese Dinge einfach hinnehmen«, sagtest du, »wenn man eine

Muslimin und politisch engagiert ist. Leute, die daraus ein großes Drama machen, sind mir suspekt; es gibt viel schlimmere Opfer da draußen« –, musste ich mich jedes Mal innerlich zusammenreißen, wenn du auf dein Handy gucktest.

Irgendetwas auf deinem Bildschirm brachte dich aber zum Lächeln, mehrfach sogar, und die Wölbung deines Nasenlochs dehnte und straffte sich abwechselnd.

Plötzlich hast du dich umgedreht und die Kamera auf mich gerichtet. »Bitte lächeln!«

Auf dem Foto – ich befinde mich auf halbem Wege zum Lächeln – sind die französische Sonnenbadende, der streunende Hund und die Ausflügler verschmierte Flecken im Hintergrund.

Schließlich stecktest du das Telefon zurück in deine Tasche und strecktest dich im Sand aus; deine Hände waren unter deinem Kopf, die Füße in zarten weißen Sandalen, die Zehennägel rosa lackiert, zeigten in Richtung Meer.

Über uns raschelte ständig ein Drachen. Einmal stürzte er auf uns herab, nur um dann abrupt wieder hochzusteigen und die umherschwirrenden Möwen zu erschrecken. Ein Mann in einem weiten, flatternden Pyjama und hawaiianischen Flip-Flops aus pinkem Plastik passierte den Horizont, gefolgt von einem kleinen Affen. Der Mann hielt kurz inne, um aufs Meer zu blicken; sein angeleintes Tier verrenkte den Kopf, um sich Flöhe aus dem Fell zu beißen.

Wie langsam die Zeit vergeht, wenn man auf den Beginn einer Sache wartet.

Ich dachte an deine Äußerung über die Berge und versuchte, etwas ebenso Interessantes zu sagen: »Weißt du, ich musste daran denken, was du neulich über diese geheimen Orte in den Bergen gesagt hast. Es ist seltsam, wenn man bedenkt, dass noch Tausende von Jahren vergehen und Milliarden von Menschen leben und sterben werden, und diese Orte immer noch existieren werden und niemand ihr Geheimnis erfährt.«

»Ja, das stimmt«, sagtest du und blicktest in den Himmel.

Ich weiß nicht, was ich damit sagen wollte, aber ich habe nicht aufgehört.

»Stimmt«, sagtest du wieder.

Es verging noch einige Zeit. Die Sonne tauchte hinter eine dicke graue Wolke. Die mit Seetang beladenen Wellen, die den Sand hinaufkrochen, wirkten mürrisch, und ich spürte, dass wir den Punkt erreichten, an dem der Schwung einer lang vorbereiteten Sache verpufft und man sich fragt, was man tun und wie man neu beginne könnte.

»Ich habe ein bisschen Durst«, sagtest du, und ich fragte mich, ob ich den Kaffeejungen um eine Flasche Bisleri bitten sollte.

Ein paar Minuten später nahmst du wieder dein Telefon hervor.

Du scrolltest eine Weile durch irgendetwas, lächeltest wieder heimlich, und deine Sonnenbrille rutschte langsam von deiner Nase.

»KashmiriMuslimTraitors trendet grade, ich muss da was drüber twittern«, sagtest du. Während du mit den Daumen tipptest, fächerten sich deine rosafarbenen Zehen angespannt auf.

Danach setztest du deine Sonnenbrille ab und schautest mich aus deinen klugen, klaren Augen an. »Es ist so schrecklich«, sagtest du, »was dieses Land den Kaschmiris antut. Viel, viel schlimmer als das, was Israel den Palästinensern antut, und es kümmert keinen.«

Du sprachst in einem müden und genervten Ton, und ich

ertappte mich dabei, wie ich sagte: »Ja, so ist es wirklich«, obwohl ich mich vor diesem wenig verheißungsvollen und ernüchternden Thema fürchtete und wünschte, es würde einfach verschwinden.

Ich wusste, dass du wie besessen mehrmals pro Stunde die Nachrichten last, als könnte durch das Wissen, welche Dinge immer schlimmer werden könnten, das Schlimmste abgewendet werden, und du gingst davon aus, dass ich dasselbe tat. Doch dem war nicht so, und in Wahrheit fühlte ich mich engherzig, dass ich der Meinung war, deine politischen Bedenken enthielten mir etwas Wichtiges vor, nämlich deine volle Aufmerksamkeit und dein Interesse.

Du erzähltest mir nun mit anklagendem Blick von den Nachrichten aus Kaschmir und deiner Einschätzung der Situation, die dich so aufgeregt hatte, und ich ertappte mich dabei, wie ich die üblichen Gemeinplätze über ferne Gräueltaten von mir gab, während ich deinen Blicken auswich und mich wieder einmal fürchtete, dass du eines Tages meinen Mangel an politischer Leidenschaft entdecken und mich dafür verurteilen könntest.

Nach einer Stunde stockender Konversation und fragendem leichten Lächeln stapften wir mit unserem Gepäck und feinem Sand in unser Zimmer und fanden darin zwei schmale Einzelbetten vor, die für zölibatäre Yogis gedacht waren.

Ohne Kissen sahen sie mit ihren dünnen, weißen Decken so glatt und verlassen aus wie marmorne Grabplatten.

Die schwüle Hitze, die den ganzen Nachmittag über in den Räumen eingeschlossen war – und vielleicht auch die Erwartung, die jetzt in der Luft lag –, ließ uns den Schweiß übers Gesicht perlen. Wir öffneten die Balkontür, bewunderten die Aussicht, lasen die Liste der Anweisungen, was im Falle eines Feuers zu tun ist, betrachteten das gerahmte Foto der »Mutter«, der Gründerin des Retreats, oder suchten sogar die fehlenden Kissen im Kleiderschrank, und betrachteten alles, bis auf die beiden deprimierenden Betten.

Am späten Nachmittag beobachtete ich, wie du in einem karierten Bikini rauchend auf einem der beiden Betten lagst, unter einem gakeligen, sich wild drehenden Deckenventilator. Du blicktest auf das Foto der »Mutter« an der Wand.

Sie war eine ältere Französin mit großen, leicht vorstehenden Zähnen, dunklen Augen und einem bestickten Schal auf dem Kopf und rief uns hier überall zu einem Leben voller Ernsthaftigkeit und Rechtschaffenheit auf; ihr kantiges Gesicht war auf zahlreichen Objekten zu sehen, von Handtüchern über Briefpapier und Kaffeetassen bis hin zu dem ausgerollten Fliegenfänger, der an einem einsamen Nagel von der Decke hing und unter dem Luftzug des rasenden Ventilators kreiselte.

Entgegen ihrer Aufforderung zur Tugend bliest du perfekte Rauchringe in die Luft, und während du noch deinen gebräunten Arm hochhieltest, schautest du dem Rauch nach, wie er im Sonnenstrahl, der das Zimmer in zwei Hälften teilte, verwirbelte und verschwand, während dein anderer Arm still auf dem Bett lag, die Handfläche nach oben gerichtet wie in Erwartung einer Handleserin.

Mir wurde klar, dass ich etwas gefunden hatte, das meine früheren Glücksvorstellungen ersetzte, als ich als Junge in der Abenddämmerung am Nullah in der Nähe meines Zuhauses stand, umgeben von Grillen und dem gedämpften Bellen von Hunden, anders auch als der Nachmittag in einem abgelegenen Tal des Himalaya, wo sich Schnee- und Eisgipfel kilometerweit unter reinem Licht erstreckten und Krähen mit ihren kehligen Rufen die über allem liegende Stille unterstrichen.

Das Leben hatte mir einen weiteren makellosen Moment geschenkt, unerwartet inmitten der Sorgen um meine Mutter. Benommen von dem Gefühl, damit davongekommen zu sein, beschloss ich, mir alles ganz genau einzuprägen: die Hitze und das Licht des Spätnachmittags, das träge schaukelnde Meer, als hätten wir alle Zeit der Welt, und hinter mir das Zimmer mit den roten Backsteinwänden, der zuckende Fliegenfänger, das samtige Braun deiner Haut und das herzförmige Tattoo auf dem ungebräunten Fleisch unterhalb deines Bauches.

Niemals wollte ich vergessen, wie ich von einem Mittagsschlaf nach dem Duschen aufwachte und die Badezimmertür offen vorfand, wie du dich im Kimono über das Waschbecken beugtest und dir den Mund ausspültest; wie du, als du mein Spiegelbild sahst, riefst: »Du darfst hier nicht reinkommen!«, obwohl du dich anschließend umdrehtest und zu meinem Einzelbett kamst und dich herunterbeugtest, um mich zu umarmen, als wärst du meine Frau, eine Hand an meinen Rücken gepresst, als hättest du mich schon viele Male gleichzeitig sanft und heftig umarmt; auch wollte ich mir behalten, wie ich dich mit der gleichen Vertrautheit umarmte, während ich zuerst an deinem kühlen Körper das Duschgel roch, das du beim Reisen immer dabei hattest.

Während dieser anfänglichen Intimität, die etwas ungelenk wurde durch meinen Unglauben, dass sie überhaupt stattfand, verloren wir fast das Gleichgewicht. Du musstest kichern und sagtest, du müsstest schnell auf die Toilette gehen. Die Toilettenspülung knurrte, und als du schließlich zurückkamst, schien dein Kimono noch enger geschnürt zu sein als zuvor.

Es gab noch mehr verlegenes Kichern, als wir von meinem Einzelbett herunterrutschten und uns wieder aufsetzen mussten. Ich spürte ein Zittern in meinen Beinen und war genervt von mir. Keiner von uns hatte Kondome dabei, und wie sich herausstellte, befand sich die nächste Apotheke auf der indischen Seite der Stadt; während ich durch die Hitze durch die engen Gassen stapfte, erinnerte mich das Stadtviertel an den Basar meiner Kindheit.

In einer Barbierbude aus rauem Kistenholz, die über einem freiliegenden Kanal wackelte, wurde ein stoppeliges Kinn genüsslich mit einem Alaunkristall abgerieben. Ein streunender Hund, der auf der Seite lag und dessen rötliches Fell nass und dunkel war, hob den Kopf und blickte mich mit seinen feuchten Augen an.

Der ungesund übergewichtige Teenager in der offenen Apotheke, der ein Hawaiihemd trug und mehrere fette Ringe an den Fingern, grinste mich an, als er mir das Wechselgeld zurückgab (oder hatte ich mir das nur eingebildet?), und eine ungeduldige Autoriksha-Fahrt zurück ins Yoga-Retreat bewirkte genau das, was sie eigentlich vermeiden sollte: Sie brachte mich erneut ins Schwitzen.

Nach einer weiteren Dusche verbrachte ich einige Zeit damit, mit dem Fingernagel ein langes Haar auszukratzen, da es an dem winzigen Stück Cinthol-Seife klebte, das von dem Retreat zur Verfügung gestellt worden war. Das Haar, das bei jedem Versuch, es loszukratzen, eine andere Form annahm, ließ sich nicht ablösen. Grüne, trockene Seife sammelte sich unter meinen Fingernägeln, und winzige Schweißtropfen perlten auf meiner Stirn.

Doch ich erinnere mich auch daran, wie die Luft im Zimmer an jenem Spätnachmittag von Hitze und erdigen Gerüchen beschwert war, als du dich auf dem Bett umdrehtest, dein dichtes Haar aus den Augen strichst und mein Gesicht in deine Hände nahmst. Mit deinen sanften Fingern und

Daumen schienst du meine Züge zu vermessen; und die Geste war so verblüffend – seit Jahren hatte niemand mehr mein Gesicht berührt –, dass ich deine Finger beinahe wegstieß.

Draußen in der stillen, einschläfernden Hitze schwebten Fischerboote am Saum des glitzernden Meers. Später am Nachmittag wachte ich jedoch durch ein gleichmäßiges, leises, unaufhörliches Geräusch hinter der offenen Balkontür auf: Es regnete.

Alles war dunkel und einsam geworden. Dein penibel gemachtes Bett hatte wieder die Form eines Grabes angenommen. Wohin warst du verschwunden?

Vom Balkon aus, der jetzt dunkelgeregnet war, sah ich eine kleine Gruppe von Menschen am Strand, es waren Männer, die unter schwarzen Sonnenschirmen kauerten; einige von ihnen hockten im Sand und starrten aufmerksam auf etwas am Ufer.

Es war die Leiche eines Ertrunkenen, wie ich feststellte, als ich, nachdem ich vergeblich auf deine Rückkehr gewartet hatte, beschloss, in den inzwischen nadelfeinen Nieselregen hinauszugehen. Auf dem Rücken seines weißen Hemdes und seiner khakifarbenen Hose wucherte Seetang, und an seinen schuhlosen, aber durchnässten Füßen klebte ein toter kleiner silbriger Fisch. Ein junger Fischer in einem weißen Lungi stocherte zaghaft mit einem Stock an der Socke des Toten herum, bevor ihn zwei Gendarmen in französischen Képis, die wortlos zu uns gestoßen waren, aufforderten, damit aufzuhören.

Es war Flut, und die weiße Brandung brach und zischte nur einige Meter entfernt von uns. Muscheln lugten aus den Tangriemen im Sand hervor. Das Meer war grau, der Horizont verschwommen. Es ging eine starke Brise, die Kokospalmen wiegten sich raschelnd und knackend, und der gescheckte Hund lief klatschnass auf und ab, als zögerte er, ob er bellen sollte oder nicht.

An der Kaffeehütte hatten einige Männer auf Motorrollern und Mopeds neben dem Polizeijeep angehalten, um zu gaffen, eingehüllt in Anoraks, die vor Wasser trieften. Ich erkannte den Kaffeejungen mit dem Stahltablett wieder, der jetzt reglos und ernst unter einem undichten Dach stand.

Ein Linienbus aus Chennai bremste ab, als er vorbeifuhr; die Fahrgäste an den Fenstern reckten ihre Hälse, um das Geschehen zu beobachten, und schreckten dann vor dem Spritzwasser zurück. Ein Polizeijeep mit weiteren Gendarmen traf ein, und die Gaffer starteten ihre Motorroller und zerstreuten sich schnell, als die Männer mit den Képis begannen, nach Zeugen zu suchen.

Ein Rettungswagen mit Rot- und Blaulicht tauchte auf, gefolgt von dem dunklen Wagen des Leichenschauhauses, und der Rettungswagen stand einige Sekunden lang gespannt herum, bevor er mit heulenden Sirenen im Nebel verschwand.

Ein Mann, rief unerwartet jemand auf Hindi, war vor einer Stunde mit einer Bierflasche in der Hand ins Meer gewatet.

Die Polizei forderte die Schaulustigen auf, sich zurückzuziehen, obwohl die Fischer unter ihnen bereits davonschlurften, während sie ihre Lungis hochhielten; sie lebten in unverputzten Hütten aus Hohlziegeln und ungestrichenem Holz, die sich bis ans Meer drängten und zu denen – es war inzwischen vier Uhr nachmittags – uniformierte Schulkinder mit Schulranzen und Haarbändern über den Sand zurückzuströmen begannen.

Als ich das Hotelzimmer betrat, schautest du kaum von deinem Computer auf, mein Haar war feucht vom Nieselregen, meine Schuhe knirschten vom nassen Sand. Ich steckte voll von allem, was ich gesehen hatte, und wollte dir gerade eilig davon berichten, als ich Aseems Bariton hörte.

Du warst dabei, das Videointerview zu transkribieren, das du vor einigen Wochen in Ranipur mit ihm geführt hattest, an dem Tag, an dem er uns vorgestellt hatte. Auf dem Bildschirm deines iPads war Aseem zu sehen, wie er in einem Ledersessel saß und mit völlig gleichgültigem Gesichtsausdruck in die Kamera blickte.

»Meine jungen Verwandten«, sagte Aseem, »lieben es, mich danach zu fragen, wie unser Leben früher war. Sie sind im Fünfsternekomfort aufgewachsen. Sie können mir kaum glauben, wenn ich sage, dass wir kein Gas und kein fließendes Wasser hatten. Wir hatten Kohleöfen in unserer Küche – *Angeethis* hießen die bei uns. Die Kinder mussten das Feuer anfachen und sich dann ducken, um der fliegenden Glut auszuweichen. Einer von uns musste die Asche zusammenkehren, mit der dann das Messinggeschirr gereinigt werden konnte.«

Anders als ich hat er sich nie darum geschert, dass die Erinnerungen an die Zeiten des Mangels dich langweilen oder beunruhigen könnten.

»Aber weißt du was?«, fuhr er fort. »Das Leben war einfacher – und reicher. Ich hab' Heimweh nach dieser Einfachheit. Das Leben steckt jetzt voller Ablenkungen und Ängste. *The world is too much with us*, wie der Dichter sagte.«

Ich kann nicht behaupten, dass ich Aseem jetzt unbedingt sehen wollte. Mir fiel sogar auf, dass ich ihm seine Anwesenheit an diesem bedeutenden Tag übelnahm. Am früheren Nachmittag waren wir beide zu nervös gewesen, waren einander zu fremd, um guten Sex miteinander zu haben. Doch schien uns das nichts auszumachen, denn wir hatten einen Anfang gemacht, und im Verlangen schienen wir vereint.

Doch du warst nicht länger die Frau, die ich noch vor kurzem gekannt hatte. Mit einem ernsten Gesichtsausdruck über dein MacBook gebeugt, warst du in das eingetreten, was du deinen »Arbeitsmodus« nanntest.

»Leute wie wir müssen sehr aufpassen«, hattest du mir gesagt, kurz nachdem Aseem uns vorgestellt hatte. »Wir brauchen immer irgendein Projekt, an dem wir hart arbeiten können. Ich weiß, dass ich eine von denen bin, aber ich kann die reichen indischen Kids nicht ausstehen, die ihre ganze Zeit auf Twitter und Instagram verbringen. Die Reichen sollten wie alle anderen hart arbeiten, ganz egal, ob sie sich für politischen Wandel interessieren oder nicht.«

Ich fand diesen Gedanken erfrischend und bewundernswert, wie so vieles andere an dir auch. Doch als ich wie angewurzelt vor den Wellen und Locken deines Haares stand, während du tipptest, bewegte ich immer wieder meinen großen linken Zeh an der Stelle meines feuchten Schuhs, an der ich am Tag zuvor eine Kugeldistel gefunden hatte.

Du tipptest schnell und hart; deine Tastatur – du sagtest, es sei eine der schlechtesten, die Apple je produziert hatte – ähnelte dem dringlichen und durchsetzungsfähigen Geräusch einer Schreibmaschine; und du hieltest nur inne, um dir die Haare aus dem Gesicht zu streichen.

»Aseem spricht wie gedruckt, in klaren, langen Sätzen«, sagtest du, ohne aufzublicken, »das ist großartig für die Recherche.«

Ich blieb stehen und versuchte zuzuhören, aber während Aseem über das neue Indien sprach, wanderten meine Gedanken zu einer feuchten Polizeistation, wo jetzt gerade ein Polizist unter den gerahmten Porträts eines zahnlos grinsenden Mahatma Gandhi und eines strengen, graubärtigen Narendra Modi sitzt und einen Bericht in dreifacher Ausführung verfasst. Er beendet ihn mit einem Seufzer und schiebt ein Exemplar zusammen mit schlecht gedruckten Fotos der algenschmutzigen Leiche und dem Autopsiebericht in einen braunen Umschlag mit der Aufschrift »unbekannte Leichen« und schiebt ihn dann in einen mit Umschlägen überquellenden Metallschrank.

Auf dem Bildschirm des iPads kamst du nun zu deinem Hauptthema, als du Aseem über das Sponsoring seines Festivals der Ideen durch Unternehmen und insbesondere über seine Beziehung zu Virendra Das und Siva befragtest.

Aseem ist kurz davor zu sagen, was ich von ihm im Fernsehen gehört habe, nachdem unsere Freunde vom IIT verhaftet worden waren. Ich bin mir sicher, dass Aseem die immergleiche Antwort stets ein wenig unbehaglich war – er wusste, wie viel er und seine Zeitschrift unserem reichen Freund Virendra verdankten, und du weißt vielleicht sogar noch mehr darüber. Außerdem würde ihn seine Verbindung zu einem verurteilten Verbrecher wahrscheinlich noch mehr dem Zorn Modis aussetzen.

Er scheint das quälende Bewusstsein von Überlebenden zu haben – dass er sich gegenüber den Toten und den in Ungnade Gefallenen falsch verhalten hat. Bei dem Versuch, aufrichtig und wahrhaftig zu erscheinen, zieht er sich auf Plattitüden zurück – seltsam und aufschlussreich, wie viel Plattitüden unsere öffentlichen Äußerungen ausmachen.

Er erwähnt die Dauer unserer Freundschaft am IIT, er spricht von einer grob vernachlässigten *conditio humana*, die in einem grundlegenden Kampf um Menschlichkeit besteht – er macht sich für einige seiner Lieblingssprüche warm. Er zitiert Tschechow und anschließend Naipaul.

Ich denke wieder an den Mann mit der Bierflasche, der aufs Meer hinaustreibt, während der Subkontinent hinter ihm zurückweicht, und dann plötzlich unter eine große Welle gerät, und einen Moment lang spüre ich eine klare Panik: Die ganze Welt wird langsam weggespült, und er war bloß einer der ersten, die weggespült wurden.

Am Rand des Bildschirms sehe ich, wie du nach einer Zigarettenschachtel auf dem Boden tastest. Aseem steht aus seinem Sessel auf – um dir ein Feuer anzubieten, das er nicht hat? Du stehst ebenfalls auf, und dann sehe ich euch beide im Bild.

Aseem steht ganz nah vor dir und betrachtet dein Gesicht mit seinen dunklen Augen, als wolle er deine Knochen inspizieren; du wankst ein wenig zurück, bewegst dich mit einer ausgestreckten Hand auf die Kamera zu, und der Bildschirm wird dunkel.

VIERZEHN

Aseem pflegte zu sagen (oder zu zitieren – ich weiß nicht, woher das stammt): »Wir alle leben in Geschichten, und wenn eine Geschichte endet, beginnt eine andere. Das Entscheidende ist, herauszufinden, was diese Geschichte ausmacht, und die Kraft zu haben, sich seinem Schicksal zu stellen.«

Aber wie endet eine Geschichte, und wie beginnt eine andere? Was hat mich dazu gebracht, meine Mutter in Ranipur zu verlassen und dir nach Pondicherry zu folgen, in diese Kulisse aus weißem Sand, einer sonnenbeschienenen Brandung und einem blauen Himmel hinter einem Geschlinge aus Kokosnusspalmen, in dieses Setting, das so stilisiert wirkte wie ein Instagram-Post, und in dem auch ich auf den Strandfotos, die du mit deinem neuen Pixel gemacht hast, charakterlos glatt erschien, während der Ertrunkene, der Strolch mit dem stählernen Teetablett, die Französin und die voyeuristischen Tagesausflügler aus Chennai im Hintergrund verschwammen?

Vielleicht leben wir alle in Geschichten, doch vielleicht ist es besser, sie zu verlassen, solange wir noch können.

Die Pflegerin Sarita war ein Zeichen meines Scheiterns. Aseem hatte gesagt, er könne mir eine ausgebildete Krankenschwester aus Delhi besorgen. Doch niemand aus der großen Metropole wollte tatsächlich in einem kleinen Dorf im Himalaya arbeiten. Und Sarita hatte eine ganz andere Vorstellung von der Arbeit, die sie übernehmen sollte.

Devdutt hatte mit einem unerwarteten Ton der Wut in der Stimme gesagt: »*Yeh Dalit log kaam nahin karna chahtey hai. Unke badey dimaag hain.* Diese Dalits wollen nicht arbeiten. Sie haben großspurige Vorstellungen von sich selbst.«

Ich hatte mich jetzt gerade nicht mit seinen Vorurteilen auseinandersetzen wollen. Es war kein gutes Jahr für Äpfel gewesen, und das leichte Stirnrunzeln des Zweifels, das im späten Frühjahr auf Devdutts Gesicht erschien, verstärkte sich jetzt gerade.

Am dritten Nachmittag mit dir in Pondicherry hatte ich sieben verpasste Anrufe auf meinem stummgeschalteten Handy.

Ich versuchte Sarita zu erreichen und hörte zunächst einige Male die Meldung: »Die von Ihnen gewählte Nummer ist nicht vergeben.« Als ich sie endlich erreichte, war sie fast hysterisch.

Sie wollte wissen, warum ich nicht rangegangen war.

Was hätte ich sagen sollen? Dass ich wieder einmal den Vormittag in einer der kleinen Buchten verbracht hatte, die die Küste in der Nähe unseres Yoga-Retreats ausmachten. In dieser Luft, die nach warmen Tannennadeln roch, und in der Stille, nur gebrochen durch das Sägen und Schaben der Zikaden, hatte ich dir beim Schwimmen zugesehen.

Am Mittag waren wir über steile, steinige Pfade, durch eine stille, von Kiefernduft gesättigte Luft, zurück zu unserem Zimmer im Retreat gegangen. Es war kühl und schattig nach dem heißen grellen Sonnenlicht, und drei weitere euphorische Stunden waren dort vergangen, bevor ich mein Telefon in die Hand nahm und die verpassten Anrufe bemerkte.

»*Main nahin kar sakti hoon*«, sagte Sarita, »*yeh kaam mere liye nahin hai.* Ich kann das nicht tun. Diese Arbeit ist nichts für mich.«

Sie hatte den Teppich bereits dreimal gewaschen, doch der Fleck ließ sich nicht entfernen. Auch die Sandelholz-Räucherstäbchen, die sie vom Altar meiner Mutter genommen hatte, konnten den Gestank nicht überdecken. Der Sessel würde entsorgt werden müssen.

Das Schlimmste war, dass meine Mutter einige Stunden lang unter dem Zeichen ihres Kontrollverlusts dasitzen musste, während Naazku auf dem Basar Gemüse kaufen war und Sarita auf die Lieferung einer neuen Gasflasche wartete.

»*Unhone kuch bhi nahin kiya, Kewal baithi rahin, gandh main.* Sie hat nichts dagegen getan. Sie ist einfach weiter in diesem Gestank sitzen geblieben.«

Ich dachte an meine Mutter, die in ihrem niedrigen Korbsessel ohne Armlehnen gefangen war, unfähig aufzustehen, gezwungen, darauf zu warten, bis jemand kam, dem sie erzählen könnte, was passiert war.

Ich nahm dich hinter mir im Zimmer wahr. Nackt hast du auf deinem Einzelbett Dehnübungen gemacht, deine langen Beine bis zu deinen Brüsten hochgezogen und dann langsam wieder losgelassen.

Dieser Nachmittag hatte auf dem Balkon begonnen, als du mich batst, deine Schultern zu massieren, und dann, als du meine Erektion sanft an deinen Hüften spürtest, waren wir ins Haus gegangen.

In dem Zimmer mit dem Porträt der »Mutter«, auf einem Bett, das ein wenig knarrte, schienst du eine besondere Lust zu verspüren, weil du das unschuldige Geräusch von Schritten auf dem weiß getünchten Korridor und die Stimme der

Rezeptionistin im Garten, die mit einem älteren Mann im Rollstuhl sprach, vernehmen konntest.

Ich schritt unruhig auf dem kleinen Balkon hin und her und versuchte, Sarita auf das Offensichtliche hinzuweisen: dass die Knie meiner Mutter es ihr nicht möglich machten, selbständig zu stehen.

Sie schien unnachgiebig.

»Aap koi aur intezam kijeye, Main nahin karoongi yeh kaam. Dalit hain to kya hua, hamari asmita bhi hai, ganda kaam thode karoongi. Bitte treffen Sie eine andere Vereinbarung. Ich kann das nicht machen. Was macht es schon, dass ich eine Dalit bin? Ich habe meine Würde. Das heißt nicht, dass ich so eine Drecksarbeit machen kann.«

Du erschienst leise hinter mir. Als wolltest du deine Blasphemie noch unterstreichen, kniffst du mir in die leichte Speckschicht an meiner Taille und flüstertest mir ins Ohr: »Was glaubst du, wie diese hinduistische, fanatische Rezeptionistin reagieren wird, wenn sie sieht, wie eine nackte Muslimin einen sexy Brahmanen belästigt?«

Absurderweise, beschämenderweise ertappte ich mich dabei, wie ich ins Telefon flüsterte: »*Itni jaldi decide mat kijeye. Is kaam ke liye main aapko aur bahut paise doonga.* Bitte treffen Sie keine vorschnelle Entscheidung. Ich werde Ihnen viel mehr Geld für diese Arbeit zahlen.«

FÜNFZEHN

Als der Anruf eines Nachmittags in Pondicherry kam, nahm ich sofort ab; ich hatte vergessen, das Telefon auf Flugmodus zu stellen.

Die Nummer auf meinem Bildschirm war meine eigene in Ranipur. Ich nahm an, dass es Sarita war. In Wirklichkeit war es meine Mutter.

Ich hatte versprochen, in drei Tagen zurück zu sein, war aber eine Woche geblieben und hatte mich über den Kopf der unfreundlichen Rezeptionistin hinweg an den nordindischen Manager, einen sympathischen Brahmanen, gewendet, der eine Stornierung fand, nachdem die Frau uns mitgeteilt hatte, dass es kein Zimmer gäbe.

Zu dieser Zeit fühlte sich alles – das Zimmer mit den ockerroten Wänden; die Hitze und das grelle Nachmittagslicht, das Meer, das nachts unsichtbar gegen den Strand schlappte und die schmiedeeisernen Stühle auf dem Balkon mit Salz überzog; unsere Nacktheit; die Art, wie du dich so perfekt in meine Arme einfügtest –, alles fühlte sich inzwischen völlig natürlich an, wie die Fortsetzung eines Lebens, das ich schon lange geführt hatte, etwas, das direkt und reibungslos auf deine ersten Textnachrichten an mich in Ranipur folgte.

Es fühlte sich sogar so natürlich an, dass ich, kurz bevor

mein Telefon zu vibrieren anfing, über dein MacBook gekauert auf meinem Bett saß und nach Flügen von Delhi nach London suchte und davon Screenshots machte. Ich hatte in meinem Pass nachgesehen, ob meine Visa fürs Vereinigte Königreich und fürs Schengengebiet noch gültig waren; ich hatte sie vor einem Jahr beantragt, um eine Vortragsreise wahrzunehmen, die ich aufgrund des Gesundheitszustands meiner Mutter dann aber in letzter Minute absagen musste, und nun schaute ich nach, ob es die Möglichkeit gab, dich auf dem Flug, den du von Chennai über Frankfurt nach London nehmen wolltest, zu begleiten.

Als ich Ranipur verließ, hob meine Mutter den Kopf vom Kissen, um mich zu umarmen; ihr Atem war nicht frisch, und ihre Hände packten mich fest am Arm, die Nägel bohrten sich durch die dichte Wolle meines Pullovers in mein Fleisch – ich hatte einen Zettel mit meiner Mobilnummer unter das Telefon gesteckt.

Ich hatte nicht erwartet, dass sie mich tatsächlich anrufen würde, aus dem einfachen Grund, dass sie nie jemanden anrief, obwohl sich das Bakelit-Telefon auf einem Bambusständer direkt neben ihrem Bett befand.

Wenn ich anrief, nahm sie nur selten das Telefon ab, und wenn sie ranging, dann schien sie es kaum erwarten zu können, wieder vom Hörer wegzukommen. Ich glaube, sie hatte Angst zuzugeben, dass sie ein wenig schwerhörig war.

»*Beta, kaisa hai wahan par?* Wie ist es dort?«, sagte sie jetzt.

»*Yahan to bahut oley padey*«, fügte sie hinzu, während sie ihre Sätze abarbeitete.

In Ranipur hatte es einen Hagelsturm gegeben.

»*Conference ho gayi?*«, fragte sie.

Welche Konferenz?!

Mit einem Schrecken wurde mir klar, dass sie sich auf die Lüge bezog, die ich Aseem und ihr erzählt hatte, als ich meine Reise nach Pondicherry mit dir plante.

Ich erinnerte mich daran, wie ich spät nachts angetrunken im Bett gelegen und an dich gedacht hatte, während sie im Zimmer neben mir schluchzte.

»*Haan, achchi rahi.* Ja, es war gut«, sagte ich.

Dann rührte sich Panik in mir, und ich fragte: »*Sarita kaam pe aa rahi hai? Maine usko bataya ki main double paise doonga.* Kommt Sarita regelmäßig zur Arbeit? Ich habe ihr gesagt, dass ich ihr das Doppelte zahlen werde.«

Doch sie hat mir nicht zugehört.

»*Kya kar rahe ho?* Was machst du so?«, fragte sie mit dieser künstlich hohen und schnellen Stimme eines Menschen, der selten telefoniert, dem nichts mehr einfällt.

In Gedanken ging ich die jüngsten Szenen mit dir durch und verwarf sie alle.

Plötzlich fühlte ich mich schuldig, dass meine Mutter nicht einmal von dir wusste, und obwohl ich mir sagte, dass ich das ändern müsste, war mir klar, dass ich das nicht konnte und nicht wollte.

»*View ka anand le rahe hain, sundar hai, samudra aur akash and suraj ek saath.* Ich genieße die Aussicht, sie ist sehr schön: das Meer und die Sonne und der Himmel«, sagte ich schließlich.

Während ich sprach, fiel mir ein, dass sie noch nie das Meer gesehen hatte.

Es entstand eine Stille. Ich stellte mir vor, wie sie schweigend die kleinen Bilder hinduistischer Götter und Göttinnen und die kleinen Bücher aus Ram Charita Manas zurechtrückte, die neben dem Telefon neben ihr lagen. Oft verbrachte sie ganze Nachmittage damit, auf der Seite zu liegen, eine Hand unter ihrer Wange, und eine bunte Bildkarte von Krishna oder Gayatri zu betrachten, die in ihren knochigen Fingern zitterte.

»*Naazku ne bataya* ... Naazku hat mir gesagt ...« Ihre Stimme verstummte. Was hatte Naazku ihr gesagt?

Ich spürte, dass sie auf Worte von mir wartete, obwohl sie selbst nicht genau wusste, auf welche.

Ahnte sie etwas? Wir hatten Ranipur getrennt verlassen, um Spekulationen und Klatsch zu vermeiden. Nur Mohit hatte dich mit mir gesehen. Hatte er jemandem im Dorf davon erzählt, und hatte die Information meine Mutter erreicht?

Und dann hörte ich sie sagen: »*Dhoop se bachkar rahna, Raju beta. Aur gehrey paani mein mat jana.* Gib acht, dass du dich vor der Sonne schützt, Raju beta. Und geh nicht zu tief ins Wasser.«

Diese sanfte Ermahnung, die aus den Tiefen meiner Kindheit heraufstieg, aus jenen langsamen Nachmittagen, an denen ich mich in meinen einzigen Shorts und meinem Buschhemd auf den Weg zum Nullah machte und zurückkehrte, um meine Beine zärtlich von meiner Mutter begutachten zu lassen – diese Worte trafen mich jetzt wie ein Messer.

Ich hörte ein Klicken. Sie hatte aufgelegt.

Meine Schuldgefühle verwandelten sich schnell in etwas wie Wut – als wäre es ihre Schuld, dass sie nicht wusste, was ich ihr nicht sagen konnte.

Und die Wut brodelte in mir, als ich ins Bad ging und mir die Schläfe am Waschbecken stieß, während ich hastig den Deckel einer Zahncremetube aufhob, die daruntergerollt war.

Zwei Tage später saß ich nach einem dekadenten Nachmittag wieder über dein MacBook gebeugt. Wir hatten einen weiteren Vormittag an der Bucht verbracht. Ich war immer fasziniert davon, wie du dich über die Kieselsteine in Richtung Meer aufmachtest, den Kopf zur Seite legtest, während du dein Haar öffnetest, bevor es dicht über deinen nackten, langen, braunen Rücken rollte; wie du dann mit angespannten Knöcheln einen Moment lang neben dem ruhigen Wasser standst und zaghaft mit den Füßen darin planschtest, bevor du vorwärts watetest und, als du bis zu den Hüften untergetaucht warst, plötzlich deinen schwarzen Kopf zurückwarfst und entschlossen nach vorne stürztest.

In solchen Momenten, wenn du weit hinausschwammst, staunte ich darüber, wie eine solch reine jugendliche Vision von Schönheit, die durch einsame Befriedigungen beschmiert und in einer kurzlebigen Affäre zerbrochen war, eine Vision, die der Vergangenheit anzugehören schien, von einer Person aus Fleisch und Blut vor mir verkörpert wurde, von einer Frau, die nun eine Möglichkeit von Kameradschaft, von Zärtlichkeit und Leidenschaft, von Zusammenleben, von Verständnis und Fürsorge füreinander in Aussicht stellte, eine Möglichkeit dessen, was ich immer noch zu ängstlich war, »Liebe« zu nennen.

Auf dem Rücken liegend, die Augen gegen die brennende Sonne und das stachelige Silber des Meeres geschlossen, erinnerte ich mich an die Einzelheiten meines plötzlichen Glücks, bis eine verlorene Ameise, die nervös zwischen meinen Füßen herumkrabbelte, mich dazu veranlasste, mich aufzusetzen, oder du kamst tropfend und glitzernd und blinzelnd in die felsige Gemütlichkeit der Bucht zurück, und nachdem du das Wasser von deinen Händen geschüttelt hattest, nahmst du dein Pixel in die Hand, um zu checken, was du verpasst hattest.

Wir waren zurück in unserem Zimmer, und es waren an diesem Nachmittag schon einige Stunden verstrichen, bevor mir auffiel, dass ich den Flugzeugmodus meines Telefons nicht ausgeschaltet hatte.

Ich schaltete ihn aus und hatte vier verpasste Anrufe von Devdutt.

Er war ein Mann von einer unnahbaren Würde, und als er online kam, schien er seltsam zu keuchen.

Sarita war seit Tagen nicht mehr aufgetaucht, Naazku hatte die Grippe, und am frühen Morgen hatte er die Leiche meiner Mutter entdeckt.

»*Cottage bahut thanda tha, tho decomposition nahin hua. Lekin shareer ekdum sakht ho gaya tha, dhaini aankh badi mushkil se band hui, Shimla se jauhri bulakar unki sone ki earring nikal wayi, Antim sanskar turant karne pada.* Aufgrund der extremen Kälte in der Hütte war die Leiche nicht verwest. Aber sie war ganz steif geworden. Mit großer Mühe habe ich ihr rechtes Auge geschlossen, und ich musste einen Juwelier aus Shimla anrufen, der ihr die goldenen Ohrringe herausschnitt. Wir mussten sie sofort einäschern.«

Es lag etwas in seinem Tonfall, doch eigentlich war es das Entsetzen über die Enthüllung und die plötzliche, schmerzliche Erinnerung an den Anruf meiner Mutter, die mich dazu brachten, die Augen zu schließen und wegzusehen.

»*Ant main unko zyada peeda nahi hui.* Am Ende hat sie nicht viel gelitten«, sagte Devdutt.

Ich hörte ihn kaum. Die Worte: *Sie hatte mich vor zwei Tagen zum ersten Mal angerufen und wird nun nie wieder etwas sagen* wiederholten sich auf eine mich benommen machende Art in meinem Kopf.

Als wollte er mich trösten, sagte Devdutt erneut: »Am Ende hat sie nicht viel gelitten.«

Woher wollte er das wissen? Doch ich musste meine Gereiztheit unter Kontrolle halten. Immerhin hatte er die schreckliche Entdeckung gemacht.

Devdutt sagte, er würde das Chautha-Ritual durchführen. Würde ich es rechtzeitig zurückschaffen? Er habe die Asche aufbewahrt, fügte er hinzu, und nun schluchzte er ganz offen. Vielleicht möchte ich nach Benares fahren, um sie im Ganges zu bestatten?

Aus irgendeinem Grund kam mir ein Bild von meinem einzigen Besuch in Benares vor Jahrzehnten in den Sinn: das Boot auf dem ruhigen Fluss an einem nebligen Morgen, geisterhafte Umrisse von Tempeln am Ufer und eine Girlande aus Ringelblumen, die sich am Heck verfangen hatte, kräuselte sich sanft durch den langen Silberrand des Kielwassers hinter mir.

Ich hörte eine laute Stimme in meinem Ohr: Devdutt beschuldigte nun die Pflegerin, dass sie eine Dalit war.

»*In logon par bharosa nahi karna chaiye. Itihaas ke shahid bankar bade jurm karte hain.* Man kann diesen Leuten nicht trauen. Sie geben sich als Märtyrer der Geschichte aus, aber sie begehen doch Übeltaten.«

Er versuchte, sich in Rage zu reden und auch in mir Ärger hervorzurufen. Doch ich hörte ihm nicht mehr zu.

Kalenderbilder von Himalayagipfeln und Bilder von Nullahs, Dampfmaschinen und Thums-Up-Flaschen flackerten vor meinem inneren Auge auf: eine ganze Welt, unbesungen und längst überkommen, ging mit meiner Mutter zu Ende.

Die Vergangenheit, der feste Boden, auf dem ich so lange zu stehen versucht hatte, war endlich unter meinen Füßen weggerutscht, und ich schwebte haltlos durch die Leere.

Während er schniefte, sagte Devdutt weitere Worte, die ich teilweise aufnahm, er fragte, wie schnell ich zurückkehren könne, und er sagte, dass Baba informiert sei und die Hütte ausgeräuchert werden müsse.

»Was ist passiert?«, hörte ich dich hinter mir fragen.

Du hast auf deinem Einzelbett durch Twitter gescrollt und darauf gewartet, dass ich meine Suche nach Flügen beende und dir dein MacBook wiedergebe.

»Nichts«, sagte ich und legte mein Telefon auf. »Nichts.«

Meine Stimme klang so gedämpft und fremd, sie kam mir kaum wie meine eigene vor. Du hast es nicht bemerkt, und ich war erleichtert, dass ich mit dem Rücken zu dir stand und keine Augen mein Gesicht nach Informationen absuchen würden.

Ich setzte mich gerade auf mein Bett, den Kopf aufrecht, als könnte dies den warmen Druck hinter meinen Augenlidern lindern. Und dann bemerkte ich das MacBook vor mir. Durch tränenverschleierte Augen klärte sich ein verschwommenes Bild: meine Screenshots von Flügen nach London.

SECHZEHN

Devdutt war verwirrt, als ich ihm sagte, dass ich weder an dem Chautha- noch an dem Tehravi-Ritual teilnehmen würde. Er hatte mir gerade erzählt, dass Naazku und die Mädchen, die meine Mutter im Dorf kannte, untröstlich waren. Er war nur wenig verständnisvoller, als ich sagte, dass mein Vater nicht eingeladen werden sollte und meine Schwester zu sehr beschäftigt war, um nach Ranipur zu reisen.

Du zeigtest Verständnis, obwohl du meine Mutter nicht kanntest und ich sie in unseren Gesprächen nie erwähnt hatte. Auch hast du behauptet, meine Entscheidung nachvollziehen zu können, für die Trauerfeierlichkeiten nicht nach Ranipur zurückzukehren und stattdessen mit dir nach London zu reisen.

»Ich kann mir deine Trauer kaum vorstellen«, sagtest du. Und als du in den nächsten Tagen des nachdenklichen Schweigens und der Enthaltsamkeit, zu denen ich mich für eine kurze Zeit verpflichtet fühlte, etwas Ähnliches sagtest, wollte ich meine Hand heben und dir sagen, dass ich eine solche Fürsorge nicht verdient hätte.

Die schluchzenden und weinenden Trauernden in Ranipur, von denen Devdutt mir erzählte, hatten einen Weg gefunden, ihre Trauer auszudrücken. Doch in dem Raum mit den ockerroten Backsteinwänden und dem gerahmten Foto der Mutter, wo deine Finger auf der Tastatur herumklapperten, und als ich nach Sonnenuntergang allein am menschenleeren Strand spazieren ging, wo der Himmel wie von grellem Zinnober und Gelb aufgeschlitzt zu sein schien – dort musste ich feststellen, dass ich einfach nicht wusste, wie ich trauern sollte.

Der Spiegel im Badezimmer, der einen Mann mittleren Alters mit Bartstoppeln und dunklen Ringen unter den Augen zeigte, bestand darauf, dass Trauer so aussah. Und du nahmst an, dass ich sie intensiv spürte, als du abends im Bett deine Hand auf meine Schulter legtest und so einschliefst. Doch immer mehr quälende Gefühle überrannten mich.

Ich kannte Selbstvorwürfe, weil ich tatenlos zugesehen und mich von meiner Mutter distanziert hatte, ja, ich war sogar von ihrer Schwäche abgestoßen, als es mit ihr zu Ende ging. Tief in meinem Innern spürte ich – nicht ohne Widerstand –, dass ich sie verraten hatte, dass ich all ihre Jahre der Hingabe an mich verraten und entehrt hatte. Ich spürte, dass ich ihr etwas schuldete für all die Opfer, die sie in ihrem Leben gebracht hatte, und ich war fassungslos über mein Versagen, ihr auch nur einen kläglich verspäteten Tribut der Trauer zu zollen.

Doch es gab einen neuen Teil von mir, der durch unsere Intimität entstanden war, zusätzlich zu dem tieferen und älteren Teil, der sich nur um sich selbst kümmert; und eine Stimme in mir beharrte darauf, dass ich meine Pflicht gegenüber der Frau, die gestorben war, getan hatte und dass es Zeit für mich war, mich meinem eigenen Leben zu widmen.

Gerade als der Glanz meiner Zeit in Ranipur verblasst war, kamst du in mein Leben und brachtest mir eine Art zweite Jugend – eine Entschädigung für meine von Angst durchsetzte erste Jugendzeit. Wie hätte ich diesem auf wundersame Weise wiedergewonnenen Moment unbeschwerter Lebensfreude wieder den Rücken kehren können, diesmal aus der von meinen eigenen Wünschen diktierten Zeit heraus? Wie konnte ich nach einem Leben, in dem so vieles von außen, durch Pflichten und Verantwortung, geordnet worden war, die neuerliche Freiheit zurückweisen, es zu meiner eigenen Zufriedenheit zu gestalten?

Heute erscheint es mir als verrückt: eine Reise in den Westen anzutreten, mit nur wenigen Kleidern und vielen unerfüllten Pflichten, die mich zu Hause erwarteten, unter anderem Bücher, die für meine Arbeit unerlässlich waren. Doch in der Stimmung, in der ich mich befand, die ich weder ergründete noch offenbarte, in dieser Stimmung, die durch mein aufregendes neues Leben mit dir entstand, das sich anfühlte, als könnte es ewig dauern, schien mir kein Hindernis unüberwindbar: Schließlich hatten die Geschäfte in Pondicherry und Chennai auch Kleidung, mein Visum war noch gültig, meine Kredit- und Debitkarten funktionierten außerhalb Indiens, ich konnte Devdutt Geld überweisen, anstatt ihm die Miete in bar zu zahlen, und die Bücher, die ich brauchte, konnte ich mir nach London schicken lassen.

Auf eine seltsame Weise fühlte ich mich zu diesem extremen Vorgehen verpflichtet, und empfand sogar Befreiung, während mir gleichzeitig nicht bewusst war, was für ein gewaltiger Bruch mit der Vergangenheit darin lag. Doch wenn ich an all die Jahre dachte, die so schnell und unveränderlich davongeflogen waren, und an den Neuanfang, den ich in einem fremden Land würde beginnen müssen, spürte ich wieder meine alte Angst vor Veränderungen.

Devdutt hatte gesagt, dass er das Chautha-Ritual mit Naazku und einigen Menschen des Dorfes durchführen würde. Zur dafür vorgesehenen Stunde saß ich morgens am Swimmingpool des Flughafenhotels in Chennai, der abgesehen von zwei sonnenbadenden französischen Paaren wie ausgestorben wirkte, und ich stellte mir die Trauernden vor, die alle in strahlendem Weiß auf einem grauen Dari unter einem rotschwarz gestreiften Shamiana auf der kleinen Lichtung neben meiner Hütte im Schneidersitz saßen.

Ich war nicht in der Lage gewesen, mir die Bestattung meiner Mutter vorzustellen, denn ich blieb immer bei der ersten Szene stehen, als die Prozession von meinem Haus den Hügel hinauf zur Straße zog; erst im Traum sah ich ihren weiß verhüllten Leichnam auf einem Stapel verbrannten Holzes liegen. Jetzt sah ich Devdutt lebhaft inmitten einer ernsten Menge, wie er in seiner Pandit-Tracht, Seidentunika und Dhoti, vor einem winzigen Scheiterhaufen saß, Shlokas aus den Upanischaden über die Unsterblichkeit der Seele rezitierte und sich selbst unterbrach, um *Swaha* zu sagen, während er Ghee in das heilige Feuer goss, wobei sich dünner, süßlich riechender Rauch über all die gesenkten Köpfe erhob.

Diese Bilder eines uralten und gutbesuchten Beerdigungsrituals waren seltsam tröstlich; sie schienen mich, zumindest vorübergehend, von Trauer und Schuld zu befreien. Was hätte meine eigene Anwesenheit, so sagte ich mir, zu dem Ereignis noch beitragen können? Ich hatte das Gefühl, dass das Leben meiner Mutter gewürdigt worden war, und es war Zeit, nach vorne zu blicken.

All dies – die Rationalisierung und Selbstüberzeugung – habe ich vor dir verheimlicht. Wie seltsam erscheint es jetzt: diese entfernte Heiligung meiner Mutter am Swimmingpool eines Fünfsternehotels, neben den europäischen Touristen, die wie Opfergaben in der Sonne lagen, diese Heiligung meiner toten Mutter durch eine erfundene Szene im Himalaya, wo die Menschen an kühlen Morgen weiße Baumwolle tragen.

Mit Aseems Hilfe war ich aus dem tatsächlichen Leben mit all seinen Gebrechen und Verlusten in hübsche Repräsentationen des Lebens geflüchtet.

Ich sollte nicht allzu überrascht oder entsetzt sein über die Leichtigkeit, mit der ich mich in ihnen einrichtete. Mein Leben war schließlich eine Reihe von Imitationen gewesen – glaubwürdige Darstellungen, ohne größere Ausrutscher oder Patzer: als Hindu der oberen Kaste, fleißiger Student, fanatischer Leser, treuer Sohn und so weiter.

Mit dir hatte ich eine andere Rolle besetzt: Ich wurde dein Geliebter. Und den Verlust und die damit verbundenen Gefühle hinter sich zu lassen bedeutete, die Rituale, die in jenem Zimmer in Pondicherry begonnen wurden, nach einer angemessenen Pause an anderen Orten wieder aufzunehmen, und zwar reflektierter, aber auch kraftvoller.

Die ersten Male, die ich mit dir schlief, machten mir den großen Mangel bewusst, mit dem ich jahrelang gelebt hatte. Während unserer Tage dort hatte ich in mir eine Begierde, ein tiefes Bedürfnis nach körperlicher Erfüllung entdeckt, dem du vollkommen zu entsprechen schienst. Deine Reaktion auf mich wurde zu einer neuen Quelle meiner Identität; und wie das Verlangen sich nun verfeinerte, weniger heimlich und überstürzt wurde, wich meine anfängliche Nervosität über meine Leistung einer Zärtlichkeit und einer Dankbarkeit.

Obwohl er mich ermutigt hatte, diese Rolle auszuprobieren, und ständig darauf bestand, eine nutzlose Vergangenheit mit Füßen zu treten, wollte ich nicht mehr an Aseem denken. Ich hatte nicht auf seinen neuen Roman reagiert. Ich erzählte ihm nicht einmal von meiner Mutter und meiner Abreise aus Indien.

Aus dem einen oder anderen Grund konnte ich es jedoch nicht vermeiden, an ihn zu denken, wenn wir miteinander schliefen.

In unserer zweiten Nacht in London, als ich immer noch vom Jetlag beschwert war und versuchte, an einem Ort Fuß zu fassen, an dem ich mich fremd, ja sogar als Hochstapler fühlte – deine Wohnung mit hohen Decken, frischen Blumen in polierten Vasen, einer Speisekammer mit Nüssen und Oliven, einem Badezimmer mit ungewohnten, kniffligen Armaturen, einer gusseisernen Klauenfuß-Badewanne im Schlafzimmer und honigfarbenen Holzböden, deren Knarren unsympathisch wirkte –, fragtest du plötzlich, wie Aseem und ich Freunde geworden seien.

Das hatte mich überrascht. Wir hatten gerade miteinander geschlafen, zum ersten Mal seit dem Tod meiner Mutter. Du hattest etwas in mir geweckt, das ich einige Tage lang vermisst und dann in dem Moment wiedererlangt hatte, als ich dich in jener Nacht in London umarmte, nachdem du aus der Badewanne gekommen warst. Mit der großen Intensität, die durch diesen wiederentdeckten Teil in mir hervorgerufen wurde, spürte ich die feuchte Haut auf deinem Rücken zwischen meinen gespreizten Fingern.

Ich plapperte etwas Vages über unsere gemeinsame Vergangenheit, doch während ich nackt dalag und in meiner neu gewonnenen sexuellen Leichtigkeit schwelgte, musste ich daran denken, dass ich gelegentlich neidisch gewesen war, wie unkompliziert Aseem lautlos pfiff, während er sich vor einer ihm gestellten Aufgabe am IIT auszog.

Als wolltest du deine Frage erläutern, sagtest du: »Frauen sind immer daran interessiert zu wissen, was Männer zusammenbringt, was zu männlicher Solidarität führt, die sich ja oft gegen Frauen ergibt.«

Ich hätte damals sagen sollen, dass ich für Aseem keine solche Solidarität empfand, und wenn es überhaupt jemals etwas Derartiges gegeben hatte, dann war das heute nicht mehr der Fall. In Wahrheit hat mich deine Frage dazu veranlasst, erstmals darüber nachzudenken, was mich heute noch an Aseem band, Jahre, nachdem er mir in Delhi zum ersten Mal Schutz vor dem Schmerz der Individualität und der Verachtung der Privilegierten dargelegt hatte.

Es war, das begriff ich, keine Beziehung unter Gleichen gewesen. Er war mein Beschützer geworden, weil er in mir das Bedürfnis geweckt hatte, beschützt zu werden; und ich hatte ihn in dieser Rolle genauso akzeptiert, wie ich einen Großteil meines Lebens gelebt hatte: passiv, indem ich die Dinge treiben ließ, anstatt sie in irgendeine Form zu zwingen.

Nun tat ich Aseems Haltung ab, da ich mir meine eigene Schwäche nicht eingestehen wollte. Ich sprach davon, wie er in seinen Romanen versuchte, Sex als die einzige Wahrheit auf der Welt darzustellen – eine Bestätigung nicht nur unserer biologischen Natur, sondern einer Art kosmischer Ordnung.

Du lachtest, und ich wurde mir meiner neu gewonnenen Meinung über Aseem immer sicherer. Kleinere Ärgernisse aus der Vergangenheit stiegen mir wieder ins Bewusstsein: wie Aseem in Ranipur bei jeder Gelegenheit das Gespräch lenkte und dann das Dorfleben niedermachte.

Ein Teil von mir fragte sich jedoch immer wieder, was du

wirklich von ihm hieltest. Ich wusste, dass du vorhattest, im neuen Jahr zu seinem Festival der Ideen zu gehen, obwohl du Bedenken hattest wegen des hohen Anteils lüsterner Männer. In Ranipur hattest du mir gesagt, dass du hinter seinem Charme kalte Berechnung vermutest. Jetzt sagtest du: »Ich kann nachvollziehen, warum sich Frauen zu ihm hingezogen fühlen. Er strahlt diese große Leidenschaft aus ... für Ideen, Bücher, die Welt.«

Dann fügtest du hinzu: »Als aufstrebende Schriftstellerin in einer Männerwelt fühlt man sich natürlich sofort zu intellektuell selbstbewussten Männern hingezogen, vor allem, wenn sie links sind.«

Gelegentlich machte ich mir Sorgen, dass du zu diesen Frauen gehörtest, auch wenn ich keine Beweise dafür finden konnte, und erleichtert erinnerte ich mich auch an den Moment, als wir über seine fiktionalen Darstellungen von Frauen sprachen, die danach streben, dominiert zu werden, und du sagtest, das sei eben »vor MeToo« gewesen.

Trotzdem konnte ich die Bilder aus Aseems Roman nicht loswerden, wie er eine junge Frau »nagelt«, wie es darin heißt.

Ich musste an meinen eigenen Vater denken, wie er sich über seine junge Braut hermachte, sein Gesicht verzerrt von der gleichen Glückseligkeit, mit der er warme Milch trank oder einen Sikh mit Turban erwürgte; ich konnte nicht anders, als an die zusammengefallene Frau in meinem Haus zu denken.

Und wenn wir miteinander schliefen, schien etwas Geheimnisvolles in deinen Augen zu verweilen, und es gab immer einen Moment, in dem ich spürte, wie du dich vertieftest. Obwohl du mich festhieltest, schienst du ganz woanders zu sein, dein Gesicht war zur Seite gedreht, deine Augen geschlossen, als würdest du dahinter nach etwas suchen, das größere Faszination ausübte. Nach dem Orgasmus spürte ich, wie du langsam zu mir zurückkehrtest, doch in deinen offenen Augen, die wild und triumphierend waren, sah ich nun einen ungeteilten und unteilbaren Gedanken.

In unserer Intimität verblieb immer etwas Eiliges und Unvollständiges, das mich an meine Abreise aus Ranipur und den Abschied von meiner Mutter erinnerte. Mit dir zusammen zu sein bedeutete, auf eine andere Art und Weise allein zu sein; und nach einigen Wochen in London hatte ich den Eindruck, dich immer noch nicht gut genug zu kennen, um zu wissen, ob du dasselbe empfandest wie ich.

Scheinbar wollten wir beide nicht viel von uns preisgeben, auch nicht, wenn es um deine Ex-Freunde ging, von denen du sprachst wie jemand, deren eindringliche Offenheit den Eindruck erwecken wollte, sich zu offenbaren, ohne es wirklich zu tun. Ich konnte nicht aufhören, dich über sie auszufragen, fand aber schließlich deine Lässigkeit in Bezug auf diese gescheiterten Männer merkwürdiger; sie schienen wie die Kleider, die du in den hinteren Teil deines Kleiderschranks verbannt hattest, weil du sie für »nicht erfolgreich« hieltest.

Erst als sich die aufgeladene Atmosphäre des Sex abschwächte, kamen unsere tieferen Bedürfnisse an die Oberfläche, wo wir sie aus der Nähe betrachten konnten. Sie zeigten sich in unseren Augen.

Damals begriff ich, dass es nicht die sexuelle Leidenschaft war, die mich mit dir verband. Vielmehr war es ein Gefühl, das ich nie gekannt hatte, diese Mischung aus Muße, Offenheit und Geborgenheit, die Kinder in stabilen Familien genießen müssen. Ich lag neben dir und hörte deinen Atem auf-

und absteigen, deinen gleichmäßigen, hohlen Herzschlag – deine Wimpern klebten wie immer in den Augenwinkeln zusammen –, und da fühlte ich mich befreit von den Ängsten und Hemmungen, dem Gefühl der Demütigung, das sich in mir festgesetzt hatte, als ich ein Kind war.

Manchmal hatten wir gar keinen Sex und redeten nur unzusammenhängend über dieses oder jenes – dein Buch, Dinge, die du bereutest, wie deine kurze Modelkarriere –, während du immer wieder mit deiner Hand durch mein Haar fuhrst, meine Lende berührtest oder die Höcker meiner Wirbelsäule nachzeichnetest, und deine Finger zeugten immer von Ungewissheit, während ich mit meinen Fingerspitzen um deine Lippen und Augen streichelte, deine Locken hinter deine weichen Ohren legte oder sanft die Haut auf deinen sonnengebräunten Schultern streichelte, die sich mehrere Wochen nach Pondicherry in braunen Flecken abschälte.

Die Unvollkommenheit weckte in mir eine Zärtlichkeit, die ich mir nicht erklären konnte. Vielleicht erinnerte es mich an den Moment in Pondicherry, als du mit deinen Händen mein Gesicht berührtest. Oder weil wir beide uns nur bei solchen Liebkosungen offen nach Zuneigung sehnten und unsere Verletzlichkeit verhüllten.

Wir sprachen über dein Buch, meine Arbeit, über London und deine Pläne in Indien im neuen Jahr; deine Stimme war sanfter als sonst, und die ganze Zeit über dachte ich an dein uneingestandenes Leben, den Schmerz und den Verlust, der dich durchströmte, selbst als du still an mich geschmiegt warst.

Ansonsten bliebst du für mich abstrakt und unnahbar: unerreichbar durch die von dir gewählten Posen intelligenter und distanzierter Gelassenheit auf Instagram und Twitter. Für mich waren sie so faszinierend wie damals, als ich erstmals in Ranipur von ihnen erfuhr. Sie boten nicht so sehr ein Abbild, wie es gewöhnliche Fotografien taten, sondern ein Selbst, das immer im Werden begriffen war – das immer etwas mehr versprach.

Nachdem ich mich lange in einer unveränderlichen Gegenwart eingerichtet hatte, war ich fasziniert davon, wie du ständig in die Zukunft getrieben wurdest; und du schienst die virtuelle neue Welt auf die gleiche Weise zu brauchen, wie die Einwanderer die ursprüngliche neue Welt gebraucht hatten: als grenzenlose Weite, in der du ein neues Leben beginnen und dein wahres Potenzial verwirklichen konntest.

In London verkehrten wir schon bald nach unserer Ankunft mit einigen jungen Ausgewanderten, hauptsächlich Indern und Pakistanerinnen, mit Arabern, Iranerinnen, Nigerianern und Südafrikanerinnen, ein paar Europäern und gelegentlich einer Amerikanerin. Ich frage mich heute, warum du uns allen das Ausmaß und die Dramatik der Tragödien, die du erlitten hattest, verheimlichtest: der Angriff auf deinen Vater, der ihn an den Rollstuhl fesselte, so dass er ohne Hilfe weder sprechen noch essen konnte, oder die Vernachlässigung durch deine prominente Mutter, die oft in Instagram-Posts ihrer Verwandten und Freunde auftauchte, so glamourös undurchschaubar hinter ihrer übergroßen Sonnenbrille in Monte Carlo wie damals in Mumbai.

Es mag politische Gründe für diese Zurückhaltung gegeben haben. »Ich schäme mich ein bisschen für meine Familie«, sagtest du einmal. »Ich weiß schon, dass sie für die Freiheit gekämpft haben und alles, und sie hatten aufrichtige politische Überzeugungen, aber Reichtum und Privilegien sind immer auf dem Leid anderer Menschen aufgebaut.«

Ich war immer noch erstaunt über den Hauch von Verwunderung, der in deiner Stimme lag, als du erzähltest, wie du ins Büro des Schulleiters gerufen wurdest, um zu erfahren, was mit deinem Vater passiert war, als hörtest du das Geschehene wie etwas, das jemand anderem passiert war. Meiner gelegentlichen Frage nach der Tante und dem Onkel, die dich praktisch aufgezogen hatten, begegnetest du mit Langeweile. Sie waren gutmütige, wohlwollende Paten – was gab es da sonst noch zu sagen?

Die Geschichte deiner Vergangenheit schien, wie die meine, unterentwickelt – ganze Jahre fehlten, obwohl deine Vergangenheit weit vielfältiger und dichter gewesen sein muss.

In London fand ich neben weiteren merkwürdigen Dingen heraus, dass du zwar zu jedem, den du trafst, freundlich warst, aber weder dort noch irgendwo sonst enge Freundinnen oder Freunde hattest, und dass du – obwohl Leute aus deiner Schule und deiner Universität jetzt auf der ganzen Welt lebten, in Hangzhou und Osaka, Melbourne und Oslo, Kapstadt und Lima – mir ganz ähnlich warst. Du warst eine Einzelgängerin.

Du hast behauptet, dass du dich mit weißen Westlern oder den wenigen Israelis mit olivfarbener Haut, die sich in unsere Umlaufbahn verirrten, nie ganz wohl fühltest, auch wenn sie viel bereitwilliger als Desis bewundert von etwas sprachen, was dir wichtig war, nämlich deiner Schönheit, wobei vor allem selbstbewusste Männer begierig darauf waren, dir näherzukommen, und dich um Verabredungen bedrängten; einer von ihnen, ein aufstrebender Dichter aus Montreal mit wundervollem Haar, rief dich sogar häufiger betrunken an, um zu fragen, ob du dir seine Arbeit auf Instagram ansehen könntest.

Du sagtest, der Grund dafür sei, dass die Weißen von dir

Dankbarkeit dafür erwarteten, dass sie dich, eine muslimische Frau, in ihrer exklusiven Domäne aufnahmen; sie wünschten sich, dass du so etwas wie ihr Haustier würdest, um ihren Ruf als kosmopolitische Liberale aufzubessern.

Ich habe mich gefragt, ob das auch auf die beiden weißen Männer zutrifft, die du im College in New York gedatet hast. Einer von ihnen, ein Fitness-Freak und jetzt ein zweifach verheirateter Hedgefonds-Manager mit Kindern, zeigte sich auf seinem Facebook-Profilbild immer noch mit Superman-Kinn und glänzend geölten Brustmuskeln.

Du sprachst von deiner Affäre mit ihm genauso abschätzig wie von deinem vergewaltigungsgeplagten Seitensprung mit dem Oxbridge-Gecken, der zum Hindu-Fanatiker wurde: du warst jung und einsam in New York, hattest vor nicht allzu langer Zeit deine Eltern verloren und wolltest dich bei jemandem sicher fühlen, der buchstäblich stark war.

Nathan, einer deiner anderen frühen Freunde, den wir gelegentlich in London gesehen haben, entsprach auch nicht dem Profil des sich anpassenden weißen Liberalen. Dafür schien er zu sehr mit sich selbst beschäftigt. Nathan war der Sohn eines Börsenmaklers aus Connecticut und Urenkel von Holocaustopfern und mietete ein riesiges holzgetäfeltes Studio in einem alten Haus mit Blick auf Hampstead Heath und hing einer ausgefeilten, wenn auch veralteten Phantasie von England nach.

Erstmals während eines Studienjahrs in Oxford angeregt und durch mehrfachen Konsum von *Wiedersehen mit Brideshead* gefördert, umfasste der Schwindel nun Abonnements der *Times*, vom *Economist* und *Spectator*, die Mitgliedschaft in der London Library und der Royal Academy of Art, Lunches unter Pferdebildern im Athenaeum, Tee in Cafés, in denen die Zeitungen an Holzständern hingen, und Cocktails im Soho House – seltsam, dass Nathan für seine Tweeds und Kordhosen immer noch Brooks Brothers verwendete und Wraparounds trug, die ihn eher australisch als englisch aussehen ließen.

Ich war neugieriger auf ihn und in seiner Gegenwart etwas unsicher. Als er dich in New York kennenlernte, schien es, als ob Nathan, ein gutaussehender Streber, der als Herausgeber einer kleinen Ideenzeitschrift eine gewisse Macht besaß, sich hauptsächlich in deinen Akzent verknallt hatte – eine Mischung aus herrischer Klosterschuldirektorin und lieblicher Britin, wie du deinen Akzent selbst lachend beschriebst, und sicherlich vornehmer als alles, was Nathan in Harvard und Oxford gehört hatte.

In London muss Nathans Anglophilie anstrengend geworden sein. In den gemütlichen Gassen von Hampstead und auf den Pflastersteinen von York vermied er den Zusammenstoß mit der düsteren Realität des modernen England: verlogene Zeitungen und rassistische Politiker. Du sagtest einmal: Wie konnte ein intelligenter, belesener Mann sich solchen Illusionen über ein Land hingeben, dessen Untergang so gründlich katalogisiert worden war? Von einer solchen Vertrautheit konnte jetzt keine Rede mehr sein, bei einem Volk, das so tief in die »strukturelle Ungerechtigkeit« verstrickt ist und dabei so tut, als wäre alles ganz anders.

Nach allem, was ich von nicht-weißen Menschen gesehen hatte – angefangen bei meinem von den »libtards« besessenen Vater –, schien es nur vernünftig zu befürchten, dass die Armen und Unterdrückten von heute, ganz unabhängig von ihrer Hautfarbe, sehr wahrscheinlich schon morgen zu Verfolgern werden würden – und vielleicht sogar noch früher.

Ich erinnere mich, dass ich mich mit dir darüber gestritten habe, dass Stichworte wie »Intersektionalität« und »breiterer Kampf gegen das Patriarchat«, die du in deinen Tweets verwendet hast, nicht ganz der Tatsache Rechnung trugen, dass einige mutige Demonstranten gegen die Tyrannei auf dem Tahrir-Platz zu Vergewaltigern werden könnten, wenn sie nur die Gelegenheit dazu bekämen.

Auch erinnere ich mich, wie sehr es dich ärgerte, als ich während eines gereizten Streits über Islam und Demokratie zwischen dir und Oliver, dem blonden Banker aus den USA, nichts sagte. Ich erinnere mich, dass er ein Freund von jemandem war, den du an der NYU gekannt hattest, einem Neuankömmling in London, und du sahst es als freundliche Geste an, ihn in eine Bar in Hoxton einzuladen. Als wir dann Cocktails aus Marmeladengläsern mit gestreiften Papierstrohhalmen tranken, waren wir irgendwie in ein Gespräch über das Scheitern des Arabischen Frühlings abgedriftet.

Olivers träges Auftreten und sein Ralph-Lauren-Kostüm erinnerten an ein alteingesessenes Sommerhaus in East Hampton wie jenes, das Virendra für seine Gatsby-Phantasie gekauft hatte und in dem Schwarze oder Hispanische Diener morgens noch die Kruste vom Toast abschnitten und bei Sonnenuntergang Martinis aus Cocktailshakern in Kristallgläser gossen.

»Das geht auf mich«, hatte er großspurig verkündet, als wir uns die Getränkekarte ansahen (und ich, schockiert wie immer über die Preise, war erleichtert gewesen). Er war offensichtlich in dich verknallt, und seine Überzeugung, dass die Demokratie in muslimischen Ländern nur oberflächliche Wurzeln hat, teilte er größtenteils im Murmelton mit. Dazu hatte ich nichts zu sagen. Du aber gingst hart mit ihm ins Gericht.

»Gott, diese reichen weißen Männer sind einfach nicht zu retten«, sagtest du hinterher. »Sie können den Gedanken, dass der Westen am besten ist, immer noch nicht loslassen.«

Häufig hast du die Kinder von Bekannten oder Verwandten bei dir untergebracht, wenn du darum gebeten wurdest. Einige von ihnen stammten aus Pakistan, waren Mitglieder deiner Großfamilie, und für mich ging von ihnen ein großes Interesse oder sogar eine Faszination aus. Mit einem Lachen beschwertest du dich oft, dass ich mit ihnen noch weniger sprach als mit anderen deiner Bekannten und Freundinnen. Ich konnte dir das nicht sagen, doch ich fand diese Desis, wie du sie nanntest, noch egoistischer als die reichen Weißen, die du gemieden hast – egoistisch und gleichgültig, vor allem gegenüber Menschen, die sie als außerhalb ihres Kreises ansahen.

Ich wartete auf ein Aufflackern von Neugier ihrerseits; wie immer bei wohlhabenden Menschen aus Indien machte ich mich auf Zweifel, Misstrauen und Missgunst gefasst, und ich wurde unsicher, was mein Englisch betraf. Doch in ihren Augen war ich dein Freund, und es interessierte nicht, was ich davor gewesen war.

Obwohl sie Muslime waren (zumindest nominell; wie du schien keiner von ihnen jemals eine Moschee betreten zu haben, um darin zu beten), hatten sie diese nützliche Eigenschaft der oberen Kaste: eine sofortige Blindheit für potenziell unbequeme Tatsachen. Sogar Olga, unsere umwerfend hübsche polnische Putzfrau, deren unterwürfiger Blick, während ihr Staubsauger trostlos durch die Wohnung heulte, mich in lautes Summen ausbrechen ließ – vielleicht war ich es nicht gewohnt, dass eine weiße Person als Dienstmädchen in meinem Haus arbeitete –, selbst Olga wurde in ihrer Gegenwart unsichtbar gemacht.

Oft erinnerte ich mich in ihrer Gesellschaft an die schlanke, gebückte Gestalt meiner Schwester, die sich krabbengleich zwischen den Füßen der Kunden in ihrem Imbissstand bewegte, während sie den staubigen Boden von Pan-Masala-Tütchen, Zigarettenstummeln und Schleimresten säuberte.

Sie hätten meine Schwester, die trotz der Bemühungen ihres Vaters zu den niederen Kasten degradiert worden war, genauso ruhig ignoriert, wie sie Olga ignorierten. Als ich ihnen zuhörte, musste ich immer wieder daran denken, dass ich zu Hause *niemals solchen Menschen begegnet wäre*, außer vielleicht im Büro der Literaturzeitschrift und auf Aseems Partys.

Die Inderinnen und Inder unter ihnen schienen nur dann ein wenig Verärgerung zu zeigen, wenn sie den Zustand ihres Landes und insbesondere der Muslime unter einem hinduistischen Regime ansprachen. Dann schien so etwas wie politische Verzweiflung in ihren Stimmen mitzuschwingen. Eine von ihnen, eine Frau Mitte zwanzig aus Bombay, erwähnte sogar die Kampagne gegen den »Liebes-Dschihad«, wobei sie uns bedeutungsvoll ansah.

Du, die du an den Polstern eines niedrigen Sofas lehntest und einen Vaporizer in deiner rechten Hand hieltest, hast den Köder nicht geschluckt. Denen, die dich »Dschihad-Schlampe« nannten, wolltest du nie zu viel Aufmerksamkeit schenken. Oder vielleicht war es auch absurd zu behaupten, dass jemand wie du jemals von einem Verbot romantischer Beziehungen zwischen Hindus und Muslimen betroffen sein könnte.

Wie auch immer, deine Gäste machten es mir leicht, zu Recht zu denken, dass der Zustand der Muslime viel schlimmer war, als diese privilegierten Inderinnen und Inder, die Aseem als *Chiknas* bezeichnete, auch nur ahnen konnten.

Einmal sagte ich dies zu dir, und danach versuchtest du häufig klarzustellen, dass du deine Gäste aus Südasien weder respektiert noch ihnen vertraut hast. Sie waren nicht einmal bereit, sich den großen Protesten gegen den Klimawandel in der Oxford Street anzuschließen, weil sie irgendwie »erbärmlich« waren – und das sagtest du mit der gleichen fröhlichen Zuversicht, mit der du deine Ex-Freunde abtatest.

»Sie kennen mich nicht wirklich«, hast du gesagt. »Sie denken, ich sei nur ein reiches Kind.« Und du schobst deine Unterlippe vor und stießt etwas Luft aus.

Aber – und dein Leben war genauso widersprüchlich wie meines – es war offensichtlich, dass du ihre Gesellschaft trotz allem genossen hast. Du hast fröhliche Abkürzungen – OMG, WTF, LOL – unter ihren Facebook- und Instagram-Posts über Geburtstage und Partys und Cupcakes und das Zusammentreffen mit B-Prominenten hinterlassen (»Be still my beating heart« war ein oft bemühter Spruch); du hast dich von ihrer naiven Lebendigkeit anstecken lassen, die größtenteils durch die »lustigen« Dinge angeheizt wurde, die sie erlebt oder vor sich hatten – Tennis-Wochenenden auf Mallorca, Strandurlaube an der Algarve, Backkurse im Borough Market –, Dinge, die auf einen fast fahrlässigen Besitz von Reichtum hindeuteten und mir immer das Gefühl gaben, auf eine Weise arm zu sein, wie ich es nie gewesen war, als ich mit meinen Eltern und meiner Schwester in Deoli lebte.

Wir hatten aus so unterschiedlichen Welten zueinandergefunden. In den ersten Tagen unserer Beziehung hatte ich versucht, mir das zu erklären, was auf mysteriöse Weise meine Isolation, aber nicht meine Einsamkeit durchbrochen hatte, und war dabei an den Worten »Liebe«, »Verliebtheit« und »Lust« gescheitert.

Manchmal suchte ich nach Anzeichen des Verfalls, stellte mir vor, wie es sein würde, wenn alles vorbei wäre, und machte mir Sorgen ob der traurigen Nostalgie, die ich ansammelte.

»Ich bin so froh, dass ihr zusammen seid. Sie ist eine sehr süße Person, aber ein bisschen verloren«, sagte Nathan einmal zu mir an der Bar im Soho House, während du auf der Toilette warst.

Kurz bevor du vom Tisch aufgestanden warst, hatte ich dich wie so oft dabei beobachtet, wie du deinen Wein trankst. Du wähltest ihn ganz lässig von einer langen Speisekarte mit französischen Namen aus, die mir nichts sagten, rochst und nipptest sorgfältig daran, schlürftest dann einen Schluck mit einem spürbaren Genuss, der sinnlich und sorgfältig zugleich wirkte.

Ich lächelte Nathan zögerlich an und hoffte, dass man mir meine starke Verlegenheit über seine unerwartete Erklärung nicht ansah.

»Sie hat ein hartes Leben hinter sich, auch wenn es nicht so aussieht. Ich bin sicher, dass sie dir von ihrer Vergangenheit erzählt hat, dass sie ohne elterliche Fürsorge und Zuneigung aufgewachsen ist. Ihre Freunde waren meist Loser, was bedeutet, dass sie eine Art emotionales Waisenkind ist und –«

Er unterbrach sich mitten im Satz – sein Mund halb offen, seine Brille glitzerte –, und du tauchtest hinter mir auf. Ich war plötzlich sehr neugierig und hätte gerne mehr von ihm gehört, obwohl ich derartig intime Unterhaltungen sowohl quälend als auch erschreckend fand, und ich spürte eine gewisse paternalistische Herablassung in der Art und Weise, wie er von dir sprach, was darauf hindeutete, dass deine enormen materiellen Privilegien in deinem Fall zu einer Art Pathos geführt hatten.

Ein Teil von mir war immer beunruhigt bei dem Gedanken, etwas Entscheidendes über deine Vergangenheit herauszufinden, etwas, das alles destabilisieren könnte, was ich wusste und womit ich zufrieden war. Der Gedanke, dass du mit Nathan und nicht mit mir ausgiebig über deine frühe Jugend und deine Ex-Freunde gesprochen hattest, hat mich auch später noch genervt.

Was hattest du ihm noch anvertraut? Und in welchem Aspekt deiner Vergangenheit lag der Schlüssel zu deiner Persönlichkeit, deiner Leichtigkeit im Umgang mit Geld, deiner Kennerschaft für Kleidung, Kulinarik, Wein, Schreiben und Inneneinrichtung und zu deinem leidenschaftlichen Wunsch, origineller und erfolgreicher zu sein als deine Kolleginnen und Kollegen? Und was hat dich an einer Figur wie Soumak gereizt – eine Frage, die mich nachhaltig verwirrte.

Letzten Endes zählte jedoch mehr, dass du einen von mir zwar nie formulierten, aber sehr intensiv empfundenen Wunsch nach einem Ende der Einsamkeit erfüllt hattest; dass du mir einen Weg zu einer Art von Bedeutung im geschlossenen und sterilen Kreislauf des Selbst eröffnet hattest; dass du mir eine Leichtigkeit im Umgang mit materiellen Gütern gezeigt hattest, die nie deutlicher wurde, als wenn du Rechnungen unterschriebst, ohne sie zu lesen, und Quittungen in einen schlichten weißen Umschlag stopftest (»Für den Steuerberater«, sagtest du).

Und nach einer Weile wollte ich nicht mehr von dir kennen als die Anziehungskraft deiner Verkörperungen in den sozialen Medien, dein dichtes Haar, das herzförmige Tattoo an deinem Bauchnabel und den langbeinigen Schritt, mit dem du in überfüllte Räume gingst, als würde die ganze Welt dich beobachten und zur Kenntnis nehmen.

Als ich zum ersten Mal nach London kam, liebte ich es, dir zuzusehen, wie du mit deinen Fingern meditativ über Kleider, Schuhe, Taschen, Geldbörsen und Schals in zarten Farben strichst; du hast dich langsam bewegt, hast mit Holzbügeln herumgefuchtelt, während du schnell etwas auswähltest und dann wieder verwarfst; deinen Kopf hattest du oft schräg gelegt und hast die Stirn gerunzelt, wenn du ihn wieder aufrichtetest; und du hast dich an- und ausgezogen, hast die Kleidung berührt, zurechtgerückt und hast in den Spiegel geschaut, bis du den richtigen modischen Ton getroffen hattest.

Auch liebte ich deinen Anblick, wie du nach all der eleganten Unentschlossenheit mit hochgerecktem Kinn und gestiefelten Beinen in die beheizten, überfüllten Räume schrittest, und ich liebte das Gewimmel von Körpern und Stimmen und die Gerüche von Hors d'oeuvres und Parfüms darin. Du hüpftest von einem Bekanntenkreis zum anderen, suchtest und fandest bekannte Gesichter und erholtest dich hinterher in der großen Ordnung und Ruhe deiner Wohnung.

Du ließt dir ein Bad einlaufen, bevor du deine Stiefel auszogst, und während das Wasser aus dem Hahn plätscherte, schlüpftest du langsam aus deinen Kleidern und nahmst deine Ohrringe heraus. Dann lagst du fast eine Stunde lang schweigsam in der gusseisernen Klauenfuß-Badewanne mit den duftenden Lavendelkerzen auf dem Rand, um endlich an dem Glas Weißwein zu nippen, das du den ganzen Abend über nicht getrunken hast, während ein Fuß mit rosa Nägeln aus der Wanne herausguckte.

Ich wartete, bis du fertig warst, lauschte auf das leise Plätschern, wenn du aus der Wanne stiegst und nach einem Handtuch griffst, auf das Geräusch des ablaufenden Wassers, auf das endgültige Würgen und Stöhnen, damit ich mich darauf vorbereiten konnte, in die Wanne zu gehen.

Ich verhielt mich wie jemand, dem eine solche Selbstverliebtheit nicht neu war. In der Tat habe ich mir selbst etwas davon gegönnt. Nachdem ich in London in ein neues, vorgefertigtes Leben eingetreten war, begann ich, mich in den Bomberjacken und Hosen mit Fischgrätmuster, die du für mich bei Massimo Dutti in Knightsbridge gekauft hattest, und dem Eau de Toilette, das du mir vor dem Ausgehen sanft ins Gesicht und auf den Hals träufeltest, auf eine unbeschwerte Art gut zu fühlen.

Auch muss ich zugeben, dass mir gefiel, wie ich mich in der glänzenden, verführerischen Oberfläche deines projizierten Selbst sah – auch wenn das Spiegelbild unpassenderweise das Abbild eines indischen Mannes mittleren Alters mit quasi europäischem Aussehen und Auftreten war. Mein neues Aussehen war unwahrscheinlich angenehm; zum ersten Mal hing mein Gefühl der Zufriedenheit damit zusammen, wie ich auf andere wirkte.

Ich wusste, dass ich immer noch nicht dazugehörte. Oft zog ich mich aus dem freundlichen Gedränge in eine einsame Ecke oder auf eine Dachterrasse mit Blick auf die Skyline der Stadt zurück, halb ahnend, wie seltsam meine Situation wirklich war: Ich schwebte frei durch London, und die wilden, leeren, stromlosen Nachtlandschaften meiner Vergangenheit wurden von LED-verhangenen Strukturen aus Backsteinen, Glas und Stahl verdrängt, die vor allem vor dem düsteren Himmel die Zukunft mit Bedeutung aufzuladen schienen.

Da ich die ganze Zeit Englisch sprach, spürte ich, wie eine fremde Person in mir entstand: ein weiterer Imitator, der Worte aus einer Vergangenheit benutzte, die nicht die seine war. Wenn ich an den Antiquariaten von Piccadilly vorbeiging, wurde ich von einem Druck in einem Schaufenster aufgehalten, der die Hügel von Shimla zeigte, und dann wurde ich frustriert über die Weigerung dieser vertrauten Szenerie, eine Erinnerung in mir zu wecken und mir auch nur eine Mikrosekunde Zugang zu einer verlorenen Stimmung zu verschaffen.

In anderen Momenten überfiel mich die Erinnerung ganz schnell und sinnlos, wie zum Beispiel, als ich eines Tages in dieser Stadt voller Simulakren billiger Bombay-Restaurants bei Dishoom das knorrige Glas einer Thums-Up-Cola wiederfand: eine dekorative Doppelgängerin der Flasche, die ich vor all den Jahren in unserem alten Zuhause zurückgelassen hatte.

Unaufgeforderte Erinnerungen an meine Mutter aus meiner Kindheit – an meine Handgelenke, die ein Wollknäuel halten, das sie langsam aufwickelt, das Blut zerquetschter Läuse an ihren weißen Fingerspitzen – drängten sich mir auf, splitterscharf, zusammen mit Bildern ihres kalten Körpers in meiner Hütte.

Ihre ungekünstelte Zuneigung und Freundlichkeit hatte mir über so lange Zeit und bis zu ihrer Krankheit eine Art Trost gespendet. Ich wusste, wenn ich nicht mit dir nach Pondicherry gefahren wäre, wäre sie nicht so gestorben, allein in einem leeren Haus, hilflos, und wer weiß, welche Momente aus ihrem Leben ihr in Erinnerung gekommen sind; und die wahrhaftige Erleichterung, die ich darüber empfand, dass ich während ihrer schmerzhaften letzten Tage fort gewesen war, dass ich den Anblick ihres steifen Leichnams und seines hartnäckig geöffneten rechten Auges verpasst hatte, die Komplikationen ihrer Beerdigung Devdutt und Naazku überlassen und den lasterhaften Brauch vermieden hatte, dem verstorbenen Menschen auf dem brennenden Scheiterhaufen den Schädel zu brechen, all dies empfand ich in anderen Momenten als kränkende Schuld.

Nachdem ich ihrer Pflegerin Sarita am Telefon aus Pondicherry versprochen hatte, extravagante Summen zu bezahlen, hatte ich vergessen, das Geld zu überweisen; und der schreckliche Lapsus, der nach vier Wochen in London festgestellt und nach einem unangenehmen Telefongespräch mit Devdutt korrigiert worden war, verstärkte meine Besorgnis darüber, was er und die anderen jetzt dachten und welche Schlüsse sie aus meiner Flucht aus Ranipur und meinem Versäumnis, zurückzukehren, gezogen hatten.

Eines Morgens kam mir ein neuer, seltsamer Gedanke: Fürchteten sie meine Rückkehr ebenso sehr wie ich? Hatten sie gehofft, ich hätte Ranipur für immer verlassen?

Furchtbar war die Vorstellung, in meine Hütte zurückzukehren, in die Stille und Gleichgültigkeit eines durch Flucht und Tod entleerten Hauses, in dem die Dinge der Toten verstreut herumlagen und jedes einzelne – ihre Postkartenbilder von Gayatri, ihre Stricknadeln – mein Herz bedrohte.

Wenn ich mir dann die leere Küche und die leichte Staubschicht auf allem, was sich darin befand, vor Augen führte, machte ich mir Gedanken darüber, wie ich mich ernähren würde, und im nächsten Moment war ich entsetzt über meinen Egoismus.

Ich hatte meine Passwörter geändert, die aus dem Namen und dem Geburtsjahr meiner Mutter bestanden. Doch ich fand immer noch von ihr gesäumte und bestickte Taschentücher in den Hosentaschen, oder es tauchte ein Sadri auf, der am Boden meines Koffers versteckt gewesen war. Ein populärer Hindi-Song aus den 1980ern, den ein Desi-Uber-

Fahrer laufen hatte – »Tujhse Naraaz Nahin Zindagi, Hairan Hoon« – ließ mir Tränen über die Wangen laufen, und oft wiegte ich mich nachts mit Visionen des Nullahs an den Bahngleisen in den Schlaf, diesem ersten Blick auf eine Welt, von der ich zu viel und zu wenig gesehen habe, diesem Blick auf ein Rätsel, das ungelöst geblieben war.

Ich träumte oft davon, wie ich auf ewig an den Felsen entlangwanderte, wo die Dhobis vielfarbige Saris ausgebreitet haben, wo alles in heiliger Ruhe unter einem riesigen Himmel stillsteht und ich mich am Rande einer absoluten Wahrheit befinde; und immer wachte ich dann in deinem dunklen, hohen Schlafzimmer auf und hörte, was für mich wie die Grillen und Hunde an einem späten Abend klang.

In solchen Momenten spürte ich, wie die Vergangenheit in mich zurückspülte, und dann hörte ich erneut diese geflüsterte Frage: *Was mache ich hier?* Und ich bekam Angst – die einfache Angst, eine ganze Welt verloren zu haben.

SIEBZEHN

Vormittags und nachmittags arbeiteten wir in getrennten Zimmern, bis du Hilfe bei deinem Buch brauchtest. Wir haben oft miteinander geschlafen, häufig am Nachmittag; es begann immer mit flüchtigsten Berührungen, und obwohl es nicht mehr dasselbe war, obwohl die anfängliche Aufregung und Freude verflogen waren, gab mir die Nähe zu dir immer noch das Gefühl, dass meine Arme viel zu lange leer gewesen waren.

Abends gingen wir zu Dinnerpartys und ins Kino, wir besuchten Buchvorstellungen, und diesen Ausflügen ging der spektakuläre Anblick voraus, den ich immer wieder genoss: wie du vor der Garderobe, dem Spiegel standst und träumerisch an deinem Aussehen feiltest.

Nach irgendeinem Abendessen (anfangs an einem weiß gedeckten Tisch mit Serviettenpyramiden in einem Restaurant, das vom *Evening Standard* empfohlen wurde, wo die Kellner die Speisekarten so vorsichtig öffneten wie der Antiquar in Shimla, wenn er mir eine überteuerte Ausgabe der *Illustrated London News* präsentierte, bis ich dich in einem unbeholfenen, aber notwendigen Gespräch daran erinnerte, dass ich nur nach indischen Maßstäben genug verdiente) nahmen wir ein Uber zurück, und der dunkle Innenraum des Wagens verstummte dann plötzlich, während du deine

Social-Media-Feeds checktest, wo du häufig die ersten Artikel über die Veranstaltungen fandest, die wir gerade besucht hatten, wobei die grellen Farben deines Bildschirms über dein Gesicht glitten, während mich dein beflissener Gesichtsausdruck immer etwas neidisch machte.

Aus dem Wagen in deiner Straße auszusteigen, die privaten Gärtchen mit hohen Geländern auf der einen und die leuchtenden Balkontüren auf der anderen Seite zu sehen; die blaue Eingangstür zu deiner Wohnung zu öffnen und zu hören, wie sie sich hinter uns mit dem geölten Klicken eines teuren Schlosses schließt; sich im bernsteinfarben sanften Licht der Wohnung und im großen goldgerahmten Spiegel im Flur wiederzufinden und dem wachen Ticken der Standuhr zu lauschen – all das bedeutete, sich wieder behütet zu fühlen.

In einer Zeit, in der so viele meiner Gedanken und Erinnerungen von Trauer und Schuldgefühlen überschattet waren, wurde deine alte Wohnung in Kensington, in der mehrere Generationen deiner Familie gelebt hatten und die in ihrem renovierten Zustand immer noch all die vielen Dinge andeutete, die in ihr gesagt und getan wurden, ja, die Wohnung wurde zu etwas Beruhigendem, denn der Raum und die Ordnung und das Licht der großen, hohen Räume gaben einem das Gefühl einer dauerhaften Beständigkeit im Angesicht von Tod und Trennung.

In diesen langen Londoner Abendstunden zeigte sich sogar in den Fenstern fremder Häuser eine Wirklichkeit, die seit Jahrhunderten unverrückbar und ewig anmutete: eine Frau, die in einem Sessel lag und ein Glas Weißwein in der Hand hielt; Kinder, die etwas lasen oder spielten oder zeichneten; ein Mann, der seine Krawatte abnahm; und eine dicke Katze, die zwischen den zurückgezogenen Vorhängen hervorkroch, um es sich auf einem Fensterbrett gemütlich zu machen.

Ich kam aus einer Gesellschaft, die von anarchischer Armut und Grausamkeit zerrissen war, in der ich nie das Gefühl hatte, dass die Geschichte auf meiner Seite stand oder dass irgendeine Institution der Regierung oder des Gesetzes zu meinen Gunsten agierte; ich kam aus einer Gesellschaft, die so viele von uns für ihr ganzes Leben verängstigt und traumatisiert hatte, und hier lernte ich nun eine reiche und beständige Welt zu schätzen oder mich zumindest nicht vor ihr zu fürchten.

Da wir in diesem Teil Londons lebten, vermieden wir auch die Fahrten durch die Häuserreihen aus Backstein, vorbei an verrammelten Läden, Obdachlosen, die in Kartons lebten, und iPhone-Dieben, die für mich alle ein Hinweis waren auf den allgemeineren Verfall im Norden, auf das entindustrialisierte Land, über das ich nichts wusste, außer dass es den ahnungslosen Londonern den Brexit beschert hatte.

Wie viel einfacher war es in diesem, ja, kompromisslos mondänen und beruhigend teuren Tummelplatz russischer und asiatischer Oligarchen zu leben, wo die Mittellosen, anders als in Indien, in Hauseingängen hockten, fast immer außer Sichtweite, wo man die vielen Parks, Restaurants und Buchläden der Stadt genießen konnte, wo man die auf den Bürgersteigen zurückgelassenen Dinge – ausgeweidete Sofas, zusammengeklappte Staubsauger, Computertastaturen – als eine Art visuelle Besonderheit erleben konnte.

Wie mühelos hüpften wir über die andächtige Reihe von Schuhen auf dem Gehweg vor einer Moschee in Southall, wo wir es gewagt hatten, in einem Restaurant, das authentisches Gujarati-Essen servierte, Desi Khana zu essen; und wie sicher fühlte ich mich als wohlhabender Tourist in dem

Mithai-Laden mit dem girlandengeschmückten Modi-Porträt, wo wir nach dem Essen für etwas Rasmalai einkehrten – dieses Sicherheitsgefühl, das alle jene, die an meinem früheren Arbeitsplatz im schäbigen Alt-Delhi von Kebab-Buden und Sufi-Schreinen schwärmten, nur zu gut kannten.

Ich brauchte mir keine Sorgen mehr über die indischen Toilettenputzer in Heathrow zu machen; wie Aseem in seiner Suite im Pierre in New York war ich über die Gemeinheit erhaben, die das Schicksal der meisten Eingewanderten in der Stadt darstellte. Und im Gegensatz zu ihnen hatte ich die beruhigende Gewissheit, dass ich zurückgehen konnte, dass ich schließlich nicht hier sein musste.

Ich beneidete deine Vertrautheit mit der Stadt, deine selbstbewusste Art, sich darin zurechtzufinden, und ich war neidisch auf deine ausgestellten großstädtischen Gewohnheiten (»Treffen wir uns doch einfach wie immer im LRB Bookshop«). Unbewusst versuchte ich, dich zu imitieren, und ertappte mich oft dabei, dass ich Dinge sagte, die in meinen Ohren affektiert klangen (»Die besten Kaffeeröstereien gibt es in Shoreditch«), und die Dinge, die mich verwirrten, verdrängte ich: Flat-White-Kaffee; Orchideen, die in meinen Augen selten und teuer waren, aber in den Blumenläden der U-Bahnhöfe erhältlich waren; und die zahlreichen weißen jungen Männer mit dichten, getrimmten Bärten und Hüten, die wie Klone von Renoir und Manet wirkten.

Ich entdeckte meine Liebe zu den Londoner Bussen wieder, von der ich dir schon mehrfach erzählt hatte. Vom Oberdeck aus gesehen, über dem Chaos von Häuserreihen, Straßenbögen und Plätzen, offenbarte die Stadt endlich die »Ordnung«, die Naipaul unerbittlich der »Unordnung« Indiens und des Nicht-Westens im Allgemeinen gegenüberstellte: die soliden Bauten aus Backstein und Stahl, die sauber gefegten Straßen, die eisernen Geländer, die Ansammlungen der Schornsteine, die symmetrischen Spannweiten der Brücken über die Themse und die langen Einkaufsstraßen, auf denen wie in einem Film Gebäude, Reklametafeln und Schaufenster vorbeischwebten und Miniaturfiguren auf den Gehwegen herumflitzten.

Auch entdeckte ich die Freuden, durch die kostenlosen Museen zu spazieren, diese Oasen aus Wärme und Farbe. Bei meinem ersten Besuch in London hatte ich so vieles verpasst, weil ich versucht hatte, Geld zu sparen. Jetzt genoss ich all die Annehmlichkeiten, die mir in meinem ländlichen Rückzugsort verwehrt blieben: vom Verweilen in einem Café bei einem Cappuccino und dem Einkaufen bei Whole Foods bis hin zum Besuch einer Satyajit-Ray-Retrospektive im South-Bank-Kino oder Konzerten in der Wigmore Hall und dem späteren Entspannen in deiner gusseisernen Badewanne.

In diesem Zustand der Erholung erhielt ich eines Tages einen Anruf aus Ranipur; Devdutt teilte mir mit, dass Naazku ihren Hügel für Almosen an Mathur verkauft hatte und dass ihr Wald bereits gerodet und für Baumaßnahmen eingeebnet worden war.

Als ich dir davon erzählte, warst du noch schockierter als ich. Ich war im Bad, um mich zu rasieren, und du bliebst stehen, um dein Gesicht auf meinen Rücken zu legen und mich von hinten zu umarmen. »Es tut mir sehr, sehr leid«, sagtest du. »Ich weiß nicht, was Mathur dieser armen Frau antun wird. Ob sie nun ihre Penthouse-Wohnung bekommt oder nicht, aber die Nachbarschaft geht doch mit Sicherheit vor die Hunde.«

Ich betrachtete das frisch rasierte Gesicht im Spiegel und fühlte mich durch deine Arme angenehm eingefangen.

»Kannst du etwas dagegen tun?«, fragtest du.

Ich wollte gar nicht daran denken, obwohl ich mir in der Vergangenheit häufig Gedanken darüber gemacht hatte, wie meine eigene Zeit im Dorf abrupt enden könnte, wenn Devdutt beschloss, vom Immobilienboom zu profitieren. Ich war in London, mit dir, und es schien mir an nichts zu mangeln. In Ranipur hatte ich mich trostlos gefühlt, als du deine Absicht verkündet hattest, nach London zu gehen: deine bevorstehende Abreise fühlte sich an wie ein vernichtendes Urteil über meine Welt. Nun waren die enormen Privilegien deines Lebens zu meinen eigenen geworden, in dieser Wohnung, in der das honigfarbene Licht der hohen Fensterflügel auf dem dunklen Rot der türkischen Kelims leuchtete.

In die Rolle, die ich in der Öffentlichkeit bei dir spielte, war ich völlig mühelos hineingeschlüpft, was durch das Sprechen einer fremden Sprache in einer fremden Stadt enorm erleichtert wurde. In meiner dramatisch veränderten Lebensweise und wenn uns Blicke in Restaurants und auf Partys folgten, wurde mir sogar auf angenehme Weise bewusst, dass wir ein auffallend attraktives, ja, sogar glamouröses Paar abgaben. Als ein Bild von uns auf dem hektischen Instagramm einer Bekannten von dir, einer Eventorganisatorin aus Istanbul, auftauchte, das von einem Fremden mit einem zwinkernden Emoji und dem Hashtag #couplegoals gefeiert wurde, habe ich es dir aus Verlegenheit zwar nicht gezeigt, aber ich war eher amüsiert als verlegen.

In der Tat waren wir, Alia und Arun (die Namen werden oft zusammen verwendet und klingen in meinen Ohren wie eine schöne Melodie), äußerst gefragt, und diese Anerkennung verlieh einer Beziehung, die sich noch sehr neu anfühlte, sehr schnell ein Gefühl von Wirklichkeit. Als Menschen mit einer quasi-intellektuellen Berufung wurden wir von der Gruppe der wohlhabenden Ausgewanderten abgehoben, ja, wir wurden sogar ein wenig über sie gestellt; uns wurden besondere Qualitäten zugeschrieben, und es wurde von uns verlangt, nachdenklich, wenn nicht gar provokativ zu sein; und wenn wir, nachdem wir uns in der Öffentlichkeit selbst gespielt hatten, nach Hause kamen und Seite an Seite im goldenen Licht der kleinen Glühbirnen, die das Badezimmerbecken flankierten, beim Zähneputzen zusammenstanden, musste ich manchmal über unsere zwei unmaskierten Gesichter im Spiegel lächeln.

Niemand in London wusste etwas über meine Vergangenheit, über die Landschaften des Mangels und die Erinnerungen an die Unterentwicklung, die mir in den Geist eingebrannt waren, und niemand interessierte sich genug dafür, um meinen neuen »Charakter« in der Stadt zu bemerken. In der Gesellschaft der Londoner fühlte ich mich wesentlich entspannter, als ich es jemals in der Gesellschaft der Anglophilen in Delhi gewesen war, unter denen ich immer fürchtete, meine Herkunft aus einer niedrigen Kaste preiszugeben, und unter gewöhnlichen Londonern fühlte ich mich wohler als in der Gesellschaft deiner südasiatischen Besucher, deren Herablassung mir immer bewusst war.

Doch als dein älterer Geliebter musste ich nur selten meine Rolle spielen. Die Annahmen, die die Menschen deiner Klasse übereinander machten – dass sie einen ähnlichen Hintergrund und eine ähnliche Weltanschauung hätten –, halfen mir, unsichtbar zu werden.

Während meine Herkunft in den Hintergrund geriet, machte ich mir einen Spaß daraus, die für mich wahren Exoten zu beobachten: die Mitglieder der ethnisch vielfältigen, aber ansonsten sehr homogenen Gruppe, zu der auch ich gehörte; die Menschen, deren Geographien sich auflösten, die Menschen mit zwei oder drei Identitäten, die mir bei meiner ersten Reise nach London beim Betrachten eines British-Airways-Bordmagazins aufgefallen waren.

Nie zuvor hatte ich die Flugrouten der Fluggesellschaft auf einer Weltkarte gesehen, die munter über nationale und geographische Hindernisse hinwegflogen. Die schrecklich zerknitterte Karte Indiens, die der Lehrer in meiner Grundschule an einem Baum aufgehängt hatte, verkündete, dass die Nation auf ewig feststehe und dass ein revanchistisches Indien sogar das von Pakistan regierte Kaschmir in sich aufnehmen werde. Selbst die anspruchsvolleren Atlanten, die ich später fand, verstärkten diesen Eindruck von etwas Unverbrüchlichem, von einem Puzzle, das sich, ganz gleich, wie zerklüftet seine Teile auch sein mochten, schließlich doch zu einem Ganzen zusammenfügte.

In dieser halb-zusammenhängenden Welt tauschten die englischsprachigen Inder unserer Kindheit munter eine Identität gegen eine andere aus. Jungen mit Namen wie Desmond und James gaben plötzlich bekannt, dass sie nach Großbritannien, Australien, Kanada und Neuseeland auswandern würden.

Von denjenigen, die sie zurückließen, wurden sie anfangs nicht ernst genommen. Als mittelmäßige Schüler, die nur beim Schreiben und Verstehen von Englisch gut abschnitten, versäumten es die Anglo-Inder oft, von den Zusatzpunkten Gebrauch zu machen, die ihnen von den christlichen Lehrern gegeben wurden. Alles an ihnen – die westlich anmutenden Röcke und Anzüge ihrer Eltern, ihre Cliff-Richard- und Bing-Crosby-LPs, Wohnzimmer voller gerahmter Fotos von Verwandten in Surrey und Sydney und Bücher von A. J. Cronin und Daphne du Maurier sowie Küchen, die für pingelige Hindu-Nasen stark nach Rindfleisch rochen –, all das war Ausdruck eines ungebrochenen Verlangens, zum Westen zu gehören.

Sie versprachen, uns zu schreiben und uns Geschenke aus ihren schönen neuen Häusern zu schicken, doch diese letzten lebenden Verkörperungen des Empire verschwanden schnell in der weißen Masse des Commonwealth, und man hörte nie wieder etwas von ihnen (obwohl Aseem einmal von einem gewissen Adrian die ausgelesene Ausgabe des *Playboy* mit Kim Basinger auf dem Cover geschickt bekam).

Noch Jahre später stellte ich mir die Anglo-Inder vor, wie sie in einer Reihe über das Rollfeld zu einem wartenden Flugzeug gingen, nur um kurz darauf in dem englischen Dorf aus Enid Blytons Büchern zu landen – mit grasbewachsenem Cricketfeld, einem Pub, Hundeliebhabern und Radfahrern im Nebel, also ganz ähnlich der Landidylle, die die Tories immer noch beschwören.

Das Streckennetz von British Airways war ein erster Hinweis darauf, dass die Welt immer stärker vernetzt war, während ich noch versuchte, mich in einem kleinen Dorf zu verwurzeln, und dass sich der Katalog der verfügbaren Identitäten in diesem zunehmend gemischten und homogenen Reich ausgeweitet hatte.

Die Jugoslawinnen hatten aufgehört, Jugoslawinnen zu sein, die Anglo-Inder waren ausgestorben, und die indischen Hindus waren zur reichsten Minderheit in den Vereinigten Staaten geworden. Allerdings hatte mein Denken noch nicht mit der zerfallenen Welt und ihren zersplitterten Identitäten Schritt halten können.

Selbst im mittleren Alter schweiften meine Gedanken immer noch in die Kleinstädte der 1980er Jahre zurück, als sich nach minderheitenfeindlichen Pogromen selbst Sikhs der

Mittelschicht die Haare abrasierten und mit niedergeschlagenen Gesichtern herumliefen, während sich die überwiegend mittellosen Muslime – auch wenn sie immer noch überwiegend langbärtig waren – immer weiter in ihre Ghettos zurückzogen.

Du und deine Londoner Bekannten stellten für mich eine völlig neue Art von selbstbewussten, weltgewandten Menschen dar, die in der Lage waren, die ererbte Identität augenblicklich abzulegen, oder sie eben zu tragen, wenn die Situation es erforderte. Oft hörte ich dich sagen: »Die Weißen halten mich für eine Muslimin, die gerettet werden muss. Sie wollen, dass ich über muslimische Themen schreibe. Sie wollen, dass ich in die Rolle des Opfers schlüpfe. Aber was ist, wenn mir meine muslimische Identität scheißegal ist?«

Du brachtest dann stets dein Kindheitstrauma zur Sprache. »Mein Vater wurde von einem anderen Muslim fast umgebracht, weil er es wagte, seine Stimme für muslimische Frauen zu erheben. Ich bin eigentlich nicht an Identitätspolitik interessiert. Ich interessiere mich für soziale Gerechtigkeit – für alle, nicht nur für Musliminnen oder Inder.«

Bis ich dich und deine Freundinnen und Verwandten kennenlernte, war ich nicht in der Lage gewesen, deinen Hintergrund des globalen Nomadentums klar und deutlich zu erkennen. Aseem hatte vom globalisierten Mann zu Beginn des 21. Jahrhunderts gesprochen (nicht von der globalisierten Frau: heute frage ich mich, ob Frauen in seiner Vision einer größeren Emanzipation überhaupt eine Rolle spielten), aber mir selbst war nicht aufgefallen, dass das *Auswandern* für eine winzige Minderheit der Weltbevölkerung keine unerwünschte, sondern eine unvermeidbare Lösung für eine unerträgliche Existenz war; es war eine gewählte Lebensweise, eine zwanghafte Bewegung durch eine Welt, in der Klasse und Bildung Sicherheit bedeuteten und in der die Mängel einer Gesellschaft nicht allzu lang an ihnen haftenblieben.

Ich fand es bemerkenswert, dass sie alle, ganz unabhängig von ihrer Herkunft oder ihrem Beruf, entweder an Universitäten in Europa oder den USA studiert hatten. Auch schien es mir sehr ungewöhnlich, dass viele von ihnen, die außerhalb ihrer angestammten Heimatländer heirateten, junge gemischt ethnische Kinder hatten.

Doch viel erstaunter war ich immer darüber, wie diese Nutznießer des globalen Kapitalismus, die in London in aller Ruhe ihr Glück feierten, die multikulturelle Existenz als Norm anzunehmen schienen; wie sie sich mit so viel träumerischem Wohlwollen ausmalten, dass die Zukunft aus immer mehr Freiheiten für immer mehr Menschen bestehen würde.

Sie lebten in Versionen des Hauses, das ich zum ersten Mal durch deine renovierte Villa in Ranipur gesehen hatte: hohe Decken, Oberlichter, weiß gestrichene Wände, Parkettböden und strategisch platzierte Lampen. Diese Häuser waren frei von geerbten, klobigen Möbeln, sie wurden regelmäßig von Osteuropäerinnen gesaugt und glänzten geradezu vor Leichtigkeit und gutem Willen.

Doch mit zwei oder drei Pässen und E-Mail-Adressen und mehreren Social-Media-Accounts pro Person schienen die Menschen in deinem Umfeld immer woanders zu leben, im Eurostar und im Heathrow Express, in Hotelzimmern und Business-Class-Lounges, auf Rollsteigen, Rolltreppen, in Taxis und Flugzeugen (mit ständiger Sorge um die CO_2-Bilanz, die aber teilweise mit umweltfreundlichen To-Go-Kaffeebechern aufgebessert wurde).

Meistens schien ihr wirkliches Zuhause aber auf Facebook zu sein – unordentlich und schlecht beleuchtet –, wo sich amateurhaft aufgenommene Bilder von Hummus, der wie ein Vulkankrater geformt ist und in dessen Mitte Olivenöl schwimmt, oder ein Teller mit Schoko-Brownies an jedem beliebigen Tag mit Fotos von Babys, Kleinkindern, Geburtstagspartys, Hochzeiten an Urlaubsorten, Wochenendausflügen, einem Meera-Sodha-Rezept und Flüchtlingen hinter Stacheldraht abwechselten, und alles immer begleitet von Likes, Emojis und solch verbalisiertem Überschwang wie »Ihr seht alle so toll aus!« und »Oh, danke, es war klasse, dass du da warst« und »Europas Schande.«

Und immer schienen sie ein Vermögen zu verdienen und ihren Reichtum zu vergrößern. Doch diese Seite ihres Lebens blieb verborgen. Vielleicht war ich davon besessen, weil ich mein geringes Einkommen in London sehr häufig deutlich zu spüren bekam. Ich sah zu, wie meine Ersparnisse – die ich in langen Jahren des frugalen Lebens in einem indischen Dorf aufgebaut hatte – versiegten, und obwohl es dir völlig gleichgültig zu sein schien, dass ich mehrmals nicht in der Lage war, hohe Restaurantrechnungen zu begleichen, während du sie wie immer sorgfältig für deinen Buchhalter zusammenfaltetest, schämte ich mich zunehmend für meine Abhängigkeit von dir.

Ich fragte mich, was du von diesen Menschen in deinem Umfeld hieltest und ob ich offen mit dir über sie sprechen konnte. Vielleicht hast du mich in ihrer Gesellschaft manchmal als ungewöhnlich schweigsam wahrgenommen. In jenen Monaten in Kensington waren wir auf so vielen Partys – mehr als je in meinem gesamten Leben –, dass sie in meinem Gedächtnis zusammengeschmolzen sind, wie auch ihre unterschiedlichen Schauplätze: Restaurants, Clubs in Soho, Verlagsräume in Bloomsbury und auf dem Strand, Privatwohnungen in Ladbroke Grove und Islington und einmal sogar ein Hausboot in Chelsea. Aber ich erinnere mich ganz klar an einen Brunch in Tower Hamlets an einem Sonntag.

Der Brunch findet in einer großen Wohnung statt, einer der wenigen, in der früher einmal eine Strickwarenfabrik untergebracht war. In den Straßen auf unserem Weg stehen »Zu-verkaufen«-Schilder. Der Stadtbezirk gentrifiziert sich, aber es gibt immer noch genug raue Ecken, um die Hauspreise auf einem vernünftigen Niveau zu halten.

Ein Fenster nimmt den größten Teil der Westwand ein und gibt den Blick frei auf die glitzernden Glasbauten der Stadt und auf die düsteren Backsteingebäude, die sich an sie schmiegen. Auf einem langen Tisch aus polierter Eiche hängen große Lilien mit Samtstempeln aus zwei geschliffenen Glasvasen über Ottolenghi-Salaten, die mit Granatapfel-, Chia- und Kürbiskernen bestreut sind, und die Lilien thronen über Butterbohnen mit Feta, Zucchiniküchlein mit Joghurtsoße, Sauerteigbrot, Crackern sowie vielfältigen Dips und Käsen. Zum Nachtisch gibt es eine Pavlova, die ein australisches Paar mitgebracht hat; eine Miniatur-EU-Flagge aus Papier schwebt über den Erdbeeren und Kiwis.

Überall sind Kinder: Babys in Kinderwagen, Kleinkinder, die sich unbeaufsichtigt durch die Menge schlängeln und angriffslustig nach Unterhaltung suchen, während ihre Zickzackschritte das Parkett zum Quietschen bringen.

Aseem kannte unsere Gastgeberin. Sie war auf einem seiner Festivals gewesen: eine hitzige Menschenrechtsanwältin, die einst die Opfer von Modis Massaker in den USA aufgespürt hatte, deren helle Cottage-Emporium-Saris, große rote Bindis, dicht verknotete Handgelenke und raue Stimme auf NDTV einst eine Möglichkeit für Gerechtigkeit dargestellt hatten.

Jetzt arbeitet sie bei einer Nichtregierungsorganisation für

Menschenrechte; ihr schaumiges Haar ist jetzt weiß; und ihre empörte linke Politik wurde durch die Routine der professionellen Interessenvertretung und durch die Heirat mit einem geschiedenen iranischen Hedge-Fund-Manager abgemildert.

Sie ist eine Enthusiastin – aus Berufung. »Ich liebe Simla«, sagt sie mir bei jedem Treffen (diese kleine Ausrede bereitet mir Unbehagen, doch in London erzähle ich jedem, der mich fragt, dass ich in Shimla wohne). Du hast mich einmal belauscht, worauf ich mich rechtfertigte: »Nun, mit Shimla hat man bessere Chancen, den Smalltalk zu verlängern als mit Ranipur.«

Unsere Gastgeberin sagt: »Wir haben unsere Sommerferien in Simla in einem riesigen Bungalow mit der besten Aussicht der Welt verbracht.«

Sie verwendet die britische Aussprache: Simla. Sie sagt auch »Bombay« und »Madras« und »Kalkutta«, und ich kann nicht anders, als eine Welle der Zuneigung für sie zu empfinden. Mit jedem Jahr, das vergeht, gibt es immer weniger von uns, die die alten Namen der indischen Städte verwenden.

Ihr Ehemann, dickbäuchig, mit zerzaustem Haar und einem Dauergrinsen unter seiner Habichtsnase, ist besessen von Elektro-Gadgets, wie viele einfache Männer. Unter anderem drängt er mich andauernd dazu, von iOS auf Android und vom iPhone auf Samsung Galaxy umzusteigen, obwohl ich schon mehrfach beteuerte, dass ich noch nie ein Apple-Produkt besessen habe.

Heute sage ich ihm, dass ich Google Home nicht brauche, weil du eine Alexa in deiner Wohnung hast, und dass ich keine Notwendigkeit sehe, Sonos-Lautsprecher zu deiner alten Stereoanlage hinzuzufügen.

Er sagt mehrmals: »Was ist aus Indien geworden? Im Iran

haben wir immer zu Indien aufgeschaut. Es war das Land von Gandhi und Nehru, die einzige echte Demokratie in der postkolonialen Welt ...«

Diese Solidarität macht mich normalerweise unruhig, vor allem, wenn sie von Angehörigen der verdrängten Eliten kommt, für die die Zeiten, in denen sie die Macht hatten, immer besser waren. Heute jedoch fügt der geschwätzige, aber liebenswürdige Iraner mit der heiseren Stimme unerwartet hinzu: »Ich meine, während wir sprechen, werden in Indien doch einige arme Muslime gelyncht«, und ich spüre einen bitteren Schmerz – ja, warum ist das Land von Gandhi und Nehru so verwahrlost?

In London fühlt es sich zunehmend so an, als klebte meine Heimat wie feiner Kohlenstaub an meiner Haut. Ich bin gezwungen, etwas zu sagen. Ein unsinniger Satz kommt aus meinem Mund: »Ich glaube, die Verwahrlosung fing mit Indira Gandhi an.«

Plötzlich wird das Getümmel lauter, und der Iraner ist abgelenkt. In der Nähe der Tür wird gelacht und geschrien: Es sind neue Gäste eingetroffen.

Als ich die Gelegenheit nutze, mich zu entfernen, höre ich den Anwalt sagen: »Ich bin so deprimiert über Leute wie Priti Patel und Nikki Haley und Tulsi Gabbard und Kamala Harris. Ist es unser Schicksal, auch außerhalb Indiens von rechten Inderinnen regiert zu werden?«

»Harris?«, fragt jemand. »Soviel ich weiß, ist sie eine Demokratin.«

»Nicht für Leute, die sich mal ihre Arbeit als Staatsanwältin angeguckt haben«, erwidert der Anwalt.

»Wissen Sie«, meldet sich jemand hinter mir, »ich kenne jemanden, der mit Priti Patel zur Schule gegangen ist; sie wurde furchtbar gemobbt und *not-so-pretty Patel* genannt.«

»Das rechtfertigt überhaupt nichts – schon gar nicht ihre Grausamkeit gegenüber Einwanderern.«

Die heutigen Gäste sind typisch für die Menschen, die der Inder und der Iraner gerne versammeln. Ich erkenne eine Gastrokritikerin aus Bangladesch wieder – mit Unbehagen, denn als ich sie kennenlernte, küsste sie mich gleich auf beide Wangen, und das tut sie auch weiterhin jedes Mal, wenn ich ihr begegne. Sie schreibt einen Blog über ethische Ernährung. Eine beiläufige Erwähnung, dass ich Kaffee mag, veranlasste sie einmal dazu, mir mehrere E-Mails mit Links zu Fair-Trade-Röstereien und Bauernmärkten zu schicken.

Vor kurzem hat sie ihre Schwangerschaft in einem langen Facebook-Post bekanntgegeben. Das Baby wurde mit ihrem pakistanischen Ehemann in Tanger in der Villa eines berühmten britischen Fotografen gezeugt. Sie und ihr Mann, ein Chirurg, fahren zu Weihnachten dorthin zurück. Es sind aber auch Wochenendaufenthalte auf Kreta geplant.

Sie sagt: »Das Meer ist bis Mitte November noch warm, und es ist eine perfekte Möglichkeit, Vielfliegermeilen zu verbrauchen. Innerhalb von Europa kann man mit British Airways auch noch am Vortag ganz spontan buchen, und man muss nicht mit der schrecklichen Ryanair fliegen.«

Du wirst diesmal etwas von einer Schriftstellerin aus Marokko in den Schatten gestellt, die eine Freundin, ein Model, mitgebracht hat; sie ist eine der beiden Weißen im Raum, eine sehr große Frau mit einem kindlichen Gesicht, deren Brille mit übergroßen Rahmen sie wie ein Mädchen aussehen lässt, das sich als Großmutter verkleidet hat.

Früher belästigte die Marokkanerin dich immer mit der Bitte, ihre BuzzFeed-Artikel über Fundamentalisten in Nordafrika zu retweeten. Der unerwartete Erfolg in Frankreich mit einem Buch darüber, wie die Identitätspolitik die säkulare Demokratie untergräbt, hat sie nun über einfache Twitter-Persönlichkeiten erhoben; von ihrer neuen Plattform aus hat sie sogar Angriffe auf Black Lives Matter lanciert, weil sie die Rassenpolarisierung gefördert und damit ungewollt Trump unterstützt hätten.

Du sagtest mir: »Sie wäre entsetzt, wenn ihr das jemand ins Gesicht sagen würde, aber sie ist jetzt eine total Rechte. Die Franzosen lieben sie. Sie glaubt, das sei wegen ihrer säkularen Ansichten. Aber es liegt daran, dass sie eine Islamfeindin ist.«

»Obwohl sie in einer Hinsicht ungewöhnlich ist«, fügtest du hinzu. »Das weiße Establishment will, dass seine bevorzugten orientalischen Informanten heiß aussehen.«

Die Marokkanerin ist ebenfalls neu in unserer Gruppe, was dazu führt, dass alle besonders nett zu ihr sein wollen.

»Das Problem mit Facebook«, sagt sie, »ist, dass man seine Verflossenen nie wirklich loswird – sie tauchen immer wieder auf.«

Alle um sie herum lächeln pflichtbewusst, aber man spürt, was sie denken: *Wie viele Ex-Freunde kann die denn wohl gehabt haben?*

Ich denke wieder einmal darüber nach, wie die Welt für gutaussehende Menschen zu einem sicheren Ort gemacht wird.

»Ich freue mich schon darauf, Ihr Buch zu lesen«, sagt sie dir.

»Es wird wahrscheinlich ein großer Flop werden.«

»Warum sagen Sie das?«

»Naja, niemand interessiert sich mehr für Indien und für die Menschen dort. Alle haben zu Hause genug Probleme zu bewältigen.«

Die Marokkanerin, die das Signal *Bitte widersprechen!* nicht verstanden hat, fährt fort: »Aber ist es nicht so, dass Netflix und Amazon Prime Milliarden von Dollar nach Indien schicken?«

Sie isst einen Cracker mit Hummus, während sie auf deine Antwort wartet.

Ich bin etwas angespannt. Du neigst ohnehin dazu, dich dem Rätsel, das deine Zukunft als Schriftstellerin darstellt, durch den Erfolg deiner Kolleginnen und Kollegen zu nähern: Warum wurde dein Exposé für ein Buch über reiche indische Menschen in den USA nur in Indien zur Veröffentlichung angenommen, während deine Studienfreundin Sonia ihr Buch über die Einstellung der Briten zu ihrem Empire in mehrere Länder und Sprachen verkauft hat? Kürzlich schienst du persönlich beleidigt über die Entscheidung von HBO, die Rechte an einem Krimi-Quartett zu kaufen, das von einem alten Bekannten aus deiner Zeit beim Fernsehen verfasst worden war.

Die Situation wird durch die Ankunft der anderen weißen Person im Raum gerettet: der Ehemann der vietnamesisch-australischen Frau, die die Pavlova mitgebracht hat. William, ein Mann mit silbernem, zurückgekämmtem Haar, hat gerade zwei Wochen in Sri Lanka verbracht und Teeplantagen besucht, um einen neuen Lieferanten für seine Boutique-Lebensmittelläden in Sydney und Melbourne zu finden.

»Ganz wunderbare Menschen«, sagt er. »So sanftmütig, so unverdorben.«

Du widersprichst ihm. Du hast in Sri Lanka für Amnesty International gearbeitet und Hassverbrechen gegen Tamilen dokumentiert.

Dein Telefon klingelt, du nimmst es hervor und zeigst mir

mit einem müden Lächeln den Bildschirm: Es ist ein etwas lüsterner Journalist eines Mode- und Literaturmagazins in Mumbai, der dich für einen Artikel über deine Zeit als Model gewinnen will. Du lässt das Telefon ausklingeln, bevor du es in deiner Umhängetasche verschwinden lässt.

Ich höre, wie sich ein indischstämmiger Akademiker aus den Vereinigten Staaten über den Rassismus in Oxford und Cambridge beschwert. Er ist ein kleiner, ergrauter Mann mit einem unsicheren Lächeln unter seinem buschigen schwarzen Schnurrbart; er wirkt stets halb verlegen, wenn auch nicht auf Twitter, wo er hartnäckig moralische Übertretungen aufdeckt. Er kündigt regelmäßig eine lange und notwendige Pause von Twitter an, die die Arbeit an seinem Buch erfordert, nur um sich ein paar Tage später wieder einzuloggen, um, wie er behauptet, seine Follower auf eine neue und wichtige Gräueltat aufmerksam zu machen, die meist rassistischer Natur ist: Aktuell ist es die Verfolgung von Meghan Markle durch die britische Presse.

Wie immer ziehe ich mich nach etwa einer Stunde zurück. Ich habe die Bücherregale oft genug inspiziert, um auswendig zu wissen, welche Taschenbuchrücken ich dort finden werde, und die Zurschaustellung von Blitzlicht-Grinsen und Umarmungen auf den Fotos von Verwandten und Freunden aus aller Welt auf dem Kaminsims hat etwas Beunruhigendes an sich.

Ich stelle mich nun lieber in eine Ecke und betrachte die silbergerahmten Sepiabilder an der Wand, die die Familie des Iraners im Iran zeigen: Fotos mit gezackten Rändern, vom Fotografen mit blauviolettem Stempel versehen, Hochzeitsfotos von den Großeltern aus der unteren Mittelschicht in den 1950er Jahren, auf denen das feierliche Paar mit großen starren Augen auf einem Gaschgai-Teppich vor einem Samt-vorhang steht.

Hinter mir ertönt ein Crescendo von Behauptungen und Gegenbehauptungen, das die Playlist mit iranischem Hiphop übertönt.

Du sagst: »Arun kann nicht fassen, wie viele bärtige Hipster es in London gibt.«

»Sind Hipster nicht schon irgendwie wieder vorbei?«

»Die Nachrichten werden immer schlechter.«

»Sie ist so gut. Sie hat mich nur kurz angeguckt und wusste, dass es jetzt die Phase meines Lebens ist, in der ich Highlights brauche.«

»Wie auch immer, wenn Harari recht hat, geht's mit der Menschheit sowieso zu Ende, also warum ...?«

»Und ich nur so: ›Nach Weihnachten hab ich noch lange keinen Strandkörper.‹«

»Ich weiß nicht, ich erkenne mein Land nicht mehr wieder. Wer sind denn all diese Tories, die für Boris Johnson gestimmt haben?«

»Du wohnst doch in Stoke Newington, oder? Ein Cousin von mir ist gerade dorthin gezogen. Es gibt super südindische Restaurants dort.«

»Ich denke, dass ziemlich klar ist: Populisten sind eine tödliche Bedrohung für die liberale, multikulturelle Demokratie.«

»Airbnb sollte wirklich einen Filter für Smart-TVs haben. Egal, wohin ich gehe, ich brauch' einfach mein verdammtes Netflix.«

»Besser gesagt: Es ist ein Kampf zwischen Schwarzen Taxifahrern aus Cockney und den vielen Mohammeds von Uber, und die Nativisten gewinnen.«

»Rebecca Solnit ist vielleicht eine Ausnahme, aber weiße Feministinnen machen den Neoimperialismus möglich.«

»Komm schon! Wenn du Sonos hast, hast du 'ne Midlife-Crisis!«

»In fünf Minuten hat sie *tausend* Retweets gekriegt.«

»Aber ist Michelle Obama für dich eine Feministin, weil sie Schwarz ist?«

»Es gibt eine neue Website für Villen, die Smart-TVs rausfiltern kann.«

»Sorry, aber Michelle Obama ist mit einem Mann verheiratet, der in seinem Büro jede Woche Listen von Menschen erstellt hat, die durch Drohnen getötet werden sollen. Sie ist eher wie diese Mafiafrauen, die in den *Sopranos* einen Buchclub haben.«

»Auf dem Weg hierher habe ich gerade im Radio gehört, dass die Regierung noch eine Gruppe von Menschen in die Karibik zurückschickt.«

»Schriftsteller stehen heute viel zu sehr im Rampenlicht. Sie haben ihre Aura verloren.«

»Die Brick Lane ist nicht mehr der Ort, der im Roman beschrieben wird.«

»Da kann man den Literaturfestivals dafür danken. Die machen aus allen einfach Zirkusäffchen.«

»Wenn du wirklich auf der Suche nach was Dreckigem bist, dann fahr mal nach Jakarta.«

»Aber ist es nicht genau das, was der Spätkapitalismus macht: Er macht Schriftsteller zu Providern von Content für den Strandurlaub.«

»Und Kuala Lumpur mit seinen Einkaufszentren für verschiedene Klassen ist eine Erfahrung, die man im Westen einfach nicht machen kann.«

»Ich finde es schon gut, dass es Arundhati Roy gibt, aber mir ist sie einfach zu radikal. Chimamanda ist mir lieber.«

»Es ist wie eine Art Übergang. Wie Crown Heights.«

»Ich weiß, dass ich falschlag, als ich gesagt habe, dass Meghan Markle die königliche Familie politisieren wird.«

»Diese ›Incredible India‹-Werbung im Fernsehen ist widerwärtig.«

Ganz gleich, ob sie allgemein gehalten sind oder ganz speziell, die Behauptungen – und diese Sätze, die anfangen mit ›Ich glaube, dass, nein, da bin ich anderer Meinung, wie kannst du das glauben, eigentlich denke ich, dass es eher so ist‹ – sind etwas zu aggressiv oder zu defensiv; die Haltungen sind zu gut bekannt, selbst denen, die sie annehmen.

Die Homogenität der Partygesellschaft erinnert mich an den Gentlemen's Club in Covent Garden, in dem ich einmal kurz mit dir war, wo wir auf der Suche nach deiner Literaturagentin in den Rauchsalon hineingerieten und alte Männer sahen, die reglos in Ledersesseln unter einem großen Kristalllüster saßen, einige versteckt hinter zitternd hochgehaltenen Zeitungen, andere flüsternd und wieder andere mit ihren Händen wie Trichter vor ihren Ohren in der Hoffnung, das Gemurmel verstehen zu können.

Es war nur ein kurzer Blick, den wir hineinwarfen, doch er reichte aus, um zu erkennen, dass hier, in dieser unbeweglichen Versammlung von fast ausgestorbenen Adeligen, Bankdirektoren, pensionierten Firmenchefs, Beamten und Verlegern, unter Leuten, die du, als wir die Treppe runtergingen, einen »Haufen alter Knacker« nanntest – dass hier eine echte Macht versammelt war, die, über Jahrhunderte angesammelt, sich zeigte, ohne dass auch nur ein Wort darüber verloren werden musste.

Im Gegensatz dazu scheinen die meisten der Anwesenden in dieser Wohnung in Tower Hamlets viel zu viel zu arbeiten und dabei viel zu sehr auf ihr politisches und ideologisches

Engagement und ihre Wichtigkeit hinzuweisen. Auch scheint es, dass ihre Energie abgesehen von solchen Aussagen linksliberaler Tugendhaftigkeit vom Kampf um ein gutes Auskommen und einen guten Namen aufgezehrt wird und sie sich gegen einen inneren Verdacht der Unauthentizität wehren müssen.

Aseem wandte sich schon früh in seinem Leben gegen die verweichlichten Liberalen aus gutem Hause, von denen man bei Turgenjew lesen kann; Aseem schmiedete seine Identität im Widerstand zu ihnen. Doch dann schloss er sich ihnen in ihren Zeitschriften, auf ihren Festivals der Ideen und auf ihren Social-Media-Plattformen an und überließ es anderen, über den nihilistischen Widerstand derjenigen zu berichten, die über ein geringeres soziales und kulturelles Kapital verfügen.

In London loggte ich mich oft unter einem Pseudonym bei Facebook ein, um Posts von Baba zu lesen. Als ich dir davon erzählte, schien es dich nicht zu interessieren; du sagtest bloß: »Facebook ist was für alte Leute«, und ich erwähnte nicht, dass er in seinem Haus, das auch als Laden diente, dessen Dach überwuchert war mit Farnen, dessen Holzbalken rußgeschwärzt und dessen dicke Steinmauern so durchfeuchtet waren, dass sich die elektrischen Drähte regelmäßig in Diwali-Feuerwerk verwandelten – ich sprach nicht davon, dass er es in diesem Haus geschafft hatte, einen Breitbandanschluss über die Telefonleitung zu bekommen, und dass er jetzt in seinem achten Jahrzehnt sein patriarchalisches Herz eben mehrmals am Tag an seinem Laptop aufwärmte.

Er schrieb nichts über das Ableben seiner ersten Frau, aber seit Modis Wiederwahl glich seine Seite einem grellen Schrein am Straßenrand, der von Passanten unbeholfen mit Girlanden geschmückt wird. »Modi ist positiv für Indiens

Größe«, kommentierte einer. »Es ist ein Sieg für den Hinduismus«, meinte ein anderer, und Baba selbst bezeichnete Modi fälschlicherweise als den »ersten Premierminister Indiens aus niedriger Kaste«.

Die massenhafte Auspeitschung von Kaschmiris durch Modi löste neue Aufschreie aus. Sie waren von Böswilligkeit geprägt – die Aufrufe »tötet die Muslime, die Linken, die Naxaliten in den Städten und alle Antinationalen« und »schickt Sonia Gandhi zurück in den Vatikan« erhielten viele Likes – doch die meisten Kommentatoren schienen von einer tieferen Ekstase überwältigt.

Ich sah meinen Vater mit seinem großen, stark gezeichneten, bärtigen Gesicht, das auf seinem Profilfoto ausdruckslos aussieht, wie er emotional und mit geröteten Augen vor allem gegen die »libtards« wetterte; er hat nie einen von ihnen getroffen, kann das Wort wahrscheinlich nicht richtig aussprechen, aber er gibt ihnen die volle Schuld dafür, dass die Minderheiten außer Kontrolle geraten sind.

Wie viele andere, die in den letzten Jahren vom Internet verhext wurden, bildet er sich heute ein, an großen Ereignissen aktiv teilzunehmen, anstatt sie lediglich passiv mitzuerleben. Vielleicht war dies ein weiterer grausamer Trick der Geschichte: Träume von Handlungsfähigkeit und Selbstermächtigung, Träume, Geschichte zu schreiben, eben gerade bei denjenigen zu wecken, die unwiderruflich von der Geschichte zerstört worden sind.

Doch es bestand auch die Gefahr, Babas Modi-Manie zu hart zu verurteilen. Von all den Millionen, die vom nationalen Ruhm träumten und wie wild Jagd auf Volksfeinde machten, war er einer derjenigen, die über einen langen und erbarmungslosen Zeitraum hinweg erfuhren, was wirkliche individuelle Erniedrigung bedeutet.

Aseem und sein Magazin kamen nicht darüber hinweg, dass die Mobs, die 2002 in Gujarat schwangere muslimische Frauen vergewaltigten und ihnen anschließend mit Trishulas die Bäuche aufschlitzten, aus bitterarmen Dalits bestanden. Über diese moralische Katastrophe, die vom Premierminister organisiert und beaufsichtigt wurde, schrieb er in seinem letzten Roman. Er konnte nicht erkennen, dass ein Führer den Untersten der Unterschicht eine seltene Gelegenheit auf soziale Mobilität gegeben hatte, die sie begierig ergriffen.

Ich hoffe, du wirst verstehen, warum der tiefste Eindruck, den deine Bekannten aus London in mir hinterlassen haben, der der Unschuld ist. Nachdem der Brexit und die Wahl von Trump sie endlich in politische Panik versetzt und in Nachrichtenjunkies verwandelt hatten, aktualisierten sie online zwanghaft den *Guardian* und die *New York Times*; sie mailten sich gegenseitig Kommentare von Fintan O'Toole und Berichte, die gegen den Brexit argumentierten und lange E-Mail-Threads in Gang setzten, die meinen Posteingang täglich künstlich aufblähten.

Ihre neuartigen politischen Leidenschaften hatten sich noch nicht zu einer Opferhaltung verfestigt – der seltsamen Opferhaltung der Elite – und waren bislang nicht vom Nervenkitzel des virtuellen Aktivismus zu unterscheiden. Ich hatte mehr Verständnis für ihre Einbildung als für die meines Vaters: dass das Verfolgen von Nachrichten-Live-Blogs und das Posten von beißend formulierten Meinungen in den sozialen Medien gegen »libtards« oder Rassisten ein Weg sei, die Geschichte zu verändern.

Anders als mein Vater hatten sie schließlich moralisch einwandfreie Forderungen: das erfüllte und angenehme Leben, das sie kennengelernt hatten, sollte nicht nur fortgesetzt,

sondern auch weithin geteilt werden. Ihre Eltern und Großeltern waren der Geschichte, die seit langer Zeit die Konti-
nente ihrer Vorfahren gebeutelt hatte, durch die Migration
in den Westen entkommen. Zwei Jahrzehnte ungehinderten
sozialen Aufstieges hatten sie davon überzeugt, dass die Geschichte, die in Teilen Asiens und Afrikas noch immer auf zer-
störerische Weise wütete, zumindest in ihrer komfortablen
neuen Heimat an ein Ende gekommen war. Der vulkanische
Wiederausbruch der Geschichte im Herzen des modernen
Westens konnte sie nur verwirren.

Vielleicht hatten sie – nachdem sie schnell zu etwas statt
zu nichts geworden waren, um Aseems Lieblingsspruch zu
paraphrasieren – nicht die Zeit gehabt, zu erkennen, wie die
Welt zu dem wurde, was sie ist: ein Ort, an dem Menschen
guten Grund haben können, offenkundigem Unrecht anzu-
hängen oder von durchsichtigen Unwahrheiten überzeugt zu
werden.

Sie fragten selten nach meiner Herkunft oder meiner
Arbeit. Die wenigen, die sich die Mühe machten, sahen die
angedeutete Präsenz von materieller Knappheit in meiner
Vergangenheit – eine Idee, die vielleicht von dir aufgeworfen
worden war –, und vielleicht waren sie leicht verunsichert.

Gelegentlich stelltest du mich als Übersetzer vor, der wichtige literarische Einsichten über ein Indien mitbrachte, das
von den meisten Romanautoren und Journalistinnen ignoriert wurde. Da du über die korrupten globalen Eliten
schriebst, glaubtest du, auch ich sei beschwerlich bemüht,
etwas zu *entlarven*, eine verdrängte oder nicht beachtete
Realität ans Licht zu bringen, und zwar vor den Augen einer
Welt, die viel zu gleichgültig war.

Du schienst mich ermutigen zu wollen, vielleicht in der
Hoffnung, dass ich etwas sagen und mich als jemand etablie-

ren würde, auf den du stolz sein könntest. Auch sagte ich einmal etwas wie: »Ja, es ist faszinierend, wie viel unentdeckter Reichtum in den Literaturen der indischen Sprachen steckt; wir schenken dem Schreiben in englischer Sprache zu viel Aufmerksamkeit.« Doch angesichts deiner ehrwürdig klingenden Beschreibung meiner Arbeit zuckte ich im Innern zusammen.

Es gab ein falsches Bild des nicht-mimetischen Charakters der von mir übersetzten Literatur und erinnerte mich an Aseem, der mit Recht und auf Kosten der Literatur eine journalistische Dringlichkeit für sein eigenes Werk reklamierte.

Auch ich habe mich vor deiner Vision von uns beiden im Kampf gegen eine ungemütliche Welt gescheut, weil sie mit meinem eigenen Wunsch nach einem etwas *komfortableren* und sicherlich weit weniger angespannten Leben kollidierte, ein Wunsch, der irgendwo tief in meinem Inneren vergraben war, bis ich dir begegnete und die köstliche Ordnung von Wohlstand kennenlernte.

Ich konnte mir nie eingestehen, dass ich an etwas festhalten wollte, was dein Schicksal gewesen war, eine von deinen Vorfahren geschaffene Lebensweise, die du in Frage stelltest. Auch konnte ich dir nie ohne Zynismus sagen, dass der Protest gegen Unterdrückung und Ungleichheit von der Großzügigkeit getragen wird, die aus dem »Leid der anderen« hervorgegangen ist.

In jedem Fall bezweifle ich, dass unter deinen Bekannten in London irgendjemandem aufgefallen ist, wie du mich ihnen vorgestellt hast.

Du sagtest: »Sie respektieren dich sehr für die andere Perspektive, die du mitbringst.« (An diesen geselligen Sonntagen zitiertest du häufig aus unserem Gespräch über die Hinterbliebenen von Ranipur im Hotel Kipling; es war damals nicht leicht für mich, die Rolle eines indischen Experten für die Kluft zwischen Stadt und Land zu übernehmen, die zum Brexit und zu Trump geführt hatte).

Ich war mir da nicht so sicher. Während ich sagte, was von mir erwartet wurde, machte ich mir Sorgen, ob mein Publikum mich für einen Zurückgelassenen hielt; sie schienen niemanden zu kennen, der mit dem Scheitern vertraut war, und waren vermutlich geneigt, es als moralischen Fehltritt anzusehen.

Ob sie mich nun respektierten oder nicht – du warst immer zu großzügig –, sie alle scheinen angenommen zu haben, vermutlich wiederum mit deiner Hilfe, dass ich nur ein weiterer Schriftsteller sei, der durch die jüngsten politischen Ausschreitungen für den Aktivismus begeistert worden war.

Vielleicht habe ich dieses Missverständnis sogar selbst genährt. Es wäre zu schwierig gewesen, ein wahres Bild meines Lebens für sie zu zeichnen – und vielleicht sogar für mich selbst.

ACHTZEHN

Gegen Ende, als meine Angst vor der Unwirklichkeit in und um mich herum anstieg und ich langsam in Panik geriet, habe ich viel mehr darüber nachgedacht, was deine Meinung von mir war.

»Frauen werden manchmal absichtlich naiv, wenn sie mit einem Mann zusammen sind«, hast du einmal über einen deiner Ex-Freunde gesagt. »Manchmal fahren sie all ihre kognitiven Fähigkeiten runter.« Ich wunderte mich erstmals, ob auch unserer Beziehung eine ähnliche Naivität zugrunde lag.

In Gesellschaft anderer, wenn du stets von Männern umgeben warst, die jünger, erfahrener und gutaussehender waren als ich und die immer mit dir flirteten, spürte ich ein Gefühl der Unsicherheit in mir aufkommen: dass ich meine Rolle nicht nach deinen Erwartungen erfüllte.

Und ich trieb mich selbst zur Verbitterung mit dem Gedanken, dass meine eigene Rolle in deinem Leben darin bestand, deinem Selbstbild eine gewisse Tiefe zu verleihen, dass ich dich lediglich wie ein persönlicher Assistent durch deine Schwärmereien begleitete und dass unsere Beziehung nur eine der vielen Episoden im Leben einer reichen und schönen Frau war.

Ich ärgerte mich darüber, dass du dich nie wirklich für meine Herkunft interessiert hattest, und auch nicht für den

Hintergrund von Virendra, dessen Leben du ja untersuchen solltest. Du hattest nicht einmal Aseems neuen Roman gelesen, sagte ich mir, auch wenn ich ihn eigentlich vor dir zu verbergen versucht hatte. Ich redete mir ein, dass du in dieser gereizten Stimmung zu sehr damit beschäftigt warst, zu dem zu werden, was du in anderen Augen von dir gespiegelt sehen wolltest.

Ich versuchte, mich immer wieder davon zu überzeugen, dass deine Vorstellungskraft ein viel zu grobmaschiges Netz warf und nur die großen politischen Ursachen erfasste: Armut, Ungerechtigkeit, Imperialismus und Neoliberalismus. Einzelne Erlebnisse oder greifbare Dinge, wie die Stammesangehörigen, die im Staub vor deiner Villa hockten, fielen durch die Löcher hindurch.

Insgeheim störte es mich sogar, dass dir dein Aussehen wichtiger war als je zuvor, obwohl du nicht aussahst, als wärst du schon vierunddreißig, und dass du in London mehr Zeit auf dein Äußeres zu verwenden schienst, indem du deine Lippen noch etwas länger schürztest, während du Lippenstift auftrugst.

Diese geheimnisvolle Halbfeindschaft verflog, sobald du zu mir zurückkehrtest und dein strahlendes Gesicht von Zuneigung zeugte. Einmal sagtest du, als du mein Gesicht in deinen Händen hieltest, wie du es damals in Pondicherry getan hattest: »Ich habe mich noch nie jemandem so verbunden gefühlt wie dir. Wirklich, Arun, es ist, als hätte ich mein ganzes Leben lang auf dich gewartet.«

Es war ein so emphatisches Gefühl, ein so vollständiger Ausdruck des Glaubens, und ich war gleichzeitig zu gerührt und zu erschrocken über deine Fähigkeit zu lieben und zu vertrauen, um etwas Entsprechendes zu antworten.

»Alle Männer, die ich vorher kennengelernt habe«, sagtest

du bei einer anderen Gelegenheit, »waren so hohl, es war nichts in ihnen, sie hatten einfach überhaupt kein tieferes Bewusstsein.«

Beruhigt murmelte ich etwas davon, dass du zu nett seist; aber es war nie etwas so Bejahendes, wie dass *unsere Beziehung nie enden würde und dass wir eines Tages heiraten und Kinder haben und eine Familie gründen würden.* In solchen Momenten, in denen ich im Zentrum deines Lebens stand, quälte mich immer noch das Gefühl, dass ich dir nie nahekommen würde – ich weiß, das war mehr mein Fehler als deiner.

Von außen betrachtet, ging das Leben seinen Gang, das Rütteln und Klopfen deines Laufbands am Morgen und die Schreie des *Evening-Standard*-Verkäufers am Nachmittag und Abend bildeten eine Art hörbaren Rahmen für die angenehme Trägheit, in der wir angelangt waren.

Du erwähntest, es sei beruhigend, sich in der Nähe meiner stillen Arbeit zu befinden; ich empfand das Gleiche. Die Stille wurde manchmal durchbrochen, wenn du deine Entwürfe laut vorlast, und ich etwas hörte wie: »Am IIT hatte Virendra hart dafür gekämpft, seinen Hintergrund von Armut und Diskriminierung hinter sich zu lassen; in New York ist er leicht der Korruption der globalen Elite zum Opfer gefallen.«

An dieser Geschichte war noch viel mehr. Ich erinnere mich an einen besonderen Vorfall, von dem mir Aseem erzählt hatte. Virendra hatte beschlossen, einem alten brahmanischen Informanten bei McKinsey nach einem großen Börsenerfolg eine Provision von zwei Millionen Dollar zu zahlen. Da er die hohe Summe zahlen wollte, ohne Steuern und unerwünschte Untersuchungen in Amerika zu riskieren, eröffnete er ein Konto für das Hausmädchen des Brahmanen bei der Credit Suisse in der Schweiz.

Morgan Stanley, die den Betrag in die Schweiz überweisen sollten, verlangten den Nachweis, dass der Kontoinhaber nicht in den Vereinigten Staaten wohnhaft war: eine notariell beglaubigte Kopie des Reisepasses, Originalrechnungen von Versorgungsunternehmen, Kontoauszüge. Virendra musste Aseem bitten, seine Netzwerke in Indien anzuzapfen: E-Mails und Telefonate mit einem Bankangestellten der HDFC in Mumbai, einer Notarin in Delhi und einem Mitarbeiter von Vodafone, die alle mit dem Leben auf der falschen Seite des Gesetzes vertraut waren. Innerhalb von drei Tagen wurden ein Bankkonto in Indien eröffnet, ein Mobiltelefonanschluss beschafft und Dokumente beglaubigt – all dieses internationale Treiben im Namen des Dienstmädchens, ohne dass sie, die Kontoinhaberin, eine Analphabetin niedriger Kaste aus dem östlichen Uttar Pradesh, die im Nebengebäude eines Brahmanenanwesens in Greenwich, Connecticut, lebt, auch nur irgendetwas davon ahnte.

Details dieser Art schienen deinem Buch Gewicht zu verleihen. Doch du hast deine Vorstellung davon immer wieder geändert: eine Geheimgeschichte der Globalisierung, des neuen Indien oder ein Bericht über seine »Hollow Men«, seine hohlen Männer. Du lebtest in London und in den sozialen Medien, inmitten heftiger Kulturkriege um *Race* und *Gender*, Klima- und Umweltkrisen, und du nährtest dich an einer generationenübergreifenden Feindseligkeit gegenüber rechtsextremen Schurken an der Macht, so dass du schließlich mehr daran interessiert warst, aus dem Buch eine politische Streitschrift zu machen, eine Abrechnung der moralischen Linken mit der unmoralischen Rechten.

Du wolltest mit deinem Buch »vor den Mächtigen die

Wahrheit sprechen«, und ich dachte nicht, dass ich dir sagen könnte, die Mächtigen kennen die Wahrheit wahrscheinlich schon sehr gut, auch wenn sie vermutlich nicht bereit sind, über sie belehrt zu werden.

Du fragtest einmal: »Was ist, wenn dieses Buch nicht funktioniert?« Du schlugst einen schnoddrigen Ton an, vielleicht um deine Angst zu verbergen. »Und selbst wenn es funktioniert, wer soll es dann kaufen?«

Da erinnerte ich mich an Aseems Worte: »Das ist ein großartiges Thema. Im Grunde verzeiht die Öffentlichkeit den Superreichen das meiste, außer wenn sie nicht regelmäßig Skandale und Drama liefern.«

Ich überlegte, was ich antworten sollte, spielte mit dem Gedanken, etwas zu sagen wie: »Natürlich wird es das«, entschied mich dann aber für folgende Worte: »Wenn du weiterarbeitest, wird es das auch.«

Damals konnte ich noch nicht ahnen, dass ich so etwas schreiben würde wie das Buch, das du nicht schreiben wolltest, die Geschichte über die hohlen Männer.

Du bist für weitere Interviews in die USA gereist. Ich arbeitete härter an einer Übersetzung, die ich nie hätte in Angriff nehmen dürfen, löste einen Knoten nach dem anderen und hatte immer das Gefühl, dass sich mir die Lösung entzog. Habe ich dir nicht erzählt, dass ich all die Jahre nach einem kurzen Versuch am IIT mit Hilfe von Duolingo wieder mit Französisch angefangen habe? Das Erlernen einer Sprache, die präziser ist als Englisch und Hindi, empfand ich als etwas seltsam Beruhigendes.

Bei Whole Foods fand ich ein fertiges Dal, das durch die richtige Zubereitung in der Mikrowelle dem Dal von meiner Mutter köstlich nahekam. Ich war beim Optiker und erfuhr, dass ich eine Lesebrille brauchte. Als wir skypten, sagtest du, dass ich damit vornehm aussehe, und du dehntest deinen Hals – dein Nacken, sagtest du, sei steif von all dem schnellen Notizenmachen.

Ich erzählte dir, dass ich endlich *An der Biegung des großen Flusses* gelesen hatte, ein sonnengebleichtes Picador-Taschenbuch, das ich in deinem Regal gefunden hatte, mit dem Namen deines Vaters in verschnörkelter Handschrift darin, und ich erzählte, wie mir klarwurde, dass der von Aseem so oft zitierte Satz über das Zertrampeln der Vergangenheit, den er Naipaul zuschreibt, von einer Figur geäußert wird, mit der es in dem Roman ein schlechtes Ende nimmt.

Du sagtest: »Du machst immer diese Entdeckungen in London.« Du warst zu dem Schluss gekommen, dass London eine andere Seite meiner Persönlichkeit zum Vorschein gebracht hatte, in der, wie du einmal sagtest, »Weltgewandtheit« und »Naivität« auf charmante Weise zusammenkamen.

Ich hatte gerade angefangen zu sagen, dass ich *An der Biegung des großen Flusses* früher hätte lesen sollen und dass Naipaul mir weniger als Prototyp des globalisierten Menschen denn als Elegiker der besiegten und geschädigten Menschen erschien, doch ich unterbrach mich, aus Angst vor deinen politischen Einwänden gegen ihn.

Du hast das Thema gewechselt und gesagt: »Weißt du, als ich mit Virendra gesprochen habe, hatte ich wieder das Gefühl, dass du ein Memoir schreiben solltest.«

»Ich kann mir nicht vorstellen, wer sich für mein Leben interessieren sollte«, entgegnete ich.

»Aber du hast so viel über andere Menschen zu sagen, über Indien und alles Mögliche.«

Wir sprachen auf diese Weise noch eine Weile über Bücher, die am besten ungeschrieben bleiben sollten. Du frorst ein, als ich erwähnte, dass ich deine Literaturagentin in der Oxford Street gesehen und sie mich ignoriert hatte.

In deiner Abwesenheit wurde ich aufmerksamer für die verschiedenen elektronischen Geräusche in deiner Wohnung: die Waschmaschine, die ihren Zyklus beendete, der Boiler, der zischte, und Alexa, die ungefragt aus der wundersamen Stille auftauchte. Und obwohl Alexa immer sagte: »Tut mir leid, ich kann nicht helfen«, wunderte ich mich, wie einfach die Welt für mich geworden war.

Du kamst aus den USA mit Nachrichten über Siva und Virendra zurück. Letzterer erzählte, dass er in seiner Justizvollzugsanstalt in Massachusetts brutal misshandelt wurde. Obwohl ihm klargewesen war, dass die Strafverfolgungsbehörden der USA institutionell rassistisch sind, hatte die tatsächliche Erfahrung ihn schockiert; er hatte sich geschworen, sein Leben nach dem Gefängnis dem Kampf gegen den Rassismus in den USA zu widmen. Auch war er fest entschlossen, gegen hochrangige Hindus der oberen Kaste bei Cisco, Apple, Google und Facebook vorzugehen, die Angestellte aus niedrigeren Kasten diskriminierten.

Er hatte sehr emotional von der zentralen Dummheit seines Lebens gesprochen: sich Männer wie den kürzlich aus dem Gefängnis entlassenen Rajat Gupta und andere aufstrebende indische US-Amerikaner als Vorbilder zu nehmen. Siva war in der Haft philosophisch geworden und hatte um Übersetzungen der *Bhagavad Gita* und der *Upanischaden* gebeten. Du erzähltest weiter, dass dein Bruder endlich nicht mehr Trump unterstützt.

In London fiel ständig Regen, was die Nachrichten über den Brexit und den wahrscheinlichen Einzug eines irren Churchill-Anhängers mit verrückten Haaren in die Downing

Street 10 noch düsterer machte – Entwicklungen, die du scheinbar als persönliche Schläge einstuftest.

Sonnige Orte jenseits des Ärmelkanals lockten. »Lass uns nach Venedig fahren«, schlugst du vor, während du deine Interviews transkribiertest.

Das taten wir schließlich auch und waren immer noch der verschwenderischen Ansicht, die du und deine Mitausgewanderten hegten, nämlich dass eine Realität schnell gegen eine andere, bequemere ausgetauscht werden könnte: ein nieselgrauer Morgen in Kensington gegen ein glühendes San Marco, wo zwei sonnenbebrillte Teenager in sehr kurzen Shorts lebhaft unentschlossen waren, ob sie Erdbeere oder Pistazie wählen sollten, während eine Bettlerin mit einem unter dem Kinn verknoteten Kopftuch in einer sonnenlosen Seitengasse hockte.

Vom Wucherhotel Danieli, das du unbedingt bezahlen wolltest und in dem ich mit Unbehagen zusah, wie du zu den verhaltenen Klängen dieses Trios in der Lobby Geld verjubelt hast, fuhren wir mit der Gondel zum Lido.

Ich erinnere mich gut an jenen Nachmittag an einem weißen Strandstreifen unter einem blechernen Himmel, der zerrissen wurde von dem echolosen, lauten Italienisch der Kinder auf Dreirädern, den Schreien junger Volleyballspieler und dem Gelächter des Publikums, das auf der Promenade über dem Strand hockte und die nackten braunen Beine wie Fransen über den Sand hängen ließ.

Hinter mir flatterte traurig eine Fahne, obwohl kein Lüftchen wehte. Du gingst spazieren; ich lag auf einem Handtuch über dem feinen weißen Sand und beobachtete die sehr kleinen Masseurinnen aus Guangdong, die sich ihren Weg durch die Reihen der rosafarbenen Sonnenbadenden bahnten und mit ihren zweisprachigen, laminierten Prospekten fast gegen sie stießen – ganz im Gegensatz zu den hochgewachsenen Somaliern in langen Roben, die in der Nähe des Wassers standen und ihre gefälschten Louis-Vuitton-Taschen mit stilvollen Gesten an- und somit voll und ganz ihre Hoffnungslosigkeit darboten.

Beiden Verkäufern begegneten die entrückt daliegenden Gestalten mit einem halb erhobenen Kopf und einer abweisenden Handbewegung. Seltsam verletzt von diesem Anblick, stellte ich mir die Behausungen der Chinesinnen und Afrikaner vor, von wo aus sie jeden Morgen in diesem ausklingenden Sommer, Arme und Schultern mit Taschen und Rucksäcken beladen, zu ihren letzten vergeblichen Verkaufsversuchen des Jahres aufbrachen.

Der Jubel der Kinder und Jugendlichen schwoll an und wieder ab, bis er verstummte, und die Fahne knatterte und riss weiterhin durch die Luft. Aus irgendeinem Grund musste ich an die ersten erwartungsvollen Stunden mit dir in Pondicherry denken: die vielen kleinen Hürden, die uns von der mürrischen Empfangsdame, dem glotzenden Teenager-Kassierer in der Apotheke und sogar von dem zuvorkommenden nordindischen Manager in den Weg gelegt wurden, der uns fragte, warum wir uns für keinen der angebotenen Yoga- und Meditationskurse angemeldet hätten.

Wie in einer Zeitmaschine ging eine Gruppe voll bekleideter junger indischer Männer aus der einen Richtung an uns vorüber und den Horizont entlang, nur um kurz darauf wieder zurückzukehren.

Sie wirkten leicht verloren, als wären sie auf der Suche nach einer Sache oder einem Menschen. Ihre Punjabi-Stimmen waren beruhigend, und in meinem träumerischen Dunst stand ich Schulter an Schulter mit ihnen: ebenfalls Desis, Bewohner von Ludhiana und Amritsar, die aus ihrer gewohnten

Umgebung gerissen worden waren und nach einem vertrauten Orientierungspunkt suchten, der ihnen den Weg nach Hause weisen könnte.

Und dann bemerkte ich, wie zwei von ihnen dich heimlich mit ihren Smartphones filmten, als du über den Strand schlendertest, am Wellensaum entlang, mit Bewegungen wie aus der Werbung für Bademode und Badeorte: vielversprechend und reich.

Als du dich umdrehtest und winkend zu mir hinübergingst, warfen sie mir seltsam gemischte Blicke zu, verächtlich und anzüglich und wissend.

Nach einer Fahrt durch ein heftiges Spätsommergewitter schlug das Vaporetto in Venedig mit einem harten Knall auf der schwach beleuchteten Anlegestelle auf; das Boot schoss zurück, und ich fiel fast in das plätschernde Wasser. Lauter denn je kam mir der Gedanke: *Was mache ich hier?*, als wir durch Menschenmassen zum Hotel zurückgingen – Menschen, die ich, so wurde mir augenblicklich klar, niemals verstehen würde, und ich sehnte mich schmerzhaft nach meinem Zuhause, nicht nach dem Hotel mit dem Trio in der Lobby, sondern nach meinem Zuhause, nach all dem, was ich einmal gekannt und verstanden hatte.

Dann kam die Nachricht von Virendras Tod. Du sahst es in deinem Twitter-Feed, als wir nach einem verspäteten Flug, bei dem du an meiner Schulter eingeschlafen warst, in London gelandet waren. Er hatte sich mit einem Müllsack erhängt – eine gängige Methode des Selbstmords, wie ich später mit Hilfe von Google erfuhr. In einem Testament, das offenbar noch während eures Interviews in Massachusetts verfasst wurde, hinterließ er Millionen von Dollar für eine Wohltätigkeitsorganisation für heimatlose Witwen in Benares, eine Kampagne für eine Gefängnisreform in Texas und eine Interessengruppe, die gegen die Vorurteile der oberen Kaste im Silicon Valley kämpft.

Er hatte auch etwas Geld für Aseems Zeitschrift und für einen Verlag von Dalits in Chennai beiseitegelegt – herzliche, aber leere Gesten für eine Welt, die er zurückließ, denn dem Testament, so las ich später in einem der Artikel, konnte nicht entsprochen werden.

Wusste Aseem auch, dass Virendras gesamtes Vermögen von der Regierung beschlagnahmt werden würde? Während wir noch an der Passkontrolle warteten, last du den Titel von Aseems Nachruf für Virendra vor: »Ein faszinierend komplexer Mensch voller Fehler«. Als du im Uber nach Kensington weiterlast, störte ich mich an einem Satz: »Virendras Abschiedsbrief war sein außerordentlich generöses Testament, in dem sich die tiefe Aufrichtigkeit seines späten Gefühls für soziale Gerechtigkeit zeigte.«

Ich weiß nicht, warum ich das Wort »generös« so abstoßend fand. Warum konnte Aseem nicht stattdessen »großzügig« sagen? Du hast noch ein paar andere Nachrufe vorgelesen, während ein London aus nassem Licht und kalten Gebäuden an den Scheiben des Wagens vorbeiflackerte, und ich habe in mir keine Traurigkeit entdeckt, sondern eine kaltherzige Neugierde auf die Einzelheiten von Virendras letzten Momenten.

Zu Hause zappte ich durch deine indischen Fernsehkanäle, während du auspacktest, und schaltete schnell an den hypernationalistischen Sendern vorbei, bis ich beim einzigen nicht-hysterischen Sender hängenblieb, der noch übrig geblieben war, um zu sehen, ob es Neuigkeiten über Virendra gab.

Doch es gab nichts; das neue Indien hatte seinen ersten Dalit-Magnaten längst verstoßen.

346

Ich schaute weiter Nachrichten und war wieder einmal erstaunt, wie das sich entfaltende Unheil in meinem Heimatland – die boshaften Herrscher, die brutalen Paramilitärs in Kaschmir, die Lynchmobs, die Armen überall, die in Dürreperioden verhungern und in unvorhersehbaren Überschwemmungen ertrinken –, wie alles überschaubar wurde, wenn es in den klug modulierten Tönen der in Oxbridge ausgebildeten Moderatorinnen und Moderatoren berichtet wurde.

Ich schaltete den Fernseher stumm und saß reglos und zusammengekauert auf einem Sitzsack. Ich dachte daran, was Virendra dir über sein Gefühl der Sinnlosigkeit eines Lebens erzählt hatte, das er damit verbrachte, sich an die konventionellen Vorstellungen von Erfolg und Ruhm anzupassen.

Hatte er bei seinem langen Aufstieg aus dem Elend und der Demütigung eine Wahl gehabt? Ich fragte mich, ob ich hätte versuchen sollen, mit Virendra in Kontakt zu bleiben, während er im Gefängnis war. Wir mögen uns vor langer Zeit auseinandergelebt haben, aber waren wir nicht auf unterschiedlichen Wegen in einer ähnlichen Situation gelandet? Hatten wir nicht zugelassen, dass unsere frühe Erfahrung der Demütigung zu viel von unserem Leben bestimmte, indem wir sie zunächst stumm ertrugen und uns dann weigerten, sie in Worte zu fassen?

»Willst du jetzt oder später darüber reden?«

Ich schaute auf und sah dich in der Tür stehen. Du hieltest einen Kaffeebecher in der Hand und trugst die polierten weinroten Stiefel, die du an diesem Morgen in einer Werkstatt in der Nähe des Rialto abgeholt hattest, und es erreichte mich ein aromatischer Geruch von Leder und Politur.

Ich weiß nicht, warum, aber wegen dieser Stiefel habe ich mich entschieden: Ich wollte nicht darüber reden.

Du gingst aus dem Zimmer und ließt dir ein Bad ein. Ich ging in mein Arbeitszimmer, in die gruftartige Düsternis der geschlossenen Vorhänge, wo die Kälte in der Luft wie etwas aus meiner Vergangenheit wirkte. Ich setzte mich im Dunkeln auf meinen Stuhl und versuchte, während das Wasser plätscherte und sprudelte, erneut Trauer über Virendras Tod aufzubringen.

Doch die Erinnerungen, die ich – vielleicht zu bewusst – an unsere gemeinsamen Jahre am IIT und an jenen Nachmittag in East Hampton heraufbeschwor, waren leblos, außer wenn ich mich an die Szene unserer rituellen Erniedrigung erinnerte und an die Angst, mit der ich monatelang gelebt hatte: dass ich eines Tages die Tür zu unserem Zimmer öffnen und Virendra von der Decke hängend vorfinden würde.

Als du das Badewasser abstelltest, versiegte auch der Strom meiner Gefühle, und ich sah meinen Poststapel durch, packte meinen Koffer aus und zog mich fürs Bett um.

Später in der Nacht kamen die Tränen, als du neben mir schliefst, und sie flossen in einem solchen Schwall, dass ich aufhörte, sie wegzuwischen, und sie an meinen Schläfen herunterrinnen und aufs Kissen fallen ließ. Doch ihren Ursprung hatten die Tränen in anderen Formen des Kummers und verbanden mich wieder mit ihnen.

Was ich nach diesem Ausflug zum Lido besonders deutlich zu spüren begann – die Schleier der Unwirklichkeit, die meine tiefsten Gedanken und Regungen erstickten –, war natürlich schon lange in mir gereift.

Inmitten eines nahezu perfekten sinnlichen Daseins fühlte ich mich plötzlich entsetzt über mich selbst, entsetzt über meine fast völlige Unfähigkeit, meine Vergangenheit mit der Gegenwart zu verknüpfen und zu versöhnen, entsetzt über mein Unvermögen, nachzuvollziehen, wie ich in ein anderes Leben, in eine fast gänzlich neue Art des Seins eingetreten war.

Ich war erschrocken über all das, was sich verändert hatte und noch veränderte, und verzweifelt versuchte ich, mich an eine Zeit zu erinnern, in der die Regeln klar waren, die Gefühle einfach, und in der ich keine Rollenspiele nötig hatte.

Im Laufe der Jahre hatte ich mir in Ranipur einige Gewissheiten geschaffen und in meinem Leben dort die Würde und Stabilität gefunden, an der es mir als Kind und Student so schmerzlich gemangelt hatte. In Pondicherry und dann in London hatte ich mich abrupt davon befreit. Ich hatte mich von dem Ort und den Menschen losgesagt, die mich einst aufgenommen und getröstet hatten. Ich hatte allmählich angefangen, wie Aseem zu werden: Ich schwebte durch die Welt und nutzte die Möglichkeiten von Macht und Lust.

Aseem hielt diese Art von improvisiertem Leben, das von Ambition und endloser Selbsterfindung angetrieben wird, für ein nobles Abenteuer des Menschen – eines, das uns nach vielen trostlosen Jahrhunderten der Aussichtslosigkeit vom Schicksal beschieden wurde. Ich hatte allerdings zunehmend das Gefühl – und vielleicht war dies die wichtigste jener Entdeckungen, die ich deiner Meinung nach in London gemacht habe –, dass meine Improvisationen zu erfolgreich waren, weil ich in Deoli bei Null angefangen hatte, und dass ich mir durch diese Improvisationen eine Unsicherheit auferlegt hatte, während ich mich damit begnügte, überhaupt nicht wahrgenommen zu werden.

In diesem Zusammenhang erinnere ich mich an unseren letzten Abend in London; es war der zweite Geburtstag einer linken Literaturzeitschrift an der London School of Economics. Wie so oft hattest du dich an den Nachmittagen vor dem Ausgehen auf dem Laufband aufgewärmt, hattest Kniebeugen und Ausfallschritte mit einer Kettle Bell gemacht und dich geduscht, bevor du im Kimono deinen begehbaren Kleiderschrank inspiziertest. Du hattest dich mit Bedacht angezogen: eine hochgeschlossene Bluse, einen kurzen Rock, funkelnde Ohrringe, Lidschatten und voll geschminkte Lippen. Als wir aus der Wohnung gingen, hattest du dir zu deinen neuen Stiefeln aus Venedig eine rote Baskenmütze aufgesetzt, sie wieder abgenommen, nur um sie erneut aufzusetzen.

Die Reden auf der Veranstaltung waren ungewöhnlich lang gewesen und hatten die Völkerwanderung zum anschließenden Wein und Käse nur noch verstärkt. Mit einem Glas Sekt in der Hand stachst du in deiner Baskenmütze aus der Menge und dem seltsamen Londoner Partygeschwätz hervor, und du wirktest sowohl leidenschaftlich als auch bedacht.

Ich sah in dein Gesicht, das so begehrenswert königlich wie immer war, aber verletzt wirkte, die geschwollenen Lippen, die auf eine so aufregende Weise den Eindruck von gelassenem Trotz erweckten und sich zu einem halben Lächeln verzogen.

Du warst erzürnt über einen der Redner, einen New-Labour-Funktionär und Hauptvertreter ihrer »harten Einwanderungspolitik«, der seine Liebe zur Literatur verkündete und mit einigen Witzen, die wir nicht hören konnten, eine nebulöse Verbindung zwischen der Fiktion und der Notwendigkeit des Verbleibs Großbritanniens in der Europäischen Union herstellte.

Ich habe immer wieder in dein Gesicht geschaut. Wie oft hatte ich es mit Erstaunen und Freude betrachtet, aus nächster Nähe im Bett oder vom anderen Ende eines überfüllten

Raumes. Heute aber erschien es mir wie das Gesicht einer Fremden, und mit einem Schrecken wurde mir klar, dass du zu einer Welt gehörst, die niemals meine sein könnte.

Du sagtest: »Müssen wir uns von solchen diskreditierten Blair- und Obama-Anhängern wirklich noch was über Literatur anhören? Genügt es, dass sie Romane lesen?«

Wir gingen aus der Uni und liefen den schon für Weihnachten geschmückten Strand entlang ins Wagamama in Covent Garden. Als wir eine Straße überquerten, stießen wir beinahe mit einem Fahrradfahrer zusammen. Du schautest über die Schulter, starrtest ihn an, gingst schneller und sprachst dann zornig weiter. Neben dem New-Labour-Apparatschik wurdest du an diesem Abend durch den Auftritt einer somalisch-britischen Frau mit grünem Turban und Stiefeletten provoziert, die ihre vielfach retweeteten Argumente gegen soziale Medien genutzt hatte, um sich einen Buchvertrag und ein Feature in der Onlineausgabe der *Vogue* zu sichern.

»Komm schon!«, sagtest du, schobst deine Unterlippe vor und stießt etwas Luft aus. »Das ist einfach nur eine weitere Form der Selbstdarstellung in den sozialen Medien. Du greifst Twitter auf Twitter an, Instagram auf Instagram, schreist in den Himmel, wie furchtbar die alle für Frauen, LGBTQ-Menschen und People of Color sind, aber du bist pausenlos online. Wenn du wirklich ehrlich wärst, würdest du die sozialen Medien verlassen und deine Accounts löschen. Wie so viele Menschen, die das widerwärtig finden. Aber die Verlage fallen drauf herein. Sie wollen die wenigen freien Plätze mit Menschen aus Minderheiten besetzen ...«

Für meinen Geschmack war deine schlechte Laune immer ein wenig übertrieben. Deine privaten Launen im Kampf gegen die Entmutigung in dieser Stadt bekam nur ich mit, während deine gewählte Haltung Millionen von Menschen in den sozialen Medien bezeugen konnten.

Ich habe oft gesagt: »Du darfst dich nicht davon ablenken lassen, was andere Menschen tun.« Als Beispiel nannte ich die Hindi-Autoren, die ich übersetzte. Sie leisteten ihre beste Arbeit in Isolation, alle belastet mit Brotberufen und oft am Rande der Armut, aber unbeeindruckt von Gerüchten über große Verlagsvorschüsse an Rivalen und immun gegen die Verlockungen von Likes und Retweets.

Ich hörte dir diesmal zu, doch gefangen in meinen eigenen Gedanken und Einfällen und meinen Ängsten vor der Reise, habe ich nichts gesagt.

Ich hatte es in letzter Zeit versäumt, deinem Tonfall der Beschwerde zu entsprechen; es ärgerte mich mittlerweile sogar, dass ich so zahm mitmachte. Es erinnerte mich an einen größeren Willensverlust, an die Art und Weise, wie du mein Leben umgestaltet hast, bis ich in das deine passte, während dir meine gesamte Vergangenheit völlig egal war.

Bei diesen Treffen zum Sonntagsbrunch konnte ich mich aber immer noch selbst spielen. Ich ging sogar erstmals in meinem Leben auf eine politische Demonstration: gegen den Brexit, für die Umwelt. Ich marschierte oder besser gesagt schlenderte mit dir und deinen Bekannten durch ein Meer angespannter Augen und tugendhaft entschlossener Kinnladen – der Ausdruck von Menschen, die Hoffnung schöpfen, aber mit Enttäuschung rechnen. Und wie immer kehrten wir am Ende des Tages in die stille, diskrete Wohnung zurück und wuschen unsere Gesichter vor dem von kleinen goldenen Glühbirnen flankierten Badezimmerspiegel.

Doch ich wurde das Gefühl nicht los, dass ich in einer Truppe mit besseren Schauspielern auftrat. Das künstliche

Band zwischen uns – Arun und Alia gegen eine unnachgiebige Welt – hatte begonnen, sich zu lösen.

Von dem Moment in Pondicherry an, als deine Finger mein Gesicht berührten und etwas in mir zum Vorschein brachten, schätzte ich das beruhigende Gefühl von Haut auf Haut, und darüber hinaus die animalische Leichtigkeit, mit der du, nackt oder halbnackt, deinem Alltag nachgingst. Seitdem du in Pondicherry aus dem Badezimmer gekommen und ruhig auf mich zugegangen warst, um mich zu umarmen, brauchte ich deine Anwesenheit als eine reine Form der Intimität; darin war alles zusammengefasst, wovor ich einen Großteil meines Lebens zurückgeschreckt war.

In der letzten Nacht hast du mich im Bett genauso selbstsicher und zärtlich umarmt wie damals, als du aus dem Badezimmer in Pondicherry kamst. Ich spürte wieder diese eigentümliche Unschuld, die Sehnsüchte unter einem fremden Himmel auszuleben, ohne irgendetwas aus meiner Vergangenheit bei mir zu haben. Im Liegen füllte sich dein Gesicht wieder mit dem Versprechen von Klarheit und Vertrauen, und als ich wieder die verschlungenen Wimpern in deinen Augenwinkeln sah, spürte ich, dass ich allein für mein Unglück verantwortlich war, dass alle meine Urteile über dich ein Versuch waren, die Schuld von mir abzuwenden, und dass ich mich selbst und dich betrogen hatte, indem ich eine Rolle spielte, für die ich nie geschaffen war.

Und als du in dieser kalten Nacht plötzlich aufgestanden bist und mit einer einzigen Bewegung den Bettbezug aus Rajasthan vom Bett gezogen, ihn um dich gelegt hast, eilig ins Bad liefst und die Tür hinter dir zuschlugst, fühlte sich das Schlafzimmer plötzlich verlassen an.

»Was ist mit Leere gemeint?«, hattest du beiläufig gefragt, als du mich im Bett ein Buch eines buddhistischen Wissenschaftlers lesen sahst, das dieses Wort im Titel trug. Wir sprachen eine Weile darüber. Für dich bedeutete das Wort Mangel, etwas Fehlendes oder Abwesendes, wie etwa Liebe und Aufmerksamkeit.

Du hast Leere bei den Männern bemerkt, die du gedatet hast und von denen du nicht viel hieltest, nicht wegen ihrer Leistungen oder ihres Engagements, sondern allein wegen ihres Charakters. Leere war ein Raum, der gefüllt werden konnte, was zu Glück führte.

Im Großen und Ganzen dachte ich dasselbe, bis ich einige Tage nach meiner Rückkehr aus Venedig Sonam traf. Sonam war ein tibetischer Mönch, der im Exil in Himachal lebte, eine Tagesreise mit dem Auto von Ranipur entfernt, und er hatte einen Vortrag in einem buddhistischen Zentrum gehalten, das schnell mit der Underground erreichbar war.

Ich frage mich jetzt, was mich dazu gebracht hat, einen Mann von untadeliger Tugend aufzusuchen: vielleicht das genaue Spiegelbild, das ich in den gescheiterten Menschen fand.

Das schmuddelige, flache Gebäude in der Caledonian Road war fast voll, als ich ankam, der kleine Vortragssaal barst vor Leuten, die offenbar direkt von der Arbeit hergekommen waren. Während ich den Männern und Frauen aus der Mittelschicht zuhörte, die feierlich von ihrem Leben und ihren Problemen berichteten, bohrte Sonam in der Nase, und – was noch skandalöser war – er lachte; es schien, als würden ihn die Neurosen des Westens ständig belustigen. »Zu viel Selbst, Selbst, Selbst! Zu viel falsches Drama!«

Eine Frau, die erzählte, dass sie »jahrelang in Psychotherapie war und mit Schuldgefühlen und Narzissmus zu kämpfen hatte«, unterbrach er mit den Worten: »Was erreicht man, wenn man Zuschauer seines eigenen falschen Dramas wird?«

Jemandem hinter mir blieb die Luft weg; ich meine, ich konnte auch das Rascheln und Schrappen von jemandem hören, der vorzeitig aus dem Saal ging. Sonam fuhr fort: »Bitte verstehen Sie! Das ist sehr, sehr wichtig. Sehr, sehr wichtig ... sehr ...« Sein Englisch verließ ihn, und er wandte sich an seine Dolmetscherin, eine irische Nonne in safranfarbenem Gewand, und sprach mit ihr auf Tibetisch.

Die Nonne sprach: »Diese westliche Psychologisierung ist eine billige Methode, Ihnen das Gefühl zu geben, Sie besäßen ein einzigartiges Selbst mit rätselhafter Tiefe. Tatsache ist, dass es kein Selbst gibt, das von Ihrem Zustand des Begehrens und der Wut und der Furcht und der Schuld und der Angst abgetrennt ist. Das Selbst an sich ist leer. Es hat keine Existenz für sich selbst. Es ist leer.«

Durch ihren melodischen Akzent bekamen Sonams Worte etwas Eindringliches.

Ein Mann, seinem Akzent nach zu urteilen, wahrscheinlich aus den USA, sagte: »Ich wollte mich selbst finden, also habe ich –« Sonam unterbrach ihn auf Englisch: »Warum? Wann haben Sie sich verloren?«

Dann wandte er sich im schnellen Tibetisch an die irische Nonne. Sie übersetzte: »Verstricken Sie sich nicht in Emotionen, Ansichten, Konzepten und Theorien und fangen Sie an, sich mit Ihrem Selbst zu identifizieren. Halten Sie sich von all dem fern, was der Buddha den ›Dschungel der Meinungen‹ nannte. Beobachten sie bloß, beobachten Sie einfach die Natur Ihres Geistes, den ständigen Fluss darin, beobachten Sie die wahre Natur der Dinge. Und diese Natur ist leer.

Ich verlange nicht von Ihnen, das Selbst loszuwerden: Das ist nicht möglich, denn es hat nie ein Selbst gegeben. Ich verlange nicht von Ihnen, das Gefühl Ihres Selbst loszuwerden, das Ihren Zustand des Begehrens, der Wut, der Angst und der Besorgnis erzeugt. Wie können Sie ohne dieses Gefühl funktionieren? Es ist ein Reflex. Ich bitte Sie nur, auf ein Selbstverständnis hinzuarbeiten, das sich seiner konstruierten Natur bewusster ist und sich damit wohler fühlt. Ich bitte Sie, zu meditieren und Ihren Geist zu beobachten, wie Gedanken, Gefühle und Wünsche darin auftauchen und wieder verschwinden. Ich bitte Sie, dieses Selbst, an das Sie sich so verzweifelt klammern, in aller Ruhe zu beobachten, wie es zerfällt, wie es verschwindet.«

Die Dolmetscherin hat Sonams taktlose Fragen an diejenigen, die ihm ihr Unglück gestanden haben, nicht abgeschwächt: »Was ist das für ein Glück, dem Sie nachjagen oder das Ihnen fehlt? Zeigen Sie mir jemanden, der es erreicht hat, und ich zeige Ihnen einen bösen oder vollkommen unwissenden Menschen.«

Menschen, die versucht hatten, Gemüse in Schrebergärten anzubauen, Fitnessstudios und Tennisclubs beizutreten und sich versprochen hatten, die hundert besten Belletristik- und Sachbücher zu lesen, die von der BBC zusammengestellt worden waren, machte Sonam im Allgemeinen eher Vorwürfe, anstatt ihnen Lösungen anzubieten. Er forderte eine Konfrontation mit dem Leiden und behauptete, dies sei der einzige Schlüssel zur Zufriedenheit – niemals zum Glück. Er forderte uns auf, uns mit dem Tod, unserer Sterblichkeit, zu arrangieren und »die innere Leere anzunehmen«.

Ich konnte nicht umhin, auf die stumpfen weißen Stellen an Sonams Händen zu starren, wo einst seine Fingernägel waren. Die chinesische Polizei in Lhasa, die ihn in seinem Kloster auf dem Lande verhaftet hatte, weil er ein Bild des Dalai Lama besaß, hatte ihn während der sieben Jahre, die sie ihn gefangen hielten, gefoltert, seine Fingernägel mit Zangen ausgerissen, seine Brustwarzen mit Zangen verletzt und seine Genitalien mit einem elektrischen Viehtreiber bearbeitet.

Während der Fragerunde nach seinem Vortrag hob ich unbeholfen die rechte Hand und behielt sie auch dann noch kurz oben, als ich das Mikrophon schon in der linken Hand hatte.

Ich fragte ihn: »Was ist der Unterschied zwischen dem Gefühl der inneren Leere und der buddhistischen Vorstellung von Leere?«

Mit Hilfe der irischen Nonne antwortete er knapp, dass es keinen Unterschied gäbe, außer, dass in der buddhistischen Leere weder Angst noch Unruhe existiere.

Bei dieser ersten Begegnung fielen keine weiteren Worte zwischen uns; er schien keine Notiz mehr von meiner Existenz zu nehmen.

Dennoch war ich fasziniert von ihm, von seiner Gleichgültigkeit gegenüber Menschen und Ereignissen, von einer Präsenz, die so stark und undurchdringlich war, und von Einsichten, die so gut zu meiner langjährigen Hochstapelei passten: Sie vertrieben plötzlich den Schwarm unzusammenhängender und kraftloser Gedanken, die seit Virendras Tod in meinen Kopf eingedrungen waren, und es begann sich eine radikale Entscheidung herauszukristallisieren.

Du fragtest, warum ich plötzlich in tibetische Geschichte und Philosophie vertieft war und meinen kleinen Turm aus Romanen und Literaturzeitschriften auf dem Nachttisch beiseitegelegt hatte. Ich sagte: »Es fasziniert mich einfach.«

Von Schuldgefühlen geplagt, wegen des Plans, der in meinem Kopf keimte, konnte ich nicht sagen, warum ich von

Sonam und Figuren wie ihm fasziniert war – »Entbehrern«, wie Aseem sie zu nennen pflegte, deren Akzeptanz der Begrenztheit ihnen etwas von Ewigkeit verlieh, eine Substanz und Stärke, wie wir sie in unseren Kreisen nicht mehr antreffen oder intellektuelle Gewandtheit dort dafür halten.

Auch konnte ich dir nicht sagen, wie kalt mich meine übliche Lektüre in letzter Zeit gelassen hatte. Und Aseem, mit seiner Vergötterung des Romans und seinem Kult des unabhängigen Journalismus und seiner Sehnsucht, im Mittelpunkt zu stehen, wäre von meiner Vorliebe für einen Bauernmönch vermutlich empört gewesen.

Doch weder die Einzelschicksale, die in der Literatur beschrieben werden, noch das ideologische Geschwätz der Zeitschriften, das in zahllosen Facebook-Posts von deinen Bekannten wiedergekäut und kommentiert wird, waren in der Lage, das, was in den klösterlichen Gefilden meines Geistes vor sich ging, zu erfassen oder zu beantworten. Nichts davon gab mir das Kribbeln, das auf die Anwesenheit einer befreienden Wahrheit hindeutete.

Ich hatte mich nie für religiös oder gar spirituell gehalten. Ich glaube, ich habe all das in dem Tempel in der Nähe meines Zuhauses hinter mir gelassen, mit dem Bidi rauchenden Priester, der Sandelholzpaste auf seiner Stirn hatte. In den Jahren danach habe ich mit Bedauern beobachtet, wie sich meine verlorene Mutter jeden Morgen vor einer Unzahl religiöser Bilder und Figuren auf ihrem Altar niederwarf.

Ich hatte über Sonam in einem Artikel im *New Scientist* gelesen, den ein tibetischer Aktivist getwittert hatte, bevor du, vielleicht erinnerst du dich, ihn retweetet hattest. Ich erkannte sofort den Namen seines Klosters, auch wenn er in dem Artikel falsch geschrieben war – ich hatte es einmal während meiner frühen Wandertouren besucht.

Der Artikel zitierte Neurologinnen und Psychiater, die sagten, dass Folteropfer aus Tibet durch ihre Tortur bemerkenswert unversehrt blieben. Aktivisten für die tibetische Unabhängigkeit hatten ihn aus seinem Kloster in Himachal, in das er aus Tibet geflohen war, ausgeflogen und nach London gebracht; sie hofften, ihre gescheiterte Kampagne wiederzubeleben, um ans Gewissen der Welt zu appellieren, die chinesischen Gräueltaten in Tibet nicht hinzunehmen. Doch sie hatten sich verkalkuliert.

Sonam erwies sich als ebenso gleichgültig gegenüber politischer Leidenschaft wie gegenüber bürgerlichem Taktgefühl. Während seines langen Traumas, das er auf tibetische Art und Weise durch die Meditation über ein inneres Bild einer Leiche ertrug, hatte er, wie er uns erzählte, vor allem Angst davor, für die Chinesen Hass zu empfinden; diese Abscheu und das Verlangen nach Rache hätten ihn schneller zerstört als der elektrische Viehtreiber seiner Folterknechte. Auch sein persönliches Drama aus Verhaftung, Folter, Gefangenschaft und der Flucht nach Indien interessierte ihn nicht, und vielleicht hätte er es sogar als etwas Unechtes abgetan.

Für einen Anwärter aufs Nirwana war eine solche Erfahrung eher ein Beweis für das Unglück, wiedergeboren zu werden und wieder zu sterben. Er besaß nichts von unserem verzweifelten Klammern an das Drama der Geschichte, nichts von unserem verrückten Bestreben, dieses Drama zu steuern und uns selbst zu Hauptdarstellern darin zu machen.

Ich beneidete ihn um seine Gleichgültigkeit und Gelassenheit. Ich hatte mich Sonam mit dem üblichen Respekt genähert, der einem außergewöhnlichen Überlebenden und einem seltenen Heiligen in unserer Zeit gebührte. Als ich ihm zuhörte und dabei sein bewegliches Gesicht betrachtete, das vor kindlichem Eifer und unbändiger Intelligenz glühte, sah ich ihn plötzlich als etwas Größeres: als jemanden, der trotz der unheilbaren Wunden, die man ihm zugefügt hatte, seine Zeit auf Erden besser verbringt als die meisten von uns.

Als ich erneut das buddhistische Zentrum in der Caledonian Road aufsuchte, diesmal, um nach einem seiner Vorträge ein privates Treffen mit Sonam zu vereinbaren, spielte es keine Rolle mehr, dass er sein Publikum kaum wahrzunehmen schien, während er sprach. Für mich war dies Teil seiner einzigartigen Aufrichtigkeit: seine Weigerung, etwas zu projizieren, und seine Fähigkeit, während des Zuhörens den Fluss der unbedachten Rede einzudämmen.

Diesmal sprach er darüber, wie unsere Wünsche uns zu dem machen, was wir sind. Da wir nur in dem Intervall zwischen Wunsch und Erfüllung vollständig existieren, blähen wir uns mit der Illusion unseres einzigartigen Selbst auf. Doch die Erfüllung bringt wenig bis überhaupt keine Befriedigung; der Mangel an Befriedigung lässt uns erneut begehren, wodurch die ursprüngliche Illusion des begehrenden Selbst und seiner Unzufriedenheit in die Zukunft verlängert werden.

NEUNZEHN

Überall um mich herum schien sich die Andeutung eines Endes zu verstärken. Menschen, sagtest du, Menschen, die wir kannten, zogen inmitten der zunehmenden politischen und wirtschaftlichen Unsicherheiten aus London weg; und ihre bevorstehende Flucht aus dem, was sie für das Zentrum der Welt gehalten hatten, schien die Partys, auf denen wir waren, in ihrer Bedeutung abzuschwächen und ließ die lebhaftesten Auswanderer auf diesen Partys so aussehen, als würden sie eine Nervosität ob ihrer Zukunft verstecken.

Inmitten zahlreicher Krisen, Halbwahrheiten und Gerüchten über Deals und No Deals zwischen Großbritannien und der Europäischen Union wurden die banalsten Schlagzeilen im *Evening Standard* in Erwartung einer Einigung zu etwas Besonderem aufgeblasen – der Zeitungsverkäufer am Ausgang der Tube in der Nähe deiner Wohnung schrie die Schlagzeilen in plötzlichen, kehligen Ausbrüchen heraus, während die dichtgedrängten Menschenströme die Treppe zu verregneten Nachmittagen hinaufliefen, ihre Regenschirme aufspannten, sich wegduckten und an den schwarzen Taxis mit glitzernden Dächern vorbeieilten, die durch den Regen schlichen.

Ich wartete jedoch auf einen anderen Höhepunkt, ich wartete darauf, eine Beziehung zu beenden, und in meinen letzten Tagen in London ertappte ich mich oft dabei, dass ich mit diesen Worten spielte, als würde ich ein Buch beginnen: *Eines Morgens, als sie schlief...*

Wie sich herausstellte, schliefst auch du, auf dem Bauch liegend, und dein Haar lag verworren auf dem Kissen, und die nach Zitronengras duftenden Reste einer thailändischen Essensbestellung von vor zwei Abenden lagen noch in der kalten weißen Küche herum, als ich meine letzten Geldscheine in einen Umschlag steckte und auf deinen Schreibtisch legte. Langsam schlich ich auf Zehenspitzen über den Holzfußboden, der noch genauso vorwurfsvoll knarrte wie während meiner ersten Tage in London, und ich schleppte meine Koffer die teppichlose Treppe runter, vorbei an der ungeöffneten Zeitschrift *Hello!*, die vor der Tür unserer russischen Nachbarin lag, und ich ging hinaus auf die leere Straße, wo sich eine weiße Katze durch die schwarzen Eisengeländer schlängelte, bevor ich ein Uber nach Heathrow nahm.

Ich weiß, du konntest nie verstehen, warum ich vor meiner Abreise nicht mit dir gesprochen habe. Aber ich wusste einfach nicht, wie ich mich hätte erklären sollen – warum ich darauf wartete, dass der Tod meiner Mutter sich für mich real anfühlte, und wie verwirrt ich war, dass er es nicht tat; warum es mir nach Virendras Tod und meiner Entdeckung von Sonam plötzlich unmöglich geworden war, länger in London zu bleiben; warum ich mich in der perfekten Ordnung und Ruhe deiner Wohnung plötzlich so verloren fühlte, obwohl es genau diese Ruhe und Ordnung gewesen waren, die ich während meiner ersten Tage in der Stadt so sehr geschätzt hatte.

Am Morgen, als die Obdachlosen noch immer in den Gängen hockten, sah London noch grauer und abgenutzter aus, eine Stadt, die sorgfältig ihre Vergangenheit in Ordnung bringt und konserviert und sich für Fotos, Gemälde und neuerdings auch für Instagram anbiedert. Urplötzlich hatte ich all meine Freude an dieser Stadt verloren.

Und als das Auto über eine verkehrsfreie Strecke raste und die Luft plötzlich durch das halb geöffnete Fenster herein-strömte, spürte ich eine Welle der Möglichkeiten. Vielleicht konnte ich jetzt endlich diese mühsam erarbeitete Figur be-graben, die in einem fremden Land lebte, eine ihr vertraute Sprache sprach, die ihr wie eine zweite Haut passte, ohne jemals ganz die eigene zu sein, eine Figur, die immer noch einer Vergangenheit verpflichtet war, die niemand, den sie kannte, teilte oder verstand.

Doch die britisch-asiatische Frau am Check-in-Schalter teilte mir mit, dass sich mein Flug wegen »verspäteter An-kunft des Flugzeugs« um drei Stunden verspäten würde. Die Nachricht traf mich wie ein Schlag, und ich starrte auf die entzündeten Blutgefäße um ihre Iris, bevor ich mich weg-wendete: Aus irgendeinem Grund hatte ich mir vorgestellt, ich würde mich 30 000 Fuß hoch in der Luft befinden, wäh-rend du noch fest schliefst.

Ich ging zu Costa und setzte mich mit einer Tasse Tee, die ich nicht brauchte, und einem Proteinriegel, den ich nicht essen konnte, an einen Tisch. Ein Klimpern machte mich darauf aufmerksam, dass mir wieder mal Pfundmünzen aus der Hosentasche gefallen waren. Ich sammelte sie vom schmutzigen Boden auf, kam mir wie immer etwas dümm-lich vor, ich wurde rot und machte dann den Fehler, das zu tun, was alle um mich herum zu tun schienen. Ich klappte meinen Laptop auf, warf einen Blick auf die Homepage des *Guardian* und ihre unveränderliche Mischung aus zähflie-ßendem Schrecken und Munterkeit.

Auf meiner Tastatur fand ich ein langes Haar; es musste

von deinem Kamm stammen, mit dem ich am Morgen hastig durch mein Haar gefahren war.

Ich sah mir die Entwürfe meines Abschiedsbriefes an dich an – mein erster Versuch, dir all das mitzuteilen, was ich nicht ausdrücken konnte und dessen Umfang sich in den vergangenen Monaten so unkontrolliert ausgeweitet hatte.

Fast alle Entwürfe begannen mit der Zeile: *Liebe Alia, ich finde es fast unmöglich zu erklären, warum ich beschlossen habe, nach Indien zurückzugehen, ohne dir davon zu erzählen* … Und immer folgte darauf: *Die letzten Monate mit dir waren wunderbar* …

Doch dann stockten meine Entwürfe immer bei: *Doch unter der Freude, mit dir zusammen zu sein, lauerten Sorgen und Ängste, die ich in letzter Zeit deutlich spüren konnte* …

In einem dieser Entwürfe unternahm ich den Versuch einer Abrechnung mit mir selbst: *Ich habe gesucht und gesucht, aber ich kann keinen Tag, keinen Monat und keinen Zeitpunkt ausmachen, an dem ich den falschen Weg eingeschlagen habe. Ich weiß nur, dass ich es getan habe* …

Ich habe die Dokumente meiner Entwürfe geschlossen und deine Social-Media-Accounts gecheckt.

Du warst wach, wahrscheinlich noch im Bett, und hektisch auf Twitter unterwegs, obwohl du dich oft darüber beschwert hast, dass du deine produktivsten Stunden damit vergeudetest. Du hattest @Malala dafür gedankt, dass sie sich zu Kaschmir geäußert hatte. Die erste von zweiundsechzig Antworten auf deinen Dank kam von @proudlyHindu: »Traumtänzerin, träum weiter«, was von zweihundertdreiundvierzig Personen geliked wurde. Du hattest einen kürzlich in der *Washington Post* erschienenen Meinungsartikel retweetet, in dem Bill Gates aufgefordert wurde, den Preis seiner Stiftung für Narendra Modi zurückzunehmen.

Schließlich stieg ich ins Flugzeug. Auf den Sitzen hinter mir saßen zwei indische Mädchen, die sich über ihre Abenteuer in Londoner Clubs unterhielten.

»Wir reden so über Tennis, und dieser dünne Spanier sagt dann: ›Warum kommst du mich nicht auf Mallorca besuchen und wir spielen dort?‹ Und da hab ich gesagt: ›Okay, klar‹, und dann er so: ›Das ist eine ernsthafte Einladung‹, und ich hab' gesagt: ›Ja, Mann, klar, was auch immer‹, und der Typ kriegt meine Vibes mit, wird sauer, macht dann total einen auf Klassenkampf und fängt an, so Zeug zu sagen wie, dass Nadal ein echter Sohn der Erde ist oder irgend so ein Scheiß, Federer aber nur so ein verwöhnter Schweizer ...«

Mit ihren identischen übergroßen Ohrringen waren sie mir schon am Check-In-Schalter aufgefallen, wie sie über Facebook hingen, und dann sah ich sie in der Warteschlange vor dem Flugzeug wieder, wo sie auf hohen Absätzen kippelten und auf ihren iPhones rumspielten. Eine von ihnen strich sich durch ihr blau gefärbtes Haar.

Als ich hinter ihnen stand, entdeckte ich ihre falschen Fingernägel und ihre Namen auf den Bordkarten. Ich vermutete, dass es sich um Teenager-Töchter reicher Geschäftsleute aus der Oberkaste handelte, die erst kürzlich aus der Enge ihrer Jugend entlassen worden waren und nun nach berauschenden Erfahrungen in London nach Hause flogen.

Ich konnte mir vorstellen, wie sie nachts in Delhi ankommen würden. Der Fahrer in Uniform mit müden Augen, der aber trotz allem wachsam und unterwürfig auf sie wartete, die rasche Fahrt in einem Mercedes oder einem Land Rover nach Golf Links oder Sunder Nagar, der erholsame Schlaf, gefolgt von einem Frühstück auf der Terrasse – Masala-Omeletts, zubereitet von einem Dienstmädchen, das um halb fünf aufstand und um sechs mit der Arbeit begann –, mit Eltern, die ihre Töchter vergötterten, während die Morgensonne über die Terrasse tänzelte und Sittiche in den Neem-Bäumen sangen und die Bediensteten die rundlichen Schäferhunde und Dobermänner in den schattigen Gassen ausführten.

Ich setzte mich in meinen zurückgestellten Sitz, schloss die Augen und wartete auf Schlaf und Distanz. Ich muss ein wenig gedöst haben, bevor mich die Erinnerung an meine Zahnbürste in einem Glas in deiner Wohnung hochfahren ließ – ich hatte sie vergessen.

Andere Ängste des häuslichen Lebens rührten sich: hattest du das schmutzige Geschirr und die Tüten der Essensbestellung weggeräumt, bevor Olga kam? Hatte ich die Toilette gespült, bevor ich ging?

Mir fiel die matronenhafte Sikh-Dame neben mir auf, die das Gepäckfach mit Tüten Duty-Free-Parfum vollgeladen hatte. Sie war eine langsame Frau mit Stirnrunzeln und borstigem Haar an den Seiten ihrer Oberlippe, sie schien sich unwohl zu fühlen und hatte viele Medikamente eingenommen.

Sie hatte den Kopf zurückgeworfen, die Augen weit aufgerissen und öffnete und schloss wortlos den Mund, wie eine keuchende Invalidin. Ich drehte das Belüftungsventil über ihr auf und sagte, sie solle tief durchatmen.

Sie sah mich ausdruckslos und schweigend an.

Das dumpfe Klirren von Eiswürfeln in der Businessclass vor uns kam langsam näher, bis der Essens- und Getränkewagen hinter blauen Vorhängen auftauchte; aus einer Reihe britischer Männer wurden die Rufe »Champagner, bitte!« laut. Jeder der Männer war dick, ihre Lacher dröhnten, sie hatten sonnenverbrannte Hälse und einer von ihnen den Hauch eines australischen Akzents.

Die indische Stewardess im Salwar Kamiz flirtete ein wenig mit ihnen – »Wie wär's gleich mit zwei für den Anfang?« –wurde gegenüber der Sikh-Frau aber schroff, als sie ihr im Vorwurfston »Entschuldigung« zurief.

Nein, so wurde schließlich festgestellt, die Frau wollte weder Getränke noch Nüsse.

Als das Essen endlich auf ihrem Tisch erschien, zitterten ihre dünnen, verschrumpelten Hände, als sie ein Glas Wasser und das Plastikbesteck umklammerten; ich musste ihr dabei helfen, das in der Mikrowelle zubereitete Dal und den Reis zu einem größeren Brei zu vermengen.

Die indische Stewardess, die den britischen Männern eine dritte Runde Champagner servierte, sah mich an und grinste – *Was für Leute heutzutage reisen,* schien ihr Grinsen zu sagen. Ich war überrascht, als sie etwas zu einem Kollegen sagte, der sich zu der Sikh-Frau umdrehte.

Ich wollte sie dafür kritisieren. Doch ich sah mich selbst, wie ich mich tugendhaft empörte und hielt inne – ich konnte keine Tugend für mich beanspruchen.

Als das Licht ausgeschaltet, die Jalousien zugezogen und die Stimmen um mich herum verstummt waren, schaltete ich lustlos durch die Videokanäle. Ich sah mir eine halbe Folge *Friends* an, eine halbe Folge *Der Pate von Bombay*, bevor ich schließlich vor der Karte der Reise ermattete und dem metallischen Schwan zusah, wie er sich über die Grenzen hinwegbewegte und Entfernungen bedeutungslos machte, die die Vorfahren des modernen Menschen viele Jahrtausende lang zu Hause und sicher innerhalb der Grenzen des zu bändigenden Verlangens gehalten hatten.

Ich muss wohl eingeschlafen sein, denn als ich durch die Scherze des Piloten vor der Ankunft geweckt wurde, gingen die Stewardessen gerade mit leeren Müllsäcken die Gänge entlang.

Nichts hatte sich verändert. Die Sikh-Frau saß leicht gekrümmt neben mir, ihre blau geäderten Hände gefaltet. Die britischen Männer tranken beherzt ihre letzten Gläser Gratisalkohol, und der australische Akzent in ihrer Gruppe war jetzt deutlicher zu hören. Die Mädchen unterhielten sich noch immer.

Das Anschnallzeichen wurde eingeschaltet. Ich war beinahe überrascht. Ich hatte nicht erwartet, so schnell anzukommen.

Als wir im Sinkflug waren und sich mein Ohrendruck löste, steckte ich meine BSNL-Sim-Karte ein. Einige Minuten lang hieß es: »No Service«. Dann aber kam ich ins Netz, und die E-Mails fluteten rein. Ich scrollte hoch und runter. Ich checkte den Spamordner. Keine Nachricht von dir.

Gefangen auf meinem Sitz neben der Sikh-Frau, die auf einen Rollstuhl wartete, sah ich zu, wie die Mädchen ihre Kleider richteten und in den Gepäckfächern nach ihren Taschen kramten.

Ich sah sie wieder am Gepäckband, das traurig vorbeifuhr, wo sie zusammen mit den anderen, ruhig und ungeduldig wartenden Fluggästen standen, die mir nun alle fremd erschienen, und plötzlich spürte ich einen Stich von Einsamkeit: Menschen, die seit Stunden ein Teil meines Lebens gewesen waren, waren nun begriffen, sich zu zerstreuen, und gehörten nun nicht mehr zu mir, sondern zu den lachenden Mündern, winkenden Händen und weit geöffneten Armen vor dem Ausgang.

In diesem Moment vibrierte das Telefon. Ich wischte nach unten und sah eine WhatsApp-Nachricht: *Was zur Hölle, Arun? Was ist passiert? Wo steckst du?*

Außerdem hatte ich drei verpasste Anrufe von dir. Ich habe das Telefon wieder auf Flugmodus gestellt.

Als ich durch den Zoll ging, hörte ich jemanden sagen: »Wissen Sie, wer ich bin?«, und ich ging direkt in die wuselnde Menge Tausender Menschen, vorbei an den Kiosken der per App betriebenen Taxiunternehmen zum alten Taxistand, wo mir ein junger Fahrer der Haryanvi einen absurden Preis für die Fahrt zum nahegelegenen Flughafenhotel nannte.

Ich fühlte, wie eine alte, immer gerechtfertigte und jetzt absurde Empörung über meine Armut plötzlich in mir aufstieg; ich sagte mir, während ich zögernd in Hindi verhandelte – einer Sprache, die sich nach monatelangem Nichtgebrauch seltsam ungewohnt anfühlte –, dass es sich um Rupien und nicht um Pfund handelte.

Auf der Flughafenstraße hielten Polizisten mit gebieterischen Gesten Fahrzeuge an und lenkten sie in eine Spur an der Seite. Schnell bildete sich eine lange Schlange; Männer, Frauen und Kinder in Lumpen drängten sich an den stehenden Autos vorbei, einige wenige von ihnen verkauften raubkopierte Taschenbücher von *Der weiße Tiger* und *Der Mönch, der seinen Ferarri verkaufte*, alle anderen streckten nur leere Handflächen aus.

Kurz darauf tauchte eine Motorradeskorte auf, ein langer schwarzer Mercedes glänzte vorüber, flankiert und verfolgt von weiteren bewaffneten Begleitern, dann brach der Verkehr wieder los und hupte die schlampigen und verwirrten Bettler an.

An einer Ampel stand plötzlich ein Mädchen vor der Scheibe und streckte lächelnd ihre beiden dünnen, bleichen Hände ins Taxi. Doch wir fuhren weiter; das Leuchten fuhr ihr aus dem Gesicht, als sie sich mit leeren Händen zurückzog, und sie fiel vom Taxi weg, als würde sie im Wasser versinken.

Eine Weile lang trauerte ich um das Mädchen, und als das Taxi unter der Vorhalle meines Hotels anhielt, stellte ich mit einer gewissen Verwunderung fest, dass ich seit mindestens fünf Minuten nicht mehr an meine eigenen Sorgen gedacht hatte.

Meine letzte Nacht in London war immer wieder von der quälenden Angst unterbrochen worden, dass es Zeit sei, aufzustehen. Ich hatte mir keinen Wecker gestellt, aus Sorge, dich zu wecken, und wachte so immer wieder auf, um die Ziffern auf dem Radiowecker neben dem Bett zu checken, die mir sagten, dass ich seit dem letzten Mal kaum eine halbe Stunde geschlafen hatte.

Jetzt lag ich unruhig im Bett, hatte noch immer das Motorengeräusch der Boeing in den Ohren, war zu erschöpft und gejetlagged, um zu schlafen, und ich versuchte, den genauen Zeitpunkt zu bestimmen, an dem du meine Abreise bemerkt haben könntest – vielleicht, als du den Umschlag mit Bargeld entdecktest, auf dessen Vorderseite »für Rechnungen« draufgekritzelt war, den ich auf deinem Schreibtisch neben alte Ausgaben von *Fortune* gelegt hatte.

Ich stellte mir vor, wie du aufwachst und merkst, dass ich nicht neben dir liege. Die ersten zwanzig bis dreißig Minuten deines Tages waren so strikt auf Nachrichten und soziale Medien ausgerichtet, dass du keinen Moment Zeit hattest, an etwas anderes zu denken.

Nach einer Weile würdest du aus dem Bett aufstehen und gleich die Bettdecke ausschütteln. In der großen French Press würdest du Kaffee für uns beide aufbrühen, deine Wimpern wären noch schlafverklebt und du würdest immer noch auf dein Smartphone schauen. Wenn du Milch und Zucker auf den Tresen gestellt hättest, würdest du dich plötzlich über meine Abwesenheit wundern. Hatte ich mir in Venedig nicht vorgenommen, mich mehr zu bewegen, morgens im Hyde Park spazieren zu gehen, wenn es das Wetter zulässt?

Mit deinem Kaffeebecher in der Hand würdest du in dein Arbeitszimmer gehen, um ein wenig im Internet zu browsen, und würdest meinen Umschlag mit Bargeld finden.

Mitten in der Nacht wachte ich auf, weil mir seltsame Gedanken durch den Kopf spukten: Könnte ich nach London zurückkehren und unser Leben wieder aufnehmen? Würdest du verstehen, dass ich mich eine Zeitlang verlaufen hatte? Würdest du schlussfolgern, dass ich schon immer vorgehabt hatte, London wieder zu verlassen, da ich trotz deines Drängens nie versucht hatte, mein Besuchervisum auszutauschen und meinen Anteil an den Rechnungen in bar an dich zu bezahlen? Würdest du versuchen, mich zu erreichen, wenn du im neuen Jahr zu Aseems Festival nach Indien zurückkämst?

Nach einer unruhigen halben Nacht, in der ich die meiste Zeit damit verbrachte, Mücken zu beobachten, die im flackernden schwefelgelben Licht einer kaputten Lampe vor meinem Fenster tanzten, machte ich mich wieder auf den Weg: ein trüber Morgenflug nach Shimla und danach ein verbeulter Maruti-Van – das billigste Taxi, das außerhalb des Spielzeugflughafens zu kriegen war – an die Grenze zu Tibet.

Die Luft außerhalb des kleinen Flugzeugs war kühl. Mein Körper schmerzte, und mein Geist war vom Jetlag wie eingefroren. Ab und zu schaute ich aus dem Fenster und sah riesige, mit Blechdächern bedeckte Slums, die an steilen Hängen balancierten oder in Täler gestürzt waren.

Die Häuser waren hoch oben in die Hügel eingenistet worden, und an ihren Seiten schlängelten sich unbedeckte Betontreppen hinauf. Überall waren grelle Farben: Felsen, die mit Pepsi- und Coca-Cola-Schildern bekleckst waren, Ladenschilder, auf denen Shah Rukh Khan lächelte, und Wände, die mit Filmplakaten beklebt waren.

Vor zwanzig Jahren hatte ich mich zum ersten Mal auf den Weg zur tibetischen Grenze gemacht, und auf mehreren Fahrten hatten sich die Empfindungen, die die überwältigende Leere der Landschaft hervorrief, vervielfacht und nochmals vervielfacht. Einmal hatte ich meine Mutter mitgenommen. Es war das erste Mal, dass sie in einem Auto eine Spritztour machte, und nach den ersten Schreckmomenten, als unser Maruti 800 fast mit einem Ochsenkarren voller Bauern zusammenstieß, die alle mit baumelnden Beinen auf der Ladefläche saßen, schien sich meine Mutter wirklich gut zu amüsieren, und ihr faltiges, stets ängstliches Gesicht strahlte vor Glück.

Jetzt, mehr als ein Jahrzehnt später, gab es überall Baustellen für Staudämme und Stauseen, gigantische, mit Dynamit aufgesprengte Wunden in den Bergen, die ganze Reihen von Arbeitern, alle bewaffnet mit einer Schaufel, überall erneut aufzukratzen schienen. Und an den meisten Ecken standen riesige, haushohe Werbetafeln von Modi, die den nationalen Aufschwung versprachen, und andere Werbetafeln, die ihn anpriesen: Eigentumswohnungen mit Doppelgaragen und Springbrunnen vor einem Hintergrund glatter Autobahnen und glänzender Einkaufszentren. Auf einer der Werbetafeln, die in den Schlamm eingegraben und am unteren Rand mit Staub bedeckt war, war ein Schriftzug zu sehen, der ein »indisches Jahrhundert« versprach, begleitet von Bildern einer gescheiterten Weltraummission zum Mond.

Du hast vermutlich keine Erinnerung an die Versprechungen der nationalen Entwicklung, mit denen Aseem und ich aufgewachsen sind. Dass wir unsere dunklen Hütten und Felder verlassen und in die glatte, helle Moderne geführt werden würden, dass wir Anzüge und Krawatten tragen und in Büros und Häusern aus Beton und Glas arbeiten und leben würden.

Modi hatte diese recht bescheidene Blase kollektiver Bestrebungen platzen lassen: mit seinen »Smart Citys« und »Hochgeschwindigkeitszügen« sowie der geplanten Erforschung der Mondrückseite versprach er ein Wunder, das alles in der übrigen Welt übertreffen würde.

Die Verkündungen vom einmaligen Fortschritt hatten mich früher kaltgelassen. Nach meinen Monaten in London schienen sie jetzt jedoch Pathos auszustrahlen: das Verlangen eines kleinstädtischen Teeverkäufers, sich selbst als Wunderkind der Moderne darzustellen und den Menschen, die ebenso verschmäht und verärgert sind wie er, den Mond zu versprechn.

Und in seinem neuen Federkleid, den ärmellosen Bandhgalla-Jacken, die auf jedem Plakatbild anders aussahen, erkannte ich die Eitelkeit, die auch Aseem und mich in unseren flachen Mützen und Bomberjacken ausgemacht hatte.

Ich schloss die Augen und versuchte zu schlafen, wurde mir aber bald einer leeren Flasche bewusst, die gegen die Metallbeine meines Sitzes rollte und klirrte. Ein Bus überholte uns, und ich sah eine Reihe von Männern, die sich an die stählerne Rückwand des Busses klammerten, mit zerzausten Haaren und heftig um ihre Knöchel flatternden Hosen, bevor der Bus wieder verschwunden war. Anschließend klebten wir hinter einem verstreuten Konvoi von Militärlastwagen, in denen unter lose knatternden Seilplanen junge Soldaten in geordneten Reihen saßen. In ihren schlechtsitzenden Uniformen verrenkten sie sich die Handgelenke und Hälse, und manche von ihnen hatten die erniedrigten Gesichter von Gefangenen.

Die Lastwagen rumpelten steile Steigungen hinauf und bliesen dichten schwarzen Rauch über unseren Wagen, bis mein Fahrer mit der Handfläche auf die Hupe schlug und überholte; und ich hielt den Atem an: Auf diesen schmalen Serpentinen wäre ein Auto oder Lastwagen so lange unsichtbar, dass eine Kollision nicht mehr zu vermeiden wäre.

Kilometerlang blieb das Taxi hinter einem schlammbespritzten Hilux, der mit rostigem Betonstahl beladen war; die Stangen ragten unter ihrer Plane hervor und zeigten direkt auf unsere Windschutzscheibe. Ich spürte, wie der Fahrer ungeduldig wurde und überholen wollte. Als er glaubte, die Gelegenheit sei gekommen, beschleunigte er auf einem Abschnitt der Straße, der zwar flach, aber von frisch ausgehobenen Gräben gesäumt war, und er hatte die Geschwindigkeit des entgegenkommenden Fahrzeugs falsch eingeschätzt – ein riesiger, hässlicher Lastwagen.

Beim Ausweichen fuhr er vor den Hilux, der mit spastischem Quietschen abbremste, und wir konnten eine Kollision mit dem Lkw knapp vermeiden – allerdings sahen wir, wie ein Motorradfahrer, der versuchte, zu überholen, sein Motorrad aus dem Weg lenkte und mit dem Hinterrad, das cartoonhaft in den Himmel ragte, in den Graben stürzte.

Ich sah den Fahrer an; er starrte geradeaus. Nach einem ersten Anflug von Wut tat ich dasselbe. Vielleicht hast du kein Verständnis für meine hartherzige Entscheidung. Doch der Schaden an dem Motorradfahrer und seiner Maschine kann nur gering gewesen sein – viel geringer als das, was wir erlitten hätten, wenn wir uns intensiver mit dem Unfall und der Polizei befasst hätten.

Der Fahrer war kaum aus dem Teenageralter heraus; seine Stirn trug die Zeichen der oberen Kaste auf der Stirn, der Rest seiner dünnen Gestalt die gefälschten Zeichen von Barbour, Levi's und Nike. Er arbeitete für Soods Taxi-Unternehmen in Ranipur; am Flughafen von Shimla hatte er sich langsam aus der Menge der glotzenden Autofahrer, die mit den Fingern den Maschendrahtzaun umklammerten, abgesetzt und war mir entfernt bekannt vorgekommen.

Er hatte einen großspurigen Gang, was bei Taxifahrern auf engen Bergstraßen immer ein bedrohliches Zeichen ist, und es hatte etwas Überhebliches an sich, wie er die Tür aufschob und leere Bisleri-Flaschen, Frooti-Packungen und ölverschmierte braune Papiertüten auf den Sitzen zum Vorschein brachte – ein Durcheinander, das er dann gletscherlangsam aufräumte, beziehungsweise beinahe, denn irgendetwas rollte immer noch herum.

Klein und über das Lenkrad gebeugt, die Zugluft toupierte sein Haar zu einer groben Tolle, kaute er auf einem Zahnstocher herum; als er ihn herausnahm, um sich zu räuspern und auszuspucken, rotzte er einen beunruhigend dicken, grünen Schleimklumpen zum Fenster raus.

Er hielt mich in Atem, indem er laute Bollywoodsongs von einem USB-Stick spielte, der bernsteinfarben unter einem Altar für Vaishno Devi flackerte; er schaute häufig auf sein Xiaomi, checkte WhatsApp und machte ein Selfie, wobei er den Bildschirm jeweils ganz nah an sein Gesicht hielt.

In einem Dhaba neben einer Baustelle – Zementmischer, Ziegelstapel und Betonstahl überall, und die Luft beschwert von Benzingeruch und Schmutz – hatte der Fahrer sich Kopfhörer aufgesetzt und war über ein Video gebeugt. Als ich von der Toilette zurückkam, warf ich einen Blick auf seinen Bildschirm und sah einen weißen Hintern, der sich zwischen gespreizten Knien auf und ab bewegte.

Mein Telefon auf dem Plastiksitz vibrierte mehrmals: SMS von BSNL sowie Aufforderungen, Baba Ramdevs Getreide zu kaufen. Ob noch mehr Nachrichten von dir kamen, wusste ich nicht; ich ertrug es nicht, nachzusehen.

Die Straße führte höher und höher, drehte sich in die eine oder andere Richtung, vorbei an dem verbrannten Gestank von frisch aufgetragenem Asphalt, und der Van zog seufzend seine mühsamen Kreise über die Hügel, während die leere Flasche am Boden herumrollte und klirrte. Die grünen Adern an den dünnen Armen des Fahrers pochten, als er an der Gangschaltung zog, die ein hohes Jaulen von sich gab. Unter der dicken Sohle seiner gefälschten Nikes schnaufte der Vergaser, die Reifen knallten schnell über die Löcher in der Fahrbahn, und jede Änderung der Geschwindigkeit traf uns wie ein Schlag.

Trümmer von schweren Lkw-Unfällen säumten die Straße. Zerquetschte Fahrerhäuser, zersplittertes Glas auf dem Asphalt, schief stehende Räder und umgestürzte Trucks, die ihre rostigen und schmierigen Metallunterböden zeigten.

Plötzlich kam mir ein Gedanke, der mich in seiner Klarheit schockierte: *Das neue Indien wird es zu nichts bringen.*

Viele von uns waren vom Gegenteil ausgegangen, weil es für uns, die Bewohner des alten Indien, zu einfach gewesen war, aus der Verwirrung des *Fin de Siècle* der Welt eine Blütezeit zu machen. Sie waren Menschen aus dem Nirgendwo, denen man Lesen und Schreiben beibrachte, die man mit vorgefertigtem Wissen vollstopfte, das sich Menschen in anderen Ländern, diese Loneys und Irodovs, erarbeitet hatten, und dann wurden sie auf Gesellschaften losgelassen, die ihre

Fähigkeiten gerade in diesem Moment benötigten und die wiederum eine kongeniale Ideologie der Selbstverherrlichung boten.

Aseem durchbrach mit seinen zehntausend Ficks die Membran der niederen, aussichtslosen Geburt. Und Virendra bezahlte ein paar Russinnen dafür, ihm einen zu blasen. Vielleicht waren junge Männer wie mein Fahrer so wild auf Sex, weil sie genau wussten, dass sie, aus ihren traditionellen Berufen und kleinen Geschäften herausgenommen, völlig umsonst ausgebildet worden waren.

Ihrer ursprünglichen Heimat, ihrer bescheidenen, aber stabilen Lebensgrundlage und ihrer fatalistischen, aber tröstlichen Religion beraubt, fehlte ihnen sogar dieser kleine Vorteil: ein Ort, an den sie zurücklaufen konnten, um sich dort zu verstecken.

Ich nickte ein und wachte dann mit einer flackernden Erinnerung an unser letztes gemeinsames Essen im Wagamama auf.

Du sitzt sehr aufrecht und hast die Ellbogen auf den Tisch gestützt. Das gelassene Partygesicht, das du dir zu Hause sorgfältig zurechtgelegt hattest, erwartungsvoll und zuversichtlich, als wolltest du verkünden, dass du genau da bist, wo du sein wolltest, ist in sich zusammengefallen; dein Mund zeugt von Traurigkeit und deine Augen von Müdigkeit.

Auf einer Wange, direkt unter deinem Auge, hängt eine verlorene kleine Wimper. Ich möchte dich in den Arm nehmen, dein Gesicht halten und dann zusehen, wie sich deine Augen schließen, genau wie ich es schon so oft getan habe. Stattdessen spüre ich, wie sich der Knoten der Angst in mir festzieht, und ich frage mich wieder einmal, ob ich dir von meiner bevorstehenden Abreise erzählen soll.

Als du einige Minuten später von der Toilette zurück-
kehrst, wie immer gefolgt von neugierigen Blicken, setzt du
dich aufrecht hin und schlägst deine gestiefelten Beine übereinander. Die Wimper ist von deiner Wange verschwunden,
und die Oberfläche deines Gesichts hat sich verändert; ich
sehe wieder die selbstbewusste Frau, die vor einigen Stunden
akribisch geschminkt aus ihrer Wohnung gegangen ist.

Eine mit Nudeln umwickelte Gabel hinterlässt einen Klecks
Sojasauce in deinem Mundwinkel. Ich beobachte das eine
Weile lang, während die Kellner mit den vollgepackten Tel-
lern um uns herumschwänzeln, bevor ich dir eine Papier-
serviette anbiete. Du schaust dir die Serviette ratlos an.

Und dann rauschte die Erinnerung an mir vorüber wie die
Blechkadaver von Autos und Lastwagen.

Die Straße stürzte in eine Reihe feuchter Schluchten und
verschlechterte sich zusehends. Bei jeder Bodenwelle
schwankte ich hilflos in meinem Sitz, mein Kopf fühlte sich
leerer an, und meine Brust zog sich zusammen.

Erst als die Straße aus einem langen Tunnel führte, konnte
ich aufatmen – und große, unbewohnte Räume taten sich
auf: ein flaches, von unentschlossenen Bächen durchzogenes
Tal, zerklüftete, von Menschen unberührte Berge und die
weißen Wirbel und Strudel eines Flusses, die aus dieser Höhe
ein festes Marmormuster erkennen ließen.

Die ruhige Luft schien dem Tal eine unveränderliche Form
und eine unumstößliche Überzeugung zu geben. Als die
Straße ins Tal hinabführte, brach das Muster auf, und das
Mäandern des Flusses wurde von einem lauten Geräusch begleitet.

Kaum waren wir heruntergefahren, ging es auch schon
wieder bergauf. In fast drei Kilometer Höhe spürte ich, wie

mein Herz fester zu klopfen begann. Die Straße war jetzt ein dünner Felsvorsprung hoch über einem wild schäumenden Fluss – mehr Spurrillen und Geröll als Straße. Riesige Berghänge erhoben sich direkt aus dem Fluss, schwindelerregend versteinert, überfrachtet mit Felsbrocken und übersät mit Klumpen von altem Schnee, der zwar nicht mehr rein weiß war, aber noch hartnäckig fest in schattigen Felsspalten lag.

Weit jenseits davon, unbeweglich, auch wenn die Straße sich drehte und unser Auto im letzten Moment dem sicheren Ende entging, tauchten einige Giganten von undurchsichtigem Weiß auf.

Ich spürte ein Brummen in meinem Kopf, den bekannten Beginn von Höhenkopfschmerzen.

Wie einfach war mir meine Flucht in London vorgekommen. Der Plan dafür hatte sehr schnell Gestalt angenommen; es war an einem späten Abend nach meinem Treffen mit Sonam, und ich hatte nicht länger als ein paar Google-Suchen gebraucht. Flug nach Delhi, ein weiterer Flug nach Shimla und dann eine Autofahrt.

Über mehrere Gebirgsketten hinweg hatte die Reise die richtigen zeitlichen und räumlichen Dimensionen angenommen, und als die Straße noch weiter nach oben führte, begann ich mir Sorgen über die Abgelegenheit des Ortes zu machen, an den ich zurückkehren wollte.

»*Do aur ghantey.* Noch zwei Stunden«, sagte der Fahrer unerwartet. »*Garam kapde layo ho? Wahan sardi hogi.* Haben Sie warme Kleidung dabei? Dort wird es kalt sein.«

»Ja, ja«, sagte ich. »Habe ich.«

Eigentlich hatte ich nur zwei dicke, von meiner Mutter gestrickte Pullover und ein warmes Uniqlo-Unterhemd bei mir.

»*Wahan kyon ja rahe ho?* Warum fahren Sie dorthin?«

Das konnte ich ihm nicht sagen.

Er sprach weiter: »*Saal mein ek baar naahte hain, Badi gandh aati hai, aur chai main makkhan aur namak daaltey hai.* Sie baden einmal im Jahr, sie stinken, und sie tun Salz und Butter in ihren Tee. *Lekin, building dekhne main acchi hai.* Aber das Gebäude sieht gut aus.«

Ich wollte sagen, dass ich schon einmal dort gewesen war, dass ich das Gebäude vor einigen Jahren bereits gesehen hatte. Das war kurz nachdem ich in Ranipur angekommen war und ich begann, in der Grenzregion zu Tibet wandern zu gehen. Bei einem dieser Ausflüge fiel mir eine Gönpa auf. Sie wurde von einem vergoldeten Pavillon gekrönt und überragte einen Komplex von Steinhäusern, Gerstenfeldern und Aprikosenplantagen, und sie hatte etwas von der trotzigen Einsamkeit eines Außenpostens.

Beim Aufstieg ins Hochland hatte ich das Gefühl, mich in einer anderen Welt zu befinden, in der hinduistische Schreine verwitterten Chörten weichen, in dem sich Weinreben um gemauerte Türme schlängeln und verblasste, zerfledderte Gebetsfahnen im scharfen Wind auf den hohen Pässen flattern.

Die zinnoberrote und weiße Fassade des Klosters, ein schwebendes Gewicht in der blauen Luft, schien diesen Unterschied über die ganze Landschaft zu verkünden.

Ein Trekkingführer aus Shimla sagte, die Region sei von Bhotay bewohnt – wie ich später erfuhr, ein abfälliger Begriff für Buddhisten tibetischer Herkunft. Ich hatte einige von ihnen gesehen: Männer mit breiten Gesichtern und glatten Wangenknochen, die mit Reisig und Futter beladene Büffel und Maultiere entlangführten, und Frauen mit mittig gescheiteltem Haar, glänzenden Zöpfen und Perlenketten und Amuletten.

Obwohl der Fahrer über ihren vormodernen Lebensstil

spöttelte, hatte er nicht ganz unrecht. Wenn man zum Dorf hinaufstieg – auf einem unsicheren Bergpfad, der teilweise durch Erdrutsche weggespült und durch ungeschmolzenen Schnee gefährlich geworden war –, und wenn man sich dann unter alten Männern und Frauen befand, deren Wangen von jahrelanger Höhensonne zerfurcht und deren Stirn von Falten gezeichnet waren, die zerlumpte, selbstgesponnene Wollkleidung, Weidenkörbe auf dem Rücken und runde Sicheln im Gürtel trugen, war man mit einem unverwechselbaren Geruch konfrontiert: Die Kombination aus Rauch vom Herd, Yak-Butter, Schweiß und den Rindern, die unter den Holzbalkonen ihrer zweistöckigen Häuser untergebracht waren.

Ich kam an einem frisch getünchten Chörten vorbei und ging eine unebene Pflasterstraße zwischen den hohen Mauern des Klosters und Häusern mit erstaunlich eleganten Holzbalkonen entlang. Alte Männer, die mit ihren beladenen Ponys halb zusammengekauert im kühlen Schatten der Mauern standen, beobachteten mich. Ein erschrockener Esel mit aufgestellten Ohren rannte plötzlich an mir vorbei, dicht gefolgt von einem keuchenden Jungen mit einem riesigen Kochtopf.

Im sonnenbeschienenen Innenhof der Gönpa lud ein Novize Säcke mit Getreide von einem Pony. Ich stieß eine massive, messingbeschlagene Tür auf und ging durch einen schmalen kleinen Raum, um mich plötzlich in einer stillen Kapelle voller hoher, vergoldeter Statuen, massenhaft fein geschnitzter und glänzend bemalter Holzsäulen, mit Butter gefüllter Lampen, von der Decke hängenden Seidenvorhängen, silbernen Wassertöpfen und Pfauenfedern wiederzufinden.

Es roch sehr intensiv nach Butter, verschiedenen Arten von Weihrauch und menschlichen Düften. Und als ich dort in dieser heißen und würzigen Dunkelheit stand, spürte ich ein Kribbeln auf meiner Haut, als wäre ich mit einem neuen Element in Berührung gekommen.

Ich ging hinaus. Auf der gepflasterten Schwelle blendete mich die Sonne. In der Ferne krümmte sich ein Himalaya-Gebirgszug vor dem blaugrünen Himmel, und ein blassblauer Fluss teilte das Tal. Ich blieb eine Weile lang stehen, umgeben von Gebetsfahnen, die leise im Wind flatterten, und dem Gekrächze der Raben, und wie so oft auf einsamen Pässen, wenn ich, auf meinen Wanderstock gestützt, ein letztes Mal auf die Berge zurückblickte, die, von Nebel umhüllt, im Licht lagen wie die Wipfel einer anderen Welt, schwor ich mir irrationalerweise, zurückzukehren.

Es dämmerte und nieselte, als ich fast zwei Jahrzehnte später zurückkehrte, und der Wind wirbelte die Regenfäden durch die Luft und hüllte das Kloster in dichten Nebel.

Ich wurde erwartet – Sonam hatte dafür gesorgt. Ein junger Tibeter, der einen leuchtend gelben Plastikponcho über seinem Gewand trug, brachte mich über endlose dunkle, schmale Stufen und vorbei an zahlreichen Türen auf das Zimmer, in dem ich die Nacht verbringen sollte.

Hinter der bemalten Tür befand sich ein Stuhl mit gerader Lehne, eine kleine Almirah, ein gusseisernes Bett mit Matratze und Schlafdecke; das Zimmer roch nur nach altem Staub, der nicht mehr zu entfernen war.

Er ging, und einige Minuten lang saß ich bloß auf der Kante meines Bettes. Eine derartige Leere hatte ich mir nicht vorgestellt. Doch hier war sie, am anderen Ende der Erde, inmitten des großen Tumults der Welt; und diese Leere schien das Ziel zu sein, an das ich, ohne es zu wissen, immer gebunden gewesen war.

Später, als ich auspackte und mich ein Anflug von Heimweh traf, da mein Rucksack den Duft von Olgas bevorzugtem Waschmittel verströmte, krabbelten langbeinige Spinnen hinter den Holzbalken an der Decke hervor, um mich zu beobachten.

In meinem Notizbuch steckte noch dein Mont-Blanc-Füllfederhalter – ein altmodisches Design, in der Mitte verdickt und am Ende spitz zulaufend; ich muss ihn versehentlich von deinem Schreibtisch mitgenommen haben. Mehrere Minuten lang starrte ich ihn an, machte mir Sorgen, dass ich mich mit einem Familienerbstück davongemacht hatte, und überlegte, ob ich es riskieren sollte, ihn an deine Londoner Adresse zurückzuschicken.

Danach lag ich mit meinem Telefon auf dem Bett und sah mir die E-Mails an, die während der langen Fahrt eingegangen waren. Darunter war eine von dir.

Arun, hattest du geschrieben, *ich versuche, optimistisch zu bleiben, und gehe davon aus, dass du wegen eines Notfalls nach Hause reisen musstest. Der Gedanke ist zu ernüchternd, dass du dich entschieden hast, ohne ein Wort zu verschwinden, und dass all die Monate des Zusammenlebens und unseres Glücks dir nichts bedeutet haben. Ich weiß, dass ich wenig tun kann, wenn du so denkst, aber wenn dies der Fall ist, dann hätten wir wenigstens versuchen können, es zu klären. Bitte, wenn du einen Moment Zeit hast, schicke mir ein paar Worte, damit ich beruhigt bin. Und komm bald zurück. Die Wohnung fühlt sich sehr leer an ohne dich. Alles Liebe, Alia.*

Für einen Augenblick sah ich ganz deutlich, wie es dir, weil diese E-Mail unbeantwortet blieb, dämmern musste: dass ich armselig und erbärmlich bin.

Ich lag lange Zeit auf dem Bett und starrte auf die dunklen Balken an der Decke, bis die nackte Glühbirne über mir zu flackern begann. Begleitet von dem Abschiedsgebrüll eines alten Generators, der irgendwo im Innern des Gebäudes arbeitete, erlosch die Glühbirne schließlich.

Nach einer Stunde verstummte auch das Geräusch, da dem Generator wahrscheinlich der Diesel ausgegangen war, und in der Dunkelheit hörte ich zum ersten Mal seit Monaten das Prasseln von Regen auf einem Dach.

In meiner Kindheit rannte ich öfters in ein Gewitter hinaus, gefolgt von meiner kleinen Schwester, die vor Freude hüpfte, ihre Zöpfe sprangen um ihren Kopf, und sie umklammerte mich, während der Regen uns bis auf die Knochen durchnässte, bevor wir auf die Jagd nach den Fröschen gingen, die im Unterholz quakten.

Ich erinnerte mich daran, wie ich danach ihre Zöpfe löste; ich hielt ihr nasses Haar in meinen Fäusten und schnürte damit meine Schwester ein, wickelte ihre Strähnen um ihren Kopf, bis meine Mutter uns mit einem sanften Lächeln sagte, wir sollten mit dem Geschrei aufhören.

Auch kam mir eine Erinnerung an meine Mutter, wie sie bei unserem ersten Schnee in Ranipur auf dem Balkon stand und das Weiß der Zweige und Äste der entlaubten Bäume und der Spitze des schütteren Holzzauns des Apfelgartens betrachtete, während der weite Dufflecoat ihre Arme von den Seiten abstehen ließ und sie ihren Kopf beinahe ganz in einem Wollschal versenkt hatte und dabei leise, erstickte Laute der Aufregung von sich gab.

Mein Herz schmerzte plötzlich, und als ich unter die Bettdecke und ihren Geruch nach Mottenkugeln kroch und die Augen schloss, während der Regen weiterhin aufs Dach prasselte, ertappte ich mich dabei, wie ich mich der kindlichen Vision meines Körpers hingab, der schwerer war als Wasser und mich langsam in die Tiefe des Meeres zog.

VIERTER TEIL

ZWANZIG

Während meiner ersten Tage in diesem dunklen und stillen Raum in der Gönpa wechselten sich Schlafen und Wachen eintönig ab, und während draußen der Regen in Schnee überging, gab ich mich meiner Müdigkeit und dem überwältigenden Wunsch hin, tief in mir selbst in eine unendliche Ruhe zu versinken.

Seitdem sind drei Monate vergangen, eine Zeit, die ein einziger Schleier aus Schneestürmen, Schneeverwehungen und Eiszapfen war, und ich versuche noch immer, in dieser Unterwerfung Frieden zu finden, in diesem Gefühl, einen Kampf aufgegeben zu haben und einer Welt voller Verwirrung und Schmerz entkommen zu sein.

Ich bin in einem neuen Zimmer. Es wurde großzügigerweise von einem jungen Mönch geräumt und ist sogar noch kleiner; außer großen quadratischen Kissen, die an einer Wand entlang aufgereiht liegen, einem kleinen, niedrigen, quadratischen Tisch und einem kleinen Holzaltar mit Reis- und Butteropfern befinden sich keine weiteren Einrichtungsgegenstände im Raum. An den Wänden hängen Thangkas, Darstellungen von Sonam Lha-mo, einer weiblichen Gottheit, gemalt in Gold auf schwarzem Hintergrund.

Man betritt das Zimmer durch einen Lagerraum für Dung und Brennmaterial, und in meiner Nase sind stets die einprägsamsten Düfte meiner Kindheit – Mist vom Hof und der scharfe Geruch der Kerosinkanister.

Das Kloster ist mehr als tausend Jahre alt und wurde offenbar von einem Lama gegründet, der Sanskrittexte ins Tibetische übersetzte. An einem steilen Hang gelegen, trotzt es der Schwerkraft und wacht mit seinen drei Stockwerken über ein Flusstal – weniger ein gewöhnliches Tal als ein Kreis steiler Berge. Und ich fühle mich in den dunklen Räumen, die so perfekt von all dem blendenden Höhenlicht draußen abgeschottet sind, gerade so, als würde ich in der Luft schweben.

Es ist gespenstisch still hier, die enorme Stille wird nur gelegentlich von eiligen Schritten und dem aufgeregten Rascheln von Gewändern unterbrochen. Ich muss mich erst noch an das völlige Fehlen des Lärms der städtischen Zivilisation gewöhnen, insbesondere an die Abwesenheit des Brummens und Surrens der Motoren, die mich auf meinem Weg hierher begleitet hatten.

Ich versuche, das Gefühl von Anonymität wiederzuerlangen, das ich bei meiner Ankunft verspürte: Niemand kennt mich hier, abgesehen von Sonam, der sich in einem Retreat in einer kleinen Höhle oberhalb des Klosters befindet. Und ich verbringe die meiste Zeit damit, zu meditieren.

»Wenn du nach Verbesserung suchst, musst du dich auf die Meditation und auf die Meditation allein konzentrieren«, hatte Sonam in London gesagt.

Dieses Projekt, für niemanden mehr etwas abzuleisten, ständig wachsam zu sein gegen abstumpfende geistige Gewohnheiten – das Projekt, das ich hier zielstrebig verfolgen will –, steht in direktem Widerspruch zu intellektueller Arbeit, zu allem, was einen wilden Fluss von Ideen und Gedanken erfordert. Meine kleinen Erfolge an diesem halb verträumten Ort deuten darauf hin, dass ich vielleicht nicht weit entfernt bin von einer Lösung für das, was in meinem Leben schiefgelaufen ist.

Wenn ich für längere Zeit auf einen festen leuchtenden Punkt in der Dunkelheit hinter meinen geschlossenen Augen blicke, verliere ich jedes Wissen darüber, wer oder wo ich bin. Es ist eine Klarheit, die größer ist als jede, die mein bewusster Verstand zu erreichen vermag.

Wenn ich die Augen öffne, bin ich natürlich wieder in dieser kahlen Zelle in einem Kloster inmitten der alltäglichen Requisiten meiner Existenz – diesem niedrigen Tisch, der Petroleumlampe, den Thangkas an der Wand. Alles ist da, wo es sein soll. Und ich bin, wer ich bin. Alles scheint normal.

Allerdings werde ich den Verdacht nicht los, dass ich soeben die schiere Kontingenz dessen erfahren habe, was ich mein »Selbst« nenne – eine Wahrheit, die ich in den leeren Landschaften meiner Kindheit nur sehr schwach wahrgenommen habe; ich weiß, dass das, was ich für ein normales Leben hielt, zu sehr von einer ständigen Übertreibung meiner Identität und Bedeutung abhängig war.

Ich denke an all jene, die über zehn Jahrhunderte hier gewesen sind, an die Menschen, die sich von allem lossagten, was damit zusammenhängt, an ein Ziel zu gelangen oder zu jemandem zu werden, ich denke an die Menschen, die auf ihre Fähigkeiten und Talente verzichteten, anstatt sich nach dem Bild einer dem Untergang geweihten Gesellschaft zu entwerfen, und die mit dem, was Aseem als »wahres Potenzial« bezeichnete, einfach abhauten, ohne ihr Potenzial verwirklicht zu haben, Menschen, die ihre Versprechen vergeudeten und glücklich ahnungslos waren, worin der moderne Zwang zur Ausbeutung und Selbstdarstellung bestand.

Ich habe Aseem nicht gesagt, dass ich hier bin. Ein Teil von mir hat immer noch Angst vor der vitalen Leidenschaft und der Unbekümmertheit, die er sich bis ins mittlere Alter bewahrt hat, wobei er sich nicht um den Lauf der Zeit kümmert und den Tod nicht zur Kenntnis nimmt. Was Sonam als unkontrollierbares Laster betrachten könnte – Begierden jeder Art, soziale, sexuelle und berufliche Ambitionen –, war ein wesentlicher Bestandteil von Aseems Leben.

Ich frage mich nun, ob auch er manchmal erschöpft ist von dem Wagnis, ein kompromisslos säkularer und moderner Mensch zu sein, ob ihm trotz seines Glaubens, genau den Weg zur Zufriedenheit zu kennen, dennoch etwas zu fehlen scheint und ob auch er sich wünscht, zu einem anderen Leben erweckt zu werden – seinem wahren Leben.

Ich sollte nicht den Eindruck erwecken, dass dies das perfekte Sanatorium für verwundete und ausgebrannte Männer ist. In meinem schlecht isolierten Zimmer ist es betäubend kalt; der gealterte Schmutz überall macht meine Fingerspitzen immer wieder schwarz und verstärkt meine Sehnsucht nach einer heißen Dusche. Seit ich London verlassen habe, habe ich mich nicht mehr rasiert, und es ist nur gut, dass es hier keine Spiegel gibt, in denen ich mein durch die langen borstigen Haare verändertes und gealtertes Gesicht betrachten könnte.

Von dem salzigen Tee, den die Tibeter trinken, wird mir ein bisschen übel. Das Essen ist schrecklich, selbst für jemanden, der in einer Welt aufgewachsen ist, die unterteilt ist in diejenigen, die etwas zu essen haben, und diejenigen, die nichts zu essen haben; mein Verdauungssystem wird wahrscheinlich nie mit Tsampa zurechtkommen. Das Plumpsklo, mit allem, was es den Augen, der Nase und den Leistenmuskeln zufügt, ist für jemanden mittleren Alters schwer zu ertragen, selbst für jemand, der sich als Kind jeden Morgen an die Bahngleise hocken musste.

Um Brennholz zu holen und zu telefonieren, habe ich mich bereiterklärt, nach Jalori zu fahren, wo die unbefestigte Straße zum Kloster in die Autobahn nach Tibet mündet und zwischen halb verfallenen Gebäuden eine Tankstelle, eine Kirana-Hütte und eine Chai-Hütte stehen. Doch der Pick-up, mit dem ich auf der zerfurchten Schotterstraße hoch über dem Fluss unterwegs bin, wirkt immer so, als würde er gleich liegenbleiben. Und der Geruch der ranzigen Butter, die die Tibeter sehr reichlich verwenden, scheint ein Versagen zu bestätigen, das mit irgendeiner meiner Entscheidungen vor langer Zeit in Verbindung stehen muss.

Die Tage vergehen. Es gibt immer etwas zu tun. Ich schleppe Feuerholz zum Kloster hinauf und hole Wasser in Eimern aus dem Dorf, wenn die Leitungen einfrieren. Ich lese ein wenig, meistens Zeitungen und Zeitschriften, die von Sonams Besuchern zurückgelassen wurden, doch ich lese nie lange. Ich weiß nicht mehr, wo ich gelesen habe, dass die gesündeste Form des Lebens die körperliche Arbeit in einem Kloster darstelle: Die stärksten Wahrheiten für Körper und Geist liegen in körperlicher Bewegung und stiller Kontemplation, und dass man mit Worten und Gedanken in schädliche Unwahrheiten abgleitet.

Ein Teil von mir sehnt sich immer noch nach Gesprächen und wünscht sich, die Mönche wären nicht immer auf ihre gastfreundliche Art gleichgültig.

EINUNDZWANZIG

Nach einigen Monaten hatte ich angefangen, in der Gönpa so etwas wie Sicherheit zu empfinden und mich als Teil eines alten Organismus mit eigenem Leben, eigener Identität und eigenem Ziel zu fühlen. Die Angst und der Kummer, die mich an diesen Punkt gebracht hatten, waren allmählich abgeebbt und hinterließen nun nur noch ein vages Unbehagen.

Ich hatte Träume, in denen mir Orte und Menschen, die ich gekannt hatte, lebendiger erschienen, als sie es in Wirklichkeit gewesen waren, und die um meine Aufmerksamkeit buhlten und auf ein verlorenes Leben hindeuteten, in dem ich so viel vernachlässigt und so wenig getrauert hatte; und ich wälzte mich aus diesen vorwurfsvollen Träumen heraus und versank schweißgebadet in Scham und Verwirrung.

An guten Tagen jedoch schien die Vergangenheit ein Ort zu sein, an dem nicht ich, sondern jemand anderes gelebt hatte. Und als eines Tages in einem meiner frischen Hemden etwas raschelte, das sich als Seidenpapier entpuppte, das von der Wäscherei des Hotels Danieli durchsetzt war, fiel es mir schwer, mich an jenen Nachmittag auf dem Lido zu erinnern.

Es fühlte sich an, als hätte ich in ein anderes Leben übergesetzt. Und dann kehrte die Vergangenheit – die tiefe Dunkelheit der heulenden Stimmen – plötzlich zurück.

Eines Nachmittags rief ich Devdutt in der Chai-Hütte in Jalori an, wo das knisternde Feuer einen roten Schein auf die ledernen Gesichter warf, die von der Höhensonne geschwärzt und unendlich faltig geworden waren.

Wir hatten zuvor schon in Kontakt gestanden, da ein neuer Zaun für mein Haus besorgt werden musste. Gegen Ende unseres Gesprächs sagte er, er habe Naazku an seiner Seite. Sie sei immer noch untröstlich vor Trauer, meinte er, und reichte ihr dann ohne ein weiteres Wort das Telefon.

Es herrschte eine kurze Stille, in der Naazku lang einzuatmen schien.

»*Aapki mata ji ki bahut yaad aati hai.* Deine Mutter fehlt mir sehr.«

Ich wusste nicht, was ich sagen sollte.

Naazku hatte die gleiche verkündende Art zu telefonieren wie meine Mutter, ihre Sätze kamen in einer fast panischen Eile und erforderten keine Antwort.

»*Bahut kathin jeevan raha.* Sie hatte ein so schwieriges Leben. *Unko bahut chinta thi aapke baarey mein, kya hoga unkey jaaney ke baad. Voh aapko khush dekhna chahati thi.* Sie war sehr besorgt darüber, was nach ihrem Tod mit dir geschehen würde. Sie wollte, dass du so glücklich bist wie andere Menschen.«

Aus der Dunkelheit des Chai-Ladens konnte ich die silberne Mittagssonne auf der verschneiten Straße sehen. Jemand fuhr auf einem alten Fahrrad vorbei, über den Lenker gebeugt, die ungeölten Räder quietschten, die nicht voll aufgepumpten Reifen zerknirschten die Schneekristalle.

»*Voh aapko khud kahna chahti thi marne se pahley. Unhoney kaha tha ki voh phone karengi aapko. Phone kiya?* Sie wollte dir das selbst sagen, bevor sie starb. Sie sagte, sie würde dich anrufen. Hat sie das getan?

Aur sabse acchi baat hogi agar aap pasand karein ladki ko.
Sie sagte, dass du jemanden brauchst, der sich um dich kümmert, wenn sie nicht mehr da ist. Und es wäre das Beste, wenn du dir ein passendes Mädchen suchst.«

Als hätte sie meine Verblüffung gespürt, fügte sie hinzu: »*Unko maloom tha badi kothi ki memsahab ke baarey main.* Sie wusste von der Dame aus der großen Villa.«

Sie hatte mit leiser Stimme zu sprechen begonnen und sich schnell in ein quietschendes Crescendo hochgeschraubt. Aber ich hörte nicht mehr zu.

Ein lärmender Bus war auf der Straße angekommen – und fand seinen Weg versperrt durch eine brodelnde Menge von Gaddis, die eine kleine Herde anführten, die nicht für dieses Wetter gemacht war. Die zotteligen, schmutzweißen Schafe standen mit gesenktem Kopf da, als würden sie über etwas nachdenken, und weigerten sich, dem Bus Platz zu machen. Der uralte Busmotor schnaubte, die Metallflanken des Fahrzeugs zitterten, und unter den frenetisch gestikulierenden und schreienden Hirten sah ich eine junge Frau, die mit schnellen, vogelartigen Blicken unter ihrem schweren Schal hervorschaute.

Ich wandte meinen Blick ab und schaute zurück zum Laden, wo Naazku immer noch redete, und starrte in ein Paar rotgefärbter Augen eines alten Gesichts.

Und dann gab etwas nach. Meine Sicht verschwamm, ich begann zu blinzeln, und ich spürte die Nässe auf meinen Wangen.

Seit dem Tod meiner Mutter war ich von so vielen Erinnerungen an sie heimgesucht, wie sie mich zur Schule begleitete, wie sie mit einem Glas heißer Milch in der Hand auf mich wartete, wenn ich vom Nullah zurückkam. Ich kannte

Schuldgefühle, aber keine wirkliche Trauer oder etwa das Gefühl, dass etwas unwiderruflich vorüber war. Ich hatte mich wie in einem bunten Traum bewegt, ganz mühelos, und alles war lebendiger als je zuvor, wenn auch unwirklicher.

Auf der Rückfahrt zum Kloster, als ein lang nicht empfundener Schmerz sich nun endlich entlud, fühlte ich mich der Realität dessen, was ihr Tod bedeutete, näher – dem Ende von etwas nicht nur für meine Mutter, sondern auch für mich selbst, und dem Beginn einer langen Einsamkeit. Und in den folgenden Tagen fühlte ich mich voller Trauer und erfüllt von dem Wunsch, zu handeln, bevor es zu spät war, um dich zu finden und die Abfolge der Ereignisse, die mich an diesen trostlosen Ort gebracht hatte, irgendwie auszulöschen.

Und dann wurde das Dröhnen der Welt in meinen Ohren plötzlich lauter, als ich eine Ausgabe von *Outlook* in die Hand nahm, die von einem Besucher auf dem Tisch am Eingang der Gönpa zurückgelassen worden war, denn ich las die Schlagzeile: »Der Sturz einer Ikone: Aseem Thakur wird sexuelles Fehlverhalten vorgeworfen.«

Ich las den ersten Absatz der Titelstory mit Erstaunen: Eine junge Dozentin der Universität Delhi, an der Aseem eine Vorlesung gehalten hatte, hatte ihn wegen sexueller Nötigung angezeigt. Daraufhin meldeten sich mehrere andere Frauen und beschuldigten ihn der Belästigung und des Missbrauchs.

Ich lief in mein Zimmer und schlug dort die stark zerknitterten Seiten auf, um zwischen den unbekannten Gesichtern von Aseems Anklägern ein großes Bild von dir zu sehen, auf dem du deine Ray-Ban Aviators trägst und auf einem Banner für das Festival Great Minds United wirbst.

Ich stieß einen Laut aus, die Zeitschrift in meinen Händen begann zu zittern, und ich schloss die Augen.

Und mit geschlossenen Augen sah ich, wie du, schlafend in einem Zimmer Tausende von Meilen entfernt und verlassen, zum Leben erwacht warst.

Atemlos und ängstlich öffnete ich die Augen und begann erst jetzt, die Art dieses neuen Angriffs zu erkennen, der dir zugefügt worden war.

Der Artikel in *Outlook* – voller anzüglicher Spekulationen, da die Wissenschaftlerin der Universität Delhi beschlossen hatte, anonym zu bleiben – besagte, dass du, die Tochter einer berühmten und angesehenen politischen Familie, die erste Frau seist, die Aseem der sexuellen Belästigung beschuldigt. Es wurde aus deiner kurzen Erklärung auf Twitter zitiert, in der du die hartnäckigen, aber rasch und entschieden zurückgewiesenen Annäherungsversuche von Aseem in seinem Hotelzimmer während des Festivals erwähntest und deine Solidarität mit dem Opfer des sexuellen Übergriffs zum Ausdruck brachtest.

Es schien, dass die Polizei aufgrund ihrer ersten Anzeige bemerkenswert schnell handelte, um konkrete Anklagen zu erheben und Aseem festzunehmen; und es schien, dass Aseem, der verhaftet, auf Kaution freigelassen und dann erneut verhaftet wurde, alle Anklagen gegen ihn bestreitet. Die schwerwiegendsten Vorwürfe sieht er in einer Verschwörung seiner politischen Gegner begründet, und er bestreitet besonders vehement, dass er etwas getan hat, dem du nicht zustimmtest.

Er behauptet, du seist während des Festivals nicht nur einmal, sondern zweimal auf sein Hotelzimmer gekommen: das erste Mal für ein Interview, das zweite Mal für ein romantisches Stelldichein. Er sagt, er habe Beweise dafür, dass du wegen einer kürzlich erfolgten Trennung sehr unglücklich warst und Trost suchtest.

Während ich den Zeitschriftenartikel immer wieder las und ohne meine Lesebrille angestrengt auf die schwimmenden Worte und das Bild von dir schielte, flüsterte mir etwas ins Ohr, dass ich von alledem Abstand halten sollte.

Doch ein tierisches Flattern in meinem Herzen und ein wachsendes Loch in meinem Magen sagten mir, dass der Bann gebrochen war und die Vergangenheit, die ich versucht hatte, hinter mir zu lassen, nun zurückgekehrt war.

Ich meditierte weiterhin, ich holte weiterhin Wasser aus dem Dorf, ich versuchte, Schuld und Scham unter alten und neuen Verpflichtungen zu begraben, und durch die Meditation aufs Vergessen zwang ich mich in den Schlaf. Aber ich wachte immer auf und hatte den Kopf voller Bilder und Gedanken, und draußen war es stets noch Nacht, und ich hatte Angst, dass die Nacht verschwindet und mich mit dem weißen Morgen konfrontiert.

Mein Zimmer fühlte sich plötzlich sehr kalt an, als ich auf meinem Bett lag, und lange Zeit schienen das Gewicht meiner Decken und das Gewicht der Holzbalken an der Decke es unmöglich zu machen, dass ich jemals wieder aufstehen könnte. Lange Zeit konnte ich keinen klaren Gedanken mehr fassen, als könnten meine gekühlten Adern das Blut nicht länger in mein Gehirn leiten.

Ich habe die Zeitschrift ein paar Mal in die Hand genommen, um dein Foto zu betrachten, als könnte es etwas über das Grauen enthüllen, von jemandem angegriffen worden zu sein, den du kanntest und dem du vertrautest – ein Schmerz, der groß genug war, dass du die gewaltige Entscheidung trafst, damit an die Öffentlichkeit zu gehen, wohlwissend, dass das, was du als muslimische Frau in einem von hinduistischen Rassisten regierten Land erwarten würdest, kaum

Gerechtigkeit war, sondern eine unerbittliche und entwürdigende öffentliche Bloßstellung.

Später an diesem bedeckten Nachmittag schlüpfte ich endlich aus meinen schweren Decken und fuhr fünf Meilen durch den Schnee nach Jalori.

Die Mönche, deren tadellosen Blicken ich nun aus dem Weg zu gehen versuchte, fragten sich, warum ich bei diesem ungemütlichen Wetter hinausging. Ich habe ihnen nicht gesagt, dass ich nach Handyempfang suchen und weitere Nachrichten, vor allem über dich, runterladen wollte.

Auf dieser holprigen Straße, auf der der Lkw ratterte und ausrutschte, wo Steine von den Rädern in den Abgrund des schäumenden Flusses platschten und die Spurrillen meine Wirbelsäule durchschüttelten, spürte ich in mir eine wogende Mischung aus Übelkeit und Beklemmung.

Die kurze Reise kam mir wie ein ganzes Leben vor. Am Ende war ich fast erleichtert zu lesen, dass die Presse dich nicht kontaktiert hatte und dass du deine Social-Media-Accounts »stillgelegt« hattest.

Zuletzt gesichtet wurdest du am Flughafen von Delhi, und zwar von einem Bekannten aus deiner Zeit beim Fernsehen, der nicht taktvoll genug war, deine Spur für sich zu behalten.

Ich saß noch eine Weile in dem eisigen Wagen und dachte an dich, an dein Leiden, an den Mut, der hinter deiner Entscheidung stand, Aseem öffentlich anzuklagen, und an die Tortur, die noch vor dir lag. Das Bild, das ich von dir in meinem Kopf hatte, verblasste allmählich. Es wurde nun vollständig von dieser außergewöhnlichen neuen Vision von dir verdrängt – einem Opfer aus Fleisch und Blut, einem Opfer der Gräueltaten meines ältesten Freundes.

Wie du jetzt wieder in meinem Leben präsent bist, auf diese veränderte Art, dass ich dich kaum wiedererkenne, frage ich mich, ob ich dich jemals gekannt habe; ob ich dich im Angesicht von Tod und Verfall nur für eine kurze Verschnaufpause benutzt habe, um eine verspätete Lebenslust zu befriedigen.

Ich habe mir lange den Kopf zerbrochen, ob ich dich anrufen soll, und dann nichts weiter getan, als in einem kalten Strudel aus Gewissensbissen und Unentschlossenheit herumzuhocken und auf dein Profilbild auf WhatsApp zu starren, bis ein seltsames Zittern in meinen Armen und Beinen mich zwang, das Telefon beiseitezulegen und meine schlotternden Knie zu beruhigen.

Ich suchte nach weiteren Nachrichten und sah Fotos von Aseem, wie er in einem Polizeiwagen vor dem Amtsgericht ankam und von Protestierenden empfangen wurde. Es waren fast alles Männer, und sie waren offensichtlich von der Regierungspartei angeheuert worden. Sie schimpften, schüttelten die Fäuste, fletschten die Zähne und drängten sich wie Filmstatisten in den Hintergrund der Fotos.

Ihre gespielte Wut rührte etwas in mir an. Ich war voller Zorn und wollte aus Rache Aseems Gesicht sehen mit dem Ausdruck, den er in diesem Moment der Schande gewählt hatte.

Doch die Polizisten – einer von ihnen hatte seinen Nacken gepackt –, die ihn aus dem Auto stießen, hatten seinen Kopf mit einer schwarzen Decke verhüllt.

Ich habe mir das Foto immer wieder angesehen. Es gibt unzählige Versionen davon: Aseem hat, völlig geblendet und von anderen angetrieben, den Gipfel seines Ruhmes erreicht. Und in diesem Moment der Klarheit, den der Zorn hervorruft, erinnerte ich mich an seine gefühllose Reaktion auf die Verhaftung von Virendra und Siva.

Auch für ihn heißt es Vorhang zu. Sein Gerichtsprozess könnte sich über Jahre, ein Jahrzehnt oder noch länger hinziehen. Doch seine politischen Feinde, die jetzt an der Macht sind, werden ihn nicht nur für lange Zeit aus dem öffentlichen Leben entfernen, sondern sich auch eine Reihe von Peinigungen für ihn ausdenken.

Die Journalisten, die vor Aseems vorübergehendem Gefängnis kampieren, haben es geschafft, alle möglichen Details aufzudecken, darunter auch über seinen Zellengenossen, einen geisteskranken Serienmörder, der seine Tage damit verbringt, lautstark seine Fingergelenke zu knacken. Offenbar schrie Aseem seine Anwälte an: »Bitte bringt mich weg von ihm!«

Ich sah ein Foto seiner Frau, ausdruckslos hinter einer Sonnenbrille, und war dankbar, dass er keine Kinder hat. Ich erfuhr, dass seine Mutter, die er seit Jahrzehnten nicht mehr gesehen hatte, unerwartet zu seiner Kautionsanhörung erschienen war. Sie wurde von einem seiner engen Freunde identifiziert, und nicht Aseems Frau, sondern die zierliche Gestalt seiner Mutter in einem Sari wurde zum Mittelpunkt der Gerichtszeichner, als sie hinten im Gerichtssaal saß und das Gayatri-Mantra vor sich hinmurmelte, während ihre Finger mit den Perlen einer Jaapmala spielten.

Inmitten all des Geflüsters über sie und den bedeutungsvollen Blicken in ihre Richtung, sah sie selbst nicht ein einziges Mal in Aseems Richtung; die frenetischen Fernsehreporterinnen, die vor dem Gericht in lange, fellige Mikrophone schrien, sagten, sie schäme sich für ihren Sohn.

Aber wie ich es bei meiner eigenen Mutter vermuten würde, aus der gleichen Generation und mit dem gleichen Hintergrund, schämte sich Aseems Mutter nicht für ihren Sohn, der ein Mensch war, den sie immer noch liebte und beschützen wollte. Sie schämte sich dafür, all diese Augen auf sich gezogen zu haben; sie, die sich selbst immer als so unbedeutend empfunden hatte.

Da die Identität von Aseems Hauptanklägerin nach wie vor unbekannt ist, haben sich die Medien darauf verlegt, deine Vergangenheit auszugraben. Alle Bilder, die ich einst aus verschiedenen und oft obskuren Quellen zusammengetragen habe, sind im Internet zu sehen. Es gibt viele Bilder von Aseem und dir auf dem Festival.

Klein und undeutlich auf dem Bildschirm des Telefons, schockieren sie mich noch immer. In deinem uneindeutigen Gesichtsausdruck suche ich nach Erinnerungen an unsere kurze Beziehung, kann aber keine Spur davon finden.

Auf einem der Fotos sitzt du neben Aseem auf dem Arm eines schmalen Sofas, auf dem ein berühmter Kognitionspsychologe aus Harvard Platz genommen hat. Auf einem anderen flüsterst du ihm ins Ohr, während er etwas unbeholfen lächelt; und ich spürte einen bitteren Anflug von etwas, das ich im nächsten Moment beschämt als banale männliche Eifersucht betrachtete.

Die Hinduisten, die seit langem versuchen, Aseems Schwachstelle zu finden, scheinen überglücklich in Anbetracht dieser Bilder. Für sie bist du nicht nur eine Muslimin und somit ein besonderes Objekt ihrer Verachtung, sondern auch eine Wein trinkende Frau in einem kurzen Rock, die es geschafft hat, ihren Feind zu Fall zu bringen, auch wenn du ihren vollen Hass verdient hast.

Diese Erinnerungen an dich drücken wie ein schwerer Stein auf meine Brust. Ich wünsche mir immer wieder, dass ich mit dir reden, dass ich etwas tun könnte, um dich von dieser Demütigung zu befreien und deinen Schmerz zu lindern; und jedes Mal lähmt mich die Erinnerung an mein eigenes Versagen; jedes Mal wird mir bewusst, wie mein tugendhafter Impuls absurd verspätet ist.

Mein Zorn und die in den Medien gegen Aseem geäußerte Häme scheinen gleichermaßen nutzlos zu sein. Aus der Presse entnehme ich, dass die Mitglieder der Lutyens-Elite, die sich immer am Erfolg von jemandem, den sie für einen Empor-kömmling hielten, gestört hatten, mit Schadenfreude reagier-ten. Doch die heftigste Kritik an Aseem kommt von seinen ehemaligen Schmeichlern – von denjenigen, die ich auf seinen Partys in Delhi gesehen habe. Sie hatten sich selbst erniedrigt, indem sie ihn auf ein Podest hoben; nun sehen sie in seinem Sturz eine Gelegenheit, sich für ihre Demütigung zu rächen.

Sie sagen, all sein Eintreten für Umweltfragen und gegen politische Korruption, all sein Eintreten für Frauenrechte und soziale Gerechtigkeit für historisch benachteiligte Min-derheiten sowie andere linke Anliegen seien nichts weiter als Instrumente einer maßlosen Lust gewesen.

Viel näher fühle ich mich den Angestellten, die im Groß-raumbüro von Aseems Zeitschrift schuften, die von glamou-rösen Frauen erzählt haben, die an ihren vollen Schreib-tischen vorbei in sein Büro glitten. Seine endlose Energie und sein Charisma hatten sie einst an ihre kargen und unregel-mäßig bezahlten Jobs gefesselt.

Jetzt ist das vorbei: Viele haben gekündigt und melden sich zu Wort, wodurch sich der Konsens verfestigt hat, dass Aseem schon immer ein zwielichtiger Geschäftemacher, ein Opportunist, ein Schaumschläger, ein Symptom für toxische Männlichkeit, ein Beispiel für wurzellosen und skrupellosen Kosmopolitismus, wenn nicht sogar ein offener Gauner war.

ZWEIUNDZWANZIG

Wie die Medien heute berichten, hältst du dich »versteckt«. Ich glaube, du bist von Delhi nach Ranipur gefahren. Ich frage mich, ob deine entfremdete Mutter und ihr reicher Mann dir geholfen haben; ich frage mich, ob ich sie um Informationen bitten sollte. Ich fühle mich noch hilfloser und unbedeutender, möchte unbedingt mit dir sprechen, weiß aber gleichzeitig, dass es nicht möglich ist.

Ich habe dich im Stich gelassen, und nun habe auch ich mich versteckt, und in dieser Gönpa halte ich mich sogar vom Licht selbst fern, hier, wo unzählige Tage vergangen zu sein scheinen, ohne dass die Sonne ins Labyrinth der fensterlosen Räume vorgedrungen wäre, und wo die Mönche, die mit fest umklammerten Kerzen die enge Treppe hinauf- und hinuntergehen, Scharen von Schatten über die Lehmwände und Steinstufen scheuchen.

Viele Menschen versuchen, sich zu verstecken, sagte Sonam, als ich ihn heute in seinem Retreat aufsuchte.

Der Schnee fiel sanft, große, zottelige Flocken schwebten, als sträubten sie sich, den Boden zu berühren. In seiner winzigen Höhle war es dunkel; meine Augen brauchten einige Zeit, um die rauchgeschwärzten Wände, den Lehmherd in einer Ecke und den dichten Weihrauch zu erkennen, der ruhig in die nach Butter duftende Luft aufstieg.

Als Sonam auftauchte, einen Stapel Brennholz auf den Schultern, kleine glänzende Schneeflecken, die auf den groben Borsten seines Kopfes davonschmolzen, und mir zu verstehen gab, dass ich mich setzen sollte, versuchte ich, mich auf den Schmutzboden zu hocken. Ich blieb in dieser unbeholfenen Haltung, bis Sonam auf den fleckigen Chatai in einer Ecke zeigte, wo er vermutlich schläft.

»Es tut mir leid, dass ich hereingeplatzt bin, als du weg warst«, sage ich. Als Sonam sich über die Feuerstelle beugte, sorgfältig einige Zweige ordnete, hob er seine Hände – und ich war beeindruckt von seinen aufgesprungenen Handflächen, dem wirren Liniennetz in seiner Haut, das von mühsamer Arbeit gezeichnet worden war.

Ich wusste nicht, was ich sagen sollte. »Sie sehen gesund aus ...«, begann ich.

Sonam blickte von der Feuerstelle zurück und lächelte. »Ja, ja. Vielen Dank.«

Vom Tal dröhnte das leise Geläut von Ponyglocken herauf. Auf einem schmalen, verschneiten Pfad war ich an einigen dieser kunstvoll gegürteten und beschlagenen Packpferde vorbeigegangen, neben denen ihre schneebedeckten Besitzer recht schlicht gekleidet aussahen.

»Wie sieht es im Kloster aus?«, fragte Sonam.

Was hätte ich sagen sollen? Dass es für mich zu spät ist, meine gewohnten Wahrnehmungs-, Gefühls-, Denk- und Verhaltensweisen abzuwerfen – der einzige Sinn der klösterlichen Praxis.

Ich kann ihm weder von dir noch von meiner Mutter erzählen, noch davon, dass ich mich jede Nacht mit der Vorstellung, mein Körper versinke im Meer, in den Schlaf wiege, dass ich mir eine Unterwelt vorstelle, in der ich ohne körperliche Hülle leben kann, ohne die Anstrengung, den anderen einen Körper und ein Gesicht präsentieren zu müssen.

Gut möglich, dass er all dies als falsches Drama abtun könnte. Die Jahre in der Schule und am IIT, wo ich das, was ich auswendig lernte, bald wieder vergaß, die Scheinarbeit bei der Literaturzeitschrift, das isolierte Dasein in einem Dorf, weit entfernt von den Kämpfen, Herausforderungen und Leiden gewöhnlicher Leute, die Übersetzungsarbeit, eine weitere Form des hochgeistigen Müßiggangs, die ausschließlich der intellektuellen Eitelkeit eines reichen Philanthropen diente, und nun dieser Flirt mit der Zurückgezogenheit in einem Kloster, nachdem ich die Menschen betrogen hatte, die mir am nächsten standen.

Vielleicht würde er damit richtig liegen: dass ich keine Realität jenseits dieses allzu formbaren Selbst besitze. Und selbst diese Aufmerksamkeit für sich selbst, diese Suche nach verborgenen inneren Tiefen und Geheimnissen, ist falsch und trügerisch.

D u musst rücksichtslos sein«, sagte Aseem vor all den Jahren. Und genau das bin ich auf meine Weise auch gewesen, indem ich an meinem Instinkt zum Selbstschutz festhielt, mich schnell von allem zurückzog, was mir unbequem und unangenehm erschien, und indem ich den Schaden, den ich anderen zufüge, einfach verdränge.

Jedenfalls bin ich mir nicht mehr sicher, ob ich die drei Wochen, die ich hier noch habe, durchhalten kann, bevor ich versuche, nach Ranipur zurückzukehren.

Als hätte Sonam meine Gedanken gelesen, sagte er: »Du bist zur richtigen Zeit hierhergekommen, und vielleicht bleibst du ja länger hier als geplant. Ich höre, dass die Menschen auf der ganzen Welt Zuflucht vor einer neuen Krankheit suchen.«

»Tatsächlich? Was für eine Krankheit?«

Wenn doch nur, so wünschte ich mir, irgendeine große Verwüstung mein eigenes Elend überdecken oder schmälern würde.

Er schien mir nicht antworten zu wollen, und ich sah die Andeutung eines Lächelns auf seinem Gesicht; es erinnerte mich an die Vorträge in London, als Sonam lächelte und über die Menschen lachte, die ihm ihr Leid beichteten.

Und dann fügte er hinzu: »Ich habe gehört, dass sich viele Menschen mit einem Überschuss an Toilettenpapier in die Isolation begeben, um Tod und Leid zu entgehen.«

Ich habe Sonams Rat ignoriert und heimlich in meiner Zelle geschrieben. Als draußen der Schnee fiel und die Zufahrtsstraße unzugänglich machte und ich bis spät in die Nacht arbeitete, kam mir der Gedanke, dass diese stille Arbeit, dieser Versuch, dir mein und das Leben anderer zu erklären, zu einem Selbstzweck werden könnte, zu einer Art Selbstbetäubung und vielleicht zu einem Weg, mich vor der totalen Verzweiflung zu schützen.

Ich habe mich geirrt. Gestern war die Straße nach drei Wochen endlich frei. Mein Telefon begann unkontrolliert zu vibrieren, als ich nach Jalori fuhr, um weitere Nachrichten zu lesen. Ich fuhr ran, um eine Reihe von Textnachrichten zu lesen; einige geschäftstüchtige Journalistinnen, die meine Nummer ausfindig gemacht hatten, versuchten, mich zu kontaktieren, um über Aseems Fall zu sprechen.

Wie sich herausstellt, hat er mit Hilfe seines Anwalts eine Audioaufnahme seines Gesprächs mit dir auf seiner Website gepostet. Öffentlich an den Pranger gestellt, hat er beschlossen, sich ebenfalls öffentlich gegen die prominentesten seiner Anklägerinnen zu verteidigen. Die Aufnahme ist nicht als endgültiger Beweis für seine Unschuld gedacht. Unter anderem fand das aufgezeichnete Gespräch während eures ersten Treffens in der Hotelsuite statt und nicht während des zweiten.

Auf der Website der Aufnahme bittet einer von Aseems nach wie vor treuen Freunden, ein Romanautor, der einst für seine Literaturzeitschrift geschrieben hatte, um eine »anspruchsvolle literarische Interpretation« des Interviews. Mit seinen subtilen Emotionen führt der aufgezeichnete Austausch auf das hin, was er einen Moment der vereinbarten Intimität mit dir nennt.

Als ich fröstelnd hinter dem Lenkrad des ungeheizten Pick-ups saß, brauchte ich beinahe eine Stunde und viele erfolglose Versuche, um die Audiodatei über meine 2G-Verbindung herunterzuladen. Aus Angst, dass ich die Verbindung verlieren könnte, wagte ich es nicht, die Nachrichten über den weltweiten Lockdown zu lesen. Stattdessen sah ich erwartungsvoll auf die beschlagene Windschutzscheibe.

Und dann konnte ich es kaum erwarten, zurück in die Gönpa zu kommen und mir die Aufnahme anzuhören.

Innerhalb weniger Minuten nach Beginn eures Treffens fangt ihr an, über Sex zu sprechen. Über Gender, über die lokale Einstellung zur Homosexualität und die Unterschiede zwischen Männern und Frauen. Aseem übernimmt den größten Teil der Konversation.

Es folgt eine kurze Diskussion über die britischen Wahlen. Aseem meint, er habe Boris Johnson einmal in London auf dem Sommerfest des *Spectator* getroffen; Naipaul und einer seiner Rothschild-Freunde waren auch anwesend. Du sagst, dass sich London verändern wird – zum Schlechteren. Die meisten deiner Freundinnen und Freunde in London ziehen nach Paris, Berlin, Amsterdam und New York.

In deiner Stimme liegt eine Mattigkeit, in der von Aseem eine gespannte Erwartung. Ich höre die Töne und wünschte, du wärst nicht da.

Aseem spricht über Indien: Modi hat seinen Zenit überschritten, sagt er. Immer mehr Menschen erkennen, dass er ein Betrüger ist, und selbst seine Anhänger werden sich des Schadens bewusst, den er dem sozialen Gefüge Indiens angetan hat.

Aseem geht dann zu Virendras Schicksal über. Du erzählst ihm, was du mir über dein Treffen mit ihm in einer Justizvollzugsanstalt in Massachusetts erzählt hast.

»Armer Virendra«, höre ich Aseem sagen. »Ich hoffe, du wirst ihm gegenüber fair sein. Ich hoffe es wirklich. Ich bin echt froh, dass du dieses Buch schreibst und nicht irgendeine weiße Person, die keine Ahnung hat.«

Anschließend spricht er, wenn auch nur am Rande, über die »weißen Herren des Universums«, über Hindu-Fanatiker, das Endspiel der Moderne und über vieles mehr. Ich ertappe mich dabei, wie ich immer wieder vorspule.

Erst später in der Aufnahme, nachdem deine Fragen zu deinem Buch beantwortet wurden – und ich stelle mir vor, wie du dein MacBook wie immer mit einem langsamen Seufzer schließt –, sprichst du mit Aseem über das, was dich am meisten beschäftigt.

Ich habe Angst vor dem, was ich gleich erfahren werde.

»Ich bin eines Morgens aufgewacht, und er war weg. Einfach so. Ich habe keine Ahnung, wohin er gegangen ist. Als wir aus Italien zurückkamen, war er ein bisschen einsilbig. Er wollte nicht einmal über Virendras Tod sprechen. Er hat viel über diesen Tibeter geredet. Dass die Leere was ist, das man annehmen sollte ... Und dann – dann war er weg.«

Du sagst es noch einmal: »Weg. Einfach so. Keine Nachricht, keine SMS, keine E-Mail. Alles, was er hinterlassen hat, war ein bisschen Bargeld für die Rechnungen, die wir uns geteilt haben.«

Eine besonders qualvolle Sekunde lang befürchte ich, dass du den fehlenden Mont-Blanc-Füller erwähnen könntest.

»Was ist mit seiner Mutter passiert? War sie krank oder so? Er hat mich nach Pflegerinnen gefragt.«

»Sie ist gestorben, als wir in Pondicherry waren. Arun hat es mir zuerst nicht gesagt. Er schien sehr traurig.«

Auf Aseem macht das nicht den geringsten Eindruck.

Er sagt: »Vielleicht hat er die Welt aufgegeben oder irgend so einen Scheiß. Das ist ein klassischer Schachzug von uns Hindus – eine Pose der Zurückgezogenheit einzunehmen, gerade wenn die Verantwortung der Welt uns bedrängt. Ich bin mir ziemlich sicher, dass er irgendwo wieder auftauchen wird.«

»Ich habe ihm auf WhatsApp geschrieben. Ich habe ihn angerufen. Ich habe ihm gemailt. Er hat nicht geantwortet; er hatte nicht einmal den Mut, ein einziges Wort zurückzuschicken. Und das, obwohl wir Monate zusammengewohnt haben. Was für ein Arschloch.«

Aseems Tonfall ändert sich, vielleicht als Reaktion auf deinen Ausdruck.

»Tut mir leid, das zu hören. Es muss furchtbar gewesen sein, aufzuwachen und festzustellen, dass er abgehauen ist.«

Aseem scheint eine Pause zu machen. Meine Ohren spitzen sich, und ich bin versucht, auf Stopp zu klicken.

Es ist besser, dass wir nicht erfahren, was unsere Freunde wirklich von uns denken.

»Ehrlich gesagt«, sagt Aseem weiter, »war ich überrascht zu hören, dass ihr beide ein Paar seid. Ich meine, ich habe euch einander vorgestellt, und als Nächstes finde ich raus, dass ihr beide in London seid.«

Auch ich war von dieser Entwicklung der Ereignisse überrascht.

»Mir kam es komisch vor«, sagt Aseem, »dass er nicht auf meinen neuen Roman reagiert hat. Das passt überhaupt nicht zu ihm.«

Er fügt hinzu: »Ehrlich gesagt war er schon immer ein bisschen seltsam, ein Anachronismus – ein energieloser Typ, ›low energy‹, wie Trump sagen würde.«

War das ein Versuch, lustig zu sein? Ich höre dich auf der Aufnahme nicht lachen.

»Angst vor dem Leben.« Er fährt mit seinem Urteil fort. »Angst vor der *conditio humana*, in der es um Streben, Hoffnung und Veränderung der Umstände geht. Er hatte irgendwas ziemlich Verrücktes an sich, keine Ahnung, was. Ich meine, er wohnte mit seiner Mutter in einem Dorf, nachdem er am IIT studiert hatte. Wer macht denn so was? Er hatte mehr literarisches Talent als wir alle. Er konnte schreiben, besser als –«

Aseem unterbricht sich. Doch dann fällt ihm wieder eine alte Leier ein.

»Ich meine, wir leben alle in Geschichten, und wenn eine Geschichte aufhört, fängt eine andere an. Der Trick besteht darin, rauszufinden, was deine Geschichte ausmacht, und die Kraft zu haben, dich deinem Schicksal zu stellen. Arun hat das nie verstanden.«

Du schweigst eine Weile.

Dann sagst du: »Er ist ein Loser.«

Eine Pause breitet sich aus. »Ich habe mich so sehr in ihm getäuscht«, fährst du fort. »Ich dachte, er wäre so ernst und klug und so ... sensibel. Aber, nein, vielleicht ist er einfach nur ein Loser.«

Die Worte schießen wie Dolche durch meinen eiskalten Pick-up.

»Ich sollte jetzt gehen«, höre ich dich sagen.

»Weißt du, es tut mir leid«, beginnt Aseem, »es tut mir wirklich leid. Ich fühl' mich persönlich verantwortlich, weil ich euch beide vorgestellt hab'. Du hast was viel Besseres verdient.«

»Nein, nein. Mach dir bitte keine Vorwürfe«, sagst du. »Es ist jedenfalls gut, mit dir darüber zu reden. Vielen Dank dafür.«

»Du kannst dich immer an mich wenden. Ich bin immer für dich da. Noch mal, es tut mir wirklich sehr leid.«

Es folgt eine weitere Pause, bevor die Aufnahme endet. Hat Aseem etwas herausgeschnitten?

Ich kann mir vorstellen, dass Aseem, als er den roten Knopf auf seinem iPhone gedrückt hatte, von seinem Stuhl aufgesprungen und auf dich zugegangen ist.

Die enge körperliche Nähe, sein intensiver Röntgenblick und sein ernster Tenorton sind – das weiß ich von seinen Partys in Delhi – die Art und Weise, wie er sein tieferes Interesse an Frauen mitteilte.

Ich hatte gesehen, wie er vorging, wie aus freundlicher Gelassenheit schnell die Hartnäckigkeit eines Jägers wurde, und wie fasziniert er von seiner wachsenden Macht über sein Opfer war. Und es hätte ihn nicht entmutigt, wenn er gesehen hätte, dass du – in deinen hochhackigen Stiefeln fast so groß wie er – ein wenig vor ihm zurückweichst.

An diesem Morgen war die Dunkelheit härter und blauer als gestern, und in der Luft lag eine neue Kühle. Unter dem wolkenverhangenen Himmel zeichneten sich die Berge scharf umrissen und schwarz ab. Schneeflocken umwehten mich, als ich in die Küche ging, um etwas altes Brot zu holen, und auf der Veranda einen Mönch entdeckte, der einen fast zwei Meter langen Eiszapfen bewunderte, an dessen Spitze ein fetter Tropfen leuchtete.

Als das Wetter ein wenig aufklarte, eilte ich nach Jalori. Eine Meile vor Jalori begann mein Telefon in meiner Jackentasche zu vibrieren; ich hielt an, gefährlich nah an einer scharfen Kurve, und sah viele weitere Anfragen von Journalisten für Briefings und Interviews.

Die Angst vor einem Virus, das in Indien die Dimensionen eines Völkermords annehmen könnte, hat ihr Interesse an diesem Fall nicht gemindert. Sie sagen, dass sie meine »Seite der Geschichte« hören wollen; sie wollen mir eine Chance geben, auf das, was über mich gesagt wurde, zu antworten.

Sie wollen natürlich, dass ich schlecht über Aseem spreche; dass ich ein paar weitere Hammerschläge über den Scherben seines ehemals kolossalen Rufs niederbringe.

Wie kann ich den Journalisten sagen, dass ich mir nicht anmaße, mich von Aseem zu unterscheiden, und daher nicht in der Lage bin, über ihn zu urteilen? Ich sehe mich selbst in seinem rücksichtslosen Egoismus gespiegelt. Mein abruptes Verschwinden aus deinem Leben war nicht weniger ein Akt der Aggression als das, was Aseem dir angetan hat. Schlussendlich bestrafte ich dich für meinen Selbstbetrug, dafür, dass ich meine Schwester und meine Mutter verstoßen hatte – und für mein abgeschottetes Leben.

Und mit wem kann ich über die Schande sprechen, ein Mann zu sein, über meine Mitschuld an so viel Leid?

Nicht einmal mit dir: Ich weiß nicht, ob ich dir das, was ich geschrieben habe, noch schicken werde. Vielleicht sollte das Schweigen des unvollkommenen Verstehens zwischen uns liegen, und ich sollte in deinen Gedanken nicht länger einen Schatten werfen.

Ich stelle mir vor, wie du in deiner Villa bist, vor dem großen Fenster, das eines Nachmittags auf so beunruhigende Weise einen so vertrauten Anblick verändert hat. Nach Ranipur, in das Haus, in das der Tod eingedrungen ist, kann ich erst zurückkehren, nachdem du fortgegangen bist – und wer weiß, wie lange ich noch warten muss? Wenn ich versuche, in die Zukunft zu blicken, kann ich nichts erkennen, außer ein paar weitere Jahre, die darauf bestehen, gelebt zu werden.

Eines scheint sicher: Ich werde dich nicht wiedersehen. Unsere Geschichte ist an ihr Ende gekommen. Es war eine Geschichte unter vielen, die in jedem Moment beginnen und enden, in denen wir, anders als Aseem immer sagte, selten die Macht ergreifen, uns unserem Schicksal zu stellen oder es zu ändern, und obwohl wir uns damit trösten, dass wir immer weglaufen und uns verstecken können, gibt es kein wirkliches Entrinnen aus diesem Durcheinander von Begierden, Wahnvorstellungen und Bedauern, das wir das Selbst und den Weg der Verwüstung nennen, den dieses Nichts hinterlässt.

Spät am Abend ging das Licht aus. Stromausfälle können hier bis zu 24 Stunden andauern, und so speicherte ich meine Datei, fuhr meinen Laptop runter und tastete mich im Licht der schnell verblassenden Stäbe der elektrischen Heizung zu meiner Taschenlampe vor.

Dann schlug ich meine schwere, zottelige Decke fester um mich, ging auf den Balkon hinaus und stieß mir sofort wieder den Kopf an einer der Blechblumendosen, die am Türrahmen hingen.

Der Schlag war laut, die leere Dose quietschte, als sie einmal hin und her schwang, und dann hielt ich sie mitten im Schwung fest.

Der Neumond goss Stille übers Tal. Der Boden glitzerte leicht. Es war beinahe Mitternacht, und die Mönche, die peinlich pünktlich waren, schliefen alle; ich stellte mir vor, jeder einzelne von ihnen lag in einer schreinartigen Zelle, zwischen Tankas, Schalen, Teppichen, Lampen, Bildern und Manuskripten, die in leuchtend gelbe und orangefarbene Tücher gehüllt waren, und einer kleinen Butterlampe, die an ihrer Seite brannte.

Und dann sah ich eine Gestalt, die den steilen Abhang zur Gönpa hinaufstapfte, gebeugt unter der Last von Brennholz. Auf dem schmalen Pfad, auf dem sich alle harten Umrisse dieser Welt im weißen Schnee verlieren, musste es gewirkt haben wie ein Spaziergang im Weltall.

Zitierte Übersetzungen

Honoré de Balzac, *Vater Goriot*, übersetzt von Gisela Etzel, S. Fischer 2008, S. 84.

V. S. Naipaul, *An der Biegung des großen Flusses*, übersetzt von Sabine Roth, Ullstein 2002, S. 167.

Philip Roth, *Portnoys Beschwerden*, übersetzt von Werner Schmitz, Hanser 2009, S. 245.

Jean-Paul Sartre, »Vorwort« zu Frantz Fanon: *Die Verdammten dieser Erde*, übersetzt von Traugott König, Suhrkamp 1981, S. 24.

Oscar Wilde, *Das Bildnis des Dorian Gray*, übersetzt von Hedwig Lachmann und Gustav Landauer, S. Fischer 2008, S. 28.